餐饮服务与管理

陈秋萍　主　编

王新建　伍剑琴　周　丽　副主编

U0360786

清华大学出版社

北京

内 容 简 介

本书详细介绍了餐饮服务与管理的基本原理与基础知识，帮助读者熟悉餐饮经营管理的主要环节，了解食品营养学、酒水服务的基础知识，培养读者餐饮服务与管理的实践能力。全书共十五章，包括餐饮服务概述、餐饮服务的基本技能、中西零点服务、中西宴会服务、酒吧服务与管理、餐饮服务质量管理、餐饮组织机构与人员管理、餐厅的规划与设备管理、餐饮产品的设计与价格管理、食品原料的采购供应管理、餐饮产品的卫生与安全管理、餐饮产品的生产管理、餐饮产品的销售管理、餐饮产品的市场推广、餐饮产品的成本控制等内容。

本书紧密结合企业案例，内容翔实，深入浅出，系统有序，教学资源丰富，可作为高等院校旅游管理类专业的教材，也可作为留学生"餐饮管理"课程的教材，还可供从事餐饮服务工作的读者参考学习。

图书在版编目(CIP)数据

餐饮服务与管理 / 陈秋萍主编. —北京：清华大学出版社，2024.1

ISBN 978-7-302-63736-3

Ⅰ.①餐… Ⅱ.①陈… Ⅲ.①饮食业—商业服务 ②饮食业—商业管理 Ⅳ.①F719.3

中国国家版本馆 CIP 数据核字(2023)第 103828 号

责任编辑：王　定
封面设计：周晓亮
版式设计：孔祥峰
责任校对：马遥遥
责任印制：宋　林

出版发行：清华大学出版社
网　　　址：https://www.tup.com.cn，https://www.wqxuetang.com
地　　　址：北京清华大学学研大厦 A 座　　　　邮　　编：100084
社 总 机：010-83470000　　　　邮　　购：010-62786544
投稿与读者服务：010-62776969，c-service@tup.tsinghua.edu.cn
质 量 反 馈：010-62772015，zhiliang@tup.tsinghua.edu.cn
印 装 者：三河市龙大印装有限公司
经　　销：全国新华书店
开　　本：185mm×260mm　　　印　　张：19.75　　　字　　数：468 千字
版　　次：2024 年 1 月第 1 版　　　印　　次：2024 年 1 月第 1 次印刷
定　　价：79.80 元

产品编号：091483-01

前　言

　　"餐饮服务与管理"既是本科、高职院校旅游管理类专业重要的专业课,又是旅游从业者的必修课程。它是一门集食品学、服务学、营养学、管理学等知识于一体的综合性课程。本课程主要面向旅游管理、酒店管理等专业的学生开设,也可用于企事业单位的管理人员及餐饮从业者的岗位培训。学习本课程,可以使学生掌握餐饮管理的基本原理与基础知识,熟悉餐饮经营管理的主要环节,了解食品营养学、酒水服务的基础知识,为后续课程与专业实习打下必要的基础。

　　本书内容涵盖餐饮管理的全过程,包括餐饮管理的基本原理与方法、中西餐饮服务的基本技能与操作程序、中西餐宴会服务的流程与操作要领、餐饮经营管理的主要环节与控制要点,以及食品卫生与安全管理的基础知识等。本书注重理论体系的完整性与系统性,内容充实,以餐饮管理者的工作实际为依据组织教学内容,具有一定的创新性和操作性。

　　本书编写团队不仅包括旅游院校的专业教师,还包括资深的餐饮企业管理者。全书由陈秋萍负责大纲的构建、统稿、修订和审核,并负责编写第一章至第四章、第九章;伍剑琴负责编写第五章;张乐负责编写第六章;周丽负责编写第七章;张煜负责编写第八章;马潇负责编写第十章;王新建负责编写第十一章;葛小琴负责编写第十二章;刘加凤负责编写第十三章;皮平凡负责编写第十四章;吴佳佳负责编写第十五章。

　　本书是华侨大学教材建设资助项目,在编写过程中,得到了清华大学出版社的大力支持。本书在编写过程中参考、引用了许多学者的研究成果,附录中列出了主要的参考文献,在此一并表示衷心的感谢!另外,特别感谢莆田悦华酒店总经理李鹏辉先生、北京环球度假区哈蒙德餐厅运营经理林丹女士的宝贵意见!还要感谢马芳芳、刘紫鹃、王文强、何魁、叶文雅等在资料查找、文字校对工作中的付出。

　　由于作者水平和时间所限,本书难免存在一些疏漏之处,敬请各位同仁与读者批评指正,编者将在后续修订中逐步完善。

　　本书数字课程资源丰富，配套的电子教学材料包括课程教学大纲、电子教案、教学课件、试题库及模拟试卷等，读者可扫描下列二维码获取，以便随时随地利用信息技术手段进行自主学习。

教学大纲　　　　　电子教案　　　　　教学课件　　　　　试题库及
　　　　　　　　　　　　　　　　　　　　　　　　　　　　模拟试卷

陈秋萍

2023年6月

目　录

第一章
餐饮服务概述

　　2021 年 8 月 23 日，中国饭店协会与新华网联合发布《2021 中国餐饮业年度报告》(以下简称《报告》)。《报告》显示，2020 年中国餐饮收入 39 527 亿元，较 2019 年下降 15.4%。2021 年全国餐饮收入 46 895 亿元，同比上涨 18.64%。2021 年全国餐饮收入占社会消费品零售总额的 10.6%，高于上年 0.5 个百分点，且增幅再次高于社会消费零售总额增幅，我国餐饮行业呈现稳中向好的趋势。餐饮行业的核心内容是从事与饮食或食品经营管理相关的组织或个人，如餐厅、酒楼、酒店的餐饮部门等，通过对食品进行加工处理，满足客人的饮食需要，从而获得相应的收入。

学习要点

1. 了解餐厅的起源与分类。
2. 熟悉餐饮服务的概念、特点与分类。
3. 了解餐饮服务的发展趋势。

导入案例

桂花鱼怎么跑到隔壁去了

　　某餐厅晚宴正酣。一名实习生将客人点的桂花鱼端到了另一桌上，当这桌客人津津有味地品尝着桂花鱼时，点桂花鱼的那桌客人正在为桂花鱼的迟迟未上而着急。两桌的客人都是餐厅的老客人，怎么办？餐厅的服务员标兵小李先带着实习生到点桂花鱼的那桌客人面前，温和地道歉："让您久等了！"并风趣地说："不知今天的桂花鱼为什么这么淘气，跑到隔壁的桌上去了！是我们没看住，给您带来不快，对不起！请大家耐心等待一会儿，我们让厨师尽快做一条桂花鱼上来。"客人听他一席话，看他们满脸的诚意，笑道："不就是一条鱼吗？下次看住点。"小李说："多谢各位！"然后他们来到另一桌客人面前，恭喜客人获赠一份桂花鱼："您是本店的幸运之星，愿这条桂花鱼给你们带来好运！恭喜你们！"客人听后大喜，又点了一瓶酒助兴。

(资料来源：作者搜集整理)

思考：服务员标兵小李的应对方式有哪些可圈可点之处？

第一节　餐饮服务的概念、内容与类型

餐饮消费是人们最普遍的消费之一，也是旅游活动的重要组成部分。除了满足客人的功能需求，餐饮服务还满足他们的心理需求。餐饮服务既抽象又具体，虽然是无形的，但也有迹可循。通过对餐饮服务内容与类型的分析，可以加深餐饮从业者对餐饮服务的认知，进而提升其从事餐饮服务的热情。

一、服务与餐饮服务的概念

(一) 服务的概念

服务是从英文 service 翻译而来，service 一词的含义为一种作为职业或事业而为他人做的工作。服务是一系列助人的行为，是为了集体(或他人的)利益或为某种事业而工作，它不以实物形式而以提供劳动的形式满足他人的某种特殊需要。

(二) 餐饮服务的概念

餐厅英文为 restaurant，含义为提供给人们食品和场地，以恢复其精神和活力。因此，餐厅是一个为客人提供食物和休息，以恢复其活力的特定场所。

在国际标准化组织和中国国家技术监督局制定的国家标准 GB/T 16766—1997《旅游服务基本术语》中，餐饮服务被定义为："为满足客人的餐饮服务需求，餐饮服务企业与客人接触的活动和餐饮服务企业内部活动的结果。"

(三) 餐饮服务的内涵

餐饮服务是服务人员在向餐厅的客人提供食物和饮料时进行的一系列活动。它包括在餐馆、宴会、咖啡馆、酒吧和酒馆中面对面为客人提供的个人服务，以及厨房、酒吧、茶水间、饭馆等餐饮服务部门中不在客人视线范围内的后台服务，两个领域的工作是相辅相成的。

就餐饮企业而言，狭义的餐饮服务是指向客人提供食品和饮料的活动和方式；广义的餐饮服务不限于提供食品和饮料，还包括餐饮企业的所有设施设备、人员配置、通道、效率和成本等服务要素。

餐饮服务包括服务技能和服务态度等两个方面。服务技能是指餐饮服务人员以适当的方式向客人提供食品、饮料的能力。服务态度比技能更重要，它指的是餐饮服务人员为客人服务时的精神状态和行为倾向。

二、餐饮服务的内容

餐饮服务的内容既包括显而易见的有形的实物产品，也包括不易察觉的无形的服务要素。随着时代的推移与消费理念的演变，餐饮服务具备越来越丰富的内容。具体而言，餐饮服务包括以下几个方面。

(1) 餐饮实物产品。餐饮实物产品是指客人在餐厅购买或消费的物品，如菜肴、酒水等，这是餐饮服务的核心产品。

(2) 辅助性设施设备。辅助性设施设备是指在提供服务前必须到位的各种设备，包括建筑物、家具、服务设施和用品、内部装潢等。

(3) 显性的服务。显性的服务是客人可以明确体验到的利益，包括各类服务项目、服务员的技能技巧、厨师的烹饪技艺等。

(4) 隐性的服务。隐性的服务是指客人获得的心理感受或隐含的服务，如服务员的态度、等待服务的时间和安排、服务环境的气氛等，使客人有方便、安全、舒服、显示气派等心理感受。通过产品与服务的组合销售，在客人心中形成餐厅良好的形象。

(5) 附加利益。附加利益是指餐饮企业向客人提供的额外的服务和利益。不少营销学家认为，未来的竞争将是餐饮企业在所能给予客人的额外价值方面的竞争。

案例1-1

咖啡溅到了客人的衣服上

某酒店的早餐服务正在忙而有序地进行着。忽然听到"啊"的一声，只见一位身着套装的女士，从自己的座位上跳起来，使劲地抖着衣服，似乎是让什么给烫着了。

原来是服务员小李忙中出错，不小心将热咖啡溅到了客人的衣服上。小李赶紧充满歉意和关心地问："实在对不起，烫着了没有？"那位女士拉长了脸，恼火地指着衣服说："怎么这么不小心，你看衣服弄成这个样子，你说怎么办？"小李心想错误已经造成，而且完全是由于自己工作上的失误，应该采取相应的办法予以补救。于是，小李郑重地向客人道歉，并征求客人的意见："您能否回房把衣服换下来，我马上拿去洗衣房给您免费洗烫，下午三点以前给您送回，您看这样可以吗？"女士表示同意。当天在送回衣服时，小李特意在洗衣袋内留了一张字条："女士，实在对不起，由于我工作的失误给您带来了不便，请接受我的再次道歉。"当第二天这位客人又来用餐时，小李又一次向她表示了歉意，客人完全释然地说："没关系，小事一桩。"

(资料来源：https://wenku.baidu.com/view/7fe7b773cc2f0066f5335a8102d276a2012960c1.html)

问题：评价小李的服务水平。

三、餐饮服务的类型

根据划分依据的不同，餐饮服务分为不同的类型。

(一) 按服务的特点分类

(1) 餐桌服务。餐桌服务的特点是全程由服务员引导客人就座并提供相关服务，如点菜、上菜和结账。餐桌服务需要更多的服务员，而且更正式。餐桌服务型餐厅在餐饮业中数量最大，常称为酒楼、酒家、饭庄、饭馆等，其经营品种丰富，菜品风味突出，服务较全面。

(2) 柜台服务。柜台服务的特点是快速和方便，客人在柜台点餐，可以在餐桌边食用，也可以把食物带走。例如，寿司就经常以这种形式提供。在柜台服务式餐厅，客人坐在柜台前，可以边聊天边享受厨师的菜肴，服务员或厨师直接向客人提供食物。这种类型的餐厅也被称为快捷餐厅、速简餐厅，因为它的服务速度很快。

(3) 自助服务。自助服务的特点是多数食品和饮料摆放在餐台上，客人可以取走并付款。其优点是可以展示食物，客人可以自由交谈，有更多的选择，且需要更少的工作人员；缺点是客人对食物不太熟悉，可能要排队，需要额外的设备，分量难以控制，可能用餐体验不那么美好。

(4) 外卖服务。外卖服务的特点是餐饮产品制作后，不是装盘提供给客人，而是将其用餐盒包装好，由客人带至餐厅以外的地方用餐。优点是方便快捷、成本低，缺点是难以控制质量与保证卫生，要求包装密闭、快速上门。

(二) 按服务的复杂程度分类

西式服务中，按照服务方式的复杂程度，分为法式、俄式、美式、英式等四大服务方式。

(1) 法式服务。法式服务是餐饮企业中最高级别的餐饮服务。常用于扒房(grill room)的零点服务、高级中餐厅的零点服务及中餐贵宾厅服务。一般使用手推车或服务桌服务，在服务现场展示菜肴烹调表演、调味及切配表演，使用优质的瓷器、银器和水晶杯。

(2) 俄式服务。俄式服务的风格优雅，菜肴在厨房制熟，之后放入一个精致的餐盘，采用肩上托盘的方法送至餐厅。一般使用左手，以胸前托盘的方法请客人欣赏菜肴，然后用右手通过服务叉和服务匙为每个客人分菜。俄式服务方式简单快速，服务时不需较大的空间，服务效率和餐厅空间利用率较高。

(3) 美式服务。美式服务是简单和快捷的餐饮服务方式，广泛用于咖啡厅、西餐厅和宴会。菜肴一般在厨房中烹制装盘后，由服务员用托盘运送到餐厅。上菜时服务员在客人的左侧，用左手从客人左边送菜肴，从客人右侧撤餐具和斟倒酒水。冷菜使用冷餐盘，热菜使用热餐盘，以便保持食物的温度。

(4) 英式服务。英式服务又称家庭式服务，服务员从厨房将烹制好的菜肴传送到餐厅，由客人中的主人亲自动手切肉，装盘并配上蔬菜，服务员把装盘的菜肴依次送给每一位客人。调味品、沙司和配菜都摆放在餐桌上，由客人自取或相互传递。英式服务家庭气氛浓，用餐的节奏较慢。

第二节 餐厅的组成与分类

餐饮行业包罗万象，餐厅的类型也不胜枚举。作为餐饮从业人员，应对餐厅有整体的了解，比如餐厅的组成要素、分类、组织结构、岗位分工、加工程序等，这样才能更好地明确自己的角色与定位，为客人提供针对性的优质服务。

一、餐厅的组成要素

开设餐厅一般必须具备以下几个条件。

(1) 具备一定的场所，即具有一定接待能力的餐饮空间和设施。

(2) 必须要提供食品、饮料。食品和饮料是餐厅经营的主要产品，也是餐厅存在的重要物质基础。

(3) 有一定的服务水准，即具备满足客人的不同需求和期望的能力。客人在购买食品和饮料并接受餐厅工作人员提供的服务后，可以通过其生理和心理上的满意度来判断餐厅的服务水平。如果餐厅所提供的服务与客人的心理预期相吻合，那就是让客人满意的服务。

(4) 能够盈利。餐厅能够保持一定的利润水平，才可持续经营。

二、餐厅的分类

(一) 按服务对象分类

根据服务对象不同，餐厅分为以下两类。

(1) 商业型餐厅。商业型餐厅一般利润较高，经营流动性较大，如带餐厅的酒店、综合餐厅、娱乐场所等。

(2) 非商业型餐厅。非商业型餐厅通常是国企、事业单位的餐厅。它们没有强烈的盈利动机，服务地点是固定的，如学校餐厅、医院餐厅、军队餐厅等。

(二) 按经营的组织形式分类

根据经营的组织形式不同，餐厅分为以下两类。

(1) 独立经营的餐厅。独立经营的餐厅一般独立核算，有经营自主权，有注册资本，具有法人资格。我国绝大多数餐厅属于独立经营的餐厅。

(2) 依附经营的餐厅。依附经营的餐厅是属于酒店的餐饮部门，隶属于酒店，没有自己的注册资本、不具备法人资格。

(三) 按菜品的特色分类

根据菜品的特色不同,餐厅分为以下四类。

(1) 地方风味餐厅。中国饮食文化的悠久历史促进了各种地方风味的发展。这些地方风味餐厅往往根据自身地方特色优势,专门经营某些地方菜,如川菜、鲁菜、粤菜和淮扬菜等。

(2) 民族风味餐厅。民族风味餐厅以一个国家或一个民族的风味菜为主导产品,如泰国菜、日本料理、韩国料理、越南菜等。

(3) 特色原料餐厅。特色原料餐厅专注于一种主要特产或典型原料,并为某种原料创造一系列产品,突出其自身的商业特色。例如,北京的全聚德烤鸭、四川的麻婆豆腐等。

(4) 家常风味餐厅。这类餐饮企业主打家常菜,价格亲民,数量众多。

(四) 按营业时间分类

由于餐厅的营业时间受目标市场的就餐时间制约,因此,餐厅可根据不同地区人们的习惯分为两餐、三餐、四餐,甚至 24 小时营业等不同的种类。

(1) 正餐厅。正餐厅主要提供中餐和晚餐。这类餐厅通常使用点菜菜单,提供点菜服务,菜品种类繁多。

(2) 早餐餐厅。早餐餐厅主要提供早餐或早茶。由于我国的早餐通常较简单,所以这些餐厅一般是流动式或摊点式的。

(3) 全天候餐厅。全天候餐厅主要指 24 小时经营的餐厅。一些连锁餐厅的部分分店提供24 小时服务,如麦当劳、海底捞等餐厅。这些餐厅通过延长营业时间,吸引一些稳定的客源到店用餐。

📖 **扩展阅读1-2**

百年老店聚春园

(五) 按经营业态分类

餐饮业态是指为满足不同目标市场的饮食消费需求而形成的不同经营形态。餐饮业态主要依据餐饮企业的位置空间、规模诉求、目标客人、产品结构、店堂设施、经营方式、服务功能、技术条件等来确定。餐饮业态的实质是这些要素的组合,组合不同就会产生不同的效果,就会有不同的市场表现。

1. 传统经营类型

(1) 餐桌服务式餐厅。餐桌服务式餐厅在我国餐饮企业中占有相当大的比例,这类餐厅即通常所说的正餐厅,餐厅名称一般带有酒家、酒楼、饭庄等字样。这类餐厅经营品种丰富,能经营一种以上的地方风味菜肴,并且通过菜品的创新与组合来吸引更多的客人。这类餐厅不仅接待散客,通常还承办会议、商务应酬、婚寿等团体宴席。

(2) 风味餐厅。风味餐厅一般分为风味菜肴餐厅和地方风味小吃餐厅两大类，通过提供由特殊原料或独特烹饪方法制作的具有独特风味的菜品来满足客人的需要，其菜品风味或服务颇具地域性或民族性特点。

(3) 酒吧。酒吧主要是供客人消遣、交往的场所，一般比较注重店堂内外的装修与摆设，尽量创造出一种美观、舒适、高雅的异国情调。酒吧既可以独立经营，也可附设在酒店、大型餐厅内。有些大酒店或餐厅为满足不同客人的需求，会在不同位置附设 1~3 个酒吧。酒吧经营规模较小，一般只设几十个座位。

(4) 茶馆。从茶馆的功能来看，客人进茶馆已不是为了解渴，更多是为了满足消遣、娱乐和社交的需要。从经营的品种与提供的服务项目上看，茶馆可分为清茶馆和茶餐厅两大类。清茶馆是最具传统特色的茶馆，其经营品种主要是各类茶水及各种干货小食品，许多大型的茶馆还同时提供说书、戏曲表演等娱乐服务项目。茶餐厅则是茶、酒、饭、菜兼营的餐厅。

(5) 咖啡厅。咖啡厅可分为两大类：一类附属于酒店，主要经营一些大众化的西式菜肴和部分西式快餐食品，并提供简单的餐桌服务，其实质是一种简化了的餐桌服务式西餐厅，通常又被称为咖啡超市；另一类被称为咖啡屋，经营以咖啡为主的各类饮料、水果及小食品，其功能和特点与酒吧类似，主要是供客人休闲、聚会的场所。这类咖啡厅较受年轻白领阶层的青睐。

📖 **扩展阅读1-3**

港式茶餐厅

2. 自助式经营类型

自助式餐厅与自助餐是有区别的。自助式餐厅是一种餐厅类型，而自助餐是一种服务方式或宴席形式，各类餐厅都可经营自助餐。自助式餐厅具有以下特点：一般不提供餐桌服务，而是由客人自己将食物端至桌前。多数情况下，食品、饮料等均在柜台上陈列，由客人自取，有的餐厅要求客人用餐后将托盘等餐具放在指定位置。有些自助餐厅连食品最后的加工都由客人自己完成。新型自助式餐厅要求客人的参与度与自助程度越来越高。自助式餐厅可分为中西式快餐厅、自助式火锅餐厅及超市餐厅三大类。

(1) 中西式快餐厅。现代快餐是一个科学的生产服务体系，具有以下特征：采用节省时间的设备，利用节省人力的机械，运用自我服务设施降低劳务成本，提供相对固定的经营品种。我国快餐企业主要包括两大类：一类是以手工操作、现场加工和单店经营为主要特征的传统快餐企业；另一类是以标准化、工厂化和连锁经营为主要特征的现代快餐企业，这类企业除麦当劳、肯德基等西式快餐企业外，还有真功夫、大娘水饺、丽华快餐、面点王等中式快餐企业。

(2) 自助式火锅餐厅。火锅是中国传统的餐饮形式之一，也是一种典型的中式自助餐饮。自助式火锅餐厅的主要特征是：就餐形式体现自助特色，客人自主选择原料，自调蘸味料，自行烹制加热，充分满足客人对口味的个性化要求；餐厅一般提供添加汤料、更换燃料等有限餐桌服务；客人在自助式火锅餐厅的就餐时间较长，因此餐厅座位周转率较低。

(3) 超市餐厅。超市餐厅将传统自助餐经营与现代商业零售市场的原理有机结合起来，以千品汇一、超市自选、廉价销售、连锁经营为主要特色，打破传统餐厅前堂后灶的封闭式布局，厨房与就餐区之间用透明玻璃间隔，使客人对厨房设备和烹调过程一目了然。超市餐厅的基本特征是餐厅采取透明化、开架式布局，分为选料区、食街区、操作区和就餐区；原料新鲜，明码实价；开放式布局更透明，环境更卫生。

3. 现代创新经营类型

(1) 吧台式餐厅。吧台式餐厅的特点是利用酒吧吧台的形式来经营餐饮。餐厅中传统的桌椅被吧台和吧凳所取代，餐厅内的工作台沿墙边摆设，呈直线形或半圆形，服务员站在柜台后面，各种生熟菜品的样品均置于玻璃柜台内，旁边墙上张贴简单的菜单，直观性很强。客人可以通过玻璃柜台选择自己喜爱的菜品，点完菜后，坐在柜台外的吧椅上等候现场烹制。吧台式餐厅的出现，在一定程度上满足了客人对便捷就餐方式的需求。

(2) 休闲娱乐型餐厅。这类餐厅的特点是将各种休闲娱乐活动融入餐饮经营中。如今，餐饮经营者更深刻地认识到，休闲娱乐活动与餐饮经营相结合能给企业带来的巨大经济效益和社会效益。经营者通过不断开发与创新，赋予休闲娱乐餐饮更为丰富的内容，形成全新的现代休闲娱乐餐饮形式。

(3) 无店铺式经营餐厅。随着餐饮市场竞争的加剧，继外卖送餐式餐厅、超市餐厅之后，又出现无店铺式经营餐厅。无店铺经营餐厅是指企业不提供固定就餐场所，而是根据标准化菜单或客人指定菜单，由厨师上门为客人进行现场烹制和服务，这也是餐饮企业向家庭的延伸。目前，无店铺式经营形式逐渐被其他餐饮企业采纳，有许多传统餐厅也推出此类服务方式。

(4) 绿色餐厅。绿色餐厅是指以环保、健康、安全、可持续发展的绿色经营理念为指导，以绿色食品为主要原料，产品的生产、服务与销售均符合绿色食品的生产操作规程、包装储运标准及环境质量标准，而且将可持续发展经营思想贯穿于整个生产服务过程，如使用、回收、利用无污染的绿色餐具等的餐饮企业。绿色餐厅比其他餐厅在原料采购与设备方面投入更多，菜品附加值也更高。虽然目前这类餐厅在我国数量较少，但其有广阔的发展前景，尤其在经济较发达地区，更有良好的潜在客源市场。

(5) 主题餐厅。主题餐厅主要通过餐厅整体装饰布置、特色食品、服务程序、娱乐安排等来营造某种特定的主题风格，从而使餐厅具有丰富的社会文化及人文内涵，以一种特殊的就餐氛围来吸引客人。这类餐厅提供的产品品种有限，但都富有特色，一般经营规模适中，提供餐桌服务，但服务程序较普通餐桌服务型餐厅更具特色。

📖 案例1-2

神奇的香蕉

某星级饭店住满了来自各国的客人。其中一位"孤僻"的客人入住已有一周。他不善言笑，总是板着脸，就连服务员对他笑脸相迎，他也不露声色。

这位客人每天都到自助餐厅吃早餐。每当吃过盘中自选的食品后，他总要在餐台上寻找什么东西，一连两天都是这样。第一天服务员笑着问他需要何物，没有得到答复。第二天服务员又耐心地询问，仍然没有得到回答，搞得服务员很是尴尬。当这位冷面先生正要走出餐厅时，服务员又笑着问他是否需要帮助，"香蕉"一词终于从他的嘴里吐出。第三天早餐时间，一大盘香气扑鼻的香蕉出现在这位美国客人面前，这情形使他绷紧的脸第一次有了笑容。在以后的几天内，这位美国客人每天早上都能吃到香蕉。

几个月后，这位客人再次光顾了这家饭店。次日早上他步入自助餐厅时，惊喜地发现在上次同样的位置摆放着熟悉的香蕉。他忙找到服务员，主动询问是否特意为他准备。服务员笑着告诉他，总台服务员昨晚已经通知餐厅客人入住饭店的信息。

服务太好了！神奇的香蕉使这位冷面先生的脸上露出了感激的笑容。

（资料来源：https://www.doc88.com/p-10359441859633.html?r=1，有修改）

问题：评价这位服务员的做法。

第三节　餐饮服务的特点与要求

餐饮服务业(catering services)是集即时加工制作、商业销售和服务性劳动于一体，向客人专门提供各种酒水、食品、消费场所和设施的食品生产经营行业。服务是一种特殊的无形活动，是一个独立创造价值的活动，而且服务给客人带来的满足感是非常奇特的价值。

一、餐饮服务的特点

餐饮服务是餐饮从业人员为就餐客人提供从进店到离店期间一系列帮助行为的总和，包括与客人面对面的前台服务和客人视线范围不能涉及的后台服务。如用餐服务、引领服务等属于前台服务；采购、储藏、财务等属于后台服务。两者是相辅相成的，缺一不可。后台服务是前台服务的基础和保证，前台服务是后台服务的继续和完善。只有两者有机结合，才能创造出令客人满意的餐饮服务。概括而言，餐饮服务有以下特点。

(1) 无形性。餐饮服务与其他任何服务一样不能够量化。无形性是指就餐客人只有在购买并享用餐饮产品后，才能凭借其生理与心理的满足程度来评估其优劣。由于餐饮服务只能通过就餐客人购买、消费、享受服务之后所得到的亲身感受来评价其好坏，因此，这种效用上的无形性加大了餐饮产品的销售困难。

(2) 一次性。餐饮服务的一次性是指餐饮服务只能即时享用，过时则不能使用。这就要求餐饮企业接待好每一位客人，提高每一位客人的满意程度，当客人在精神和物质方面的需求得到满足后，才能多次光临，成为回头客，并起到宣传作用。

(3) 同一性。餐饮服务的同一性是指餐饮产品的生产、销售、消费几乎同步进行，餐厅的生产过程就是客人的消费过程。只有当客人进入餐厅后服务才能进行，当客人离店时，服务也就自然终止。这就要求餐饮企业既要注重产品生产的质量和服务过程，也要重视就餐环境。

(4) 差异性。餐饮服务是由餐饮部门工作人员通过手工劳动来完成的,而由于每位工作人员年龄、性别、性格、素质、受教育程度及工作经历的差异,他们为客人提供的餐饮服务也不尽相同,另一方面,同一位服务员在不同的场合、不同的时间,或面对不同的客人,其服务态度、服务效果等可能有一定差异。这就要求餐饮企业制定服务标准,并加强员工的培训和对服务过程的控制。

二、餐饮服务的要求

餐饮服务的质量与水平不仅关系着餐厅的效益与口碑,更关乎餐厅的生存与发展。在不同类型的餐厅,餐饮服务可能呈现不同的形式与节奏,但是发自内心、真诚而到位的服务永不过时。例如,优质的餐饮服务是以标准的服务动作,快速稳健地为客人提供细致入微的服务,使客人在餐饮消费中体验到温馨和专业,具体表现为标准与个性统一、快捷与稳妥统一、热情与礼仪统一、亲切与高雅统一、守则与灵活统一。

(一) 餐饮服务的类型

餐饮服务可从功能性、情感性、增值性等三个方面满足客人的需求。

(1) 功能性服务。功能性服务是餐饮服务的基本要求,包括服务员得体的仪容仪表、妥帖舒服的礼貌礼仪、自然熟练的技巧和基本的知识技能等。这些都是餐饮服务必备的培训内容,可以满足餐饮企业为客人提供简单服务的需求。如食品确保安全、餐厅保持清洁、硬件设施运作良好、按时提供酒菜等。

(2) 情感性服务。情感性服务是餐饮服务的自然延伸,主要指客人在用餐过程中,与服务员的交往互动产生的情感满足。如服务员是否有亲切的微笑与问候,在与客人的沟通中,服务员是否具备优雅而又不失温暖的气质,客人能否感受到被关注和关爱等。

(3) 增值性服务。随着餐饮竞争逐步回归经营的本质,服务制胜的观点深入人心,增值服务得到越来越多餐饮经营者的青睐。餐饮从业人员集思广益,不断创新,使增值服务的内容越来越丰富,技巧越来越高超。增值服务的形式多样,目的都是为了感动客人。如管家式服务、亲情式服务、顾问式服务、情境式服务等,都可以使客人从用餐体验中获得深层次的差异化感受,让客人产生流连忘返、连续消费的冲动。

功能性服务、情感性服务是常规的服务内容,而增值性服务则是品牌餐饮与非品牌餐饮的分水岭。如管家式服务中,服务员能够准确分辨客人的身份,避免一直使用先生、女士等呆板敬语;在客人的用餐过程中,服务员提供周到、细致、贴心的服务,设身处地帮助主人照顾其他客人;当行动不便的客人进店消费时,服务员在第一时间为客人推出残疾人专用三轮车;当客人酒醉呕吐时,服务员除马上清扫外,还会帮助客人清理衣物或端送凉开水,以便客人尽快恢复常态;如发现客人带病赴宴,服务员马上为客人准备相应药品,在征得客人同意的情况下,帮助客人服用或包扎等。悄无声息拨动客人心弦的往往是这些于细节处见真情的贴心服务。

📖 **扩展阅读1-4**

肯德基的标准化服务

(二) 餐饮从业人员的能力要求

为了做好餐饮服务，餐饮从业人员可从执行力、应变力和创造力等三个方面进行能力构建与相关培训。

(1) 执行力。执行力指的是服务员完成标准工作的能力。基本的餐饮服务标准往往涉及卫生、清洁及食品安全问题。基础标准就像船舱吃水线以下的部分，看起来不明显，但如果出了问题，可能会带来更大的风险。基础标准培训的要求应该是明确、清晰、可理解的，以便于服务员掌握和执行。

(2) 应变力。应变力指的是服务员根据情景与客人需求，调整相关餐饮服务的能力。具体而言，可遵循以下五个步骤实现个性化服务。第一，确定客人的来源。第二，找出不同背景的需求差异，如年轻客人需要什么，年长客人需要什么；南方客人需要什么，北方客人需要什么，等等。第三，设计一个适合不同需求的体验。餐厅可建立一个量身定做的服务数据库，便于服务员提取参考信息。第四，实施体验，鼓励服务员主动向不同的客人推荐所设计的体验。第五，不断自查与优化服务设计。

(3) 创造力。创造力指的是员工在服务中给客人带来惊喜的能力。这种能力的强弱更多地取决于服务员的悟性。为了提升服务员的创造力，餐厅可推出明确的激励措施，以留住有技能和才华的一线员工，使他们能够充分发挥个人才能，为客人提供难忘的体验。另外，通过餐饮服务细节的培训，不仅可以开发员工的潜在技能，提升服务的灵活性与主动性，而且有利于提升员工的自信心，促进员工的职业发展。

📖 **扩展阅读1-5**

海底捞的服务特色

三、餐饮服务业的发展趋势

作为世界第二大餐饮服务市场，我国餐饮服务业的市场规模由 2016 年的 35 799 亿元大幅增加至 2019 年的 46 721 万亿元，复合年增长率为 9.3%。2020 年，受新冠疫情影响，我国餐饮服务市场规模降至 39 527 亿元。但随后迅速回升，2021 年，我国餐饮收入合计 46 895 亿元，同比增长 18.64%。2022 年，我国餐饮收入合计 43 941 亿元，比 2021 年下降 6.3%。2021 年，我国餐饮行业相关企业新注册 334 万家，较上年增加 86.2 万家，同比增长 34.8%。截至 2022 年 3 月，我国餐饮相关企业共计 1172.36 万家。目前，餐饮服务业面临着新的挑战与机遇，餐饮业的竞争焦点将更集中地表现在创新能力、经营手段、管理水平与人才保证等方面，餐饮企业只有拓展新业态，不断更新产品，创新经营与服务方式，精准对接客人需求，才能立于不败之地。

(1) 餐饮服务数字化。目前，便捷、高效的餐饮管理软件与先进的硬件设施已成为餐饮企业的制胜法宝。随着我国餐饮业的数字化发展、实体经济与互联网技术的融合，餐饮业获得了更丰富的拓展空间。数字化正在重塑餐饮业，而 SaaS(Software-as-a-Service，软件运营服务)正在新的餐饮环境中获得发展。近年来，在头部餐饮企业的引领下，餐饮全行业进入数字新基建的加速模式，几乎所有的餐饮企业都在探索数字化转型升级之道。然而，鉴于传统餐饮企业对数字化的认识程度较低和 SaaS 行业发展依然面临不少挑战，正在踏上数字化征程的餐饮企业开始意识到，不必盲目跟风进行现代化和数字化转型，而是要根据餐厅的业务和消费需求的演变，才能找到真正适合餐厅的数字化解决方案。

(2) 餐饮全业务一体化。为提高生产力，降低餐饮业的劳动成本，餐饮业的智能化将继续发展，工作重点将从手工劳动转向互联网、数据和智能化工作。餐饮企业的三个主要在线业务场景是餐厅、外卖和购物中心。未来的餐厅需要在一个整体的系统中管理三者的运作，去中心化智慧餐饮解决方案的出现恰逢其时。如微盟的三店合一模式，将堂食、外卖、商城三大场景进行数字化整合，打通多渠道会员数据，实现线上、线下相统一的战略和运营体系。餐饮企业寻求与零售业的合作与联系，开发一系列新的商业模式。如一些餐饮企业加入生鲜大军，利用自己的供应链销售生鲜产品、半成品等。

(3) 特色创新经营蔚然成风。在日益激烈的市场竞争中，餐饮企业越来越重视个性化特征，食品质量、餐厅环境和管理水平逐步提高。食品制备技术更新，厨房和餐厅设计更加现代化，食品质量更加稳定，管理更加科学。同时，餐饮企业的科技含量不断提高，随着电子采购、计算机管理、网络推广的普及，行业发展水平明显提高，重点从多种类、低价向品牌、优质转变，从基于价格多元化的竞争向基于品牌文化的竞争转变。在餐饮业转型升级过程中，多数企业面临的问题是加强管理，提升品牌文化的创新力度，重视个体经营、品牌建设和营销。未来的餐饮市场将是一个管理规范化、系统化，经营科学化，餐饮精品化的世界。

(4) 餐饮业进入品牌与文化竞争阶段。首先，随着市场经济的日益成熟和消费的合理化，餐饮业的竞争正在变成品牌间的竞争。从价格、环境、设施，到产品质量、服务质量、服务功能、文化品位，竞争会越来越激烈。其次，随着经济全球化进程的加快，越来越多的国外资本来到中国，这会进一步加剧餐饮市场的竞争，促进我国餐饮产业结构的进一步优化。通过竞争，持续对现有的餐饮企业优胜劣汰，市场将在传输和分配方面发挥更大的作用，进一步整合和调整企业，促进餐饮行业的可持续性发展。

(5) 连锁经营加速发展。连锁经营作为一种经营模式正在迅速发展，并在餐饮行业越来越受欢迎。老牌企业和知名专营店正在积极推动直营和特许经营连锁店，这构成了餐饮连锁店发展的基础。一些餐饮连锁企业通过积极的探索、大胆的行动和卓越的积累，在发展和成长中表现出色。随着市场经济的发展，餐饮连锁企业的竞争范围也将从一店一品的竞争转变为不同业态、连锁、集团之间的竞争。区域间的零售连锁店已成为扩张的主要机会，餐饮行业将看到具有广阔市场的连锁店快速发展，连锁销售在餐饮行业总销售额中的比例也将大幅增加。

(6) 绿色餐饮引领未来发展趋势。目前，我国餐饮业繁荣发展，但仍存在一些隐患。如整个餐饮业的发展缺乏统一规划，市场准入缺乏统一标准；市场组织不规范，很多餐饮企业环境卫生不达标，食品不安全，百姓不放心；原材料浪费超标，污染严重，各类化学品使用过量。餐饮业应更加重视餐饮设施的整体质量，改善行业的经营环境，以满足客人对绿色消费的需求。中国饭店协会在国内率先推出了"绿色饭店"，"绿色餐饮"服务应运而生，有利可图，这将成为未来餐饮业发展的趋势。

📖 **扩展阅读1-6**

服务 SaaS 化的头部餐饮企业

复习思考题

一、名词解释

1. 餐饮服务
2. 法式服务
3. 自助式餐厅

二、简答题

1. 简述餐饮服务的内容。
2. 根据服务对象的不同，餐厅分为哪些类型？
3. 餐饮服务有哪些特点？
4. 按服务的特点、餐饮服务分为哪些类型？
5. 区别自助式餐厅与自助餐。

三、实践题

1. 分析你所在高校食堂的供餐与经营情况。
2. 从服务的角度，点评你熟悉的一家餐厅，分析其成功经验或失败原因。

四、案例分析

一天，几位客人来到一家餐厅就餐，走到门口发现里面已经客满了，当客人还在门口犹豫时，伴随着热情的"欢迎光临"，迎宾员面带甜美的笑容，将客人引到了餐厅的休息区。客人刚刚坐好，茶水和糖果就送到了他们面前，时值盛夏，送来的茶水是温的。客人尚未发问，迎宾员就笑盈盈地告诉客人："不好意思，暂时还没有空位，请不要着急，经理正在落实你们的位置，请等一等。"于是客人只好耐心地喝茶等待。过了 5 分钟，餐厅经理过来微笑地向客人问好，说："我已经查过了，在你们之前还有三批客人，可能还需要再等等，真抱歉，赶上周末，人比较多。"客人看到经理说话如此客气，说："那就再等等吧。"

又过了 15 分钟，客人的茶水和糖果吃得差不多了，迎宾员又为客人送来了果盘，依然诚恳地向客人道歉，同时保证一有空位立即通知客人。之后的 20 分钟内，迎宾员不时送来些话梅、瓜子等小食品，主动帮助客人点菜，同时向客人通报空位的情况，客人等位置的烦躁都被迎宾员耐心的服务转移了，甚至在等待过程中，竟未主动询问什么时候有空位。当客人从休息区转到餐桌旁时，才发现已经心甘情愿地等了近一个小时。

（资料来源：http://www.360doc.com/content/15/1101/18/16273306_510014546.shtml）

问题：

1. 本案例中，在客满的情况下，迎宾员通过什么留住了等待的客人？

2. 结合案例，分析餐厅的等候服务对留住客人、提高客人满意度的影响。

第二章
餐饮服务的基本技能

　　随着中国经济的日益繁荣，葡萄酒在各类餐厅中已随处可见。当客人走进一家中高档的餐厅，想饮用葡萄酒时，也许会有这样一个人——他身着正装，轻轻翻开酒单，建议客人选择一款合适的葡萄酒。当客人选好酒后，他优雅而沉稳地打开葡萄酒瓶，葡萄酒的香气渐渐散发出来。之后，他用一块干净的餐巾，轻轻地擦拭瓶口，并缓缓地在客人的酒杯中倒入葡萄酒……这个人可能是侍酒师，也可能是酒侍，抑或是普通的餐厅服务员。那么，侍酒师、酒侍、餐厅服务员的工作职责有何不同？

🕐 学习要点

1. 了解餐饮服务技能的构成与基础知识。
2. 熟悉托盘、铺台布、摆台、撤台、分菜等基本服务技能的操作要领。
3. 掌握斟酒、上菜等基本服务技能的操作要领。

🕐 导入案例

服务不过度，样样都讲究

　　2021 年，巴奴毛肚火锅凭借一句"服务不过度，样样都讲究"的品牌宣传语成功出圈，从"服务不是巴奴的特色，毛肚和菌汤才是"到"服务不过度"，巴奴宣传语的更新反映了其适度服务、产品为王的经营理念。巴奴始终坚持产品主义，反对过度服务，其店面已经覆盖全国 20 多座城市、拥有 85 家直营店、5000 余名员工。由于巴奴多次强调拒绝过度服务，其宣传语引起了业界对于什么是过度服务、服务怎么才能不过度等一系列问题的探讨。

　　（资料来源：https://finance.china.com.cn/news/20210511/5569072.shtml）

　　思考：结合自身的用餐体验，分析什么是过度服务，以及如何做到适度服务。

第一节　托盘服务

在餐厅服务中，无论摆、换、撤餐具和酒具，还是上菜、斟酒等服务活动，都需使用托盘。托盘服务是每位餐厅服务员必须掌握的一项基本功。使用托盘进行服务，不仅有利于规范员工行为，提高餐厅的服务质量，还有利于给客人留下讲究礼节、礼仪、文明、卫生的印象。

一、托盘的分类

材质优良、尺寸相宜的托盘可以让菜品变得更有层次感，也可以提升餐厅的档次。

(一) 按材质分类

(1) 木制类托盘。木制类托盘简约大方，成本低，对于提升餐厅的整体气质有显著作用。适用于快捷时尚的小众餐厅。木制托盘的缺点是容易受潮，不易保存。

(2) 金属类托盘。金质、银质、铜质、不锈钢托盘等都属于金属类托盘。金、银托盘价格较高，一般出现于豪华餐厅或用于接待 VIP 客人，其他金属类托盘的使用较为常见。中档餐厅多使用不锈钢托盘。

(3) 塑料托盘。塑料托盘价格低廉，耐磨实用，色彩丰富且鲜艳，适用于连锁餐厅。塑料托盘的缺点是给客人一种廉价感，建议搭配统一颜色的碗碟来提升效果。

(4) 橡塑类托盘。橡塑类托盘使用最为广泛，其特点主要是轻便、防滑、防腐、耐用，价格实惠，比塑料托盘坚固、结实和美观。

(5) 陶瓷托盘。陶瓷托盘自然古朴的肌理感让人感觉温馨舒适，能够较好地提升菜品的档次。陶瓷托盘的成本比木制托盘略高，适合中高档餐厅和私房菜馆。

(二) 按形状分类

(1) 圆形托盘。圆形是最常见的托盘形状，使用方便。

(2) 椭圆形托盘。椭圆形托盘在中餐厅较为常见。

(3) 正方形或长方形托盘。正方形托盘在西餐厅、快餐厅中使用较多，长方形托盘主要用于重托。

(4) 异型托盘。异型托盘常用于特色餐厅，或在特殊场合使用。

(三) 按规格分类

(1) 大托盘。大托盘一般用于运送菜点、酒水和盘碟等较重物品。

(2) 中托盘。以中圆盘最为常用，主要用于运送酒水、菜点以及摆台、斟酒、撤换餐具等。

(3) 小托盘。小圆托盘常用于斟酒、展示、送菜、分菜等；小长方形托盘则用于递送账单、收款、递送信件等。

二、托盘服务的分类

托盘服务根据端托的不同物品及托盘的不同用途，分为徒手端托和托盘端托两种。根据适用场景与操作要领的差异，托盘端托又分为轻托(胸前托)和重托(肩上托)。

(1) 轻托。因盘平托于左胸前，亦称为平托或胸前托，主要用于端送体积较小、重量较轻的物品，其次还用于摆台、斟酒和换餐具。托盘物品一般在 5kg 以下，是最常见和实用的托法。

(2) 重托。因盘被托起上肩，又称为肩上托，主要用于托运大型菜点、酒水和盘碟，一般物品重量约 10~20kg，因为盘中所托物品较重，故称重托。

三、轻托的操作步骤与要领

轻托包括理盘、装盘、起盘、托盘行走、托盘归位(落盘)等五个步骤。在整个托送过程中，应注意以下操作要领。

(1) 理盘。服务员根据所托物品选择合适的托盘，将其洗净擦干，再把洁净的餐巾或垫布用清水打湿后拧干，端正地铺在盘内，外露部分一定要均匀，使整理铺垫后的托盘既整洁美观，又可以避免托盘内的物品滑动。

(2) 装盘。装盘是端托的关键环节。一般要求根据物品的大小、形状、轻重、取用的先后顺序和所用托盘的形状，合理装盘(弧形或横竖成行)。装盘时应将重物、高物放中部，轻物、低物放外围或边缘；先用、先上的物品在上前方，后用、后上的物品在下后方，重量分布应得当，盘中的物品间距适中，一般为一指左右。

(3) 起盘。服务员左脚前迈一步，稍倾前身，下蹲，右手将托盘拉出餐台 2/3。左手掌伸平，掌心向上，五指分开，左手的下臂向前平伸，与上臂形成 90°角，左手五指尖和掌根托住托盘底部的中间部位，掌心自然成凹形，不与盘底接触，手指和手腕同时受力，将托盘平稳托起，至身体左前方，托盘托平后放下右手，右手摆臂或背后，托盘略低于胸部、略高于腰部。左上臂不靠身体，托盘不靠腹，用手腕力量平托于胸前，左手随时调节重心，保持托盘的平稳。

(4) 托盘行走。托盘行走过程是托盘与行走的协调过程。在托盘行走时，头要正，肩要平，身体要直，挺胸收腹；眼睛注视前方，顾及左右；面部表情轻松自如，脸带笑容，脚步轻捷稳健；随着身体的移动，左手随时调整托盘的重心，右臂前后小幅度自然地摆动，如遇障碍物应避让，避让时姿势要自然。

(5) 落盘。落盘是托盘最后一个环节。落盘时上身前倾，前迈左脚，屈膝下蹲，把托盘底部前沿平放在服务台，右手将托盘推进。

四、重托的操作步骤与要领

重托一般用于男服务员传菜，要求肩平、脚稳、手有力，五指张开，托于托盘中心位置，并将托盘与肩持平，两眼平视前方，步伐强而有力。

(1) 起托。重托起托时，双手将盘移至服务台边，使托盘 1/2 悬空。右手扶托盘将其托平，双脚分开呈八字形，双腿下蹲，略呈马步势，腰部略向前弯曲。左手伸开五指托起盘底。掌握好重心后，用右手协助左手向上用力，将盘慢慢托起，在托起的同时，左手和托盘向上向左，旋转过程中送至左肩外上方，待左手指尖向后托盘距肩 2cm 处，托实、托稳后再将右手撤回呈下垂姿。托至盘子不靠臂、盘前不靠嘴、盘后不靠发，可用右手扶住盘前角。

(2) 姿势。左手向上弯曲，手肘离腰部约 15cm，小臂与身体平行。掌略高于肩 2cm，五指自然分开，大拇指指心向左肩，其他四指左上分开，将掌握托盘的平衡力分于五指尖和掌根，并使重心始终落在掌心或掌心稍里侧。

(3) 行走。托盘一旦托起，要始终保持均匀用力，将盘一托到底，否则可能会造成物品的散、撒、掉、滑等。重托托盘举上肩后，手指指尖向前伸或向左伸均属端托不到位，可能使手臂承受重力不够，容易造成端托失败。托盘行走时，注意避免他人的碰撞，上身挺直，两臂平行，注视前方。行走步履稳健平缓，臂不倾斜，身不摆晃，遇障碍物绕而不停，起托后转，掌握重心，保持表情轻松、动作自然。

第二节　铺台布与摆台

铺台布可以营造一种豪华、柔和、宁静之感，不仅有利于提升餐厅的服务档次，为客人提供一个舒适的就餐场所，还是餐厅服务工作中的基本要求。

一、铺台布

铺台布是将台布平整地铺在餐桌上的过程，要求卫生、美观且便于服务，是餐厅服务员必须掌握的一门技术。铺台布的要点一是美观，二是适用。

(一) 台布的分类

台布的种类很多，根据划分依据的不同分为以下几类。

(1) 按台布的质地分，有化纤台布、塑料台布、纯棉台布、亚麻台布、绒质台布等，其中纯棉台布吸湿性能好，大多数餐厅使用纯棉台布。

(2) 按台布花型图案分，有提花、散花、团花、工艺绣花等。

(3) 按台布的颜色分，有白色、黄色、粉色、红色、绿色等，大多数餐厅选用白色台布，台布的颜色与餐厅的风格、装饰、环境相协调。

(4) 按台布的形状分，有圆形台布、正方形台布、长方形台布、异形台布等。在餐厅中，有许多不同尺寸的餐台，正方形台布常用于方台或圆台，长方形台布多用于西餐服务，圆形台布主要用于中餐圆台，异形台布用于特殊形状的餐台。

(二) 台布的规格

台布的大小有多种，经常使用的有 140cm×140cm、160cm×160cm、180cm×180cm、200cm×200cm、220cm×220cm、240cm×240cm、260cm×260cm 等规格。

餐厅应根据餐桌的大小选择适当规格的台布。如 140cm×140cm 的台布适用于 90cm× 90cm 的方台；160cm × 160cm 的台布适用于 100cm × 100cm、110cm×110cm 的方台；180cm×180cm 的台布适用于直径 150cm 或直径 160cm 的圆台；200cm×200cm 的台布适用于直径 170cm 的圆台；220cm × 220cm 的台布适用于直径 180cm 或 200cm 的圆台；240cm × 240cm 的台布适用于直径 220cm 的圆台；260cm × 260cm 的台布适用于直径 240cm 的圆台。

除了正方形台布外，还有长方形台布，如 160cm × 200cm、180cm × 300cm 等不同规格。这类台布用于长方形餐台及西餐的各种餐台，可根据餐台的大小和形状，选用不同数量的台布，一块不够用时可组合拼接，在拼接时，应注意将接口处接压整齐。

圆形台布的规格不相同，常见的规格为直径220cm、180cm和130cm等。直径220cm的台布适用于 10~12 人的餐台，直径 180cm 的台布适用于6~8 人的餐台，直径 130cm 的台布适用于边长85cm的方台或直径85cm的小圆台。一般的圆形台布多见于定型特制，即根据餐台的大小将台布制成比餐台直径大 60cm 的圆形，使台布铺于餐台上，圆周下垂 30cm。

(三) 铺台布的步骤与要领

(1) 铺台布之前，服务员应根据餐厅的装饰、布局确定席位。首先，应将所需的餐椅按就餐人数放于餐台的四周，使之成为三三两两的并列状，要求主人位、副主人位是三个餐椅并列，另外两边是两个餐椅并列。

(2) 确认桌子是坚固、符合标准及平衡的，并确定桌面是整洁的。

(3) 选台布。服务员应将双手洗净。根据餐厅的环境选用合适颜色和质地的台布，再根据台形选择合适规格的干净台布，仔细检查准备铺用的每块台布，有残破、油渍和褶皱的台布不能继续使用。

(4) 操作时，服务员应将主人位餐椅拉开至右侧餐椅后边，站立在主人位餐椅处，距餐台约 40cm，将选好的台布放于主人位的餐台上。

(5) 铺设台布时，将台布摊开盖过桌面。将台布上有折痕的部分抚平并调整其位置，使台布平放于桌面中央。台布经送洗后，通常会折叠成长方形。长的那面包括一个缝边、一个双面折叠及另一个缝边；短的一面则有两个双面折叠。将双面折叠的一面，放在桌子较远的一边，松开的那边，则朝向桌面中央，中缝正对正、副主人。

(6) 服务员用拇指和食指翻动台布顶端有缝边的部分，使之盖过桌子较远边而垂下，边缘应平坦无折痕，然后用拇指和食指寻找余留的边，轻柔地朝自己的方向拉过来，随着台布的边缘垂下而盖过桌边。台布的边缘应该平滑且平行于底边，自然垂下且面对地板。

(7) 铺设装饰布。将较小的装饰布覆盖于台布上，有利于减少台布的磨损。注意装饰布应摆放在台布的正中位置，平齐无褶皱。

(8) 放转盘。服务员把转盘放在转轴上(转轴处于桌子正中心)，并测试转盘是否旋转正常。

(四) 中餐圆台铺台布的方法

中餐圆台铺台布的常用方法有推拉式、抖铺式、撒网式等三种。

(1) 推拉式铺台。服务员用双手将台布打开后放至餐台上，将台布两边向中间收拢，使台布贴着餐台,平行快速地推出去再拉回来。这种铺法多用于零点餐厅或较小的餐厅,或客人就座于餐台周围,或地方窄小的情况。推拉式铺台的操作要领如表2-1所示。

表2-1 推拉式铺台操作要领

实训程序	动作要领	常见问题
抖台布	铺设时应选取与桌面大小相适合的台布,站于主人位,左脚向前迈一步,靠近桌边,上身前倾,将台布正面朝上打开,双手将台布向餐位两侧拉开	不站在主人位
拢台布	用两手的大拇指与食指分别捏住台布的一边,其余三指抓住台布,台布沿着桌面向胸前合拢,身体朝前微倾	手法不规范
推台布	双手把台布沿桌面迅速用力推出,捏住台布的边角不要松开	力量不够
台布定位	台布下落时,缓慢地把台布拉至桌子边缘靠近身体处。调整台布落定的位置。用手臂的臂力将铺好的台布十字取中,四角下垂均匀,台布鼓缝面朝上,中缝正对正、副主人席位	定位不准
放转盘	把转盘放在转轴上,转轴处于桌子正中心,用手测试转盘是否旋转正常	转盘检查不到位

(2) 抖铺式铺台。服务员用双手将台布打开,平行对折,以对折中线为中心,将台布提拿在双手中,身体呈正位站立式,利用双腕的力量,将台布向前一次性抖开并平铺于餐台上。这种铺台方法适合于较宽敞的餐厅,或周围没有客人就座的情况。

(3) 撒网式铺台。服务员用双手将台布打开,平行对折,呈右脚在前、左脚在后的站立姿势,双手将打开的台布提拿起来至胸前,双臂与肩平行,上身向左转体,下肢不动,并在右臂与身体回转时,将台布斜着向前撒出去,台布抛至前方时,上身转体回位,并恢复至正位站立,这时台布应平铺于餐台上。抛撒时,动作应自然潇洒。这种铺台方法多用于宽大场地或技术比赛的场合,操作要领如表 2-2 所示。

表2-2 撒网式铺台操作要领

操作过程	动作要领	常见问题
抖台布	选好台布后,站于主人位,右脚向前迈一步,上身前倾,将台布正面朝上打开,双手将台布向餐位两侧拉开	拉台布力量不足
拢台布	将台布横折,折时双手拇指与食指分别捏住台布的两端,然后食指与中指、中指与无名指、无名指与小指,从横折处捏起收拢至身前,右臂微抬,呈左低右高式	右手过平
撒台布	抓住多余台布提拿至左肩后方,上身向右转体,下肢不动,并在右臂与身体回转时,手臂随腰部转动并向侧前方挥动,台布斜着向前撒出去,双手除捏握台布边角的拇指和食指,其他手指松开,将台布抛至前方时,上身同时转体回位	用力过大或不足,动作不协调
台布定位	台布下落时,拇指和食指捏住台布边角。将台布平铺于台面,调整台布落定的位置。台布鼓缝面朝上,中线缝正对正、副主人席位,台布四角呈直线下垂,四角下垂的部分与地面等距,台布的图案、花纹置于餐桌正中	定位不准
放转盘	把转盘放在转轴上,转轴处于桌子正中心,用手测试转盘是否旋转正常	转盘检查不到位

(五) 西餐台布的铺设

(1) 西餐便餐铺台。西餐便餐一般使用长台，铺台由 2~4 个服务员分别站在桌台两侧，把第一块台布铺到位，再铺第二块。正面向上、中线相对、每边下垂一致，台布两边压角部分做到均匀、整齐、美观。

(2) 西餐宴会铺台。西餐宴会铺台一般先用毡、绒等软垫物按桌台的尺寸铺台面，然后用布绳扎紧，再铺台布。台布要熨平，保持洁净。台布边缘垂下 30~40cm 即可。

(3) 铺台裙。把整个桌边围上台裙可提高餐厅的档次，使台面美观、大方、高雅、舒适。具体的操作是先将台布铺好，再沿顺时针方向用桌卡固定台裙，台裙的褶要均匀平整。

二、摆台

餐台的布置称为摆台，是将餐具、酒具以及辅助用品按照一定的规格，整齐美观地铺设在餐桌上的操作过程。摆台包括铺台布、餐台排列、席位安排、餐具摆放等环节。摆台是餐饮服务中要求较高的基本技能，要求做到清洁卫生、整齐有序、放置得当、便于就餐、配套齐全。

(一) 中餐的座次安排

民以食为天，而在食中又以坐为先，无论是商务宴请、便宴还是家宴，最讲究的礼仪就是安排席位，主宾尊幼各有说法。中餐座次安排包括餐桌与餐位的安排，基本原则包括面门为上、以右为上、远门为上、中座为尊、座位为双数等原则。如图 2-1 所示。

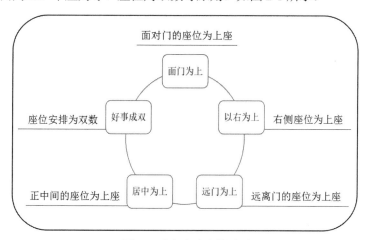

图2-1　中餐座次安排原则

中餐圆桌的座次安排有两种。如图 2-2 左图所示，主人右侧为主宾，左侧为第二宾，副主人右侧为第三宾，左侧为第四宾，以此类推；也可如图 2-2 右图所示，主人右侧为主宾，左侧为第三宾，副主人右侧为第二宾，左侧为第四宾，并以此类推。

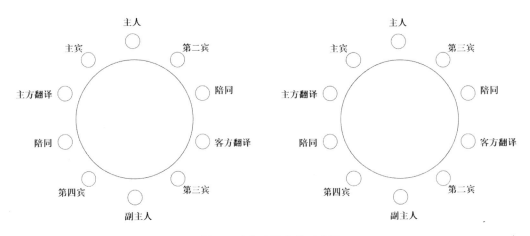

图2-2　中餐座次安排示意图

(二) 摆台的基本要求

(1) 摆台时，左手托盘，盘上托所摆餐具，右手摆台。

(2) 餐具酒具配套齐全、合理，图案、花纹要对正，标识统一朝向客人。

(3) 餐具摆放相对集中，整齐划一，间距相等，符合规范标准，美观，科学卫生，既方便客人用餐，又便于服务员席间操作。

(4) 保持台面的清洁卫生，餐具、用具与装饰品都应整齐清洁。

(5) 摆台前，服务员清洁双手，消毒，操作过程保持洁净。

(6) 对所需的餐具进行检查，不得使用残破餐具。

(三) 中餐零点摆台的操作要领

中餐零点摆台包括以下9个主要步骤，具体摆放位置如图2-3所示。

(1) 铺台布。站在主人位铺台布，要求一次性定位准确，下垂均匀，桌面平整。转盘放在圆桌中心位置，转盘外边与桌沿等距。

(2) 骨碟定位。以骨碟定位，先定主人的位置，后按顺时针摆放，骨碟定位均匀，间距适当，碟边距离桌沿1.5cm。

(3) 摆餐具。摆餐具的顺序是骨碟→味碟→汤碗、汤匙→筷架、筷子→牙签。要求味碟位于骨碟正上方，相距1cm；汤碗摆放在味碟左侧1cm处，与味碟在一条直线上，汤勺放置于汤碗中，勺把朝左，与味碟平行；筷架摆在骨碟右边，与味碟在一条直线上，筷套正面朝上，筷子、长柄勺搁摆在筷架上，长柄勺距骨碟3cm，筷尾距餐桌沿1.5cm；牙签位于长柄勺和筷子之间，牙签套正面朝上，底部与长柄勺齐平。

(4) 摆酒具。摆酒具的顺序是葡萄酒杯→白酒杯→水杯。要求葡萄酒杯在味碟正上方 3cm处；白酒杯在葡萄酒杯右侧，相距1cm；水杯在葡萄酒杯左侧，相距1cm；水杯与葡萄酒杯、白酒杯中心成一条直线。

(5) 摆公用餐具。顺序是筷子→汤匙。两套公用餐具分别放在正、副主人位前方。

(6) 餐巾折花，并放入水杯。注意餐巾折花的花型完整，朝向正确。

(7) 拉椅定位。餐椅与餐位对齐，间距相等。

(8) 摆放装饰物。最后，在餐桌上摆放花卉等装饰物，注意正面朝向主人位。

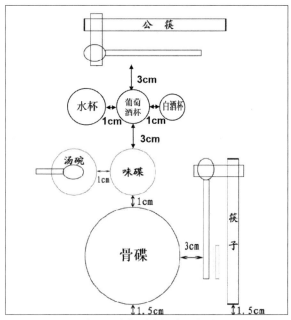

图2-3　中餐零点摆台示意图

(四) 西餐零点摆台的操作要领

西餐零点摆台包括以下 10 个主要步骤，具体摆放位置如图 2-4 所示。

(1) 站在主人位，铺台布。

(2) 拉椅定位。注意间距相等，与台布下垂部分距离相等。

(3) 摆餐盘。包括摆放展示盘、面包盘，展示盘和面包盘的中心连线与桌边平行。展示盘距离桌边 2cm。

(4) 摆刀叉。摆放的顺序是主菜刀叉→鱼刀鱼叉→汤勺→色拉刀叉→甜品叉勺→黄油刀。

(5) 摆酒具。摆放酒具的顺序是白葡萄酒杯→红葡萄酒杯→水杯，白葡萄酒杯距离色拉刀尖 2cm，注意酒杯的中心连线与桌边的夹角为 45°。

(6) 餐巾折花。餐巾折花，并放入展示盘。

(7) 摆花瓶、烛台、盐瓶(左)、胡椒瓶(右)。

(8) 摆烟灰缸、火柴。

(9) 调整桌椅。

(10) 斟冰水、葡萄酒等。

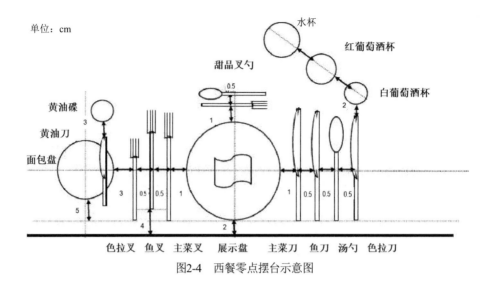

图2-4 西餐零点摆台示意图

第三节 斟酒服务

斟酒服务作为餐饮服务的重头戏之一，不仅是餐厅服务水平的重要体现，还是服务员餐饮服务技能的基础之一，集中体现了餐厅服务员的技艺水平。

一、斟酒服务的分类

(一) 按斟酒服务的方式分类

斟酒服务方式分为桌斟和捧斟，桌斟在餐厅服务中较为常见，捧斟多见于酒吧服务。

(1) 桌斟。瓶口距杯口 2cm，瓶口对准杯子中心，将酒水倒入杯中，啤酒应沿杯壁倒入。

(2) 捧斟。服务员站在客人右侧，右手握瓶，左手将酒杯捧在手中，向杯中斟酒，瓶口距杯口 2cm。

(二) 按是否借助工具分类

斟酒方式分为托盘斟酒法、徒手斟酒法两种。

(1) 托盘斟酒法。将酒水放托盘上，左手端托，右手斟倒。

(2) 徒手斟酒法。左手拿餐巾，右手握酒瓶，依次为客人斟酒。

二、斟酒服务的步骤

斟酒服务是餐厅服务员必备的重要技能，掌握斟酒服务的步骤与要领十分重要。一般而言，斟酒服务主要包括以下步骤。

（一）试酒

葡萄酒开瓶之后，服务员应向客人展示软木塞完好，没有霉变等情况，选一位年纪最长者或点酒者(也可以询问主人由谁来试酒)，向其酒杯中倒入一小口葡萄酒，让客人进行试酒。客人认可后，方可斟酒。如有需要，进行醒酒。

（二）醒酒

醒酒即将酒瓶中的葡萄酒倒入醒酒器中，从而分离出酒液中的沉淀物，并让葡萄酒与氧气接触以释放其香气与风味的过程。醒酒不仅能将葡萄酒与其因陈年在瓶底所形成带苦味的沉淀物分离，同时还可以让葡萄酒与空气接触，促进单宁充分氧化，从而使葡萄酒表面的杂味和异味挥发散去，葡萄酒本身的花香、果香逐渐散发出来，口感变得更加复杂、醇厚和柔顺，使葡萄酒达到最佳的饮用状态。紧致、酒体丰满以及单宁厚重的葡萄酒需要醒酒，陈酿五年以上的葡萄酒，因可能生成沉淀物，也需要醒酒。而那些酒体较轻的葡萄酒则不需要醒酒，如大部分白葡萄酒可以开瓶即饮，桃红葡萄酒、香槟及其他起泡酒也不需要醒酒。甜白葡萄酒和贵腐酒一般开瓶静放 1 小时左右即可饮用。玻璃醒酒器见图 2-5，醒酒器的类型见图 2-6。

图2-5　玻璃醒酒器

图2-6　醒酒器的类型

📖 扩展阅读2-1

如何选用醒酒器

（三）斟酒

(1) 示酒。服务员丁字步站在点酒客人的右手边，右手握住瓶颈，左手托住瓶底，商标对着客人，身体自然弯曲成 45°，与客人距离约 0.5m，报上酒的名称，经客人同意后可开瓶。

(2) 开酒。当着客人的面，服务员在工作台上将酒瓶打开，并根据不同的酒配备相应的器皿。如白酒配酒酌、白酒杯；红酒用醒酒器、红酒杯；黄酒用花雕杯；洋酒用洋酒杯，并询问客人是否需要冰块等。

(3) 持瓶姿势。服务员四指并拢，拇指张开，掌心贴于酒瓶的中下部；把商标朝向客人，握瓶时手指用力均匀；右手握瓶，左手备一块餐巾。

(4) 斟酒的动作要领。斟倒酒水时，右手大臂与小臂成 90°角；上身略向前倾，斟完酒时，右手用手腕力量压一下瓶底；再旋转使酒的商标朝向自己；同时左手将手中餐巾盖住瓶口，轻轻擦拭一下。注意应用手腕力量斟倒酒水。

三、斟酒服务的操作要领

在斟酒服务时，服务员不仅要注意站立姿势、步骤，而且要把握好斟酒的时机与分量。

(1) 服务员斟酒时，要站在客人的右手边，右腿在前，站在两位客人的座椅中间，脚掌落地；左腿在后，左脚尖着地呈后蹬势，使身体向右呈略斜式。用左手托稳装有酒瓶的托盘。用右手从托盘内取酒瓶。手握瓶身下端，托盘应始终保持平稳。

(2) 举托盘的左手轻轻向左边拉开，以盘边不碰到客人为限。服务员站在客人身后右侧，右脚向前一步，身体侧向客人，上身略向前倾。身体不要紧贴客人，距离以方便操作为宜。

(3) 在给每一位客人斟酒之前，应将酒水或饮料的商标面向客人示意。待客人同意后再斟酒。

(4) 服务员面向客人，右手持瓶，拿住酒瓶底部 1/3 处，从客人右侧依次斟酒。要求商标朝向客人，瓶口不能碰到杯子或其他器皿；商标朝向客人主要包含三个意思：一是表示对主人的尊敬，二是核实所选酒水无差错，三是证明商品质量可靠。

(5) 瓶口向客人，每斟满一杯酒更换位置时，要做到进退有序。退时左脚掌落地后，右腿撤回与左腿并齐，使身体恢复原状。

(6) 再次斟酒时，左脚先向前跨一步，右脚跟上跨半步，形成规律性的进退，使斟酒服务的整体过程潇洒大方。服务员斟酒时，忌讳将身体贴靠客人，但也不要离得太远。根据斟酒服务的惯例，所有酒水饮料一律在客人的右边服务，绝对不允许站在同一个位置为左、右两位客人斟酒。

(7) 斟倒顺序。斟酒的顺序应从主宾位开始，再斟主人位，并按顺时针方向依次为客人斟酒。由于宴会的规格、对象、民族风俗习惯不同，因此斟酒顺序也应灵活多样。高级宴会一般是主宾、主人，然后是陪客与其他人员。家宴则是先长辈后小辈，先客人后主人。国际惯例是先女宾后主人、先女士后先生、先长辈后小辈。如果由两个服务员同时为一桌客人斟酒，则一个从主宾开始，另一个从副主宾开始，按顺时针方向依次绕台进行斟酒服务。

(8) 如有祝酒仪式，主人在主席台讲话，服务员要用托盘准备两杯酒，方便主人给客人敬酒。斟酒的方法、时机、方式可以有一定的灵活性。

(9) 瓶口距离杯口适中，不能过高或过低，斟酒时示意客人，斟好后说"请慢用"。

(10) 斟酒的分量。不同种类的酒，斟酒分量各不相同。其中，红葡萄酒入杯为 1/2 杯，白葡萄酒入杯为 2/3 杯，香槟应先斟 1/3 杯，待酒中泡沫消退后，再往杯中续斟至七分满即可。啤酒为八分酒二分泡沫，白酒、黄酒一般斟八分满，茶水斟七分满，饮料一般斟八分满。

📖 **扩展阅读2-2**

为什么每次倒酒都会倒多？

四、斟酒服务的注意事项

不滴不洒，不少不溢，是对斟酒技术的基本要求。正确、迅速、优美和规范的斟酒动作往往会给客人留下美好的印象。

(1) 斟酒时，右手握住瓶身下方，瓶口略高出杯口 1~2cm。斟后将酒瓶提高 3cm，旋转 45° 后抽走，以免酒液滴在桌上。斟酒完毕，用餐巾擦拭瓶口。

(2) 斟啤酒等带泡沫的酒时，因其泡沫较多，斟酒的速度宜慢些，或将杯子倾斜，让酒沿着杯壁流下。

(3) 斟酒时，不宜过急，注意控制酒液流出的速度。

(4) 在主人和客人互相祝酒讲话时，服务员应停止一切活动，精神饱满地站在宴会厅或包厢的两侧等待敬酒，不可交头接耳或抓耳挠腮，应端正肃立。

(5) 讲话快结束时，服务员应用小托盘送上两份举杯用酒，一份主人选取，另一份送给主宾。当主人或主宾逐桌敬酒时，服务员应托着两份酒，跟随在主人身后，以便及时续斟。服务员在客人酒水只剩下 1/3 时应及时添酒，除非客人表示不再需要。

(6) 搬运高脚酒杯时，要倒过来拿。拿玻璃杯时，要轻轻拿住靠近杯底的部分，注意不要在玻璃杯上留下指纹，不要触摸杯口边缘。

📖 **案例2-1**

实习生开瓶受伤

某天中午，新来的实习生小朱在餐厅包厢为客人服务，客人在用餐过程中喝得比较尽兴，自带了 6 瓶卡斯特红酒。小朱在为客人开第 6 瓶红酒时，将红酒开瓶器开偏了，导致瓶口的玻璃出现裂缝，小朱没有经验，用手去撕红酒的塑料套，结果瓶口一下子就碎了，玻璃也扎到了她的大拇指，鲜血直流。小朱吓哭了，隔壁包厢的服务员看到，马上汇报给主管，主管立即向客人道歉，安排其他服务员顶岗继续服务，自己带着小朱到附近的医院进行了包扎。餐饮部经理了解情况后，召开了现场会，培训员工开瓶器的使用技巧和操作要领，酒店对小朱给予了关心和慰问。

(资料来源：作者搜集整理)

问题：斟酒服务应注意哪些环节？

第四节　餐巾折花

餐巾折花是餐前的准备工作之一，主要工作内容是餐厅服务员将餐巾折成各式花样，插在酒杯内，或放置在盘碟内，供客人在进餐过程中使用。餐巾花的摆设不仅能体现宴会的主题，而且能给客人带来美的感受。

一、餐巾的作用

餐巾又称餐巾、席巾，是餐厅中常用的卫生用品，又是一种装饰美化餐台的艺术品。餐巾是一种正方形布巾，边长从 40cm 到 65cm 不等。客人用餐时将餐巾平铺在腿上或压在骨碟下，可防止汤汁、酒水沾污衣服，也可擦嘴，起到保洁的作用。餐巾最早是叠成方形平放在盘中，后逐渐发展为叠成各种造型，插在杯中或放在盘中，起到装饰美化餐桌的作用。餐巾折花是提高服务质量和服务档次的重要途径。简而言之，餐巾的作用主要包括以下几个方面。

(1) 餐巾是一种卫生保洁用品。

(2) 餐巾可以装饰美化餐台。

(3) 餐巾以一种无声的语言，烘托宴席气氛。餐巾的风格应与宴会主题呼应。

(4) 餐巾的花型可标志宾主席位。一般主人、副主人、主宾、副主宾的餐巾折花较为复杂，更具美感。

二、餐巾的分类

根据划分依据的不同，餐巾有以下分类。

(一) 按餐巾的质地分类

(1) 棉织品。棉织品餐巾吸水性较好，去污力强，浆后挺括，造型效果好，但只折叠一次，效果才最佳。

(2) 化纤织品。化纤织品色泽艳丽，透明感强，富有弹性，如一次造型不成，可以二次造型，但吸水性差，去污力不如棉织品。

(二) 按餐巾的颜色分类

(1) 白色餐巾。白色餐巾给人以清洁卫生、恬静优雅之感。它可以调节人的视觉平衡，安定人的情绪。

(2) 彩色餐巾。彩色餐巾可以渲染就餐气氛，如艳红、大红色餐巾给人以庄重热烈的感觉；橘黄、鹅黄色餐巾给人以高贵典雅的感觉；湖蓝色餐巾能给人以凉爽、舒适之感。

(三) 按餐巾的摆放分类

(1) 杯花。杯花属中式花型，应插入杯中才能完成造型，出杯花型即散。由于折叠成杯花后，在使用时其平整性较差，也容易造成污染，所以目前杯花已较少使用，但作为一种技能，仍在餐厅服务中存在。

(2) 盘花。盘花属西式花型，造型完整，成型后不会自行散开，可放于展示盘中。盘花简洁大方，美观适用，目前已逐渐取代杯花，成为主要的发展趋势。

(四) 按餐巾的造型分类

(1) 花草类。如牡丹、马蹄莲、荷花、兰花、马兰花、玉兰花、仙人掌、灵芝草等。

(2) 飞禽类。如凤凰、孔雀、鸽子、鸵鸟、云雀、金鸡、仙鹤、大雁、小雁、喜鹊、海鸥、鸳鸯、大鹏等。

(3) 蔬菜类。如冬笋、白菜、卷心菜等。

(4) 走兽类。如长颈鹿、熊猫、松鼠、玉兔等。

(5) 昆虫类。如蝴蝶、蜜蜂、蝉等。

(6) 鱼虾类。如龙虾、金鱼等。

(7) 实物造型类。如火箭、扇子、领带等。

三、餐巾折花的基本技法

掌握餐巾折花的技法是提高餐饮服务水平的途径之一。餐巾折花的基本技法包括叠、推、卷、翻、拉、捏、穿、折、掰、攥等，折叠方法包括正方折叠、长方折叠、长方翻角折叠、条形折叠、三角折叠、菱形折叠、锯齿折叠、尖角折叠、提取折叠、翻折角折叠等。操作要领见表2-3。

表2-3　餐巾折花的基本技法

技法	说明	操作要领
叠	叠是最基本的餐巾折花手法，几乎所有的造型都要使用	叠就是将餐巾一折为二，二折为四，或折成三角形、长方形、菱形、梯形、锯齿形等形状。叠时要熟悉造型，看准角度一次叠成，如有反复，就会在餐巾上留下痕迹，影响挺括。叠的要领是找好角度，一次叠成
推	推是打折时将餐巾折成不同的褶所运用的方法	两个大拇指相对成一条线，指面向外，指侧面紧按餐巾向前推折，两手食指将推折好的褶挡住，两手中指控制好下一个褶的距离，三个手指互相配合做往返运动。推的要领是推出的褶要均匀整齐
卷	分直卷和螺旋卷两种。直卷餐巾两头要卷平，螺旋卷可卷成三角形，餐巾边要参差不齐	卷是用大拇指、食指、中指三个手指相互配合，将餐巾卷成圆筒状。直卷有单头卷、双头卷、平头卷，要求餐巾两头一定要卷平。只卷一头，或一头多卷，另一头少卷，会使卷筒一头大，一头小。不管是直卷还是螺旋卷，餐巾都要卷得紧凑、挺括，否则会因松软无力、弯曲变形而影响造型。卷的要领是卷紧、卷挺
翻	指上下、左右、前后、内外改变部位的翻折，或把餐巾折、卷的部位翻成所需花样的方法	操作时，左手拿餐巾，用右手大拇指、食指、中指三个手指配合，将下垂的餐巾翻起一个角，翻成花卉或鸟的头颈、翅膀、尾等形状。翻花叶时，要注意叶子对称，大小一致，距离相等。翻鸟的翅膀、尾巴或头颈时，一定要翻挺，不要软折。翻的要领是注意大小适宜，自然美丽
拉	在翻的基础上，为使餐巾造型挺直而采取的手法	一般在餐巾花半成形时进行，把半成形的餐巾花攥在左手中，用右手拉出一只角或几只角来。拉的要领是大小比例适当，距离相等，用力均匀，造型挺括

(续表)

技法	说明	操作要领
捏	主要用于制作鸟或其他动物的头	捏主要用于折鸟的头部造型。操作时先将餐巾的一角拉挺作颈部，然后用一只手的大拇指、食指、中指三个手指捏住鸟颈的顶端，食指向下，将巾角尖端向里压下，用中指与拇指将压下的巾角捏出尖嘴状，作为鸟头。捏的要领是棱角分明，头顶端、嘴尖角到位
穿	一般用筷子等工具从餐巾夹层折缝中穿过，形成褶皱，使之饱满、富有弹性、逼真	将餐巾折好后攥在左手掌心内，右手拿筷子，用筷子小头穿进餐巾的褶缝里，另一头顶在自己身上，然后用右手的大拇指和食指将筷子上的餐巾一点点向后拨，直至把筷子穿出餐巾。穿好后，先把餐巾花插入杯子内，再把筷子抽掉，否则容易松散。根据需要，一般只穿1~2根筷子。穿的要领是穿好的褶裥要平、直、细小、均匀
折	折是打褶时运用的一种手法。折就是将餐巾叠折成褶裥的形状，使花型层次丰富、紧凑、美观	打褶时，用双手的拇指和食指分别捏住餐巾两头的第一个褶裥，两个大拇指相对成一条线，指面向外。再用两手中指接住餐巾，并控制好一个褶裥的距离。拇指、食指的指面握紧餐巾，向前推折至中指外，用食指将推折的褶裥挡住，中指腾出去控制下一个褶裥的距离，三个手指如此互相配合。可分为直线折和斜线折两种方法。两头一样大小的用直线折，一头大、一头小或折半圆形及圆弧形的用斜线折。折的要领是折出的褶裥均匀整齐
掰	一般用于花瓣的制作	按餐巾叠好的层序，用右手按顺序一层一层掰出花瓣。掰时不要用力过大，掰出的层次或褶的大小距离要均匀
攥	使叠出的餐巾花半成品不易脱落走样而采用的方法	用左手攥住餐巾的中部或下部，然后用力操作其他部位，攥在手中的部分不能松散

四、餐巾折花的注意事项

餐巾折花应注意以下基本要求，做到造型美观、高雅，与餐厅的氛围相符。

(1) 操作前，服务员双手洗净消毒。

(2) 在干净的托盘中操作，简化折叠方法，一次成形。

(3) 操作时不允许用嘴咬。

(4) 放花入杯时，要注意卫生，不允许手接触杯口，避免留下指纹，餐巾折花放置在杯中的2/3处为宜。

(5) 主花插摆在主人位，突出主人位，和其他餐巾花要高低均匀，错落有致。

(6) 插花时要慢慢顺势插入，不能乱插乱塞或硬性塞入，以防杯口破损；插入后，要再整理一下，保持花型的完整；盘花则要摆正摆稳，挺立不倒。

(7) 插摆餐巾花时，要将其观赏面朝向客人席位。适合正面观赏的要将正面朝向客人，适合侧面观赏的要选择一个最佳观赏角度摆放。

(8) 不同品种的花型同桌摆放时要位置适当，将形状相似的花型错开并对称摆放。

(9) 各种餐巾花之间的距离要均匀，整齐一致。

(10) 餐巾花不能遮挡餐台上的用品，不要影响服务操作。

第五节　上菜与撤台

上菜与撤台是餐饮服务的重要步骤，也是餐饮服务人员必须掌握的基本技能。上菜服务中，上菜程序、上菜位置、上菜方法、服务节奏等均有一定的规则。撤换餐具是餐饮服务中使用最为频繁的技术动作，目的是为就餐客人提供一个良好的用餐环境。

一、上菜

(一) 上菜的基本原则

(1) 八先八后原则，即先冷菜后热菜，先咸菜后甜菜；先浓醇菜后清淡菜，先风味菜后一般菜；先炒菜后烧菜，先荤菜后素菜；先下酒菜后下饭菜，先上调料再上菜。

(2) 六不上原则，即颜色不对不上，分量不符不上，温度不够不上，内有杂物不上，器皿破损不上，质量不对不上。

(二) 服务员的位置

服务员左手托盘，站在副主人位右边第一位与第二位之间的空隙处，侧身将菜肴奉上，然后将菜肴转至主人与主宾之间，右脚收后半步，报菜名，介绍特点，用手示意客人及时品尝。

(三) 上菜的顺序

中餐的上菜顺序是先上冷菜，再上热菜，最后上汤菜、点心和水果。西餐的上菜顺序是先上开胃菜，然后上汤，再上主菜，主菜一般先海鲜后肉类，最后是甜点。

(四) 上菜的要求

(1) 上菜时报菜名，有佐料先上佐料，遵循右上右撤的原则。

(2) 先上调味品，再将菜端上；每上一道新菜都要转到主宾前面，菜的观赏面朝向主人、主宾，以示尊重。

(3) 上粒状菜肴要加汤匙，上煲窝类菜肴一般加垫碟，上带壳食品要跟上毛巾与洗手盅。

(4) 上菜时，不能推菜盘，大拇指捏盘要适度，捏边缘，不能接触菜肴或汤汁。

(5) 菜盘成型，一点，二线，三角，四方，五梅，六圆，依次类推。

(6) 注意荤素、颜色、原材料、口味、形状、器皿等几个方面对称摆放。盘与盘之间距离相等。

(五) 上菜的注意事项

(1) 上菜要从主宾位开始，顺时针方向依次进行。

(2) 选择正确的上菜口，一般在副主人位的右手边，或在陪同人员之间，不得在老人和小孩旁边上菜，以免发生意外。

(3) 报菜名，特殊菜式应主动向客人介绍特点及制作工序。

(4) 带火的菜式注意安全操作。

(5) 勿在正在交谈的客人之间上菜。

(6) 不得从客人头上或肩上端送菜肴。

(7) 做好大盘换小盘、撤空盘工作，尽量不要出现空盘、空台或摆盘的现象。

上菜服务的操作规范与要求见表2-4。

表2-4　上菜服务的操作规范与要求

项目训练	操作规范	质量标准或要求
上菜前的准备工作	1. 核对菜名、分量、客人特殊要求与菜单是否相符。 2. 配备相应的服务用具。 3. 先上冷菜，再上热菜，然后上汤，最后上鱼	认真核对，准确无误
上冷菜	1. 在客人到达餐厅后，及时通知传菜员传冷菜。 2. 站立于副主人位右后侧，左手托盘，右手将菜盘轻放于转盘或桌面上，按顺时针方向轻轻转动转盘。 3. 先上调料，后上冷菜，视情况报菜名	1. 冷菜盘均匀分布于转盘上，距转盘边缘2cm。 2. 荤菜、素菜以及颜色合理搭配
上热菜	1. 在上前四道菜时，要将菜盘均等放于转盘上。 2. 若上手抓排骨类菜肴，应提供一次性手套；上刺身类菜品时，将辣根挤出1.5cm放于调味碟内，倒入适量酱油或醋；上海鲜时，提供洗手盅。上高档原料菜品，要听取客人意见并及时反馈。 3. 若分餐，右脚在前，站立于副主人位右后侧，将菜品放于转盘上，转至主宾处，伸手示意，报菜名，介绍完毕，拿到备餐台，为客人分餐。 4. 根据客人用餐情况及时与厨房协调，合理控制上菜速度。 5. 菜上齐时，告诉客人菜已上齐。如发现菜肴不够或客人特别喜欢的菜，征得客人同意予以加菜	1. 报菜名，说普通话，声音适中，菜品观赏面朝向主宾。保证菜品温度，上菜不出现摆盘现象。 2. 上菜动作迅速，保持菜型美观。 3. 每道菜肴吃了3/4时，可为客人更换小碟。 4. 对于特色菜，主动介绍菜品知识和营养价值
上特殊热菜（蟹、炖盅）	1. 站立于副主人位右后侧，调整桌面，然后双手将盘放于转盘或桌面上，菜品观赏面转到主人与主宾之间位置，后退半步报菜名，并伸手示意请用。 2. 上蟹时，同时配备调料、蟹钳和洗手盅，介绍洗手盅的用途。 3. 上炖盅时，从主宾开始，将炖盅放于客人的右侧，揭开盖子，放入汤匙，并报菜名	1. 服务用具和调料配备齐全，注意客人动作，避免汤汁洒到客人身上。 2. 报菜名时口齿清晰、音量适中、用词准确

（续表）

项目训练	操作规范	质量标准或要求
上汤	站立于副主人位右后侧，调整桌面，然后双手将汤放于转盘上，后退半步报菜名，伸手示意征询客人是否需要分汤。 ① 若需要，将汤放于备餐台上，分好后将汤碗放到托盘上，站于每位客人的右侧，再将汤碗放到桌面上，伸手示意请用； ② 若不需要，伸手示意请用	盛汤均匀，不洒、不外溅，盛汤不宜太满
上鱼	1. 站立于副主人位右后侧，调整桌面，然后双手将鱼盘放于转盘上，将观赏面轻轻转到主人与主宾之间位置，后退半步报菜名，然后征询客人意见是否需要剔鱼骨。 2. 若需要，将鱼盘拿到备餐台，左手拿叉，右手拿分餐刀，将鱼身上配料用刀叉移到一边，用分餐刀分别将鱼头、鱼鳍、鱼尾切开，再顺鱼背将上片鱼一分为二，将鱼肉向两侧轻轻移动，剔除鱼骨，用刀叉将鱼肉复位，并将鱼的整体形状进行整理，端到餐桌上，伸手示意请用	不要将鱼肉弄碎，保持鱼肉的形状完好
上主食	1. 上最后一道菜时，告知客人菜已上齐。若客人已点主食，征询客人是否可以上主食。 2. 若客人未点主食，征询客人是否点主食，下单后，根据客人的要求，尽快将主食上桌	认真核对主食是否与点菜单相符；适时进行二次推销，保证主食适宜的温度
上水果	1. 在主食上齐之后，征询客人是否上水果。 2. 在征得客人同意后，先整理桌面，更换骨碟，然后将果盘放于离转盘边缘2cm处，转到主人和主宾之间，或放于餐桌中间	保持果盘完整、美观
上菜特殊情况处理	1. 菜品中若吃出异物，或菜品未按标准做，先向客人道歉，根据客人要求，做退菜处理，或立即撤下菜肴，通知厨房重做。 2. 换菜。当客人对菜肴口味提出异议时，先向客人道歉，并征询客人此菜是否要换。征得客人同意后，立即撤下，并通知厨房重做。 3. 缺菜。向客人道歉并委婉说明情况，并向客人推荐类似菜肴。 4. 上错菜。若客人未用，应征询客人意见是否需要，如不用，向客人表示歉意，撤下菜肴；如客人已动筷，向客人说明情况，致歉，并征求客人是否可做加单处理	语气委婉，态度诚恳，耐心向客人解释，不与客人争吵

上菜考核计分表见表2-5。

表2-5　上菜考核计分表

考核项目	应得分	扣分	备注
上菜前准备	8 分		
上菜程序	8 分		
上菜原则	10 分		
上菜位置	10 分		
服务态度	9 分		
报菜名	12 分		
上菜时机与节奏	7 分		
服务方法得当	8 分		
操作规范	12 分		
特殊情况处理	8 分		
整体印象	8 分		
总计	100 分		

考核时间：　　　　　　　　　　　　　　考核人：

 案例2-2

选错上菜口

张先生与李先生两家人到某餐厅就餐，服务员小赵把他们带到了雅间。因为两家的孩子都比较小，不好好吃饭，尤其一到热闹场合就喜欢打打闹闹，张先生让孩子在靠近雅间门口的地方坐下，免得打扰大人聊天。

在上菜的时候，小赵突然感觉身体被撞，双手端的菜晃了一下，热汤洒了出来。原来小赵上菜的地方刚好在两个孩子中间，孩子玩耍时，不小心碰了一下小赵。

经过检查，其中一个孩子轻度烫伤，小赵受到了客人的指责，餐厅赔偿了客人的费用。

（资料来源：https://wenku.baidu.com/view/d79db1f211a6f524ccbff121dd36a32d7275c733.html）

思考：选择上菜口的基本原则是什么？上菜出现意外时，服务员应如何处理？

二、撤台

保持用餐环境的整洁是服务员的基本职责，撤台服务是餐饮服务的主要环节之一。撤换餐具要做到及时而不干扰客人用餐，清理餐台时注意动作的规范性，避免给客人造成不便。

(一) 撤台的基本原则

(1) 时间把握恰当，配合客人的用餐速度。

(2) 与客人保持良好的互动，尊重客人的需求，以不打扰客人为宜。

(3) 收撤餐具不仅要为客人营造良好的用餐环境，而且要为下道工序创造条件。

(二) 撤台的注意事项

(1) 先撤后上，撤换餐具前与客人沟通，得到同意后再撤换。

(2) 撤台从主宾位开始，按顺时针方向依次进行。

(3) 撤换餐具时，不推不拖，轻拿轻放，不得损坏餐具，尽量不发出声响。

(4) 服务员站在客人的右侧，用右手撤台，左手的托盘应悬位于客人的座位外。

(5) 当发现餐桌上有空盘、空碗和空杯时，征得客人同意后及时撤掉。

(6) 撤餐具时，托盘内物品应分类摆放且整齐有序。

(7) 撤完餐具后，如发现餐桌上有污迹，应在上面铺放一块干净的餐巾。

(8) 及时为客人清理台面，包括用完的纸巾、骨渣、虾皮、蟹壳等，保持台面清爽干净。

案例2-3

以服务设计刷新餐饮体验

2022年，探鱼LAB店凭借其服务理念等多重创新，成功入选2022 CCFA连锁餐饮创新案例。探鱼创新性地引入了服务设计这一理论体系，构建了一个整体的餐饮服务流程框架，并对服务流程中的各类触点进行设计，融入视觉、空间、物理、人际等交互体验，最终形成客户与员工在服务过程中双向优质的体验。探鱼强调可分享性、强互动性的服务模式，在形式上突出上菜仪式，在关键服务节点帮助客人释放体验感，而不是局限于传统单向的服务模式。

(资料来源: https://www.sohu.com/a/576915753_120374123)

讨论: (1) 如何看待餐饮双向服务？

(2) 分析实现服务场景体验的途径。

第六节 分菜服务

分菜是一项技术难度较高的服务工作，服务员要花费一定的时间和精力，认真学习，勤于练习，才能练就娴熟的分菜技巧。

一、分菜的用具与方法

分菜需要耐心与细心，服务员在操作时应做到又稳又准。

(一) 分菜的用具

分菜用具包括分菜叉(服务叉)、分菜勺(服务勺)、公用勺、公用筷、长把汤勺等。

(二) 分菜的方法

(1) 餐桌边分菜。餐桌边分菜分为分让式和合作式两种。分让式是指服务员站在客人的左侧，左手托盘，右手拿分菜叉与分菜勺，从客位的左侧给客人派菜，从主宾位开始顺时针方向进行。合作式是指一个服务员站在翻译与陪同之间，另一个服务员从主宾开始按顺时针方向进行，带出客人的骨碟，盛完菜肴后再放回原位。

(2) 分菜台分菜。服务员先将菜放到桌面上向客人展示，介绍菜式，供客人观赏后，再将菜肴撤到分菜台，将菜分派到客人的餐盘中，并将各个餐盘放入托盘；然后用托盘派送，依次从客人右侧上菜。分菜时应先将客人餐位上的前一道餐碟收走，再将分好的菜派给每位客人。

(3) 厨房分菜。厨房分菜是指厨师将菜肴加工好后，直接盛装到餐碟中，由传菜员传送到餐台，服务员再将菜肴端至客人面前，供客人享用。

二、分菜的顺序

分菜的顺序主要有以下两种。

(1) 先主宾后主人，然后按顺时针方向依次分派。

(2) 先主宾再第二宾，然后按顺时针方向依次分派，最后主人。

三、分菜的操作要领

分菜要注意以下操作要领。

(1) 每个餐碟所分的分量要均匀，一个餐碟不能夹两次，更不能从一个餐碟夹到另一个餐碟中；动作要轻、稳、准。

(2) 勺不要在盘上刮出声响。

(3) 餐桌上有儿童时，可先为儿童分菜。

(4) 分到餐盘的菜不能太散或搭在餐盘上，尽量保持美观。

(5) 留有余地，一般预留菜的 1/10，以备还需添加的客人。

复习思考题

一、名词解释

1. 轻托

2. 重托

3. 推拉式铺台

4. 抖铺式铺台

5. 撒网式铺台

6. 餐桌边分菜

7. 分菜台分菜

二、简答题

1. 轻托服务应掌握哪些操作步骤与要领？

2. 简述中餐座次安排的基本原则。

3. 中西餐的上菜顺序有哪些区别？

4. 简述餐巾折花的基本技法。

5. 简述上菜的注意事项。

6. 简述分菜的基本要领。

三、实践题

1. 请利用课余时间体验当地知名的中、西餐厅各一家，对比两家餐厅的服务水平。

2. 结合你的用餐经历，分析餐饮服务技能的高低对客人体验的影响。

四、案例分析

不吃蛋黄的客人

在某酒店餐厅的早餐营业时间，服务员小王注意到一位年老的客人先用餐巾纸将煎鸡蛋上面的油擦掉，又把蛋黄和蛋白用餐刀分开，再用白面包夹蛋白吃掉，且在吃鸡蛋时没有像其他客人那样在鸡蛋上撒盐。小王猜想客人可能患有某种疾病，才会有这样特殊的饮食习惯。第二天早晨，当这位客人又来到餐厅落座后，未等其开口，小王便主动上前询问客人：“您是否还享用和昨天一样的早餐？”待客人应允后，服务员便将与昨天一样的早餐摆在餐桌上。不同的是，煎鸡蛋只有蛋白而没有蛋黄，客人见状非常高兴。边用餐边与小王谈起，之所以有这样的饮食习惯，是因为他患有高血压。以前在别的餐厅用餐时，他的需求往往被服务员忽视，这次在这家酒店用餐，他感到非常满意。

(资料来源：https://wenku.baidu.com/view/2e11fba90975f46527d3e1cf.html)

问题：结合案例，分析如何为客人提供个性化服务。

第三章
中西零点服务

　　上座，又称上首、首席，是一种彰显东方礼仪的方位，是地位高的象征。与之相对应的是下首。在中国，一般坐北面南为尊，是餐桌的上首，坐东面西次之，坐西面东再次之，坐南面北便是下首了。排座时，主宾在上首，主人在下首。西方以离门口最近的座位为上首。在了解中西餐座次安排规则的基础上，掌握铺台布、摆台、斟酒、撤台的技巧，熟悉上菜、分菜等服务环节是提供优质餐饮服务的基础。

⏰ 学习要点

1. 了解零点餐厅的运转环节，熟悉零点餐厅的特点。
2. 熟悉中餐零点服务的流程与标准。
3. 熟悉西餐零点服务的流程与标准，掌握斟酒服务的基本要领。
4. 掌握中餐上菜、分菜服务的操作要领。

⏰ 导入案例

客人和姜末哪个重要

　　某餐饮店主要经营风味鸡产品，以其菜肴口感鲜美和就餐环境舒适吸引了许多客人前往体验。某天，王女士也慕名而来，想要一尝为快，她刚走到门口就闻到白斩鸡诱人的香味，心想果然名不虚传，这回一定不虚此行。王女士迫不及待下了单，还备注了自己的要求。不一会儿，服务员小李拿着一盒已切好的白斩鸡、一小袋酱油和姜末，送到王女士手中，王女士对小李说："不好意思，因为我很爱吃姜末，可不可以再给我一袋呢？"小李保持微笑并礼貌地回答："对不起，店里规定每位客人只能领取一袋姜末和酱油。"王女士只能就此作罢，心里暗想：下次还是不来了，连袋姜末都舍不得给，真没有人情味。

　　（资料来源：作者搜集整理）

　　思考：如果你是服务员小李，会怎么处理？为什么？

第一节　中餐零点服务

零点服务是指客人没有事先预订而是到达餐厅之后再进行点菜的一种服务方式。与其他服务相比，首先，中餐零点服务的客人数量具有不确定性，无法事先预知需要接待多少客人；其次，由于客人是到场后临时点菜，所以客人的需求是不可预见的，具有多样性，因而，在中餐零点服务中，所需准备的菜品种类要更加齐全；最后，客人前往餐厅就餐的时间不同，导致中餐零点服务的持续时间也较长。正是因为中餐零点服务所具备的这些特点，服务员不仅要掌握基本的服务程序和服务礼仪，如礼貌微笑、周到热情、服务体贴细致等，还要快速高效且井然有序地为客人做好服务、解决问题。

中餐零点服务的程序包括迎宾、拉椅让座、上迎客茶、点菜与酒水饮料、铺餐巾、撤花及装饰物、上凉菜、斟酒撤空杯、上茶水、上热菜、席间服务、上主食、上水果、上送客茶、结账、送客、整理台面等环节。

一、引领服务

(1) 迎宾问候。充满热情地迎接客人，面带微笑地问候客人。右手的掌心朝上，五指并拢，手臂伸直，为客人指引方向，引领客人进入餐厅。

(2) 对客人的预订信息进行检查核对，准确引领客人前往事先预订的包厢。

(3) 如果客人没有预订，可以依据现场情况进行合理的安排。

(4) 主动接过客人的衣帽，将其挂到衣帽架上。

(5) 为主宾或女士拉椅、让座。

二、餐前服务

餐前服务包括上毛巾、问茶、落巾、脱筷套、增减座位等。

(1) 依照顺时针方向，从主宾位开始，依次并迅捷地为每位客人递送热毛巾。

(2) 主动询问客人的饮茶习惯，并根据天气情况，适时地推荐恰当的茶类，供客人选择。

(3) 在询问客人饮茶要求的过程中，同时帮客人把餐巾铺好，筷套脱下。从主宾位开始，撤下餐巾，展开，端起垫碟压住餐巾的一角，再整理平展。

(4) 依照顺时针方向，从主宾位开始，按照座位和客人所点品种依次为客人上茶，在此过程中要使用干净的托盘进行服务。

(5) 以客人的实际人数为依据，进行加位或撤位。

三、点菜服务

点菜服务是餐饮服务过程的开端，往往关系着整体服务的成败。不周到的点菜服务在很大程度上会败坏客人的兴致，进而对餐厅的口碑造成消极影响。因此，对于餐厅服务员来说，掌握好点菜的基本程序、基本要求和服务方法是非常必要的。

(一) 点菜的基本程序

服务员在进行点菜服务时，要时刻关注客人的需求，如饮食习惯、口味偏好、价格要求等，根据客人的需求推荐菜品，必要时反馈主厨，尽可能满足客人正常的餐饮需求。点菜的基本程序包括递送菜单、等候点菜、点菜、记录菜名、确认等环节，看似简单，其实不然。要想把每一道程序都做到完美，并将其串联成一个完整的点菜服务，不是一件简单的事情。

(二) 点菜的基本要求

根据餐饮服务的特点和客人的要求，服务员进行点菜服务时应注意以下事项。

(1) 把握好点菜的时机和节奏。务必在客人入座后及时上前进行点菜服务，一般在 2 分钟内完成。

(2) 察言观色，掌握客人的消费心理。点菜服务时要做到"一看二听三问"。一看，观察客人的外貌特征并做出判断，如客人的年龄和性格，是本地人还是外地人，是简单聚餐还是商业宴请，以及主人和客人的区分。二听，通过客人的交谈了解其相互之间的关系，通过客人的口音推测客人来自哪里，并据此推荐具有该客人家乡特色的菜品。三问，主动询问客人的用餐要求，适当地为客人介绍菜肴。

(3) 态度真诚，服务耐心。为客人介绍菜品时，要足够详细和真诚，主动推荐餐厅的特色菜，认真听取客人的要求，耐心地解决客人的问题，满足客人的合理要求。

(4) 具备一定的专业知识和工作技能。首先，对餐饮产品要做到足够了解，烂熟于心；其次，通过观察或倾听客人间的交谈，初步判断客人的需求；最后，要具备过硬的业务知识与技能，练就良好的语言表达能力，掌握与客人沟通和营销菜品的基本技巧。

(三) 点菜服务的方法

服务员在进行点菜服务时，不仅要熟悉点菜的基本程序，按照客人的要求进行点菜，还要具备随机应变、具体问题具体分析的能力，能够灵活巧妙地解决客人的问题。以下是几种常见的点菜服务的方法。

(1) 程序点菜法。服务员将各菜品的名称熟记于心，迅速且准确地为客人报出菜名，并依照冷菜、热菜、酒水、主食的顺序进行点菜。

(2) 推荐点菜法。服务员可以为客人推荐应时应季的菜肴，或者餐厅的创新菜、急推菜、特色菜、招牌菜等。

(3) 掌握客人的消费心理，依据客人的消费动机进行推荐。如商务宴请时，客人讲求排场，要求菜肴种类丰富、质量上乘、外观精美，价格在一定范围之内；朋友、同事聚餐时，往往要求场面热闹、价格实惠，菜肴讲求精而不贵，上菜速度不宜太快；接待外地游客时，可适时为客人推荐当地的特色菜和餐厅的招牌菜。

(4) 按客人的特性与消费心理进行针对性的推销。例如，炫耀型客人易感情用事，重友情，好面子，这类客人不求快只求好，可推荐餐厅的拳头产品或热销菜肴；茫然型客人的就餐经验较缺乏，可根据客人的需求针对性推荐菜品；针对常客，在关注并满足其消费偏好的基础上，可适当推荐餐厅的新产品。

(四) 常见的点菜推销法

(1) 形象解剖法。服务员为客人进行点菜服务时，使用具有描述性的话语，将质量上乘的菜品的卖相和特点具体化，使客人产生联想，拥有好感，进而选择该菜品，最终达到推销的目的。

(2) 利用第三者意见法。通过社会上德高望重、具有知名度的公众人物对某一菜品的点评，来证明菜品的质量和价位的合理程度，引导客人消费。

(3) 代客下决心法。在进行点菜服务时，若客人犹豫不决，服务员可以跟客人说："先生/女士，我会跟厨房师傅叮嘱，把这道菜做得好一点的，保证您满意！"等等。

(4) 提供选择法。为不同的客人提供不同的菜品选择，以不同的价位满足他们不同的需求。如有些客人追求的正是名贵高价的菜肴，而有些客人则要求菜品物美价廉。

点菜考核表见表3-1。

表3-1　点菜考核表

考核项目	应得分	扣分	考核项目	应得分	扣分
递送茶水	8分		服务时机与节奏	6分	
递送毛巾	8分		服务方法得当	8分	
递送菜单点菜	10分		菜单记录准确	10分	
细心观察(看、听、问)	10分		特色菜点推荐	8分	
服务态度	9分		重复确认	8分	
菜品熟悉程度	7分		整体印象	8分	
总成绩					
考核时间:			考核人:		

四、上菜服务

上菜服务已在第二章第五节有过详细介绍，此处不再赘述。

📖 案例3-1

一碗豆面引出的话题

餐厅里来了十位客人，点完菜后边吃边谈，饭局进入收尾阶段，一位客人为每人点了一份豆面作为主食。很快，豆面被服务员送到了每位客人面前，但客人们仍在继续交谈，没有立即食用。过了几分钟后，客人们陆续开始吃起豆面，其中一位客人刚吃一口，便面露不悦，放下筷子，朝服务员示意。服务员面带微笑，恭敬地走上前，还没等服务员开口询问发生了什么事，客人就很不开心地说道："你们这豆面怎么这么难吃！这都黏成坨了，不会是早就做好了吧？你知道这顿饭对我来说有多重要吗？现在都被你们搞砸了！"听到客人的抱怨，服务员赶忙解释道："先生，我们的饭菜都是现点现做的，像这种面食，尤其是豆面，在做出来后不及时吃的话，几分钟后就会黏在一块，肯定会影响到豆面的口感，我现在马上通知厨房为每位客人重新做一份，可以吗？"客人说："不用了，豆面可以重新做，但我的损失却无法挽回。"服务员继续态度诚恳地道歉，餐厅经理闻讯赶来，向客人频频弯腰致歉，并送客人果盘以表歉意，客人感到备受尊重。于是平静地结账离开了餐厅。

(资料来源：作者搜集整理)

问题：结合案例，简述服务员上菜的注意事项。

五、席间服务

(1) 做到三轻四勤，即操作轻、走路轻、说话轻；眼勤、手勤、脚勤、嘴勤。

(2) 及时清理台面。服务员及时清理用过的纸巾、骨渣、虾壳等，保持台面清爽干净。

(3) 当客人的骨碟内有骨渣时，及时为客人换上干净的骨碟。

(4) 客人敬酒后、喝茶后，及时续酒、斟茶。已开启的酒水斟倒完毕，向客人说明："先生/女士，这瓶酒(饮料)已斟完，是否再打开一瓶？"客人同意后再拿新酒(饮料)并打开。

(5) 在用餐过程中勤巡视，及时满足客人的合理要求。

六、撤台与结账服务

(1) 客人喝酒完毕，及时收走多余盘碟、酒杯，保持餐台清爽、干净。

(2) 为客人递送两次毛巾。

(3) 为客人奉上果盘、附上果叉，并说："这是酒店赠送的果盘，请慢用。"

(4) 如有尚未开启的酒水，询问客人是否退回，如退回，注意把相应的金额减去。

(5) 及时到吧台查看账单情况，等候客人买单。如有掉单，及时补上，如有多单，及时抽出减去，保证账单准确无误。站在结账客人的右边，递送账单。现金当面点清，做到唱收唱付。客人如用信用卡或微信结账，可与收银台联系。服务员递送账单、收钱、找零、给发票时，均应把钱票放于收银夹内，用托盘运送。

(6) 客人起身，应主动询问是否打包，并根据客人需要进行打包操作。

(7) 客人离身，应提醒客人带好随身物品，并主动为客人递取衣帽。

(8) 随身相送并说："谢谢光临，希望下次能再为您服务。"送客时扶老携幼，对老、弱、病、残热情相助。

(9) 征求客人在本店的用餐意见："先生/女士，请对我们的菜品和服务提出宝贵意见。"并把意见单和笔递给客人，客人填写后应说："非常感谢您的宝贵意见。"

七、收尾工作

(1) 收餐顺序：餐巾→毛巾→桌边小餐具→转盘上大餐具。小餐具收餐顺序：玻璃器皿→瓷餐具→筷子→筷架。

(2) 撤盘时根据盘型分类码放，相同盘型摆在一起，轻拿轻放，不要发出大的声响。

(3) 及时做好卫生清扫、餐具清洗、整理工作，准备翻台。

(4) 收尾操作时注意地毯清洁，不洒落汤汁等。

(5) 开餐结束后，第一时间关闭餐厅的大灯、空调、电器等，只留筒灯照明。

📖 **案例3-2**

你们刚才点的就是这道菜

某个炎热的中午，在某酒店中餐厅内，陈先生正准备请客户吃饭，客户点了一道白灼基围虾，但服务员由于走神，将其误听为美极基围虾，并记录下来。

很快，虾端了上来，陈先生看到端上来的菜与所点菜品不同，感到有些奇怪，于是叫住服务员说道："你好，我们点的菜是'白灼基围虾'，不是这道菜，你应该是上错了，请帮我们换一下。"服务员听到后并不认账，随即辩解道："刚刚点菜时，这位先生点的就是这道菜，我肯定没记错，如果您不信的话，我可以拿菜单过来跟您核对。"刚刚点菜的客人听到这话脸色骤变，陈先生也很不高兴地对服务员说："那就请你把点单拿过来核对吧，如果是记错了，请立刻给我们换菜！"于是，服务员把点单拿了过来，大家定睛一看，点单上面确实写的是美极基围虾。陈先生和客户都感到奇怪，自己明明点的是白灼基围虾，怎么就变成美极基围虾了呢？点菜的那位服务员心里很清楚，当时是自己没注意听客人的点菜，而店里的美极基围虾卖得很好，想当然地错把白灼基围虾记成了美极基围虾，但自己又害怕承担赔偿责任，所以才不敢承认，一直以点单为借口推卸责任，坚持客人点的就是这道菜。此时，点菜的那位客人终于坐不住了，面露不悦地说道："去把你们经理叫来，我有话要跟他说！"

服务员非常不情愿地叫来了经理，并说明了情况，经理听完服务员的讲述后，走上前来对陈先生和客户说："不好意思，我相信我的员工，一定是你们搞错了，你们点的就是这道菜。我们酒店拥有完善的培训体系和考核标准，服务员都是通过层层考核才上岗的，在点菜时都会准确无误地如实记录客人所点的菜品名称。"这一下，可把陈先生和客户气得不轻，本以为经理前来会赔礼道歉，免费换菜，结果却被数落一通，当即客户就愤懑地站了起来，说道："好吧，既然如此，那赶紧给我们结账吧！"陈先生见到客户如此生气，不知如何是好，只能频频向客户赔不是："真的很对不起，请原谅！"最后客人气呼呼地走了，并说以后再也不来这家餐厅吃饭。

(资料来源：作者搜集整理)

问题: (1) 服务员应如何处理上错菜的情况？

(2) 结合案例，分析经理应该如何协调客人与服务员之间的冲突。

第二节　西餐零点服务

西餐服务源于欧洲贵族家庭，经过多年的演变，发展出各不相同的服务方式。西餐零点服务程序与中餐零点服务有很大区别，本节主要介绍西餐早餐、午餐、晚餐的服务程序与操作要领。

一、西餐早餐服务

(一) 准备工作

服务员必须在早餐开始前半小时抵达相应岗位，并做好准备。对自己的仪容仪表进行整理和检查，确定当天的工作任务，对当天厨房的菜肴进行介绍和推销。领班和服务员根据区域的划分，对餐具、托盘、餐巾、台布、台子、各种调味品等物品的数量、卫生及摆放进行检查。菜单和饮料单要保持清洁美观，并提前准备好。服务员要配合厨房摆放好自助餐用具和食物，所有的餐用具都需要足够的数量用来周转和更换。

(二) 点菜

客人入座后，服务员应热情主动以示欢迎，并于客人的右手边将菜单、饮料单双手递上。点菜服务时，服务员应当上身微躬地站在客人的右后方，如果客人犹豫不决，迟迟无法决定点什么菜，服务员可以主动为客人介绍并推荐菜品，帮助客人完成点菜。如果个别菜品的烹饪时间较长或需要特殊制作，提前加以说明，并询问客人是否需要更换，进而提供相应服务。客人完成点菜后，服务员要复述所点菜品的名称，以确保与客人所点菜品一致。

(三) 上菜

以客人所点的菜肴为依据，对桌面原先摆放好的餐具进行调整，以适配相应菜肴的食用，无论是上菜肴、饮品，还是撤碟，都必须使用托盘进行操作。客人点好饮料和菜肴后，应尽快将饮料上至餐桌。上菜服务时，服务员要进行核对检查，避免上错菜，并检查调味品、辅料是否齐全。在西餐早餐服务中，上菜的顺序一般为先冷后热，如欧陆式早餐的上菜顺序为自选果汁→早餐糕点→咖啡或茶；美式早餐的上菜顺序为自选果汁或水果→鲜蛋配火腿→咸肉或香肠→咖啡或茶。上菜和撤碟的位置方向相反，前者在客人右手边，后者则在客人左手边，上菜时要将菜肴轻放到台面，并报出相应菜名，上新菜之前应撤掉前一道菜的餐盘。

(四) 餐中服务

享用早餐的客人数量多，周转速度快，要求服务员必须保持与厨房的联系，以确保菜肴的供应量和质量，把握出菜的节奏和时间。每位服务员需对自己所服务的台面负责，关注客人的谈话和表情变化，竭尽所能解决客人的问题，满足客人的要求，适时为客人添加咖啡或茶，避免在服务过程中冷落客人，避免上错菜或让客人久等，餐后及时撤台，勤换烟灰缸，将台面的卫生清洁工作做好。

(五) 征询意见

在不打扰客人的情况下，服务员主动询问客人对餐饮服务的相关意见和点评，若客人表达出满意和喜爱之情，应当及时感谢客人的积极反馈；若客人对此次服务并不是很满意，并提出了一些建议，则应当虚心接受，认真记录，并承诺在后续的服务中解决相应问题，最后感谢客人提出的宝贵意见。

(六) 结账

只有当客人主动要求结账时，服务员才可上前进行结账服务。一起就餐的客人较多时，要问清楚账单是统一开还是分开开。凡是涉及住店客人要求挂房账的，服务员应请客人将姓名及房号签到账单上，随即让收银员核实通过后才能结账。结账服务要做到既快又准，账单应保证准确无误，在结账夹内夹入账单，再将结账夹交给客人，结账完毕后，对客人表示感谢。

(七) 送客

当客人离开时，服务员需为客人将座椅拉开，递上衣帽，感谢客人前来用餐，并欢迎客人的再次光临。检查客人的物品是否有遗漏，如有应及时送还。如果发现遗留物品时客人已经离开，则需把发现的物品交由餐饮部办公室保管，联系客人送还或等待客人返回取走。

(八) 撤台

客人离开后，服务员要及时清理现场，防范潜在的危险，如要及时清理未熄灭的烟蒂等。按照先餐巾、毛巾，后酒杯、碗碟、筷子、刀叉的顺序收拾餐具及有关物品，最后按照要求重新铺台，准备迎接新的客人。

二、西餐午餐、晚餐服务

(一) 餐前准备工作

(1) 检查环境卫生。桌椅吊线，地面整洁，干净无尘，餐厅布局整齐、大方、美观。

(2) 检查服务车卫生。服务车内干净无尘，餐具与调味料按规定补齐，备用烟灰缸、火柴若干及点菜本。托盘2个，干净、整齐。

(3) 摆台。要求摆两套刀叉、汤勺、黄油刀及面包盘，用托盘运送，不用手直接接触刀面和勺叉顶端。餐巾清洁无破洞，摆放美观、挺括。餐盘距桌边2cm。餐具摆放位置均匀、准确，按规格摆齐，餐具无破损，并检查填补台面上的调味罐、烟灰缸、牙签盅等。

(4) 熟记当日特别菜点。服务员应熟知菜点名称、价格、所用器皿、口味与制作方法等。

(5) 按标准整理个人仪表仪容。

(二) 引领服务

(1) 迎客。服务员保持微笑，使用敬语主动打招呼，对客人表示欢迎，语言亲切，语调适中。

(2) 带位。带位时，女士优先于男士，年长女士优先于年轻女士。

(3) 拉椅让座。双手拉椅到适当位置，膝盖轻推椅背送回，客人落座。

(4) 铺餐巾。站在客人右侧，面对客人。将餐巾打开，沿对角线折成三角形，右手在前，左手在后，铺在客人双膝上。如果客人离席，将餐巾的一角压在餐碟下摆好。

(5) 递菜单酒单。打开菜单，双手递到客人手中；打开酒单，放在餐桌上。

(三) 餐前服务

(1) 提供面包和水，点餐前饮料。在客人入座后 2 分钟内完成。

(2) 站在客人右侧，呈递菜单、酒单，解释菜单。

(3) 上饮料。先女宾后男宾，或先主要客人再按顺时针依次进行。饮料放在客人餐具的右上角。送上小毛巾，放在客人右手边。为客人斟冰水、上饮料时要用托盘，服务时左手托托盘，右手拿饮料，从客人左侧为客人斟饮料。酒要先给客人过目后，方可打开酒瓶。在客人入座后 5~10 分钟完成。

(4) 点菜。主宾、女士优先，然后再请其他客人或男士点菜。要等客人确定位置后，再开始填写点单，以便于服务员标注和记忆。

(5) 填写点单。客人所点的菜品与桌号、椅号等相互配合，能减少错误发生。下单前询问客人是否有特别需求，如蛋、肉的烹调方式。在填写点单时，以简略的文字、符号标示，注意事项也一同写下，以便服务。在人数较多时，点菜更应小心，全部点好后，应复述一次，以防止点错菜的情形发生。在复述确认时，以谈话的语调及音量询问客人。

(四) 餐中服务

(1) 上菜。餐桌上原先摆放的餐具要依据客人所点菜品进行恰当的调整，无论是上菜，还是撤台时，都必须使用托盘，左手要托住托盘，右手上菜或者撤碟。在为客人上菜时，要注意观察点单，核对所上菜品是否有误，桌上的辅料与调味品是否齐全。在西餐中，上菜的菜品顺序一般为面包→黄油→开胃菜→汤→色拉→主菜→甜品→咖啡或茶。

上菜时，应先宾后主，先女后男，从客人右侧上菜，从客人左侧撤盘，上菜时报菜名，并做适当介绍，除面包、黄油外，其他菜肴、汤、甜品等上桌时，要将前一道菜完毕的餐具撤去，菜肴全部上完后应向客人示意，并询问客人还需要什么，然后退至值台位置。

(2) 用餐。与厨房保持联系，及时将客人的要求传达给厨房，并做出及时反馈，把控每道菜的出菜时间，精准记住不同客人所点的菜品，按规则井然有序地上菜。不可颠倒送菜的顺序，更不能送错菜，注意观察客人的用餐情况，随时准备为客人添加饮料、酒、黄油、面包等，用完的盘、碟等要及时撤掉，清洁好台面，不能轻易离开工作区域，要察言观色，及时解决客人的问题，满足客人的需求。

(3) 清洁餐桌的服务。客人用餐进入收尾阶段时，服务员要站到用完餐的第一个客人右手边准备收拾。收拾餐具时要谨慎小心、干脆利落，用拇指、中指和无名指牢牢扣住餐盘，手指不要碰到餐盘中的食物，不可四处张望，目光要注视餐盘的下端，直至将餐盘收入清洁餐车内。用右手递送餐盘，用左手拇指将叉子在盘中摆放好，餐刀置于叉子之下，用不着的刀叉则应提前撤离，并换上恰当的餐具。应按顺时针方向移动。相同尺寸的盘子应该叠在一起，如果盘子大小不同，则应把小盘子放在大盘子的上面，或是摆在中心点。

(五) 餐后服务

(1) 结账。问清客人的结账方式，结账账款当面点清。如果客人刷信用卡付款，服务员应请客人在信用卡收据上签名。如果客人签单付款，服务员应礼貌地提示客人写清单位、正楷签姓名及联系电话。结账时使用结账夹和水笔，双手捧上，微弯腰，态度谦恭，将零钱或票据交给客人时要道谢。

(2) 征询意见。主动征求客人对菜品或服务的意见。耐心听取，态度谦恭。弥补不足，力争达到宾客满意。

(3) 面带微笑，送别客人。

(六) 客人离开餐厅后的服务

(1) 查台。检查有无客人遗留物品，如有要及时还给客人，如客人已离开，及时上交餐厅的管理人员。检查有无火种或危险物品，并妥善处理。

(2) 撤台。撤台有序，快速。清理台面，做到干净整洁。恢复西餐零点摆台。

(3) 整理。整理台布，归位餐椅，恢复餐厅的原貌。

📖 **扩展阅读3-1**

餐桌礼仪

三、西餐零点服务的操作要领

(一) 西餐上菜服务

由于客人就餐的标准和要求不同，西餐菜点的道数有多有少，菜色品种也不一样。下面以西餐中常用的菜点为例，说明西餐上菜的服务技巧。

(1) 上面包、黄油。将面包装在小方盘内，盖上清洁的餐巾，另用黄油盅装上与面包数量相配的黄油，在开席之前5分钟左右送上。

(2) 上果盘(又称冷盘)。果盘应端到客人左侧，由客人自己选取。如果是上水果杯，则将水果杯放在客人座位前的点心盘内，应在客人进入餐厅之前摆放好。

(3) 上汤。汤分为清汤和浓汤两种，清汤又分为冷清汤和热清汤两种。冷汤应用冷的汤盘装，热汤应用热的汤盘装，以保持汤的美味。上汤一般有两种方法，一种是将汤分盛在汤盘里，底下放垫盘，送给每位客人；另一种是将汤盘放在客人面前，由服务员托着汤到每位客人面前，由客人酌情自取。当客人将汤勺竖放时，即表示已吃完，可以撤掉餐具。

(4) 上鱼。鱼有多种，烹调方法不尽相同，搭配的沙司也有讲究，如炸鱼要搭配鞑靼沙司。

(5) 上副菜。副菜一般称为小盆，具有量少、容易消化的特点，如红烩、白烩、烩面条、各种蛋和伏罗王等。

(6) 上主菜。主菜是用餐的最高峰，包括烧、烤、烘的肉类。一般在品尝这道菜时，客人可喝些冰水，以便清清自己的味觉，从而更好地体会主菜的味道。

(7) 上点心。点心品种很多，吃不同的点心所用的餐具也不同。有点心匙、点心叉、茶匙等。吃冰淇淋时，应将专用的冰淇淋匙放在底盘内同时端上桌。

(8) 上奶酪。奶酪一般由服务员派送。先用一只银盘垫上餐巾，摆上几种干酪和一副中刀叉，另一只盘摆上一些面包或苏打饼干，送到来宾左手边，任客人自己挑选。客人吃好干酪后，服务员应撤去台上的餐具和大部分酒杯，只留一只水杯(如来不及收，也可暂时不收)，并刷清台面上的面包屑等。

(9) 上水果。先放上水果盘、水果刀、水果叉和净手盅，将事先装好的果盘端上去。有的餐厅将水果盘作为点缀物事先摆上转盘，待上水果时仅摆上净手盅和水果刀、水果叉即可。

(10) 上咖啡。在客人吃水果时，就可以将咖啡杯放在水杯右边。送上奶油盅、糖盅，然后用咖啡壶为客人斟上咖啡，斟好咖啡后，收起水果盘和净手盅，将咖啡杯移到客人面前。

(二) 西餐分菜服务

(1) 西餐分菜工具。西餐分菜常用工具包括服务叉一把，服务匙一把，肉刀、肉叉各一把。分菜时，匙的柄在手掌中，叉的底部靠在匙柄上，通过手指控制来夹食物。食指夹在叉和匙之间，可以用力，用中指支撑服务匙。无名指与食指同侧，小指与中指同侧，无名指主要起稳定作用。操作时，右手背向下，掌心向上，先将匙插入菜中，同时用拇指和食指将叉向右分开。待用匙盛起菜点后，再将叉移向菜点上夹紧。右手背向上将菜点送入主菜盘内。

(2) 西餐分菜方法。西餐中如采取派碟的上菜方法，应要求服务员进行分菜。分菜时，服务员应站在客人的左后侧，左手托大菜盘，右手用叉、匙分派。西餐分菜还有一种方法：即菜肴由厨师在厨房中烹制好，由服务员当着客人的面，在一个保温的工作台上切、分、加调料或配菜，然后再分派给每位客人。

(3) 西餐分菜顺序。分菜的顺序应是先女宾后男宾，先主宾后主人，然后按顺时针方向依次进行。席上有两名服务员时，则分别从主宾位和副主宾位开始，按顺时针方向依次进行。

(三) 西餐红葡萄酒服务

(1) 滗酒。陈年红葡萄酒经过滗酒后方可呈送至餐台，以防止酒瓶中的沉淀物质直接斟入酒杯，影响红葡萄酒的品质。滗酒是将立起存放两个小时后的红葡萄酒开启，并轻缓稳妥地借助背景烛光，将瓶中酒液倒入另一个玻璃瓶中。一般红葡萄酒虽无滗酒程序，但在整个侍酒过程中应注意尽量减少对酒液的晃动。

(2) 示酒。红葡萄酒的示酒过程从客人对所点酒品的酒标确认开始。服务员以左手托扶酒瓶底部，右手扶握酒瓶颈部，酒标正对点酒的客人，让酒标保持与客人视线平行。

(3) 陈放。待客人确认酒品后，服务员方可将酒瓶装入酒篮中，使酒瓶保持 30° 的斜角状卧放其中。

(4) 开瓶塞。用酒刀划开瓶口处的封纸，酒钻对准瓶塞的中心处用力钻入，注意酒瓶保持 30° 角斜卧于酒篮的状态，切不可将酒瓶直立操作。酒钻深入到瓶塞 2/3 处时停止。以酒刀的支架顶架于红葡萄酒瓶口，左手扶稳支架，右手向上提酒钻把手，利用杠杆原理将酒瓶塞拔出。

(5) 验木塞。酒瓶塞拔出后，放在一个垫有花纸的小盘中，送给客人检验。服务员要用餐巾将瓶口残留杂物认真擦除。

(6) 斟酒。服务员右手捏握酒篮，左手自然弯曲在身前，左臂搭挂服务巾一块，站在点酒客人的右侧，首先为客人斟倒约 1 盎司红葡萄酒供其品尝。待客人确认以后，服务员方可按女士优先的原则，站在距离客人 30cm 处，按顺时针方向进行斟酒服务。

(7) 斟倒红葡萄酒时，手握好酒篮，手臂伸直，微倾酒篮使红葡萄酒缓缓流入杯中，红葡萄酒的标准斟倒量应是酒杯容量的 1/2。斟倒时动作切忌过于剧烈。

(8) 每斟倒一次，结束时应轻转手腕，使瓶口酒液挂于瓶口边缘，并用左臂上搭挂的服务巾轻轻擦去瓶口残留酒液，以防下次斟酒时，瓶口残留的酒液滴洒在台布或客人的衣服上。

(四) 西餐白葡萄酒服务

(1) 示酒。开启酒瓶前应向客人展示酒标，以便客人确认酒的品牌。服务员站在客人右侧，以左手托住瓶底，右手握扶瓶颈，酒标朝向客人。待客人确认后方可将白葡萄酒瓶插放在冰酒桶中，桶口以餐巾覆盖。

(2) 开瓶塞。开瓶时，服务员站在冰酒桶的后方，右手持酒刀，轻轻划开瓶口封纸。将酒钻对准瓶塞中心点垂直钻入，待钻至瓶塞 2/3 处时停止。将酒钻的支架顶住白葡萄酒瓶口部，左手扶稳酒瓶，右手缓缓提起酒钻把手，使瓶塞逐渐脱离瓶口，拔塞时避免发出大的声响。

(3) 净瓶口。从酒钻上退出白葡萄酒瓶的木塞，并以干净的餐巾仔细清理瓶口的碎屑。

(4) 斟酒。用折叠成长条状的餐巾将白葡萄酒瓶下部包好，露出酒标。为点酒的客人斟倒约 1 盎司白葡萄酒供其品尝。经最后确认后，服务员方可按女士优先、主宾优先的原则，依顺时针顺序为客人斟酒。

(5) 站位。服务员侧身站在客人右侧约 30cm 处斟酒，左手背后，酒瓶口与杯口距离约 2cm，白葡萄酒缓缓流入杯中；白葡萄酒每杯斟倒量应以酒杯容量的 2/3 为宜。

(6) 旋瓶口。在结束斟倒白葡萄酒时，手腕应轻轻向内侧旋转 25°，并随之将瓶口抬起，使瓶口残留酒液沿瓶而流，以防将酒滴洒在台布或客人的衣服上。

(7) 冰镇。服务员结束斟酒服务后，应将白葡萄酒瓶重新放回冰酒桶中，以餐巾覆盖冰酒桶，将冰酒桶移放到点酒客人右侧约 30cm 处。

(五) 西餐香槟酒服务

(1) 示酒。向客人展示香槟酒时，服务员右手五指向下，以掌心托扶瓶颈，左手托住瓶底，送至客人视线平行处。

(2) 冰镇。待客人确认酒品后，将香槟酒置于冰酒桶中，桶内盛放 1/4 的冰块和 2/4 的水，桶口用餐巾加以覆盖。

(3) 剥封纸。开启香槟酒时，瓶口应该朝向无客人的方向，剥开瓶口封纸，左手握住酒瓶，左手拇指轻压瓶塞。

（4）去保险丝。右手捏住瓶口保险丝拧环处，轻轻沿逆时针方向拧松保险丝。

（5）拔瓶塞。左手拇指放于瓶塞上方，轻轻施以压力。当保险丝完全去掉后，以右手拇指轻抵瓶塞下方。待瓶塞向上移动时，左手握住瓶塞轻轻取出，防止瓶塞喷射出去，发出明显的响声。

（6）持瓶。香槟酒开启后，服务员应迅速以右手拇指扣捏瓶底凹陷部位，其他四指托住瓶身，左手持餐巾轻扶瓶颈处，将酒分两次斟倒于事先备好的酒杯中。

（7）斟酒。第一次将酒斟至杯中 1/2 处，待杯中泡沫平缓后，再续斟至杯中 2/3 处。

（8）再冰镇。客人用餐时，将香槟酒放入冰酒桶中，以餐巾覆盖桶口，视用餐情况可将冰酒桶放在点酒客人的右手处或右侧的酒桶架上，以不妨碍客人用餐，方便取拿为原则。

（六）西餐撤换餐具及菜盘

（1）撤换餐具的时机。西餐每吃一道菜即要换一副刀叉，刀叉排列从外到里。因此，每当客人吃完一道菜，服务员就要撤去一副刀叉，用餐快结束时，餐台上已无多余物品。待到客人食用甜点时，服务员即可将胡椒盅、盐盅、调味架一并收拾撤下。

（2）撤换餐具的要领。撤盘前要注意观察客人的刀叉摆法。如果客人将刀叉平行放在盘上，即表示可以撤盘；如果刀叉搭放在餐盘两侧，说明客人还将继续食用，不可贸然撤去。撤盘时，左手托盘，右手操作。先从客人右侧撤下刀、匙，然后从其左侧撤下餐叉。餐刀、餐叉分开放入托盘，然后撤餐盘，按顺时针方向依次进行。若客人将汤匙底部朝天或将匙把正对自己，可征询客人意见后撤盘。若客人将汤匙搁在汤盘或垫盘边，表示还未吃完，不能撤盘。在客人未离开餐桌前，桌上的葡萄酒杯、水杯不能撤去，但啤酒杯、饮料杯可在征求客人意见后撤去。

（3）撤换菜盘的时机。西餐的用餐习惯是先撤下用完的菜盘，后上新菜。当同桌大多数客人将刀、叉合并直放在盘上时，就表示不再吃了，可开始撤盘。

（4）撤换餐盘的要领。撤盘时，服务人员用托盘在客人的右边进行。撤下的餐盘，放在托盘的一边，把刀、叉集中放在托盘的另一边，托盘中间叠放其余的餐盘，撤盘时将剩菜都集中在第一只餐盘内，这样餐盘容易叠平多放，容易掌握托盘重心。

📖 **扩展阅读3-2**

上海吃面术语

复习思考题

一、名词解释

1. 零点服务

2. 形象解剖法

3. 滗酒

二、简答题

1. 简述中餐点菜的基本要求。

2. 简述西餐分菜的方法与顺序。

3. 简述红葡萄酒的服务程序。

4. 简述白葡萄酒的服务程序。

5. 简述香槟酒的服务程序。

三、实践题

1. 结合用餐经验，分析中西餐厅的摆台有哪些发展趋势。

2. 餐厅可以通过哪些措施吸引客源？

四、案例分析

酒杯、汤碗和筷子又回来了

4月1日晚上，几位外宾在一个装饰豪华气派、富丽堂皇的酒店的中餐厅内享用晚餐，餐厅的菜肴质量上乘，美味可口，极具特色，引得几位外宾对中国菜赞不绝口。两位澳洲客人坐在餐厅东侧的一张餐桌前就餐，其中，蓄有小胡子、看起来年龄在50岁以上的男子，一边用餐一边饶有兴致地摇晃着手中精美的银制酒杯，一旁的女伴也颇有兴趣地欣赏着桌上的细瓷餐具和筷子。

此时，服务员小何正背着身子为对面桌的客人上菜。当他转身为这两位澳洲客人上菜时，发现那位蓄有胡子的客人不见了，随后小何又发现放在两位客人面前的筷子、细瓷汤碗和银制酒杯都不见了，取而代之的是他女伴手中的玻璃葡萄杯。小何继续上菜，上完菜后露出微笑，礼貌地问道："女士，您没有餐具，需要我重新为二位拿两副吗？您是要刚刚的黄色汤碗，还是换一种颜色呢？""不不不，我们什么都不要，谢谢你。"女宾神色略微慌张地答道。那位刚刚离开的男宾这时回到了餐桌前坐下，手里还拿着两副不锈钢刀叉。他挤出一丝微笑，故作镇定地对小何说："我们还是习惯用刀叉吃东西，所以我刚去要了两副刀叉。"小何仍礼貌地微笑着说："好的，没关系，如果还有什么需求请尽管告诉我，很荣幸为您效劳。"随即小何就离开了，并立即找到经理，将此事的来龙去脉告知了经理，经理对他吩咐了几句后，又去忙其他事了。几分钟后，小何带着几件包装精美的餐具回到了那桌客人面前，微笑着对蓄有小胡子的客人说："先生，我注意到您很喜欢中国的餐具，这餐具的确很精致，为感谢您对中国餐具的喜爱，我代表餐厅送您一个银质雕龙酒杯，一个细瓷雕花福寿汤碗和六双高级筷子，给您留个纪念，筷子是免费的，碗和酒杯将按优惠价格记在餐费的账单上，您同意吗？"说到这，客人立马明白了小何的用意，他接过小何拿来的餐具，仔细看了看，说道："请你先离开一会儿，我们商量一下。"小何会意地转身离去。当客人再招呼服务员回到餐桌前时，小何看到刚才不见了的餐具和酒杯又摆在原来的位置上。客人笑着对他说："先生，谢谢你的建议，这些筷子和酒杯我们就收下了，汤碗请拿回吧。今天是愚人节，连餐具都想和你们开玩笑，你看，这酒杯、汤碗和筷子又回来了。"说完大家都开心地笑了。

（资料来源：https://max.book118.com/html/2021/0726/6033110031003221.shtm）

问题：

1. 结合案例情景，评价服务员小何的处理方法。

2. 分析灵活性服务对提高客人满意度的影响。

第四章
中西宴会服务

宴会是一种与饮食相结合的社交形式，不仅与人们的生活、工作、娱乐息息相关，还与经济发展和科技进步有着密不可分的联系。宴会的演变揭示了一个国家的经济、政治和文化发展水平，以及在特定时期烹饪技术的发展水平。宴会作为餐饮企业重要的经营活动，不仅是经济收入的重要来源，而且也是提高声誉与竞争力的重要条件。

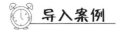 学习要点

1. 了解宴会的种类和特点。
2. 掌握中西餐宴会、冷餐会、鸡尾酒会的服务流程和服务标准。
3. 熟悉自助餐的特点与服务流程。

导入案例

寿宴——南山厅的故事

人们经常说：星巴克卖的不是咖啡，而是一种生活方式；奔驰卖的不是车，而是一种驾驶的快感；北京宴卖的不是饭，而是一种传统文化和从骨子里透出来的高雅与品位。

北京宴的一位常客预订了一个普通包厢为母亲过八十大寿，当班经理给客人发包厢号的时候不是发普通包厢，而是发了北京宴南山厅，寓意寿比南山。另外，经理又向客人要了老太太不同时期的五张照片，时间跨度非常大，从年轻时候到儿孙满堂。生日宴那天，南山厅里的五个相框都装上了老太太的照片。老太太一进门，就感觉像回到了自己家。北京宴还安排一位厨师在厅内煮长寿面。厨师煮好面，亲自端到老太太面前，这时候，生日宴会的主持人说道："伴随着我们成长的，是妈妈早起为我们煮好的一碗热气腾腾的烩锅面，老寿星，今天我们的厨师亲手为您煮了一碗长寿面，您尝尝有没有为儿子煮的那种面的味道？"老太太尝了一口，回答道："你们怎么知道我给孩子煮面的味道？"这个时候厨师没有说话，而是缓缓地摘下了口罩。老太太一看呆住了，原来是她的儿子穿着北京宴的厨师服，戴着厨师帽和口罩，亲手为她煮了

一碗长寿面。这个时候，背景音乐响起了《烛光里的妈妈》的旋律，老寿星抱着她的儿子感动得哭了。

（资料来源：https://www.sohu.com/a/125908452_149112，作者有删改）

思考：结合案例，分析如何做好宴会的私人定制服务。

第一节　宴会服务概述

宴会服务是餐厅经营的重头戏，也是餐饮利润的重要来源，回顾宴会的起源与发展，了解宴会服务的分类与特点，是做好宴会服务的前提。

一、宴会的起源与发展

(一) 宴会的起源

(1) 现代宴会起源于古代的筵席。《礼记·乐记》记载："铺筵席，陈尊俎，列笾豆，以升降为礼者，礼之末节也。"古人席地而坐，筵和席都是宴饮时铺在地上的坐具。筵席一词逐渐由宴饮的坐具演变为食用的成套肴馔及其台面的统称。由祭祀、礼仪、习俗等活动而兴起的宴饮聚会，大多都要备酒，又称酒席。《周礼·春官·司几筵》记载："凡敷席之法，初在地者一重即谓之筵，重在上者即谓之席。"筵多用蒲、苇等粗料编成，席由蕉草编成。筵大席小，筵长席短，筵粗席细，筵铺在地面，席放置于筵上。筵与席同设，一示富有，二示对客尊重。帝王、诸侯、卿、大夫有一套严格的等级制度，按等级来铺设几、席，如天子五重席、诸侯三重席、大夫只能设两重席。

(2) 几与席。几与席是古代筵席必备的用具。《周礼·春官·司几筵》记载："司几筵掌五几、五席之名物，辨其用，与其位。"几是一种矮小的案子，古代用它来搁置酒肴，也可作倚靠身体之用。五几即玉几、雕几、彤几、漆几、素几。五席即莞席(水草席)、缫席(丝织席)、次席、蒲席(蒲草席)、熊席(熊皮席)，古代的席，大的可坐二三人，小的仅能坐一人。

(3) 筵席的发展。夫礼之初，始于饮食，祭祀、礼仪、饮宴本是三位一体。筵席起源于夏商，指铺地的坐具。在夏、商、周三个朝代，尚无桌、椅等家具，先民还保持着原始的穴居遗风，把蒲草编织的席子铺在地上供人就座，饮食聚餐也是席地而坐。夏朝兴盛时期，农业的发展为烹饪技术和筵席的发展提供了充足的食物来源。青铜冶炼和铸造技术的发展促进了铜器饮具的出现，而铜器饮具的出现标志着中国历史进入了文明进餐时期。夏朝已设有掌管饮食的官职庖正，说明当时对烹饪技艺及聚餐形式是相当重视的，已经产生筵席的雏形。从周朝开始，筵席被列为礼仪制度之一。

(二) 宴会的发展

中国宴饮历史及历代经典、正史、野史、笔记、诗赋多有古代筵席以酒为中心的记载和描述。以酒为中心安排的筵席菜肴、点心、饭粥、果品、饮料，其组合对质量和数量都有严格的要求。菜肴的质量、数量和准备程度因目标群体和筵席类型的不同而有很大差异。筵席与宴会合称为筵宴,中国筵宴文化历史悠久,内容丰富多彩。筵宴起源于原始聚餐和祭祀活动,历经了新石器时代的孕育萌芽时期,夏商周的初步形成时期,秦汉到唐宋的蓬勃发展时期,在明清时期成熟、持续兴旺,随后进入现代繁荣创新时期。

(1) 孕育萌芽时期。筵宴是在新石器时代生产初步发展的基础上,因习俗、礼仪和祭祀等活动的产生而由原始聚餐演变而成。此时聚餐的食品比平时多,且有一定的进餐程序。

(2) 初步形成时期。夏商周时期,筵宴的规模有所扩大,名目逐渐增多,在礼仪、内容上有了详细规定,筵宴进入初步形成时期。

(3) 蓬勃发展时期。从秦汉到唐宋时期,筵宴蓬勃发展,出现种类繁多的筵席。著名的筵席有用一种或一类原料为主制成各种菜肴的全席;有用以某种珍贵原料烹制的头道菜命名的筵席;也有展示某一时代民族风味水平的筵宴;还有以地方饮食习俗命名的筵宴。其中较为著名的有唐朝的烧尾宴、闻喜宴、鹿鸣宴、大相识、小相识等;宋朝的春秋大宴、饮福大宴、皇寿宴、琼林宴等。

(4) 成熟兴盛时期。元明清时期,随着社会经济的繁荣及各民族的大融合,筵宴日趋成熟,并逐渐走向鼎盛。筵宴设计有了较固定的格局,设宴地点则常根据不同季节进行调整,筵宴品类、礼仪更加繁多。清宫廷改元建号有定鼎宴,过新年有元日宴,庆祝胜利有凯旋宴,皇帝大婚有大婚宴,皇帝生日有万寿宴,太后生日有圣寿宴,另有冬至宴、宗室宴、乡试宴、恩荣宴、千叟宴等,最有影响的是满汉全席。在中国历史上,还出现过只供观赏、不供食用的看席。看席由宴饮聚会上出现的盘钉、饾钉、高钉、看碟、看盘演进而来,因其华而不实,至清末民初时大部分已被淘汰。筵席的种类、规格及菜点的数量、质量都在不断地发生变化。

(5) 繁荣创新时期。20 世纪特别是改革开放以来,人们的生活条件和消费观念发生很大的变化,在饮食上追求新、奇、特、营养、卫生,促进了筵宴向更高境界发展,传统筵宴不断改良,创新筵宴大量涌现。我国引进了西方宴会形式,中西结合,进入了筵宴的繁荣创新时期。筵宴的发展趋势是全席逐渐减少,菜点倾向少而精,制作更加符合营养卫生的要求,筵宴菜单的设计更突出民族特点、地方风味特色。

二、宴会的概念与特点

(一) 宴会的概念

宴会是因民间习俗和社交礼仪的需要而举行的聚餐形式,核心是成套的肴馔、台面陈设、服务接待。宴会是供为一定的社交目的而聚会的人们享用的,具有一定规格质量的,由一整套菜品组成的酒席。一般而言,茶酒配套、秩序井然、围坐畅谈;酒食合欢,食、礼结合,共生共荣;沟通交际,怡情悦志。

(二) 宴会的特点

宴会中众人共聚一堂,分享同样的菜单,喝同样的饮料,对服务要求很高,讲究规格排场,具有区别于其他餐饮形式的显著特点,主要体现在社交性、规格化、聚餐式、礼仪性、艺术性等五个方面。

(1) 社交性。宴会是一种重要的交际与饮食形式。国际、政府、社会团体、单位、企业或个人之间，都可以通过宴会来表示欢迎、答谢、庆贺。而在品佳肴、饮琼浆的过程中，人们也能增进对彼此的了解，从而加深友谊。

(2) 规格化。宴会讲究格调和氛围，台面设计、环境布置、灯光、音响、前后台工作等都十分讲究。为了保证宴会的成功，需要宴会部、酒水部、管事部、食品采购、厨房和工程部人员的齐心协力和团结合作。

(3) 聚餐式。宴会用成套的酒菜，按照一定的程序来款待聚集到一起的宾客。为使宾主尽兴，宴会通常需要周密计划、事先安排。赴宴者主要包括主宾、随从、陪客与主人等。

(4) 礼仪性。宴会注重接待礼仪，如酒菜丰盛、仪典庄重、服务娴熟；讲究举止端庄、衣冠整洁、温文尔雅、气氛和谐；餐室布置、台面点缀、上菜程序、菜品命名符合规范。

(5) 艺术性。宴会是一门艺术，其中包括菜单设计艺术、菜肴配组艺术、原料加工艺术、色调搭配艺术、盛器与菜肴形色的配合艺术、冷拼雕刻的造型与装饰艺术、餐室美化和台面点缀艺术、服务的语言艺术、赴宴着装艺术等多方面的内容。

三、宴会的种类

根据划分依据的不同，宴会主要分为以下类型。

(一) 按菜肴类型与服务方式分类

(1) 中式宴会。中式宴会是中国的一种传统聚会方式。它以中国传统饮食习俗为基础，喝中国酒，吃中国菜，使用中国餐具，并遵守中国传统礼仪。

(2) 西式宴会。西式宴会是遵循西方国家的礼仪和习俗的宴会。宴会的特点是西式餐饮，分餐制，使用西式餐具。

(二) 按宴会规格与服务对象分类

(1) 国宴。国宴是指国家元首或政府首脑在国家庆典、接待外国国家元首或政府首脑时举行的宴会。宴会的标准很高，在大礼堂举行，遵守严格的礼仪，主要菜型为名贵的热餐，强调设计，包括演讲和致辞，有乐队伴奏，菜单多为带有国家符号或风格的卡片，有时还展示国旗。

(2) 正式宴会。指政府机构和社会组织为接待客人举行的正式宴会。宴会标准包括严格的礼仪、演讲、祝酒、管弦乐伴奏，按照身份地位安排座位，遵守一定的服务程序。

(3) 商务宴会。气氛融洽，消费水准偏高，兼有商务目的。

(4) 便宴。便宴是非正式的，客人和主人都很放松，可以随意安排座位，没有正式的演讲或关于菜品和饮料的严格规定。

(三) 按进餐形式分类

(1) 中餐宴会。菜点以中式菜品和中国酒水为主，而餐桌、台面点缀、餐具和用餐风格则体现了中国传统的餐饮文化：圆桌、合餐式、更精致的服务和礼仪，经常伴随着民族音乐等。它既适用于高档和正式的接待，也适用于休闲的庆祝活动和民间聚餐。

(2) 西餐宴会。餐饮文化以欧美为主，菜点摆盘、餐桌布置、餐具和背景音乐都强调西式风格，如使用刀、叉等餐具，餐桌为长方形，西式餐桌布置，使用分餐制的就餐方式，席间播放背景音乐，服务程序和礼仪都有严格要求。根据菜式与服务方式的不同，又可分为法式宴会、俄式宴会、美式宴会和英式宴会等。

(3) 自助餐。自助餐是一种非正式的西方宴会形式，在大型企业活动中很常见。厨师在餐厅的长桌上展示热菜、冷菜和开胃菜，客人在用餐时可以自由选择食物和饮料，然后与他人一起或自己单独坐下用餐。

(4) 冷餐会。以冷菜为主，丰盛美观，酒水、菜品自取，不安排席次，可提供餐桌。根据宾主双方的身份，冷餐会的标准、规格和庄重程度可高可低，适用于各种大型庆祝会、新闻发布会、欢迎仪式、开幕式等。

(5) 鸡尾酒会。主要提供鸡尾酒、饮料和各种小吃，安排灵活，没有时间限制，可晚到早退。服务员在客人间巡回敬让，只提供少量椅子。鸡尾酒会通常是正式宴会的前奏，主要饮用鸡尾酒，食物仅作为补充，目的是促进客人之间的交流互动。

(6) 茶话会。茶话会是由茶会和茶宴演变而来的。茶话即饮茶清谈。方岳《入局》诗写道："茶话略无尘土杂。"因此，向客人提供茶的社交聚会被称为茶话会。在中国，茶话会是人们相互交谈、表达友谊和交流感情的传统方式。茶话会的形式，因内容、人员的不同又有所区别。茶话会通常包括香茶，可能还有新鲜水果、蛋糕和各种糖果。

📖 **扩展阅读4-1**

中国名宴

第二节　中餐宴会服务

中餐宴会对服务人员的素质、知识与能力都有较高的要求。中餐宴会服务可分为宴会前的准备工作、宴会前的迎宾工作、宴会中的就餐服务和宴会结束后的收尾工作等基本环节。

一、中餐宴会席位设计

(一) 宴会席位安排的一般原则

(1) 要根据不同的实际情况而定。有时主宾身份高于主人，为表示对他的尊重，可以把主宾安排在主人的位置，而主人则坐在主宾位置，第二主人坐在主宾的左侧。

(2) 有时赴宴人员不分宾主，如在学术会议的宴会上，座位的安排是由学术地位、职务或职称来决定的，确定一个人坐主人席位，然后按照与主人座位的距离依次坐下。

(3) 在私人商务宴会上，买单者坐主人席位，其他人员应按买单者的意愿和安排入座。

(4) 在家庭宴会上，最年长、资深的人坐在主人席位，其他人按年龄或资历顺序入座。

(5) 大型宴会在确定主台后确定主位。主位一般正对大门，背靠有特殊装饰的主题墙面。如果有些餐厅的门不正对有装饰的主体墙面，这时则以主体墙面为主要参照物，确定主人席位。

(二) 外交宴会的席位安排

(1) 对于一些外交活动，礼宾次序是宴会席位安排的主要依据。

(2) 在确定席位座次之前，宴会组织者应编制一份客人和主人的名单，他们的席位座次将由礼宾次序来确定。

(3) 除了礼宾次序外，席位座次安排还应考虑其他因素，如来自不同国家的客人的政治关系等。

(4) 在中国，客人通常按顺序入座，如果客人的夫人在场，夫人们通常坐在一起，即主宾坐在男主人右上方，其夫人坐在女主人右上方。在有两张以上宴会桌的情况下，其他餐桌的主人位置可以与主桌主人位置同向，也可以以面对主桌的位置为主位。

二、中餐宴会摆台

中餐宴会摆台是宴会服务的基础，整齐美观的台面、挺括协调的餐巾是宴会重要的环境因素，可以为中餐宴会增色添彩。

(一) 中餐宴会摆台的过程

(1) 摆骨碟，距桌边 1.5cm，距离相等。

(2) 摆筷架、筷子。筷架摆放在骨碟右侧，筷架上摆放筷子，筷架在筷子 1/3 处，筷子底部距桌边 1.5cm，筷身距骨碟 1.5cm，筷套店标朝向客人，筷头指向桌子的中心。

(3) 摆味碟，在骨碟的正前方，距餐盘 0.5cm。

(4) 摆汤碗，在骨碟左上方，距餐盘 1cm，汤匙在汤碗内，匙把向右。

(5) 摆酒杯。先将红葡萄酒杯放在骨碟的正前方，水杯在左，白酒杯在右。间距 1cm，三杯成一线，餐巾花放入水杯中。

(6) 摆公用餐具。摆放两套公用餐具(筷子一双、不锈钢长把勺一把)，放在正、副主人的正前方，勺把及筷子手端向右。

(7) 摆牙签。一种摆牙签袋，在骨碟右边；一种摆牙签筒，在公用骨碟的右边，距餐盘 0.5cm。

(8) 摆烟灰缸。从主人白酒杯的右侧开始摆，每隔两人摆一个，与酒杯平行。

(9) 摆菜单。两张菜单，分别放在正、副主人筷子的右边，下端距桌边 1cm。

(10) 围椅、摆花。将椅子对齐摆放，花卉等放在桌面中间，仔细检查，如发现问题及时纠正。

图 4-1、图 4-2 分别为中餐宴会摆台、中餐宴会餐台。

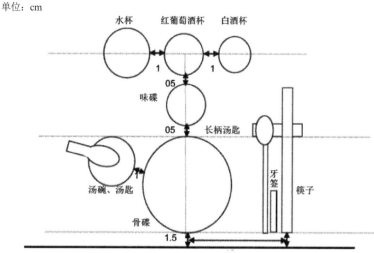

图4-1　中餐宴会摆台

图4-2　中餐宴会餐台

(二) 中餐宴会摆台的注意事项

(1) 餐具需放在托盘上进行运送，拿取酒杯、汤匙类应捏柄部，骨碟等应拿边缘。

(2) 摆台应按照宴会标准进行，做到全场一致。餐具摆放从主人位开始，顺时针方向进行。

(3) 摆放前应检查餐、酒具的完好程度，摆放应相对集中，配套齐全，整齐一致，花纹及图案对正，符合规范。

(4) 宴会摆台应提前了解客人的状况，根据各地区、各民族的礼仪习俗，做适当调整。

(三) 中餐宴会摆台的考核

中餐宴会摆台的考核项目与评分细则，见表4-1。

表4-1　中餐宴会摆台评分表

考核项目	评分细则	满分	得分
台布	台布中心居中	2分	
	转盘位置正确	1分	
	四周下垂基本均等(一角0.5分)	2分	

(续表)

考核项目	评分细则		满分	得分
骨碟	骨碟相对位置	间隔基本相等	2.5 分(每组 0.5 分)	
		相对骨盘与台面中心三点一线	2.5 分(每组 0.5 分)	
	骨盘标记上下方向一致,店标在上		2 分(每组 0.2 分)	
	操作时拿边缘部分		2 分(每组 0.2 分)	
筷子	距桌边约 1cm		2 分(每组 0.2 分)	
	筷架与调味碟中心成一条直线		1 分(每件 0.1 分)	
牙签	位置准确,店标朝上		1 分(每件 0.1 分)	
汤匙	操作时手拿匙柄		1 分(每把 0.1 分)	
	匙柄一律向左		1 分(每把 0.1 分)	
	位置正确		1 分(每个 0.1 分)	
汤碗	拿边缘部分		1 分(每件 0.1 分)	
	位置正确(一位 0.5 分)		5 分	
三杯	水杯:拿下半部分,不碰杯口		2 分(每件 0.2 分)	
	葡萄酒杯、白酒杯:拿柄		2 分(每件 0.2 分)	
	位置准确		4 分(每组 0.2 分)	
	餐巾折花种类:区别主人、主宾与一般客人		2 分	
	难度:手折 4 次以上		2 分	
	美观挺括,比例合适,对称		2 分	
	无污渍,无破损		2 分	
	在台面中心(一件 0.5 分)		1 分	
公筷	2 副	位置(1 副 1 分)	1 分	
		方向:顺时针	1 分	
烟灰缸	(5 只烟灰缸)		1 分(每件 0.2 分)	
菜单	分别置于主人和副主人的右边		1 分(每件 0.2 分)	
座椅位置	椅子间距基本相等		1 分(每个 0.1 分)	
	与台布相切		1 分(每个 0.1 分)	
斟酒	每斟一杯酒,酒瓶要放回托盘		1 分	
	酒瓶之间不碰撞		1 分	
	主次分明,顺序正确		1 分	
	酒瓶商标面向客人		1 分	
	红葡萄酒要求斟 1/2,白葡萄酒要求斟 2/3(每杯 0.2 分)		2 分	
	托盘悬位在椅子外		2 分	
	杯子不倒,瓶口不碰杯		2 分	
	不洒酒,洒一滴扣 0.2 分		3 分	
	不溢出,溢出扣 2 分		4 分	

(续表)

考核项目	评分细则	满分	得分
餐具放置	不倒下	2分(每件0.5分)	
要求	不落地	4分(每件2分)	
商标	面向客人	1分(每件0.1分)	
总成绩		100分	

考核时间：　　　　　　　　　　　　　　考核人：

三、中餐宴会的服务流程

(一) 宴会前准备工作

准备工作是举行宴会必不可少的步骤，宴会的成败直接取决于准备工作是否充分。宴会前的准备工作包括服务员对宴会流程的把握、对菜单的熟悉、对宴会所需物品的准备、对餐桌的精心布置等。所有的准备工作都是环环相扣、密切相关的。

(1) 掌握情况。接到宴会通知单后，餐厅管理人员和服务员应做到八知、五了解。

① 八知，即知客人身份、知台数人数、知宴会标准、知开餐时间、知菜式品种、知出菜顺序、知主办单位或房号、知收费方法、知邀请对象。

② 五了解，即了解客人的风俗习惯、生活忌讳、个性化需求、进餐方式，以及宾主的特殊爱好。如果是外宾，还应了解其国籍、宗教信仰和口味特点等。

如果宴会规格较高，还需要掌握宴会的目的和性质、宴会的正式名称、客人的年龄和性别、有无席次表、座位卡、席卡、有无音乐或文艺表演等。

(2) 明确分工。宴会经理通常在准备阶段确定任务、要求和服务员的分工，并强调服务注意事项。重要的宴会也会提前进行排练，如路线、方向、站位等。

① 根据宴会迎宾、值台、传菜、酒水供应、衣帽间、贵宾室等内容的需要进行明确分工，分配具体任务，指定责任人。

② 做好人力物力的充分准备，要求服务员做到思想重视，行动落实，保证宴会圆满成功。

(3) 宴会布置。根据预订情况进行宴会准备工作。对于大型宴会的场地布置，如婚宴、寿宴、联欢晚会等，客人通常都会联系外部的婚庆公司入场布置场地，宴会主办方只需要负责基本的餐桌布置、餐桌装饰和最后的润色，以及协助房务部门进行绿植的摆放和台面鲜花的摆放等。

(4) 熟悉菜单。

① 服务员必须熟悉菜单和主要菜肴的口味特点，能够熟练地为客人提供菜品推荐和点餐服务，并回答客人关于菜肴的问题。

② 服务员应了解每道菜点的服务程序，保证准确无误地进行服务。

(5) 物品的准备。

① 在每张餐桌上放置1~2份菜单，或在重要宴会上为每人放置1份菜单。菜单应有精美的封面，字体规范，客人可以把它作为一个纪念品来保存。

② 根据菜单要求，准备各种菜肴，根据菜肴的特点，准备相应的配料及装盘。

③ 按照宴会的规格和要求准备好鲜花、酒水、香烟、水果等物品。

(二) 宴会迎宾

(1) 热情迎宾。主人和迎宾员在客人进入接待区时，要向客人问好，而服务员则在其工作区域的餐桌旁为客人服务，热情而有礼貌地迎接抵达的客人。在回答客人的问题和介绍自己时，面带微笑。

(2) 接挂衣帽。大型宴会需要一个单独的衣帽间来存放大衣和帽子。较小的宴会通常没有单独的衣帽间，而是在宴会厅门口设一个挂衣架，用于存放和悬挂客人的衣服。悬挂衣服时，应将衣领握住，不要倒提，以防止衣服内的物品掉落。对于昂贵的衣服，应当使用衣架，以防止其走样。客人重要的衣物应小心存放，并提醒客人收起贵重物品。服务员应在接待处迎接客人，端上茶水和香巾。递巾送茶服务均按先宾后主、先女后男的次序进行。主人表示可入席时，引领客人入席。

(三) 就餐服务

(1) 入席服务。服务员在开餐前 5 分钟端上红酒，然后站在桌边等待客人入座。当客人到达餐桌时，服务员应微笑迎接，并请他们入座。客人入座后，收起桌号、名牌、花瓶或花盆，将菜单放在主人面前，分发毛巾、铺餐巾等，并根据客人的需要进行斟酒或饮料服务。

(2) 斟酒服务。

① 斟酒从主宾、副主宾开始，按顺时针方向逐位斟，最后斟主位。

② 为客人斟酒水饮料时，要事先征求客人意见，根据客人的要求斟倒酒水饮料，如不需要，应将客人面前的空杯撤走。

③ 斟酒时注意将商标朝向客人，用餐巾包住的酒水要注意露出商标。

④ 先斟软饮料，再斟葡萄酒，最后斟白酒。饮料、白酒斟 8 分满；红葡萄酒斟 1/2 杯，白葡萄酒斟 2/3 杯。

⑤ 切忌反手斟酒，瓶、罐口不能碰杯边，酒水沿着杯壁淌下，收瓶时将瓶口向内侧转 180°，以免酒水滴下。

⑥ 客人干杯和互相敬酒时，应迅速拿酒瓶到餐桌前准备添酒。主人和主宾讲话前，要注意观察每位客人杯中的酒水是否已满。

⑦ 当主人或主宾离开餐桌讲话时，主桌的服务员将斟好的酒放在托盘中，站在讲台一侧等候，以备举杯祝酒。当主人或主宾到各餐桌敬酒时，服务员应备好酒瓶，并做好添酒的准备。

(3) 上菜服务。

① 上菜的位置通常在副主人的右侧，以方便翻译和副主人向来宾介绍菜肴口味、名称，不得在主人和主宾之间或来宾之间上菜。

② 在宴会开始前将冷盘端上餐桌。宴会开始，等客人将冷盘用到一半时，开始上热菜。服务员应注意观察客人进餐情况，并控制上菜的节奏。

③ 上菜的顺序应与席面菜单上的顺序完全一致。

④ 多桌宴会要看主桌的上菜情况或听指挥，做到行动统一，以免造成早上或迟上、多上或少上现象。

⑤ 分菜时要求手法卫生，动作利索，分量均匀，配好佐料。

⑥ 宴会负责人应征询客人是否要致词、致词人数及所需时间。客人致词时要掌握起菜时间的衔接或征得客人同意，提前通知备餐间及厨房准备，或通知备餐间起菜，起菜时应注明厅名、人数、宴会名称。

(4) 席间服务。

① 撤换餐具。为了体现宴会服务的档次和食物的名贵程度，提高食物的风味，保持餐桌的卫生和优雅，在宴会期间应多次更换餐具。对于重要的大型宴会，每道菜都应该更换一次餐碟，而对于普通宴会，宴会期间应该至少更换三次餐碟。

② 对于席间离开座位的客人，服务员应主动帮助拉出椅子及整理餐巾；当客人回到自己的座位时，应当重新拉椅，将餐巾摆放好。

③ 在用餐过程中，如客人致辞时，应立即调低音乐声音或直接关闭音乐，并通知备菜间暂时停止起菜，服务员暂停服务，站立一旁。

④ 当客人站起来敬酒时，服务员应立即上前，将椅子向外轻拉，帮助客人站立。

⑤ 在上甜点和水果之前，分发相应的餐具；除酒杯、水杯和牙签外，撤走已用完的餐具，擦拭干净台面后，上甜点和水果，进行服务。

⑥ 席间若碰倒酱油碟、饮料杯等，应迅速用餐巾为客人清洁，然后在餐桌上再铺上餐巾。发现烟灰缸有超过 2 个烟头时要及时更换。更换时要用干净的烟灰缸盖盖住脏的烟灰缸后撤走，最后再放上干净的烟灰缸。

⑦ 客人吃完饭、面或主食之后，把热茶送到每位客人的右边，并送上热香巾，随即收起已用完的餐具，剩下饮料杯或酒杯、茶杯、烟灰缸，之后上甜品。

(四) 送客服务

(1) 结账准备。上菜完毕后即可做结账准备。清点所有酒水、香烟、佐料、加菜等宴会菜单以外的费用并累计总数，送收银处准备账单。如是现金则现收，如是签单或支票转账，则应将账单交给客人，或宴会经办人签字后送收银处核实，及时送财务部入账结算。

(2) 拉椅送客。当主人宣布宴会结束时，服务员要提醒客人带齐携来的物品。当客人起身离座时，要主动为其拉开座椅，以方便其离席行走，并视具体情况目送或陪送客人至餐厅门口，向客人礼貌道别并致谢。如宴会后安排休息，要根据接待要求进行餐后服务。

(3) 取递衣帽。衣帽间的服务员根据取衣牌的号码，及时、准确地将衣帽取递给客人。

(4) 收餐检查。在客人离席的同时，服务员要检查桌面上是否有未熄灭的烟头，是否有客人遗留的物品。如有要及时还给客人，如客人已离开，要及时上交餐厅管理人员。

(5) 有序撤台。在客人全部离去后，立即清理桌面。清理桌面时，按先餐巾、香巾、银器，后酒具、瓷器、刀叉的顺序分类收拾。凡贵重餐具要当场清点。

(6) 清理现场。整理台布，各类餐具要按规定位置重新摆放整齐，开餐现场重新布置，餐椅复位，搞好卫生清洁。

(五) 宴会结束工作

(1) 检查工作。宴会收尾工作结束后,领班要做检查。一般大型宴会结束后,主管要召开总结会。待全部收尾工作检查完毕后,工作人员方可离开。

(2) 回访客人。第二天可由宴会销售员给客人发一封征求意见函,以征求客人对本次宴会的餐食质量及服务方面的意见或建议。

📖 **扩展阅读4-2**

餐巾怎么用?

四、中餐宴会的分菜与分汤服务

宴会服务中的分菜与分汤服务,需要服务员掌握较高的服务技巧。

(一) 分菜服务

(1) 分菜用具。分菜用具包括分菜羹、分菜刀叉等。

(2) 分菜的原则。菜品中最好的部分给第一主宾;一般不分头尾;分菜应留有至少1/10的备用;分菜应均匀,摆盘美观。

(3) 分菜的顺序。派菜时先主宾后次宾,按顺时针方向,最后给主人。分完菜或汤后,应将菜递到客人面前,并示意客人享用。每上一道菜要换一次餐具,桌边分菜要保持转盘的干净。

(4) 分菜的注意事项。除了掌握上述基本原则外,分菜服务还应注意以下几点。

① 桌边分菜时,应在副主位右边第二、第三位宾客之间的位置。上菜前撤去鲜花及桌号牌,摆放分菜用的相关器皿。桌边分菜单手操作时,要注意另一只手自然放在背后。

② 小型宴会则在餐厅内适当位置摆放分菜台或分菜车,在分菜台上摆放分菜用的相关器皿。

③ 服务员分菜时面向客人,掌握好菜的分量,分得均匀,留有余地以备需要的客人添加。

④ 分菜时要注意分好后的菜形,以保证菜的形象美。同时分菜过程尽可能避免发出响声。

⑤ 派菜的托盘不能同时收拾脏的餐具。

(二) 分汤服务

(1) 服务员站立在分菜位上,从传菜员的托盘上端过汤煲,放在上菜位上。

(2) 揭开汤盖,把汤盖放在汤煲旁边。

(3) 右手拿起汤勺,把汤煲里的汤均匀盛到汤碗里。

(4) 每碗汤装至八分满为准,装完汤后报汤名。

(5) 顺时针转动转盘,把汤转到每位客人的面前。

(6) 如有多余的汤,需盖上汤盖留在分菜位,如没有,则可以撤走。

来得不是时候的烤鸭

宴会开始，一切正常进行。服务员早已接到通知，报菜名、递毛巾、倒饮料、撤盘碟，秩序井然。按预先的安排，上完红烧海龟裙后，主人要祝酒讲话。只见主人和主宾离开座位，款款走到话筒前。值台员早已接到通知，在客人杯中斟好酒水。主人、主宾身后站着一位服务员，手中托着装有两杯酒的托盘。主人和主宾简短而热情的讲话很快结束，服务员及时递上酒杯。正当宴会厅内所有客人站起来准备举杯祝酒时，厨房里走出一列身着白衣的厨师，手中端着刚出炉的烤鸭向各个方向走出。客人不约而同地将视线转向这支移动的队伍，热烈欢快的场面就此被破坏了。主人不得不再一次提议全体干杯，但气氛已大打折扣。客人的注意力被转移到厨师现场分割烤鸭上去了。

(资料来源：https://wenku.baidu.com/view/d79db1f211a6f524ccbff121dd36a32d 7275c733.html)

问题：评价这位服务员和经理的做法。

第三节　西餐宴会服务

西餐宴会服务既重视菜肴制作和出品质量，又对与菜肴配套的餐具选用有严格的要求。服务员不仅要掌握基本的服务流程、专门的服务技巧，也要了解冷餐会、鸡尾酒会等各种西式宴会的服务要领。

一、西餐宴会座次安排

(一) 西餐宴会座次安排的原则

(1) 女士优先。女主人坐主人位，男主人坐第二主人位。

(2) 恭敬主宾。男女主宾分别紧靠女主人和男主人，以便主人照顾。

(3) 以右为尊。男主宾坐于女主人右边，女主宾坐于男主人右边。

(4) 距离定位。距主位越近，客人的地位越高。

(5) 面门为上。面对门口高于背对门口。

(6) 交叉排列。男女交叉排列，主宾在女主人右方，主宾夫人在男主人右方，以此类推。

(二) 西餐宴会长桌的席位安排

西餐宴会以长桌为主，长桌的席位安排主要有以下两种方式。

(1) 法式就座方式。主人位置在中间，男女主人对坐，女主人右边是男主宾，左边是男次宾，男主人右边是女主客，左边是女次客，其余依序排列，陪客则尽量往旁边坐。法式西餐宴会座次见图4-3。

(2) 英美式就座方式。桌子两端为男女主人，若夫妇一起受邀，则男士坐在女主人的右手边，女士坐在男主人的右手边，左边是次客的位置，如果是陪客，则尽量往中间坐。英、美式西餐宴会座次见图4-4。

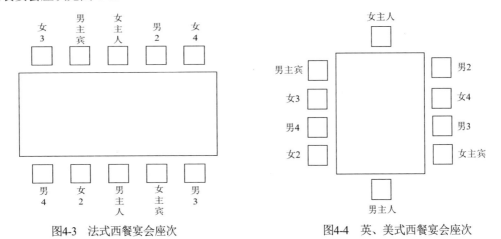

图4-3 法式西餐宴会座次   图4-4 英、美式西餐宴会座次

(三) 西餐宴会餐台的布局

西餐宴会根据参加宴会的人数、餐厅的形状及主办单位的要求决定布局类型。西餐宴会餐台的摆放形式多样。可以用长台拼接成一字形、T字形、山字形、马蹄形、U字形、E字形、正方形、川字形等，不限于此，宴会举办方还可以根据需要创造出其他新颖的类型。一般而言，西餐餐桌布局讲究对称。以下是几种主要的场地布局。

(1) 一字形。一字形又称直线形，是将长方形餐台一字排开，客人坐在餐桌的两边。这种安排在人数不多时采用，一般就餐人数不超过36人，否则餐台太长会妨碍客人走动和服务员的及时服务。这种布局主人位置的安排有两种，一种是将主人和副主人的席位安排在餐台的横向中间，即法式就座方式；另一种坐法是主人和副主人坐在餐台纵向的两端，即英美式就座方式。主人座位应面向正门，背靠背景板。口字形的布局和一字形基本相同，只是加宽了纵向的座位数，从而形成中空，一般口字形的中空可用以摆放花草或冰雕等装饰物。

(2) U字形。相对于一字形和口字形，U字形布局适合人数稍多的西餐宴会。U形台的座位有两种放置形式：双边排座和单边排座。主人和主宾的座位正对U形缺口。U形的两个侧边应比横边长，两条侧边的长度应该一致。

(3) T字形。T字台形的横向长度应比纵向长度短些，且两翼距离相等。T字形餐台席位安排总体上与U字形相同，主人一般都安排在横向餐台的中间位置，客人则安排在主人的两侧。这种台形便于服务，但两翼最外面的宾客会感觉受冷落，所以这种布局横向座位不能摆放太多。

(4) E字形。E字形台能容纳的人数较多，一般用于超过60人的宴会。E字形布局的主人位在横边上，由于该横边比T形台长，可使重要客人都能与主人在一个台。为了出入方便，以及便于服务，E形台的中空位置的距离应该足够大，纵向餐桌与纵向餐桌之间一般保持1.8～2m的距离。E形台布局还可有多种变形，如川字形和门帘形。川字形只是去掉了E字形的横边，使台型设计没有主宾之分，适用于较为自由的西餐宴会。门帘形是指E字形的纵边布置三条以上，主要由宴会人数和餐厅形状决定。

（5）其他形式。除了以上常见的布局方式外，西餐宴会的形式也可采用星形、鱼骨形等，还可以是 1/4 圆形、波纹或 S 形、梯形等，这些个性化的布局一般适合比较自由和活泼的宴会。

二、西餐宴会摆台

（一）西餐宴会摆台的过程

（1）确定席位。如是长台，餐台一侧居中位置为主人位，另一侧居中位置为女主人或副主人位，主人右边为主宾，左边为第三宾，副主人右边为第二宾，左边为第四宾，其余客人交错类推。如是圆桌，席位与中餐宴会席位相同。

（2）备齐餐具。根据菜单要求准备餐具，餐具齐全、配套分明、整齐统一、美观实用。西餐宴会需要根据宴会菜单摆台，每上一道菜就要换一副刀叉，通常不超过七件，包括三刀、三叉和一匙，摆放时按照上菜顺序由外到内放置。西餐餐具摆放按照餐盘正中，左叉右刀，刀尖朝上，刀刃朝盘，先外后里的顺序摆放。其具体摆法如下。

① 装饰盘的摆放。可用托盘端托，也可用左手垫好餐巾，餐巾垫在餐盘盘底，把装饰盘托起，从主人位开始，按顺时针方向用右手将餐盘摆放于餐位正前方，盘内的店徽图案要端正，盘与盘之间距离相等，盘边距桌边 2cm。

② 餐巾的摆放。将餐巾折花放于装饰盘内，将观赏面朝向客人。

③ 面包盘、黄油碟的摆放。装饰盘左侧 10cm 处摆面包盘，面包盘与装饰盘的中心对齐，黄油盘摆放在面包盘右上方相距 3cm 处。

④ 装饰盘左侧按从左至右的顺序依次摆放沙拉叉、鱼叉、主餐叉，各相距 0.5cm，手柄距桌边 1cm，叉尖朝上。鱼叉上方可突出其他餐具 4cm。

⑤ 装饰盘的右侧按从左到右的顺序依次摆放主餐刀、鱼刀，相距 0.5cm，刀刃向左，刀柄距桌边 1cm。鱼刀上方可突出其他餐具 4cm。

⑥ 鱼刀右侧 0.5cm 处摆放汤匙，勺面向上，汤匙右侧 0.5cm 处摆放沙拉刀，刀刃向左；甜食叉、甜食勺平行摆放在装饰盘的正前方 1cm 处，叉在下，叉柄向左，勺在上，勺柄朝右，甜食叉、甜食勺手柄相距 1cm；黄油刀摆放在面包盘右上方 1/3 处，两者的中心线吻合。

（3）酒具的摆放。水杯摆放在主餐刀正前方 3cm 处，杯底中心在主餐刀的中心线上，红葡萄酒杯摆在水杯的右下方，红葡萄酒杯与水杯杯底中心的连线与餐桌边成 45° 角，杯座间距 1cm，白葡萄酒杯摆在红葡萄酒杯的右下方，其他标准同上。摆酒具时要拿酒具的杯托或杯底部。

（4）蜡烛台和胡椒、盐瓶的摆放。西餐宴会如是长台，一般摆两个蜡烛台，蜡烛台摆在台布的鼓缝线上，并保证在餐台两端适当的位置上，调味品(左盐右椒)和牙签筒，按四人一套的标准摆放在餐台鼓缝线上，并等距离摆放数个花瓶，鲜花不要高过客人眼睛位置。如是圆台，中心位置摆放蜡烛台，胡椒瓶、盐瓶摆在台布鼓缝线上，按左盐右椒的要求对称摆放，瓶壁相距 1cm，瓶底与蜡烛台台底相距 10cm。

（5）烟灰缸、火柴的摆放。从主人位和主宾位之间开始摆放烟灰缸，顺时针方向每两位客人之间摆放一个，烟灰缸的上端与酒具平行。火柴平架在烟灰缸上端，店标向上。

(6) 检查：仔细检查，发现问题及时纠正。

西餐宴会摆台布局见图4-5，西餐宴会餐台布局见图4-6。

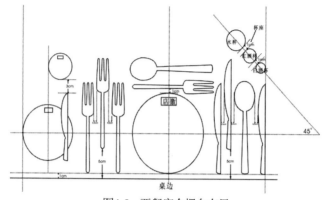

图4-5　西餐宴会摆台布局

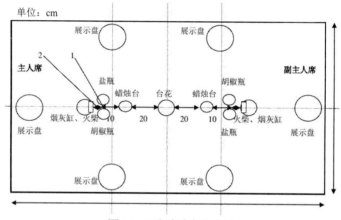

图4-6　西餐宴会餐台布局

(二) 西餐宴会摆台的注意事项

(1) 摆台前，应对摆台所用的餐、酒用具进行检查，发现不洁或有破损的餐用具要及时更换，保证用品符合干净、光亮、完好的标准。摆放时，手不可触摸盘面和杯口。

(2) 摆台时，要用托盘盛放餐具、酒具及用具。摆台时注意手拿瓷器的边缘，刀、叉、匙的把柄。摆放金、银器皿时，应佩戴手套，保证餐具清洁，防止污染。

(3) 餐盘正中、盘前横匙；左叉右刀、先里后外、叉尖向上、刀口朝盘；各种餐具成线，餐具与菜肴配套。

(4) 花瓶放在桌子中央，花瓶前摆放盐和胡椒，左盐右椒，盐、胡椒前面放牙签筒，牙签筒前面是烟灰缸，烟灰缸缺口对准盐和胡椒的中缝，桌垫摆在桌子正中央。

(三) 西餐宴会摆台的考核

西餐宴会摆台的考核项目与评分细则，见表4-2。

表4-2　西餐宴会摆台评分表

考核项目	评分细则	满分	扣分	得分
铺台布	中凸线对开(中线吻合)	2分		
	四次整理成形	2分		
	两块台布中间重叠5cm(整块台布也可)	2分		
	四周下垂匀称	3分		
拉椅定位	椅子之间距离基本相等	2分		
	椅子与下垂台布距离1cm	2分		
展示盘	盘边距桌边1cm	3分		
	店徽一致(在上方)	3分		
刀、叉、匙	摆放顺序由里向外	8分		
	摆放位置	8分		
面包盘、刀、黄油碟	摆放顺序(盘、刀、碟)	6分		
	摆放位置	4分		
摆酒杯、水杯	摆放顺序(白、红、水)	8分		
	位置准确	8分		
	手拿杯位置	8分		
餐巾折花(盘花)	造型美观、大小一致	12分		
	在盘中位置一致、左右一条线	10分		
花瓶	位置准确压中线	3分		
整体印象		7分		
总成绩		100分		

考核时间：　　　　　　　　　　　　　　　考核人：

三、西餐宴会的服务流程

西餐宴会服务主要流程如下：迎宾员引领客人进入餐厅，之后到休息室进行鸡尾酒服务，进入餐厅后，服务员拉椅让座，然后上开胃菜、上汤、上海鲜类菜肴、上肉类菜肴、上甜点，最后是送客服务与结束收尾工作。

(1) 引领服务。客人到达餐厅门口时，服务员应主动上前表示欢迎。礼貌问候后，将客人引领至休息室，并根据需要接挂衣帽。

(2) 休息室的鸡尾酒服务。客人进入休息室后，服务员应问候客人，并及时为客人送上各式餐前酒。在客人喝酒时，休息室服务员应托送果仁、虾条等佐酒小食品，巡回向客人提供。

(3) 拉椅让座。当客人到达本服务区域时，服务员必须主动上前欢迎、问好，然后按先女后男、先宾后主的顺序为客人拉椅让座(方法与中餐宴会相同)，并点燃蜡烛以示欢迎。待客人坐下后，为客人铺餐巾，斟倒冰水和派黄油、面包。

(4) 服务开胃菜。根据开胃菜配用的酒类，先为客人斟酒，再上头盘。如是冷头盘，则可在宴前 10 分钟事先上好。用完开胃菜后应从客人右侧撤盘，撤盘时应连同开胃菜刀、叉一起撤下。

(5) 服务汤。服务汤时应加垫盘，从客人右侧送上。喝汤时一般不喝酒，但如安排了酒类，则应先斟酒，再上汤。当客人用完汤后，即可从客人右侧连同汤匙一起撤下汤盘。

(6) 服务鱼类菜肴。如在主菜前多用一道鱼类菜肴，可以继续喝配头盘的白葡萄酒，再从客人右侧上鱼类菜肴。当客人吃完鱼类菜肴后，即可从客人右侧撤下餐盘及鱼刀、鱼叉。

(7) 服务主菜。主菜大多是肉类菜肴，一般盛放在大菜盘中由服务员为客人分派，并配有蔬菜和沙司，有时配有沙拉。上菜前，应先斟好红葡萄酒，并视情况为客人补充面包和黄油。

(8) 服务甜点。待客人用完主菜后，服务员应及时撤走主菜盘、刀、叉、沙拉盘、黄油碟、面包盘和黄油刀，摆上干净的点心盘。用过奶酪后开始上甜品，此时一般安排宾主致词，因此，服务员在撤去吃奶酪的餐具后，应先为客人斟好香槟酒，摆上甜品餐具，然后上甜品。

(9) 咖啡、茶和餐后酒服务。待客人坐下后，休息室服务员应及时送上咖啡或红茶，以及糖缸、奶壶等，服务方法与西餐早餐服务相同。在客人饮用咖啡或红茶时，休息室服务员或调酒师也可以向客人推销餐后酒或雪茄，主要是各种利口酒和白兰地，待客人选好后，斟酒送上。

(10) 送客服务。拉椅送客和取递衣帽，具体要求与中餐宴会服务相同。

(11) 结束工作。检查、撤台、整理宴会厅与休息室，具体要求与中餐宴会服务相同。

(12) 注意事项。西餐宴会服务时，应注意以下细节。

① 宴会厅全场上菜、撤盘的时机应一致；多桌时，以主桌的进度为准。

② 服务员在撤餐具时，动作要轻稳。西餐撤盘一般是徒手操作，一次不宜拿得太多，以免失手摔落。

③ 服务过程中应遵循先宾后主、女士优先的服务原则。

④ 上每一道菜之前，应先撤去上一道菜的餐具。先摆好相应的餐具，斟好相应的酒水，再上菜。

📖 **扩展阅读4-3**

牛排的几分熟怎么区分

四、冷餐会服务

冷餐会起源于西餐中的自助餐，提供的食品以冷盘为主，有时也配有少量的热菜。饮料以软饮料为主，也提供简单的鸡尾酒，适用于会议用餐、团队用餐和各种大型活动。冷餐会形式多样、菜式丰富、用餐便捷，深受客人的喜爱。冷餐会要准备自助餐台，餐台上同时摆放各种餐具，菜品、饮品都集中放在自助餐台上。客人根据个人需要，自取餐具选取食物。客人可多次取食，可自由走动，任意选择座位，也可站着与别人边谈边用餐。自助餐英文为 buffet，原意是冷餐会、酒会。第二次世界大战时，自助餐形式被广泛引入美军后方驻地的军用食堂，其内容已大大超出酒会的小食范畴，发展成包括主食、甜品、热汤等多种餐食供挑选的就餐形式。

(一) 冷餐会的分类

根据服务方式的差异，以及是否设有座位，分为以下两类冷餐会。

(1) 不设座冷餐会。不设座冷餐会一般不设座位，但可根据要求在中心菜台的四周安放一些餐台和椅子，或布置主宾台。可在室内或在院子里、花园里举行，客人可自由活动，可以多次取食。酒水可陈放在餐台上，也可由服务员绕场端送。

(2) 设座冷餐会。设座冷餐会常见于大型冷餐招待会，往往用大圆桌，设座椅，主宾席排座位，其余各席不设固定座位，食品与饮料均事先放置在桌上，招待会开始后，自由进餐。这种形式常用于官方正式活动，根据主、客双方身份，冷餐会规格的隆重程度可高可低。

(二) 冷餐会的特点

(1) 进餐时间无严格规定，客人早走晚来，都不需向主人解释或道歉。

(2) 冷餐会通常不安排座位，客人可在餐厅里自由活动，随意交流。

(3) 冷餐会的设计近似于自助餐，但比自助餐的规模大，布置也较华丽，场面壮观，气氛热烈，环境高雅。

(4) 冷盘、热炒、点心、水果、酒水均可提前摆放在餐台上，客人可多次取用。

(5) 举办冷餐会的时间一般是 12：00—14：00 或 18：00—20：00，时长约 90 分钟。

(6) 场地不受限制，室内外均可，也可在家庭中举行各类冷餐会。

(7) 冷餐会一般由某一团体或个人主办，没有持请柬者不能入内。

(三) 冷餐会的服务流程

(1) 准备工作。冷餐会的准备工作在开餐前半小时做好。场地大小主要根据参加的人数而定，但每人应有 $1m^2$ 左右的活动空间。主菜台可用多张桌子拼搭而成，铺上台布。根据人数的多少设置一个或数个酒水台，放置各类已倒好的饮料，供客人自取或由服务员端送给客人。提供 2~3 种规格的盘子和刀、叉、匙。冷餐会一般不提供餐巾，而是放置纸巾供客人取用。

(2) 迎接客人。客人抵达餐厅时，迎宾员要向客人表示热烈的欢迎，酒水服务人员要给客人端送酒或饮品，同时递上纸巾。

(3) 服务饮料。调酒员要迅速调好鸡尾酒，当客人取酒或饮品时要礼貌地询问客人的需要。

(4) 开餐服务。冷餐会进行过程中，服务员提供以下服务。

① 客人饮完酒、饮料，或不再饮用的酒和饮料，服务员要勤收换，保持餐台、服务台等台面整洁卫生。

② 服务员要在餐厅勤巡视，细心观察，主动为客人服务，巡视过程不得从正在交谈的客人中间穿过，也不能骚扰客人交谈。若客人互相祝酒，要主动上前为客人送酒。

③ 主人致词、祝福时，事先要安排一位服务员为主人送酒，其他服务员则分散在宾客之间给客人送酒，动作要敏捷麻利，保证每一位客人有一杯酒或饮品在手中，用于祝酒仪式。

④ 客人取食品时，要给客人送餐碟，帮客人取拿食品，服务人员还要注意菜量，一旦某

种菜已取完，应及时从厨房取出补充。

⑤ 服务员要及时收取脏盘，并更换烟灰缸与餐具。

(5) 送客。冷餐会结束时，服务员应礼貌送客，致谢并欢迎客人再次光临。

五、鸡尾酒会服务

鸡尾酒会是欧美传统的集会交往方式，是一种独特的宴请形式。它是以饮用鸡尾酒为主、以各种小吃为辅的招待会，形式轻松活泼，便于客人的广泛接触与交谈。举办鸡尾酒会简单而实用，适用于不同的场合。从酒会主题看，以欢聚、庆祝、纪念、告别、开业典礼等为主。

(一) 鸡尾酒会的准备工作

(1) 摆放桌椅与设备。根据鸡尾酒会方案的细节要求，摆放台形、桌椅，准备所需各种设备，如麦克风、接待台、横幅等。

(2) 吧台。鸡尾酒会临时设的酒吧，由酒吧服务员负责在酒会前搭设好，并按方案要求，准备各种类型的酒水、冰块、调酒用具，以及足够数量的玻璃杯具。

(3) 餐台。将足够数量(一般是预计客人数的三倍数量)的甜品盘、叉、匙，放在餐台的一端或两端，中间陈列小吃、菜肴。鸡尾酒会的食品多为三明治、香肠、炸鸡腿、面包、炸春卷、薯条等各种小吃。中式鸡尾酒会可在西式小吃的基础上，增加中式菜点和小吃。

(4) 设少量桌椅。小桌摆在餐厅四周，桌上放花瓶、餐巾纸、烟灰缸、牙签筒等物品，少量椅子靠墙放置。

(二) 鸡尾酒会的服务特点

与冷餐会相比，鸡尾酒会简单随意，它不需要豪华设施，不必十分讲究背景环境，气氛热烈而又不拘礼节。一般而言，鸡尾酒会的餐食供应量较小，花色品种也较少。

(1) 鸡尾酒会以酒水为主，有各种混合饮料以及果汁、冷水、矿泉水等，一般不用或少用烈性酒。高级鸡尾酒会可能备有小推车，为客人切割牛排、火腿等。

(2) 鸡尾酒会多数不设座位，只设餐台和吧台。酒水饮料和食品均由服务员用托盘端送，也有一部分放在餐台上，由客人自由取用。在餐厅周围设小圆桌供客人摆放酒杯、餐巾纸、餐碟、牙签筒等。客人站立就餐饮酒，可在室内随意走动，自由交谈，便于沟通与交流。

(3) 所需设备：讲台、立式麦克风、沿墙长椅、企业旗帜、标题横幅等。

(4) 举办鸡尾酒会的场地不受限制，可在室内，也可在室外，空间不受限制。

(5) 鸡尾酒会是一种简单、活泼的宴会形式，举行时间灵活，上午、中午、下午、晚上均可，一般与正式宴会时间错开，或安排在正式宴会的前面。

(6) 参加鸡尾酒会的人员不受时间限制，迟到、早退不失礼，来去自由，因而很受欢迎。

(7) 根据酒会规模配备服务员，一般以 1 人服务 10~15 位客人的比例配员，专人负责托送酒水，照管和托送菜点及调配鸡尾酒，提供各种饮料。

(三) 鸡尾酒会的服务程序

鸡尾酒会开始后，每个岗位的服务人员都应尽自己所能，为客人提供尽善尽美的服务。

(1) 在入口处设主办单位列队欢迎客人的地方，服务员列队迎宾，在主办代表欢迎客人后，引宾入场。

(2) 负责服务酒水的服务员，用托盘托斟好的酒杯在餐厅内来回向客人敬让，自始至终不应间断。

(3) 及时收回客人手中、餐台上已用过的酒杯，保持台面的整洁和酒杯更替使用。最好分设专人负责上酒水和收杯两项工作，不要在一个托盘中既有斟好的酒杯，又有回收的脏杯。

(4) 负责菜点的服务员要在酒会开始前半小时左右摆好干果、点心和菜肴，酒会开始后注意帮助年长者取用，随时准备添加干果、点心，保证有足够的盘碟餐具，撤回桌上和客人手中的脏盘，收拾桌面上用过的牙签、口纸等。

(5) 吧台服务员在酒会开始前准备好需要的酒水、冰块、果汁、水果片和兑量工具等物品。酒会开始后负责斟酒、调酒和领取后台洗好的酒杯，整理好吧台台面，对带气的酒和贵重酒类应随用随开，减少浪费，各种鸡尾酒的调制要严格遵循规定的配方和标准操作。

(6) 虽然大多数客人是站着边谈边吃，但在餐厅四周仍应设有少数座位，便于客人中的老年人和病弱者入座，服务员要给予照顾。

(7) 酒会中，不允许服务员聚在一起。每个服务员都应勤巡视，递送餐巾纸、酒水和食品。

(8) 在服务过程中，要注意不要与同事发生冲撞，尤其不要碰到客人和客人手中的酒杯。

(四) 鸡尾酒会的结束工作

(1) 鸡尾酒会一般进行一个半小时左右。

(2) 酒会结束，服务员列队送客出门。

(3) 客人结账离去后，服务员负责撤掉所有的物品。余下的酒品收回酒吧存放，脏餐具送洗涤间，干净餐具送工作间，撤下台布，收起桌裙，为下一餐做好准备。

> 📖 **扩展阅读4-4**
>
> 鸡尾酒的起源

第四节　自助餐服务

自助餐是西餐常见的一种就餐方式，客人从琳琅满目的餐台上选取自己喜欢的食品，或由站在餐台后面的厨师帮助夹取食品。自助餐因丰俭自由，快捷方便，深受客人青睐。

一、自助餐服务概述

自助餐服务的优点非常突出，不仅所需服务员较少，而且食品丰富多样，客人随意不拘束。

(一) 自助餐的概念

自助餐服务相对而言比较简单。自助餐菜点陈列于餐台，客人将其取食，即可视同销售，虽然客人还未结账离去，但食品已被消耗，即产品已被其消费，故售卖过程已经结束。自助餐服务与销售紧密相连，其特点与其他用餐方式明显不同。

(二) 自助餐服务的特点

(1) 餐台布置要求有序、美观。自助餐餐台除了便于客人取用菜点食品外，还有引导客人有序取食，烘托美化餐厅的作用。菜品分类摆放，客人可依次选用由冷到热、由咸到甜、由热菜到水果等食品。自助餐台如同色彩斑斓的菜单，吸引客人驻足的同时，有利于增进食欲。

(2) 客人用餐程序自由。客人可以根据自身喜好和时间，选取需要的菜点食品，自由度高。宴会服务一般从冷菜、热菜、汤到点心，遵循固定的程序。即使客人不喜欢某些食品，也只能按部就班地进行。在享用自助餐时，客人不仅可以不受限制地直接选取食品，还可以多次取食。

(3) 客人用餐时间、节奏自定。自助餐服务中，客人的用餐时间是充分自由的，只要在开餐时间之内，客人可随时来到餐厅用餐。同时，用餐节奏快慢、时间长短也可自由掌握。

(4) 菜品选择范围广。自助餐可以用数额不多的费用，品尝到数量众多、口味丰富的菜点。因此，在大型会议、公司庆典、集体聚餐、食品节等活动中，自助餐服务很受欢迎。

(5) 服务程序简化。客人可以自助取用食物、饮料等，服务程序大大简化，所需服务员较少，不仅可以节省餐厅人手，同时也因生产的批量集中，可适当提前烹制，也节省了厨房生产的人手。

(6) 餐前、餐后工作重要性强。自助餐餐前的台形设计、菜点的陈列方式直接影响客人用餐的方便程度、取食时间和用餐体验。自助餐餐前准备和餐后收档工作量大，餐前应注意菜点、酒水及餐具的充足准备，餐后保温锅、装饰品与餐用具的及时归类管理也很重要。

二、自助餐服务程序

(一) 餐前准备

(1) 工作前要洗手，服务员随时注意自己的仪容仪表，并保持良好的精神面貌。

(2) 检查所用的餐具、电气设备设施等和需要使用的物品是否备齐。

(3) 做好餐厅(含自助餐台、服务台和吧台)的卫生，并随时观察是否有客人进入餐厅。

(4) 准备好自助餐摆台的用具和食品夹。

(5) 备好餐中所需的水果、饮料、食品、易耗品等，为迎接客人做好充分的准备。

(6) 从迎宾处了解当餐客人订餐的情况，进行适当的备餐工作。

(7) 餐前工作准备好后，召集员工在规定的时间内召开班前会和分配工作。

(二) 餐中服务

(1) 开餐时，迎宾员要站在迎宾台，随时迎接客人，带客人进餐厅并询问客人的人数，适当调整餐具和餐位，并帮助客人拉椅入座，服务员也应及时帮助客人拉椅入座。

(2) 客人到齐后，迎宾员向服务员交代人数。

(3) 客人离位取食物时，服务员应主动为客人拉椅，并提醒客人随身携带贵重物品，客人要求帮忙看管其物品时，服务员要认真看好。

(4) 及时为客人撤换用过的餐碟，保持桌面清洁；及时为客人添加纸巾和牙签、酒水、饮料，根据客人的要求为客人适量取食物。

(5) 当客人用完热菜，要用甜品或水果时，应撤去不用的餐具，并准备好茶水与账单。

(6) 保持餐台和食品夹的干净和整洁，并及时添加食品，保证客人有足够的食品享用。

(7) 吧台服务员要保证水果和饮料充足，并随时协助其他服务人员。

(8) 当客人要买单时，服务员按买单的程序操作并向客人致谢，热情送客。

(三) 餐后的收尾工作

(1) 整理餐椅，将其摆正，并检查是否有客人遗留的物品，如有，要及时上报当班领班。

(2) 检查餐具是否有丢失或破损，尽量在客人离开前检查，如果发现客人把餐具放进自己的包里，服务人员应对客人说："您好，如果您喜欢我们的餐具，可以到我们的商场购买。"

(3) 若火锅类餐品就餐完毕，要灭掉桌上的明火或切断电源。

(4) 按顺序进行收餐，快速检查台面，整理餐椅并定位，整理花瓶和台号卡，先收拾餐巾、杯具、易耗品，再收拾不锈钢餐具，收拾所有脏的瓷器和纸垫。

(5) 按规定对下一餐进行摆台，保持餐具的整洁和无破损。

(6) 清洁工作台和餐台，并按要求进行备餐，备餐的量要保证足够下一餐使用。

(7) 当餐厅收餐时，切断部分电源和照明灯，当客人全部离开后切断主照明灯。

(8) 银餐具、镀金餐具等贵重的物品洗干净后，要用干布擦干放入工作柜并做好记录。

(9) 关闭空调并做好地板的卫生工作，随时保持地板的卫生清洁。

(10) 检查各项工作是否做完，检查电源等是否切断，和下一班服务人员做好交接。

复习思考题

一、名词解释

1. 冷餐会
2. 鸡尾酒会
3. 自助餐

二、简答题

1. 简述宴会服务的特点。
2. 按宴会规格与服务对象，宴会分为哪些类型？
3. 区别冷餐会与鸡尾酒会。

4. 简述自助餐服务的特点。

三、实践题

1. 对比泉州五星级酒店自助餐的价格与特点。

2. 设计一个主题宴会，并对餐台设计、菜肴结构、服务特色做出说明。

四、案例分析

老字号年夜饭依旧"一桌难求"

年夜饭作为除夕的阖家聚餐，对一家人来说，是年尾最重要的一顿晚餐。一些星级酒店为吸引客人，做出了一定幅度的让利。近年来，人们对餐厅年夜饭安全、卫生的关注多了起来，这也让年夜饭增加了小份菜、分餐制等差异化服务。相较于 2019 年 11 月末热门饭店就"告罄"的情况，2021 年年夜饭预订情况略微有缓解。但对于一些老字号饭店，仍然是一桌难求。不少餐厅甚至推出了年午饭和错时年夜饭预订。同乐舫、西湖春天等餐饮企业表示，今年(2021)年夜饭定价和去年差不多，人均消费在 300~400 元不等，丰俭随人。随着春节小家庭就餐、朋友聚会差异化消费需求的增加，多家餐厅的年夜饭也都增加了 4~6 人、6~8 人套餐，价格低至五六百元。除了去餐厅吃或是自己在家烹饪，半成品年夜饭也深受市民喜爱，一些半成品年夜饭还以套餐等形式搭上了 APP 团购，价格实惠，备受市民推崇，楼外楼、知味观等老牌餐饮企业也拥有成熟的半成品食品制作经验。例如，楼外楼推出了价格由 118 元到 688 元不等的半成品年夜饭礼盒。从东坡牛肉、驴肉、叫花鸡之类的杭州特色菜，到八宝饭、紫薯卷、红糖发糕之类的点心都有，拿回家上灶热一热或是用微波炉转一转就能吃。

(资料来源：https://baijiahao.baidu.com/s?id=1685772314401822330&wfr=spider&for=pc)

问题：

1. 结合案例，分析我国年夜饭的消费趋势。

2. 餐饮企业对年夜饭产品做出了哪些改革与创新？

第五章
酒吧服务与管理

酒吧的竞争取决于三个方面：首先最关键的就是品质，其次是场景，最后是服务体系，包括增强客户黏性、增强安全意识、提升品牌认知度等。通过对品质、场景、服务体系等的完善，全方位多维度地构建酒吧竞争力。从 2012 年到 2016 年，酒吧营业额大幅下滑，但从 2016 年开始，随着新生代消费群体的崛起，在消费升级的推动下，夜间酒水的销售额又恢复到较高水平。

学习要点

1. 了解酒吧的起源与分类，以及酒吧的组织结构特点。
2. 熟悉酒吧服务的流程。
3. 了解酒吧的成本构成及定价管理。

导入案例

是创新，还是不合格

某酒店的住店客人陈先生与朋友一行到酒吧休闲，朋友点了一杯喜欢喝的鸡尾酒"红粉佳人"，酒端上来后，朋友一试，感觉与平常喝的味道相差甚远。陈先生请来酒吧服务员，询问原因："是否调酒师用错配方了？"服务员回答："我们的调酒师是业内有名的，不会调错，这是酒吧的创新配方，和其他酒吧会有不同的口味。"客人听后表示不满，说："红粉佳人是世界著名的鸡尾酒，有标准配方的，我就是喜欢传统的味道才点的，你们如果事先告诉我改了配方，那我不一定会点这款。"

(资料来源：作者搜集整理)

思考：请问你如何看待这件事情？你认为酒吧在品质标准和产品创新上如何平衡？

第一节 酒吧概述

酒吧指提供啤酒、葡萄酒、洋酒、鸡尾酒等酒精类饮料的消费场所，最初源于美国西部大开发时期的酒馆，当时牛仔和强盗们很喜欢聚在小酒馆里喝酒，由于他们都是骑马而来，所以酒馆老板就在酒馆门前设了一根横木，用来拴马。后来，汽车取代了马车，骑马的人逐渐减少，这些横木也多被拆除。有一位酒馆老板不愿意扔掉这根已成为酒馆象征的横木，便把它拆下来放在柜台下面，没想到却成了客人们垫脚的好地方。由于横木在英语里念"bar"，所以人们索性就把酒馆翻译成"酒吧"。

酒吧发展到现在有多种经营形式，既有独立经营的酒吧，也有酒店餐饮部下属的部门，专为供客人饮料服务及休闲而设置。酒吧常伴以轻松愉快的气氛，通常供应含酒精的饮料，也随时准备汽水、果汁为不善饮酒的客人服务。酒吧主要经营饮料，也提供可以填饱肚子的简餐，但可供选择的品种主要是糕点及西餐。

一、酒店中酒吧的类型

酒吧是酒店餐饮部门中的酒水经营单位，其形式受酒店规模和类型的影响。但无论规模大小，要保持酒吧的正常经营，其工作岗位是基本相同的。只是规模较小的酒吧经营，一个人可以同时兼任几个岗位的工作。酒店中的酒吧面向不同的客人群体，应根据客人的需求提供不同的产品和差异化的服务。

(一) 大堂吧

大堂吧(lobby bar，也称之为 lobby lounge，简称 L/L)，位于酒店大堂公共区域，是提供休憩、等候、茶饮、咖啡、酒水等服务的开放式场所。大堂吧最开始是酒店用来为客人提供休憩和等候的公共区域，随着人们消费需求和酒店经营的拓展，逐渐发展成为消费型的大堂吧。大堂吧是客人进入一家酒店面对的第一个场景，是酒店的门面担当，大堂吧的升级、装潢、产品及服务等细节都要精益求精。

大堂吧属于开放性区域，所以对员工要求更高，员工在操作过程中要随时注意自己的公众形象。在大堂吧工作的员工需要详细了解酒店的基本情况和事宜，方便在客人咨询时给予令人满意的回答。以五星级酒店为标准，大堂吧的员工级别由低到高分别为大堂吧服务员、大堂吧领班、酒水区调酒师/咖啡师、大堂吧副理、大堂吧经理。大堂吧的管理层员工不仅要把控好区域内的客人满意情况、员工服务质量，还要兼顾大堂整体氛围管理，在有儿童追闹、大声喧哗等情况发生时，应第一时间进行控制，以保证大堂吧及大堂整体的氛围。

📖 案例5-1

大堂吧变城市客厅　公共空间的自我革新

成都环球中心洲际大饭店大堂吧

作为一家商旅客友好型酒店，成都环球中心洲际大饭店充分考虑住店客人的会客需求，打造了两层楼高的"逸汀大堂吧"，整个大堂吧在酒店阳光花园式生态系统中若隐若现，开阔的空间在被绿植自然分隔后更利于交谈。除了大堂吧的公共空间，酒店还拥有洲际首个自营路边咖啡馆，独特的半户外花园风格咖啡馆由酒店星级大厨主理，咖啡馆内的咖啡茶饮及酥香糕点均保证出品精致，不仅环境雅致，合理的定价在如此高规格配置下也极具优势，可谓诚意满满。

深圳佳兆业万豪酒店大堂吧

万豪国际酒店集团在客人需求方面同样把脉精准，万豪堂(Greatroom)是万豪酒店大堂和大堂酒廊的融合产物，通过对空间的设计与重构，满足移动化与全球化背景下旅客的使用需求。大堂设计中处处可见的滨海风情和本地渔村历史文化元素，也赢得了一众高端商务客人的青睐。为了满足客人的办公需求，万豪堂不仅全天供应餐饮，还在区域内铺设了功能强大的无线网络，以及鲜见于普通酒店大堂的专用商务书桌和遍布的电源插座。

珠海华发喜来登酒店大堂吧

作为进入珠海酒店市场的第一家喜来登品牌，位于湾仔半岛水滨的珠海华发喜来登酒店与澳门遥遥相望，凡走进这家酒店的客人一定对其恢宏的大堂印象深刻。大堂内从地面延伸至天花板的铜金属薄片呈现优美弧度，代表珠海蜿蜒绵长的海岸线，随处可见的中式元素和出自本地艺术家之手的原创艺术品提升了空间质感。珠海华发喜来登酒店大堂吧是酒店承载最多特色的空间之一，皇家园林亭台楼阁的造型让 $2500m^2$ 的空间更显开阔恢宏。不仅现代设计与古典文化气息十足，楼阁建筑也将巨大的空间进行了自然隔断，呈长条弧形的两层空间可以被自由划分为不同区域并保持各自独立的私密性。位于二层的茶室受到很多小型特色活动主办方的喜爱，常常作为发布会、酒会、沙龙等活动的举办地，是实用性和艺术性完美融合的典范。如今，大堂吧复合了包括休闲、亲子、娱乐、聚会等在内的更多功能，根据时段和季节不同，推出烹饪课堂、点心自助、插画/绘画下午茶、儿童下午茶等主题产品，吸引本地客人入店消费。

上海和颐至尊酒店大堂吧

位于上海的"和府"是首旅如家酒店集团旗下的和颐至尊品牌旗舰店，酒店将人文元素融入大堂设计，并通过与中高端生活方式社群平台洽客in联手合作，在一楼打造"洽客in空间"，柔和的光线、几何形状的简约灯具和家居软装，构成一处东西方文化的混搭艺术空间，营造出精致的人文商旅酒店氛围。

(资料来源：《品橙旅游》酒店：大堂吧变城市客厅 公共空间的自我革新)

问题：面对市场新变化，不同档次的酒店可以如何拓展酒店大堂的营销功能？结合你熟悉的酒店进行讨论。

(二) 主酒吧

主酒吧(main bar/open bar)，也称为鸡尾酒吧和英式酒吧，在国外称作English pub or cash bar。主酒吧的装修一般都非常注意个性的表现，为突出酒吧的主题，常常会装饰一些特有的设施设备或提供特色化的服务，如丽思卡尔顿酒店的丘吉尔吧，是具有浓郁英伦格调的雪茄吧，有英式桌球台和现场的音乐演奏，为客人提供威士忌、干邑、各式鸡尾酒和调酒师的秘制特饮，以其雪茄典藏而闻名。主酒吧中紧挨着吧台设有吧凳，给客人与调酒师面对面交流的机会，调酒师必须具备较全面的业务知识及服务技巧、推销技巧，调酒师富有艺术性的表演客人也可尽收眼底。此类酒吧经营的饮品品种全，包括葡萄酒、开胃酒、烈性酒、餐后甜酒、啤酒、软饮料、茶、果汁和鸡尾酒等。酒吧都应具有各自鲜明的风格，或优雅舒适、或文艺气息浓厚、或青春炫酷。酒吧在保证酒品的同时，还应通过乐队驻场演出等形式，打造自身的酒吧文化，吸引有同样文化认同的客户群体。

(三) 服务酒吧

服务酒吧主要设在酒店中、西餐厅内，为餐厅内吃饭的客人提供酒水、饮料服务。该类酒吧经营的酒水以葡萄酒、开胃酒、烈性酒、啤酒等适合佐餐的酒吧饮料为主。服务酒吧要根据餐厅的菜品提供适合的酒品种类，尤其是西餐，讲究菜与酒的搭配，负责酒水服务的员工必须熟悉酒吧中的酒与菜单中的菜品搭配的原则，主动向客人介绍和推荐。

二、酒吧的组织结构

(1) 小型酒吧组织结构(如图 5-1 所示)。小型酒店通常设有一个酒吧，其人员安排如下：酒吧主管 1 人，调酒员 1~2 人，服务员 2~3 人。有些小型酒吧，调酒师兼任酒吧主管。

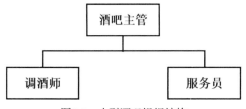

图5-1　小型酒吧组织结构

(2) 中型酒吧组织结构(如图 5-2 所示)。中型酒店设有两个以上的酒吧，其组织结构是：酒吧经营经理 1 人，负责各酒吧经营的业务工作；根据各酒吧经营的规模和业务量的具体情况，每个酒吧设主管或领班 1 人，负责日常的经营工作；此外包括调酒师和服务员若干人。

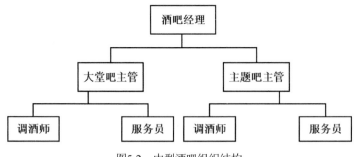

图5-2　中型酒吧组织结构

(3) 大型酒吧组织结构(如图 5-3 所示)。大型酒店酒吧种类较多，如大堂吧、主酒吧、服务吧、宴会吧、保龄球酒吧等。因此，要设立酒水部，负责酒店所有酒吧的经营管理。根据需要，酒水部设助理经理 1 人，协助酒水部经理管理日常的业务工作。各酒吧根据其具体情况，可各设主管或领班 1 人，负责日常的经营及管理工作。此外包括调酒师和服务员若干人。

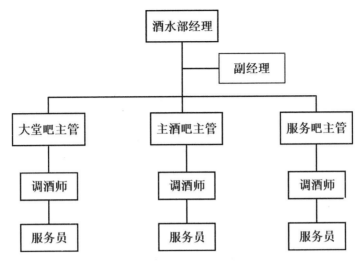

图5-3　大型酒吧组织结构

三、酒吧的岗位职责

(一) 酒吧经理的岗位职责

① 负责确定酒吧的服务操作流程、安全管理、物料管理、卫生管理等制度并保证落实到位。

② 根据酒店的营业目标制订部门的销售计划，确定酒水单、产品销售价格、促销策略等。

③ 确定各种酒水饮料的服务流程、服务标准等。

④ 控制酒水的采购、验收、发放、销售标准及流程。

⑤ 掌握酒水的库存情况，控制部门的成本。

⑥ 依据酒店的部门定员标准，督导并实施员工的培训，制订部门的人才培养计划。

⑦ 协调与其他部门的工作。

(二) 酒吧主管的岗位职责

① 针对酒吧经营特点和客流分布，进行合理排班，监督管辖范围的工作，使其顺利进行。

② 负责下属服务员考勤，进行合理分工。

③ 负责开吧前的准备工作检查，如酒水、杯具是否到位，备量是否合理，卫生清洁是否达标等。

④ 处理好酒吧的突发事件，确保正常经营。

⑤ 做好酒吧经营现场的监督，确保账单、酒水单据无差错。

⑥ 及时了解和查看客人对食物及服务的意见，核实后立即反馈并整改。

⑦ 负责下属员工的培训，培养团队精神。

⑧ 负责执行和落实上级的指示，坚持质量标准，协调并处理好员工内部关系。

(三) 调酒师的岗位职责

① 负责领用酒水、备齐物料。

② 负责水柜酒水、酒橱和其他商品的摆设、储藏。

③ 各种酒水明码标价，字迹清晰美观。

④ 熟悉各类酒水和其他商品的名称、价格、型号、产地和特点等。

⑤ 主动招呼客人，为客人详细介绍酒水。

⑥ 严格把好食品质量关，不卖过期变质的食品。

⑦ 负责吧台内的清洁卫生，及时清理各种破烂瓶、罐及包装物等。

⑧ 每日清点出售物品，做好各种账目的登记。

⑨ 认真细致地填写每日销售报表。

(四) 酒吧服务员的岗位职责

① 主动招呼客人和引座。

② 为客人点单，到吧台取酒水，并负责取单据给客人结账。

③ 提供令客人满意而又恰当的酒水服务。

④ 保持酒吧的整齐、清洁，包括开始营业前及客人离去后摆好台椅等。

⑤ 做好营业前的一切准备工作，备齐杯碟等。

⑥ 熟悉服务程序和要求。

⑦ 营业繁忙时，协助调酒师制作各种饮品或鸡尾酒。

⑧ 帮助调酒师补充酒水或搬运物品。

第二节　酒吧服务程序与标准

酒吧服务程序主要包括营业前的工作程序、营业中的服务流程、结账收款工作、营业结束后的工作等内容，各个阶段要求不同。

一、营业前的工作程序

营业前的工作准备俗称为"开吧"，内容包括酒吧内清洁工作、领货、酒水补充、酒水记录、酒吧摆设和调酒准备工作等。

(一) 酒吧内清洁工作

(1) 每天完成酒吧台与工作台的清洁。酒吧台通常由大理石及硬木制成，表面光滑。每天坐在吧台喝酒的客人会倒翻少量的酒水，从而在其光滑表面形成点块状污迹，应及时清理。清洁时先用湿毛巾擦拭，再将清洁剂喷在表面擦抹，至污迹完全消失为止。清洁后要在酒吧台表面喷上蜡光剂以保护光滑面。工作台如果是不锈钢材料，表面可直接用清洁剂或肥皂粉擦洗，清洁后用干毛巾擦干即可。

(2) 定期清洁冰箱。由于堆放罐装饮料和食物，冰箱底部易形成油滑的尘积块，网隔层也会由于果汁和食物的翻倒粘上滴状污痕，大约 3 天左右必须对冰箱彻底清洁一次，包括底部、侧壁和网隔层。先用湿布和清洁剂擦洗干净污迹，再用干净抹布抹干净。

(3) 地面清洁。酒吧柜台内地面多用大理石或瓷砖铺砌，每日要多次用拖把擦洗地面。

(4) 酒瓶与罐装饮料表面清洁。酒吧里的瓶装酒在散卖或调酒时，每瓶酒销售的时间有长有短，如无法当天售完，瓶上残留的酒液会使酒瓶变得黏滑，特别是餐后甜酒，由于酒中含糖多，残留酒液会在瓶口结成硬颗粒，因此应保证每天营业后用干净的毛巾擦拭；瓶装或罐装的汽水、啤酒、饮料则由于长途运输仓储而表面积满灰尘，因此要用湿毛巾每日将瓶装酒及罐装饮料的表面擦干净，以符合食品卫生标准。

(5) 酒杯、工具清洁。酒吧服务员的基本职责之一是将各种酒杯擦拭得光洁如新。酒杯的清洁标准是要彻底去除各种酒渍、水渍，还要注意不能留下指印，为防止手纹印在酒杯上，整个擦拭过程要用餐巾包裹进行，手不直接碰触酒杯。洗好的酒杯控掉水分后，先用不掉毛的餐巾将酒杯底座擦净，然后擦拭杯腿，最后擦拭杯肚，最好能准备两块棉布，先用一块棉布握住杯肚，再将另一块棉布轻轻塞进酒杯，顺着一个方向，轻轻旋转，将杯肚内外的水分擦干。酒杯和工具的清洁与消毒要按照规程做，即使没有使用过的酒杯，每天也要重新消毒。

(6) 酒吧柜台外的地方每日按照餐厅的清洁方法进行打扫，有的酒店附属酒吧由公共区域清洁工或服务员负责。

(二) 领货

(1) 领酒水。领酒水是酒吧调酒师的职责，调酒师每天将酒吧所需领用的酒水数量填写在酒水领料单(如表 5-1 所示)上，送酒吧经理签名(规模较小的酒店由餐饮部经理签名)，再拿到食品仓库交保管员取酒发货。此项工作要特别注意在领酒水时清点数量及核对名称，以免造成差错，领货后要在领货单上领料人一栏签名，以便核实查对。

表5-1　酒水领料单

班次：_____　　　　日期：____年____月____日

酒吧名称：_____　　　　制表人：_____

品名	数量	容量/mL	单价/元	小计/元
绝对伏特加	2	750	110	220
占边威士忌	3	750	135	405
合计	5			625

总瓶数：_____

总成本：_____

审批人：_____　　　发料人：_____　　　领料人：_____

(2) 领酒杯和瓷器。酒杯和瓷器容易损坏，领用和补充是日常要做的工作。领用酒杯和瓷器时要按用量规格填写领货单，再到管事部仓库交保管员发货，领回后要先清洗消毒。

(3) 领百货。百货包括各种表格(酒水供应单、领货单、调拨单等)、笔、记录本、棉织品等用品。一般每星期领用一到两次。领用百货时要填好百货领料单,交酒吧经理、饮食部经理和成本会计签名后才能拿到百货仓库交仓管员发货。

(三) 酒水补充

调酒员将领回来的酒水分类堆好,需要冷藏的如啤酒、果汁等放进冷柜内。补充酒水一定要遵循先进先出的原则,即先领用的酒水先销售使用,先存放进冷柜中的酒水先卖给客人。果汁、水果食品、纸包装的鲜牛奶的存放期只有几天,过期的食品一定不能继续使用,稍微疏忽都会引起不必要的浪费或其他严重的后果,必须认真对待。

(四) 酒水记录

每个酒吧为便于进行成本检查及防止失窃,需要设立一本酒水记录簿,称为 bar book。上面清楚地记录酒吧每日的存货、领用酒水、售出数量、结存的具体数。每个调酒员取出酒水记录簿,就可知道酒吧各种酒水的数量。值班的调酒员要准确地清点数目,记录在案,以便上级检查。

(五) 酒吧摆设

酒吧摆设主要包括瓶装酒的摆设和酒杯的摆设,摆设效果会影响酒吧的气氛和吸引力。酒和酒杯的摆设,主要考虑美观大方、有吸引力、方便工作和专业性强。瓶装酒的摆设一是要分类摆,开胃酒、烈酒、餐后甜酒分开;二是价格贵的与便宜的分开摆,如白兰地,便宜的几十元一瓶,贵重的如干邑要几千元一瓶,两种是不能并排陈列的。不常用的酒放在酒架的高处,以减少从高处拿取酒的麻烦。酒杯可分悬挂与摆放两种,悬挂的酒杯主要是装饰酒吧气氛,一般不使用,因为拿取不方便,必要时,取下后要擦净再使用;摆放在工作台位置的酒杯要方便操作,加冰块的杯(柯林杯、平底杯)放在靠近冰桶的地方,不加冰块的酒杯放在其他空位,啤酒杯、鸡尾酒杯可放在冰柜冷冻。

(六) 调酒准备工作

(1) 取放冰块。用桶从制冰机中取出冰块,放进工作台上的冰块池中,把冰块放满;没有冰块池的,可用保温冰桶装满冰块,盖上盖子后放在工作台上。

(2) 配料。各种配料如胡椒粉、豆蔻粉、盐、辣椒油、糖、喼汁等放在工作台前面,以备调制时取用;鲜牛奶、鲜奶油、淡奶、番茄汁、菠萝汁等,打开瓶罐装入玻璃容器,存放在冰箱中;橙汁、柠檬汁稀释后倒入瓶中备用(存放在冰箱中);其他调酒用的汽水,如苏打水、雪碧等也要放在伸手拿得到的位置。

(3) 水果装饰物。橙皮预先切好,与樱桃串在一起排放在碟子里备用,表面封上保鲜纸。从瓶中取出少量咸橄榄放在杯中备用,红樱桃取出用清水冲洗后放入杯中备用。柠檬片、柠檬角也要切好排放在碟子里用保鲜纸封好备用,以上几种装饰物都放在工作台上。

(4) 准备酒杯。把酒杯拿去清洗间消毒后按需要放好。工具用餐巾垫底排放在工作台上,酒吧匙、量杯、冰夹要浸泡在干净的水中。吸管、杯垫、调酒棒和鸡尾酒签也放在工作台前(吸管、调酒棒和鸡尾酒签可用杯子盛放)。

(5) 更换棉织品。酒吧使用的棉织品有餐巾和毛巾两种。毛巾用来清洁抹台，要湿水后用；餐巾要干用，主要用于擦杯子，不能弄湿。棉织品使用后，每天要送到洗衣房清洗。

(6) 工程维修。在营业前要仔细检查各类电器，如灯饰、空调、音响；各类设备，如冰箱、制冰机、咖啡机等；所有家具、酒吧台、椅、墙纸及装修，确认有无损坏。如有任何不符合标准要求的地方，要马上填写工程维修单交酒吧经理签名后送工程部，由工程部派人维修。

(7) 检查单据表格。检查所需使用的单据表格是否齐全够用，特别是酒水供应单与调拨单一定要准备好，以免影响营业。

二、营业中的服务流程

(1) 热情迎宾，引客入座。

(2) 点单服务。酒吧服务员向客人呈递酒水单，根据客人的需求进行介绍和推荐。每个酒吧会根据自己的定位设计酒水单(wine list)，也会有自己的特色或重点推荐的酒品，还会根据季节的变化或节日推出每日特饮，调酒师和酒吧服务员要熟悉相关的产品，并在适当场合作产品推介。一般而言，酒吧中的酒水单会有以下酒水分类。

① 餐前酒(开胃酒)。味美思、比特酒(金巴利、杜本纳等)、茴香酒(潘诺/培诺)等。

② 鸡尾酒。按照调制方法，鸡尾酒可分为长饮和短饮两大类：长饮(long drink)是用烈酒、果汁、汽水等混合调制，酒精含量较低，是一种较为温和的酒品，可放置较长时间不变质，因而客人可长时间饮用，故称为长饮。短饮(short drink)是一种酒精含量高、分量较少、要尽快饮用的酒品，如马提尼、曼哈顿等均属此类。

③ 利口酒。利口酒大体上可以分为果实类利口酒，草药、香草类利口酒，种子、坚果类利口酒等，其中果实类利口酒的味道、香气、颜色都很丰富，因此在利口酒中最受欢迎，如君度香橙、樱桃女皇利口酒等很受女士们的欢迎。

④ 烈酒。中国白酒、威士忌、白兰地、伏特加、金酒、朗姆、龙舌兰等。

⑤ 啤酒。酒吧中的啤酒以味道鲜美的桶装鲜啤最受欢迎，部分酒吧还以此为特色或促销卖点吸引客人。也有瓶装或听装的高端进口或本地啤酒，如青岛、科罗娜、喜力、加士伯啤酒等。

⑥ 葡萄酒。按颜色可将葡萄酒分为红葡萄酒、白葡萄酒和桃红葡萄酒三种，加上按是否含汽而划分的起泡葡萄酒(或香槟)，酒吧中的葡萄酒主要列出四种。也有酒吧按产地列出，如法国产区、意大利产区、澳大利亚产区等，再按档次分别列出几款。

⑦ 软饮料。软饮料主要指无酒精饮料，包括果汁、碳酸饮料、矿泉水等。

(3) 酒水服务流程。酒水服务因客人需求的差异而有不同的流程和标准。在酒吧里，有些客人会点整瓶酒，整瓶酒的服务流程因酒的种类而有不同。比较复杂的如葡萄酒，饮用服务要求较高，陈年优质的红葡萄酒需要提前 20 分钟以上开瓶醒酒，斟酒服务前还要先过滤以去掉陈年红葡萄酒产生的沉淀物。白葡萄酒、起泡葡萄酒要提前冰镇并备冰桶服务。威士忌、白兰地等服务要提前征询客人的要求，如净饮或加冰。有的酒吧对整瓶销售的烈酒提供寄存服务，即客人一次无法饮用完整瓶酒，可以将剩余的酒存放于酒吧专门的橱柜，待客人下次光临时再拿出服务。大多数客人在酒吧会点单杯酒水，有单杯的烈酒、葡萄酒或鸡尾酒，客人只需根据酒水单下单即可。

① 整瓶酒的服务流程。

示瓶：把点的酒拿给客人过目，一是表示尊重，二是让客人核实与所点的酒一致。操作方法：服务员站在点酒客人的右侧，左手托瓶底，右手扶瓶颈，酒标朝向客人，请客人确认酒的种类、品牌、产地、年份等信息。

开瓶：用正确的开瓶器开启酒水，开瓶动作要轻。如果是开启葡萄酒，开启后的瓶塞要先检查一下，以判断是否为病酒或坏酒，并将瓶塞放入小碟子保留；如果是开启起泡葡萄酒，要避免开瓶声音和气泡冲冒影响客人。开瓶后要用干净的餐巾或毛巾擦拭瓶口后再服务。

试酒：开酒后先给点酒的客人倒一点，请他试酒以确认酒的品质，客人试后点头认可，即可按顺时针顺序为其他客人斟酒。

酒的保温：需要冰镇饮用的酒，如白葡萄酒、起泡葡萄酒等，上酒时需要准备冰桶，斟酒后剩余的酒要放入冰桶中保持其温度。

② 零杯售酒的服务。

当客人点杯酒时，要注意一些服务细节的要求，如客人点西式烈酒时一定要问清楚饮用方式，可以净饮、加冰、加柠檬等，有些客人会要求冰或柠檬另装，不直接加到酒里等，服务员在点单时务必注明，以免产生投诉。

📖 **案例5-2**

这瓶酒还能喝吗

实习生小珍在一家国际品牌五星级酒店的酒吧实习。一天晚上，几位年轻客人点了一瓶红葡萄酒，小珍按之前培训的服务流程完成斟酒服务，一小时后，客人忽然投诉酒的质量有问题，因为他们在杯里发现了沉淀物，认为酒变质了，要求免单。小珍想起上课老师讲过陈年红葡萄酒出现沉淀是正常现象，出现沉淀物也是葡萄酒成熟的标志，葡萄酒沉淀并不会对人体健康产生消极影响。小珍向客人解释，客人并不接受。当班主管了解情况后，向客人解释了沉淀物出现的原因，同时向客人道歉，因为小珍刚开始实习不久，还不熟悉陈年葡萄酒服务需要进行"滗酒"，即过滤，以免影响葡萄酒外观色泽的澄清度。最后客人接受了主管的道歉，主管也主动给客人打了九折以示歉意。事后，主管并没有批评小珍，而是组织了一次专门的培训。

(资料来源：职业餐饮网 http://www.canyin168.com/)

思考：如何进行服务补救？

(4) 酒水寄存服务。

① 客人要求寄存酒水时，服务员将酒水拿到吧台，由吧台立即填写酒水寄存单。

② 所有酒水寄存单必须有吧台员、领班的签字确认，在条件允许的情况下，必须让客人签字确认。各项目填写要真实、完整，否则视为舞弊行为，并上报行政部处理。

③ 吧台将酒水寄存单"红联"给客人，如客人未带走，则由厅面代为保管，不允许把"红

联"留在吧台处，"白联"作为吧台当天入账依据，"绿联"随同当日报表一起上交到财务部。

④ 客人取走寄存酒水时，吧台须让厅面签字确认并注明取酒日期，将"红联"与"白联"钉在一起做发货处理，并将两联单据随同当日报表一起交由财务部与"绿联"一并核销。

⑤ 酒水寄存单 1 个月清理一次，对于超过期限未取走的寄存酒水，由仓管员回收并办理入库手续，吧台重新开出领用单办理领用手续，回收的酒水冲减吧台所在部门的酒水成本；如客人 1 个月后前来取酒，必须由吧台所在部门厅面第一负责人签字确认后方可领取。

📖 **案例5-3**

on rock是什么

小陈刚入职酒吧工作不久，在主管、同事的帮助下很快就掌握了酒水服务的流程。一天，几位客人入店消费，其中有一位是外国人。英语是小陈的短板，但是考虑到其他几位是中国人，他就大胆上前为客人点单。几位客人都点了酒，那位外国客人点了 whisky，小陈写好酒水单转身时，客人还补了一句 on rock，小陈没听明白，认为客人可能不是对他说的。他把酒水单交给吧台时，调酒师问了一句："威士忌怎么喝？"小陈说客人没要求。等他上酒之后，外国客人很不高兴，并通过其他中国客人向他投诉，为什么没有加冰？小陈才恍然大悟，原来 on rock 是加冰的意思啊，刚才以为自己听错了，不可能加石头啊！

(资料来源：职业餐饮网)

思考：烈酒服务应注意哪些事项？

酒水服务具体规范见表 5-2。

表5-2　酒水服务规范一览表

酒水名称	服务流程	酒杯图示
白兰地	(1) 使用标准的白兰地杯； (2) 饮用方法：常温、高档的白兰地，如干邑、雅文邑等，一般适合净饮，如果客人要求特殊服务方式，如加冰，一定要问清楚加几块冰及是否直接加入酒中； (3) 标准分量：1 盎司	
威士忌	(1) 使用标准的古典杯； (2) 饮用方法：① 常温净饮；② 加冰；③ 加柠檬片(用小碟另装)； (3) 标准分量：1.5 盎司	
伏特加、金酒、朗姆酒	(1) 使用古典杯(加冰时使用)或烈酒杯(净饮时使用)； (2) 饮用方法：① 常温净饮；② 加冰，杯中加入大方冰，将威士忌淋在冰块之上； (3) 标准分量：1.5 盎司	

(续表)

酒水名称	服务流程	酒杯图示
特基拉酒	(1) 使用古典杯(加冰时使用)或烈酒杯(净饮时使用); (2) 饮用方法:净饮,可搭配盐、柠檬片; (3) 标准分量:1.5 盎司	
啤酒	(1) 使用标准的啤酒杯,服务前杯子要冰冻处理; (2) 饮用方法:冰镇(饮用温度 4~7℃); (3) 标准分量:1 杯(酒 8 分,泡沫 2 分)	

(5) 鸡尾酒服务。对于一些耳熟能详的鸡尾酒品种,调酒师要按传统的配方调制,酒吧的创新酒可以按自定配方调制。如果遇到宾客点陌生的饮料,调酒师应该查阅配方,不应胡乱配制。调制饮料的基本原则:严格遵照配方要求,做到用料正确、用量精确、点缀装饰合理优美。

按照调制方法,混合饮料可分成三大类。

① 直接在酒杯中调制的饮料。这类饮料通常使用高飞球杯、古典式杯、柯林斯杯,皆为无柄的直身杯,而它们往往就是饮料本身的名称。调制这类饮料时,酒杯必须洁净无垢,先放入冰块,冰块的用量不可超过酒杯容量的 2/3。调酒师必须养成良好的习惯,任何时候都不用酒杯直接取冰。然后用量杯量取所需的基酒,倒入酒杯,接着注入适量配料,最后用搅拌棒轻轻搅拌,再按配方要求加以装饰点缀,便可端送给宾客。

② 调酒杯中调制的饮料。这类饮料的调制过程与第一种几乎相同,不过由于这类饮料中常有酿造酒如葡萄酒等作为基酒或配料,因而不宜大力摇动振荡,一般使用调酒杯并用搅拌棒轻轻搅拌。

③ 调酒壶中调制的饮料。使用调酒壶的目的有三点:摇动调酒壶使各种原料充分混合,摇动过程中饮料与冰块充分接触使饮料温度降低,且摇动过程中冰块溶解从而增加了饮料成品的分量。一般调制过程如下:先将冰块放入调酒壶,接着加入基酒,再加入各种配料。注意含汽饮料不宜作此类混合饮料的配料。然后盖紧调酒壶,双手执壶用力摇动片刻。摇匀后,打开调酒壶,用滤冰器滤去残冰,将饮料滤入鸡尾酒杯中,再加以装饰点缀。如宾客要求加冰饮用,则应事先准备冰饮杯,如古典式杯,并加入新鲜冰块,再将饮料滤入,并作同样点缀即可。

三、结账收款工作

大多数酒吧会采用先消费后结账的方式,部分独立经营的酒吧会采用点单立结的方式。不管用哪种方式,目的都是保证酒吧的营业收入并预防管理的漏洞。例如,有些客人在结完账走后还有剩余未开瓶的酒水,有些服务员会借机把酒水通过收银员退掉从中牟取私利,酒吧应从管理制度上预防类似的事情发生。吧台中的收银员应当在客人买单后就封单,如果真遇到要修改的情况,那么必须经过相关管理人员签字确认。

四、营业结束后的工作

(1) 清点酒水饮料。酒吧结束一天的营业后，必须清点并记录当天酒水饮料的剩余情况，包括各种酒水整瓶的消耗数量、已开瓶未用完的情况等。

(2) 清洁整理酒吧环境。彻底清理酒吧的卫生，未用完的水果、食品等，如能继续使用应放入冰箱保存，所有的杯具、用品应清洗干净并消毒，门窗可打开通风，保持环境的清爽卫生。

(3) 填写工作报表。当班经理或主管记录当天酒吧的经营情况，特殊事件应重点记录，如发生客人投诉或意外事件等。如果第二天有交接班，应将工作内容作详细的描述，如需要紧急补充的酒水、物料，员工班次的变动，酒吧与其他部门的交接工作等。

第三节　酒吧管理

酒吧以各类酒水饮料的销售为主，以简餐和水果为辅，物料采购品种繁多，对采购的流程管理、库存管理有较高的要求。酒吧的酒水销售以零售(单杯)为主，整瓶销售数量占比较低，产品标准化管理、成本控制是其中的重点。星级酒店的酒吧夜间营业时间较长，员工需要长期上夜班，还要面对照顾醉酒客人带来的挑战，如何保证稳定的员工队伍，是酒吧员工管理的难点。

一、酒吧物料管理

(一) 酒吧原料采购的程序与标准

酒吧经营需要采购种类繁多的物料用品，包括各种酒水、饮料、水果等，这给日常的管理带来一定难度，原料采购、储存、验收的流程不严格，既增加额外成本，也会带来卫生安全隐患，需要引起重视。

(1) 酒吧原料的范围。酒吧原料采购项目一般包括以下几大类。

① 酒水类。酒水包括餐前开胃酒类、鸡尾酒类、烈酒类(如：白兰地、威士忌、琴酒、朗姆酒、伏特加酒、中国白酒等)、啤酒、葡萄酒、清凉饮料、咖啡、茶等。

② 小吃类。酒吧常见的小吃有坚果类、饼干类、肉干类、蜜饯类、干鱼片、干鱿鱼丝、油炸小吃和三明治等快餐食品。

③ 水果拼盘类。酒吧水果拼盘包括时令水果拼盘、瓜果品、瓜酱等。

落实采购计划后，须将供货客户、供货时间、品种、单价、数量等情况通知仓管人员。验收手续按收货细则办理，收货人员应及时将验收情况通知采购人员，以便出现问题能及时处理，保证供应。

(2) 采购的目标与任务。

① 根据酒吧的需要寻找合适的商品。酒吧原料采购中，酒水是关键，以洋酒为例，白兰地、威士忌、伏特加等产地分布广泛，品牌众多，必须在深入分析酒吧目标客源的构成后进行品牌的筛选，注意客源的国籍、消费水平和偏好。以威士忌为例，著名的产地有苏格兰、爱尔

兰、美国、加拿大等，如客人主要来自欧洲，可选择苏格兰品牌；如客人主要来自国内，可选择知名流行的品牌。葡萄酒的选择应注意产地、产区与价格的综合评估，法国葡萄酒知名度最高，但性价比稍低，中低价产品可从澳大利亚、新西兰、智利等国家选择。

② 合适的价格。通过分析目标客人的消费能力，确定酒吧产品的采购档次和价格范围，以保证酒吧酒水的毛利率。

③ 严格控制品质。酒类市场良莠不齐，酒吧要避免过分追求低价而忽略对酒水品质的控制，务必避免采购假酒或劣质的酒水，采购前要确定酒吧采购标准，设专人验收。

④ 寻找最佳的供应商。找到一个在价格、交货期、质量等方面都满足酒吧酒水要求的供应商是一件很困难的事情，与供应商建立长期的合作伙伴关系，提高产品和服务的质量水平，能够帮助酒吧节省时间、金钱和精力。

⑤ 在适当的时间进货。采购水果、鲜奶等易腐烂变质的物料，应根据其保鲜期及日常使用量确定合理的申购量，坚持"少申购、勤申购"的原则，避免发生腐烂、过期变质而产生损失。

(3) 采购注意事项。

① 保持酒吧经营所需的各种酒水及配料的适当存货。

② 保证各项饮品的品质符合要求。

③ 保证按合理价格进货。

(4) 酒吧原料的采购程序，如图 5-4 所示。

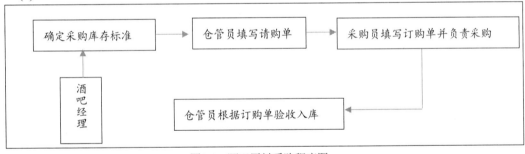

图5-4　酒吧原料采购程序图

(5) 酒吧采购人员应符合以下条件。

① 了解酒水及辅助食品制作的要领和吧台、厨房业务。

② 熟悉原料的采购渠道。

③ 了解采购市场、餐饮市场的行情及价格趋势。

④ 了解进价与售价的核算方法。

⑤ 要经过市场采购技术培训。

⑥ 熟悉原料的规格及品质。

酒吧仓管人员根据库存品存货情况填写请购单，经核准后交采购人员。酒吧酒水请购单见表 5-3。请购单一式两份。第一份交给采购人员，采购人员须在采购之前请管理人员批准，并在请购单上签名，第二份由酒水仓管人员留存。之后由采购员填写订购单，订购单一式四份，第一份交给饮品供应单位；第二份交给酒水管理员，证明已经订货；第三份交给验收员，以便核对发来的订购单和品牌；第四份则由采购人员保留。并非所有酒吧都采用这样具体的采购手续，但每个酒吧都应保存书面进货记录，最好是用订购单保存书面记录，以便到货核对。书面记录可避免在订货品牌、数量、报价和交货日期等方面出现误差。采购人员根据请购单所列的各类品种、规格、数量进行购买。不同类型的酒吧有不同类型的酒水请购单，酒水请购单的内容直接与饮品的供应和采购有关。

表5-3　××酒吧酒水请购单

请购单					
品名	规格	数量	建议供货单位	要求交货时间	备注

申请人：　　　　　　　　　审批人：

(6) 酒吧采购方法。

① 合约采购。合约采购是与供应商签订采购合同或协议，可争取到低于市场行情的优惠价，适用于长期供应商。

② 直接采购。直接采购在市场以现金交易的方式进行，可降低库存量，减少资金压力，适用于中、小型酒吧。

③ 报价采购。将每日需要的原料和每周需要的杂货用量，填单交供应商报价，择优确定。

④ 产地采购。对于一些需要严格保证品质和大量消耗的红葡萄酒、啤酒等，可直接从产地采购进货。

(二) 验收

(1) 采购物料数量、质量、价格的验收。到货的物品有专人验收，验收必须依据发货票据上的内容和订单内容逐一进行，确保单货信息一致。

(2) 验收后的物品立即入库，由专人负责管理。

(3) 填写验收报表，并登记入册。

(三) 入库与发放

(1) 酒水储存室的基本要求。不同种类的酒对储存室的要求有区别，要求最高的是发酵酒，如葡萄酒、啤酒等，其中以葡萄酒为甚。葡萄酒是一种娇贵的酒品，存放条件如有不妥，就很容易变质，影响葡萄酒风味。

① 温度恒定，不要有较大的变动。理想的存酒温度为10~14℃，最宽范围为5~20℃。葡萄酒内含酵母，温度的变化会影响酒的成长变化。太冷，会使酒成长缓慢，停留在冻凝状态不再继

续进化，这就失去了藏酒的意义。太热，酒又成熟太快，不够丰富细致，令葡萄酒过分氧化甚至变质。细致、复杂的酒味是需要长时间发展的。

② 湿度恒定，储藏酒最理想的湿度是 50%~80%。湿度太低，软木塞会变得干燥，影响密封效果，从而让更多的空气与酒接触，加速酒的氧化。而且干燥的软木塞在开瓶时容易碎掉，木屑掉到酒里，影响酒的品质。湿度过高，则会导致软木塞发霉，也会破坏酒的品质。

③ 避免自然光照。自然光线可能使酒液氧化过程加剧，造成酒味寡淡、浑浊、变色等现象。酒窖中最好采用人工照明，照明强度和方式应受到适当的控制。

④ 通风，无异味。没有异味的环境对于储存葡萄酒很重要。为了防止发霉，需要良好的通风。当异味通过软木塞进入红酒时，葡萄酒会被污染。葡萄酒在陈放过程中会产生有害气体二氧化碳，而二氧化碳会损坏软木塞，进而劣化酒质。

⑤ 葡萄酒的堆放。传统摆放酒的方式是将酒横放，使葡萄酒和软木塞接触以保持其湿润。湿润的软木塞有足够的弹力，把瓶口牢牢塞住。需要长时间储存的葡萄酒，最好不要将瓶口向下放置。因为葡萄酒放久了会产生沉淀，平放或者瓶口向上略微倾斜，沉淀会在瓶子底部聚集，而瓶口向下倾斜，沉淀就会聚集在瓶口处，时间长了滞留在瓶口，倒酒时会将沉淀一起倒入酒杯，影响酒的口感。

(2) 酒水的发放。

① 调酒师填写酒水申领单。每天营业结束后，调酒师清点空瓶，填写盘存表，并根据各种酒核定的标准数量填写第二天酒水申领的种类及数量。盘存表的填写方法：调酒师每天上班时按照表中品名逐项盘存，填写存货基数，营业结束前统计当班销售情况，填写售出数，再检查有无内部调拨，若有，则填上相应的数，最后，用"基数＋调进数＋领进数—调出数—售出数＝实际盘存数"的方法计算出实际盘存数填入表中，并将此数据与酒吧存货数进行核对，以确保账物相符。酒水领货按惯例一般每天一次，此项可根据酒店实际情况列入相应的班次。管理人员必须经常不定期检查盘点表中的数量是否与实际储存量相符，如有出入，应及时检查，及时纠正，堵塞漏洞，减少损失。

② 主管(或经理)核定后签名确认。

③ 调酒师将申领单和空瓶送到储存室，由酒水管理员核对后按单发放并签名确认。

④ 酒水管理员必须按要求做好空酒瓶的标示并存放于指定地点。

⑤ 入账，在盘存表上填写正确申领数。

二、酒吧的成本控制与价格管理

酒吧的成本是指在酒吧经营过程中产生的各项费用，主要包括酒水成本、食品原料成本、调酒配料成本、装饰物成本、人工成本、设备折旧、管理费等变动和固定成本。

(一) 酒水的成本控制

常见的酒水销售形式有三种，即零杯销售、整瓶销售和配制销售。这三种销售形式各有特点，管理和控制的方法也各不相同。整瓶销售最为简单，其成本即为进货价格，零杯销售、配制销售存在一定程度的合理损耗。

(1) 酒水的成本核算指标。

① 零杯销售。零杯销售是酒吧经营中常见的一种销售形式，销售量较大，主要用于一些烈性酒如白兰地、威士忌等，葡萄酒偶尔也会采用零杯销售的方式销售。销售时机一般在餐前或餐后，尤其是餐后，客人用完餐，喝杯白兰地或餐后甜酒，一方面消磨时间，另一方面促进消化。零杯销售首先要计算每瓶酒的销售份额，然后统计出每一段时期的总销售数，采用还原控制法进行酒水的成本控制。零杯销售关键在于日常控制，一般通过酒吧酒水盘存表来完成，每个班次的调酒师应按表中的要求对照酒水的实际盘存情况认真填写。

② 配制销售。配制销售一般是指鸡尾酒，每杯鸡尾酒由 1 种以上基酒加其他配料如利口酒、牛奶、饮料、果汁和各种装饰物调配而成，一杯鸡尾酒的成本要进行准确地估算，必须有标准的配方，要求调酒师按标准操作，既有利于成本控制也有利于保证酒品的质量。

每日营业结束后，酒吧必须进行酒水成本的核算，汇总当日酒水的销售及库存情况，可计算出酒吧当日成本、毛利率等，实现对成本的控制。

(2) 酒水的定价。酒水的定价方法有很多种，包括成本导向定价法、竞争导向定价法、需求导向定价法等，酒吧需要综合考虑客人的特点、竞争状况等，选择一种较为合理的定价方法。

① 成本导向定价法。成本导向定价法是在酒水的成本基础上加一定比例的内部利润作为内部转让价格的方法。

② 竞争导向定价法。竞争导向定价法包括随行就市定价法与差别定价法两类。随行就市定价法即参照同星级档次酒店酒吧酒水的定价。这种定价法简单，不过在选择参照对象时一定要综合考量客人的构成、酒吧的特点等因素，进行必要的调整。差别定价法是指酒吧采用差别化的营销策略，使自己的产品在客人心目中形成独特的形象，为酒水产品订立低于或高于竞争对手的价格。因此，产品差别定价法是一种进攻性的定价方法。

③ 需求导向定价法。需求导向定价法指定价以客人的需求为依据，首先考虑客人需求的不同特性，而不是成本。这种定价方法，适合高星级酒店内不同的餐厅、酒吧酒水的定价，如广州某些五星级酒店为了吸引本地的客人而开设食街(大排档)，其酒水价格会比酒店内的酒吧、特色餐厅的价格低，客人是认可价格的差异的。

(二) 酒水的促销

星级酒店酒水的利润空间较大，是餐饮部门重要收入来源之一。酒吧为了吸引住店客人及本地消费，可灵活采用促销方式。

(1) 赠送。当客人在酒吧消费时，免费赠送新的饮品或小食品以刺激客人消费。或者为鼓励客人多消费，对酒水消费量大的客人，免费赠送一杯酒水，以刺激其他客人消费。免费赠送是种象征性促销手段，一般赠送的酒水价格都不高。

(2) 优惠券或贵宾卡。酒吧在举行特定活动或新产品促销时，事先通过一定方式将优惠券或贵宾卡发到客人手中，持券及持卡消费时，可以享受一定的优惠。这种方式应把客人限制在特定的范围之内。

对光顾酒吧的常客，积极赠送优惠券或贵宾卡，只要客人光顾酒吧时出示，就可享受相应折扣优惠，以吸引客人多次光顾。

（3）折扣。折扣优惠主要用于吸引客人在营业的淡季来消费，或者鼓励达到一定消费额度或消费次数的客人。这种方式会使客人在购买时得到直接利益，因而具有很大吸引力。

（4）有奖销售。通过设立各种程度的奖励，刺激客人的短期购买行为，这种方式比赠券更加有效。

（5）配套销售。酒吧为增加酒水消费，往往在饮、娱、玩等酒吧系列活动中采取配套服务。如有些酒吧的饮品价格中包含其他服务项目如健身等，或在某些餐饮或客房项目中含酒水。

（6）时段促销。绝大多数酒吧在经营上受到时间限制。酒吧为增加非营业时间的设备利用率和收入，往往在酒水价格、场地费用及包厢最低消费额等方面采取折扣价。

📖 案例5-4

这是谁的酒吧

王新原来是一家国际五星级酒店酒吧主管，应聘跳槽到一家民营五星级酒店的酒吧任经理，刚上任一星期，他就觉得该酒吧有很多不正常的现象：如某服务员将客人结账后的酒水私藏，转手卖给客人；调酒师私带酒水、香烟进场，进行贩卖而获得利润；吧台将客人剩余酒水利用不下账的手法，与服务员进行二次销售；吧台人员将已存放过期的酒水拿出，给服务员进行销售。种种乱象让王新愤怒不已，他决定重新制定严格的管理制度。

(资料来源：职业餐饮网)

思考：针对以上现象，你会提出什么建议？

复习思考题

一、名词解释

1. 开吧
2. 成本导向定价法

二、简答题

1. 服务酒吧具有什么特点？
2. 调酒师的岗位职责是什么？
3. 酒吧营业结束后要完成什么工作？
4. 酒吧酒水的定价方法有哪些？

三、实践题

1. 请利用课余时间调查本市酒吧的分布与经营情况，并写出分析报告。
2. 就近选择一家酒吧，深入跟踪调查其客源的结构、产品的特色、品牌的认可度等，并针对其存在问题写出诊断报告。

3. 选择一家酒吧的酒水单，分析其成本与定价的策略。

四、案例分析

选择合适的地方开酒吧

如果你想开一间酒吧，你会选什么地方呢？先确定你的服务对象，如果是以白领为主要服务对象的酒吧，那么你的选址必须在有较多写字楼的路段，因为这样才会有充足的客源。

如果你想开一间以高档客源为主要服务对象的酒吧，那么你必须顾及他们的需求，要选择有足够的停车位和交通十分方便的路段，而且场地要能突显身份，同时周围最好有些四、五星级的酒店或高档的写字楼群，按照这样的选址方法，就较易成功。

广州的沿江路海珠广场旁边的酒吧定位是以年轻人为主要服务对象，它的特点有两个。

(1) 近珠江边，夜晚的景色十分美丽而且带有几分浪漫的色彩，最能配合年轻人谈情说爱的气氛。

(2) 交通十分便利，同时这里的酒吧有不同的档次供客人选择，丰俭由人。

所以客人一想到要到酒吧消费，一定第一时间想到这里，因为他们有信心在这里会找到所需要的东西。这说明找到地点好的地方开店，会得到事半功倍的效果，因为这里的大部分酒吧根本都没有做什么宣传，就客似云来。

而相反，与他们的市场定位相同的另一条酒吧街——芳村酒吧一条街，其经营相对较为困难一些。虽然同样有珠江边的外部环境，但其最大缺陷是交通不那么便利，同时按照广州人的传统消费习惯，觉得芳村是十分偏远的地方，纵使现在的芳村区交通已经变得便利很多，而且也变得美丽了很多，但是人们的消费习惯和观念不是一下子可以改变的，所以它需要大量的宣传广告去配合，还有一个等待人们消费观念改变的过程，因此它的起步比较困难。

又如环市东路一带的酒吧，由于周边环境有较多的四、五星级酒店和众多的高档写字楼，所以酒吧定位于白领一族和走高档路线，较其他地区更容易成功。在这个路段开酒吧且成功的例子也不在少数，如：Bar city 等。

再一种是借助自己的先天条件开设的酒吧，如广州文化假日酒店大堂的 Inn Bar、花园酒店的大堂吧等，主要服务的客源是本酒店的住客以及那些喜欢在酒店享受星级服务的客人，而且由于竞争十分激烈，现在酒店的消费逐渐变得平民化，从而令更多的人可以享受到星级的服务，这也是其特点之一。

(资料来源：职业餐饮网)

问题：请结合你所在城市(地区)的特点，分析哪个区域适合开设什么类型的酒吧。

第六章
餐饮服务质量管理

质量直接决定企业生命周期，因此如何对企业质量进行管理成为企业、学术界长期关注的议题。2019 年 7 月 9 日，习近平总书记在关于国家机关党组织建设的会议上明确指出，要"全面提高中央和国家机关党的建设质量"，这一指示引领了各大中小企业的质量革命。追求高质量企业发展，提升客人满意度成为企业经营的重要目标。

餐饮企业对质量把控尤其严格，在个性化、体验化服务趋势的驱动下，社会对餐饮业的要求水涨船高，除了产品本身的激烈竞争，如何为客人提供独特的、高质量的餐饮服务成为各餐饮企业赢得客人满意的重要途径。在服务质量日益重要的背景下，餐饮企业如何打造高质量服务，如何通过独特服务吸引客人成为管理过程中的重要问题。

学习要点

1. 熟悉餐饮服务质量的概念、特点与分类。
2. 了解餐饮服务质量差距模型，熟悉餐饮服务质量的影响因素。
3. 熟悉餐饮服务质量控制的实施，掌握餐饮服务质量的控制与分析方法。

导入案例

奇怪，她不要小费还那么热情

某天晚上，徐先生邀请一位国外来宾到某酒店餐厅用餐。点菜后，服务员小吴立即展开热情的服务：她摆上酒杯，上好餐前小吃，又为外宾多加一份刀叉，再为两位客人斟茶水、换毛巾，又为他们倒酒，当汤上来后又开始为客人盛汤，盛了一碗又一碗……一开始，外宾以为这是吃中餐的规矩，当徐先生告诉他凭客自愿后，他果断谢绝了服务员小吴要为他盛的第三碗汤。小吴在服务期间满脸微笑，眼疾手快，一刻也不闲着：上菜后即刻布菜，皮壳多了随即就换骨碟，毛巾用过了忙换新的，米饭没了赶紧添加……她在两位客人旁边忙上忙下，并不时用英语礼貌地询问两位还有什么需要，搞得两位客人也不由自主地拘谨起来。当外宾把刀叉刚放下，从口袋里拿出香烟，抽出一支拿在手里时，"先生，请抽烟。"小吴忙从口袋里拿出打火机，熟练地打着火，送到客人面前，为他点烟。外宾忙把烟叼在嘴里去点烟，样子颇为狼狈。烟点燃后，他忙点着头向小吴说了声："谢谢！"小吴又开始忙着给外宾布菜，外宾忙熄灭香烟，并拦住小吴："谢谢，还是让我自己来吧。"小吴又随即把烟灰缸拿去更换。外宾说："这里的服务太热情了，就是有点让人透不过气来。徐先生，我们还是赶紧吃完走吧。"当小吴把新烟灰缸放到桌上后，两人谢绝了小吴的布菜，各自品尝了两口后，便要求结账。小吴去拿账单时，外宾拿出一张钞票压在碟子下面。徐先生忙告诉他，中国餐厅内不收小费。外宾说："这么'热情'的服务，你就无动于衷？"徐先生仍旧向外宾解释，外宾只好不习惯地把钱收了起来。结账后，小吴把他们送到餐厅门口，还连声说："欢迎下次光临。"

（资料来源：https://wenku.baidu.com/view/460e2b466beae 009581b6bd97f1922791688be55.html）

思考：什么样的餐饮服务才是优质服务？

第一节　餐饮服务质量的概念、内容与特点

客人对于就餐体验的评价好坏很大程度上取决于服务质量。餐饮企业作为服务型企业，其提供的产品能否让客人满意，是检验餐饮企业质量发展的最好标准。餐饮企业应通过为客人呈现高质量的服务过程，满足客人的精神需求，在获取经营利润的同时打造企业的忠诚客户群体。但由于服务创新难度大，员工培训复杂等原因，如何有效提升服务质量是餐饮企业遇到的棘手难题。解决问题要从本质入手，也就是从服务质量的概念、内容与特点说起。

一、餐饮服务质量的概念

(一) 服务质量

"服务营销理论之父"，世界 CRM 大师克里斯琴·格罗路斯首次提出了服务质量的概念，并构建了服务质量模型。国际标准化组织也对质量的含义做了解释，认为质量是指反映产品或服务满足明确和隐含需要的能力与特性的总和。对于服务型企业来说，质量管理是提升企业核心竞争力和品牌知名度的重要途径，企业应通过服务质量提升、服务形式创新等多元化手段打造多层次、韧性高的服务管理体系，以体系为核心，扩张自身品牌，从而完成服务变现的过程。

服务质量直接通过客人期望是否满足来体现，若整体服务能够很好地满足客人期望，并在客人期望的基础上提供了超额服务，则表明服务质量较高；反之，若服务远低于客人期望，则会造成失败的服务案例。在此，客人的期望可分为物质和精神两类，物质是指客人对自身直接购买产品物质属性的期待，而精神则是指客人能否从服务过程中体验到愉悦、满足、亲切等美好的感觉。

(二) 餐饮服务质量

餐饮服务质量是餐厅根据客人需求和基本服务理念，为客人所提供整体服务流程的好坏程度。服务既包括有形产品，如食物酒水、餐厅环境等，也包括无形产品，如服务人员的迎接问候、餐桌服务等，硬件设施产品和软件服务共同构成了客人所感知的消费价值，餐厅所提供的消费价值是否适合客人，是否能够满足客人是餐饮服务质量的重要评判标准。因此，餐饮服务

质量的好坏是客人自身的主观判断，与客人对服务过程的实际需求和内心期望所对应，若餐饮服务高于客人期望，则客人所感知到的服务质量较高，若餐饮服务不能满足客人需求，则客人会认为服务质量不如人意。

可以从广义和狭义两个层面来理解餐饮服务质量：广义的餐饮服务质量包含设施设备、实物产品和劳务服务三个层面的质量，而狭义的餐饮服务质量则是指除实物之外，服务人员提供给客人的无形劳务服务质量。

二、餐饮服务质量的内容

餐饮服务的有形产品和无形产品相互联系，无形产品既是有形产品在精神层面的衍生，又以有形产品为载体和依托，只有两者相互促进融合，才能真正打造出令客人满意的高质量服务。

(一) 有形产品的质量

有形产品的优劣可以反映餐饮服务中实物质量的好坏，如硬件设施设备、餐厅装饰等物质性产品，其质量好坏主要体现在以下几个方面。

(1) 餐饮设施设备质量。餐饮企业的设施设备是客人能够直观感受到的服务体验，所以其对于餐饮服务是基本的、也是依赖的物质条件，其很大程度上决定了客人对餐饮服务的第一印象，是决定餐饮服务质量好坏的重要因素之一。

餐饮设施设备由供应用设施设备和客用设施设备组成。

供应用设施设备是指餐饮企业在提供餐饮服务的过程中所需要的生产性的设施设备，如厨房里做菜所必需的设施设备等。供应用设施设备也被称为后台设施设备，在餐饮服务提供过程中，供应用设施设备必须做到安全运行，确保供应，否则就会影响餐饮服务的质量。

客用设施设备是指直接提供给客人使用的那部分设施和设备，例如，大厅或包间中供客人就餐用的桌椅、餐具、纸巾及卫生间等各种必需的设施和设备。客用设施设备也称为前台设备，它要求在保证安全性的基础上做到科学合理、舒适美观、性能良好、操作简单。

客用设施设备是否舒适直接决定了餐饮服务的整体质量，因此，对餐饮相关的设施设备进行定期维修保养和适当的改进，可以有效促进餐饮服务质量的提升。

(2) 餐饮实物产品质量。餐饮实物产品是客人服务质量感知较为核心的部分，主要功能在于满足客人物质需求。因为餐饮实物产品是服务过程中的主要产品，所以其是餐饮服务有形产品质量管理的最核心的内容。餐饮实物产品质量高低会对客人满意度产生重要影响，因而餐饮管理者必须给予高度重视。餐饮实物产品质量主要包括餐饮企业根据客人需求所提供的菜点、酒水等的质量以及客用品、服务用品质量。

① 菜品酒水质量。餐饮顾名思义即为饮食，是客人前往餐厅消费最为核心的产品。提高菜品质量就是提高核心竞争力。打造高质量的餐饮服务，菜品保证是基本，味道鲜美、卫生安全是餐饮服务质量的基础性保障，是餐饮实物产品质量重要构成内容之一。

② 客用品质量。客用品指餐厅直接提供给客人，供其消费使用的各种生活用品，包括一次性消耗品(如牙签、纸巾等)和多次性消耗品(如棉织品、餐酒具等)。餐厅客用品要配套齐全，

种类、规格、型号须统一，质地优良，且与餐厅营业性质、等级规格和接待对象相适应，新配的客用品和原配客用品规格、型号一致，无拼凑现象。客用品要保证安全卫生、绿色环保。

③ 服务用品质量。指服务过程中所用的物品器具质量，如托盘、餐具等。服务用品是服务人员提升工作效率的良好工具，不仅能满足客人的基本就餐需求，利用恰当还可以打造更为优质的服务。为满足客人需求，服务用品需要种类齐全、方便快捷、安全卫生。

(3) 餐饮服务环境质量。服务环境质量是指餐厅整体的装修风格、环境氛围等空间性服务质量。布局合理、温暖舒适的餐厅环境会为客人带来感官上的满足和心理上的享受。舒适、愉悦、审美是餐饮服务环境质量高低的重要评价标准，别具一格、干净整洁、颜色协调的餐厅环境会为客人营造出一种心理上的满足，为打造高质量餐饮服务提供良好的环境条件。

餐厅的服务环境是客人对餐厅的第一印象，由餐厅布局、装饰设计等多种元素共同组合而构成，具体包括了照明、音响、温度等因素。高质量的服务环境要在保证干净卫生的基础上提供审美体验、愉悦体验等更为高级的感受，以此为客人的就餐体验打造舒适的环境氛围。

基本的餐饮服务环境质量要求美观、整洁、舒适、安全、方便、有序。在此基础上，通过环境装饰展示特有的文化主题氛围，为客人带来独具特色的就餐体验。

📖 **扩展阅读6-1**

就餐环境对就餐心理的影响？

 案例6-1

餐饮的环境是保证

上海某酒店的中餐厅来了几位客人，他们要求坐在餐厅角落的位置。入座后，客人感觉室内较热，急忙让服务员把空调调整一下方向。但服务员告诉他们，空调无法移动，吹不到这边的餐桌，请客人到餐厅中央的位置就座。客人不愿到显眼的地方用餐，坚持让服务员调整一下空调的方向。原来，餐厅晚上要招待一个会议用餐，提前将几个空调的位置作了调整，这样一来，餐厅角落里的个别餐桌就吹不到冷风了。此时，服务员已经将茶水和餐具摆放上桌。看到餐厅内大部分餐桌上已经摆放好的凉菜和其他不太理想的位置，客人们只好开始点菜。上了几道菜后，他们感觉越来越热，甚至汗流浃背。这时他们中有人忍不住走到空调可以吹到的餐桌坐下，顿感舒适凉爽，便急忙招呼同伴坐过来。这里的餐桌小一些，位置也不在角落，但大家已经不在乎这些了。他们让服务员把菜换成小盘端过来，更换过茶水和餐具，便继续用起餐来。

不一会儿又有客人进来，并直接坐在那个空调吹不到的餐桌旁。这一次的客人就不像之前的那么客气了，他们大声斥责服务员，并要求调整空调把温度降下来。当服务员要求他们移到其他座位时，遭到客人更严厉地斥责。餐厅领班急忙走过来安抚客人："请大家原谅，这是我们的疏忽。我们立刻调整空调的位置。"经过几个服务员的挪移，空调的冷风终于飘了过来，这几位"吵闹"的客人也安静下来。一位先前移过座位的宾客走到领班面前告诉她，餐厅里每一个座位都应该吹到空调，这是餐厅服务最起码的要求。

（资料来源：https://www.docin.com/p-216374574.html）

思考：该案例中的餐厅服务员在对客服务中有哪些不足之处？应该如何改进？

（二）无形产品的质量

餐饮无形产品质量是指餐饮经营者提供的劳务服务的使用价值的质量，主要是满足客人心理、精神上的需求，属于劳务服务质量范畴。餐饮无形产品也是餐饮企业重要的竞争差异点，因为有形产品的物质属性特征，其质量差距越来越小，因而餐饮企业可以从无形产品服务入手，提升自身的核心竞争力。餐饮服务无形产品质量主要包括以下几方面。

（1）服务态度。服务态度直接反映了餐饮服务人员在服务客人时的心理状态及个体意识。好的服务态度往往是主动积极、富有责任感、带有创造性的，其很大程度上取决于服务人员的素养。因此，餐饮服务始终强调"客人至上"理念，以理念为核心，培养服务人员的服务意识，为客人提供主动热情的服务。服务态度的好坏很大程度上影响着客人的就餐体验和用餐满意度，尤其是当出现问题时，好的服务态度常常对安抚客人情绪、解决问题起到关键性作用。很多失败的服务案例直接原因并非餐厅人员技术性的失误，而是服务人员恶劣的服务态度，因此，改善服务人员的服务态度是增强无形产品服务质量的重要症结所在。

（2）服务技能。服务技能是餐饮企业提高服务质量重要的技术环节，是指餐饮服务人员提供对客服务时，能根据差异化的客人需求、具体场合情境，灵活运用自身所具有的工作技能，以达到最佳服务质量。为打造更好的服务质量，服务人员需要熟练掌握工作流程、工作方法等，企业应当对服务人员进行技能培训、考核，以确保每一位服务人员的工作技能达标。

（3）服务效率。餐饮服务效率一般通过三个不同的维度来衡量，一是时限；二是工时；三是客人所感知到的时间概念。第三类服务效率是餐饮服务质量的重要影响因素，如果客人所感知的等待时间长，说明客人认为餐厅服务效率低下，可能会产生负面情绪，最终导致客人满意度下降，影响整体的餐饮服务质量。但餐饮服务也不是一味地追求快速，其要求餐饮服务人员在服务过程中能保持良好的节奏，能够合理安排手中的工作任务，在合适的时间为客人提供服务是餐饮服务效率更注重的要求。

（4）服务人员的自身修养。高素质的餐饮服务人员要拥有良好的职业道德修养，在言谈举止、仪容仪表等方面做到规范得体、恰到好处。这也是评价餐饮服务质量的一个关键因素。

① 礼貌礼节。礼貌礼节是餐饮服务人员服务态度的体现，是通过语言、姿态等形式向客人表达热情、尊敬等态度。言语上的尊敬常常称之为礼貌，也就是礼貌性用语，而行为姿态上的尊敬则多称之为礼节。餐饮服务要求工作人言行符合礼貌礼仪，并且要行为得体、端庄大方。

② 职业道德。道德感是服务人员在服务过程中职业责任、职业良心的直接反映，基本的职业道德是打造高质量餐饮服务的核心因素之一，直接影响到客人对餐厅服务质量的感知。作为餐饮服务人员，应该遵循"真诚公道、热情友好、文明礼貌、信誉第一、一视同仁、不卑不亢、顾全大局、团结协作、廉洁奉公、遵纪守法、钻研业务、提高技能"的职业道德规范，真正意义上做到爱岗、敬业、乐业和勤业。

③ 仪容仪表。餐饮服务员应着装整洁规范、举止优雅大方且面带笑容，这体现了餐厅良好的形象和服务品质。餐饮企业规定服务员上班前必须洗头、吹风和剪指甲，保证无胡须，头发梳理整洁，不留长发；牙齿清洁，口腔清新；女性化淡妆，不戴饰物。同时，服务员还要注意自己的体态语言和形体动作，举止合乎规范。要时时、事事、处处表现出彬彬有礼、和蔼可亲和友善好客的态度，为客人创造一种宾至如归的亲切感。

(5) 安全卫生。客人在选择一家餐厅就餐时，安全卫生问题是影响客人决策的重要因素。因此，餐厅首先要在环境布置上营造出一种安全的氛围，使客人在心理上产生安全感。此外，餐厅还要保证就餐环境的清洁卫生，主要包括餐厅内各区域环境和餐饮设施的清洁卫生、食品和酒水饮料卫生、餐饮用品用具卫生、服务人员的个人卫生等。

总之，有形产品质量和无形劳务质量共同决定了客人满意度。客人享受餐饮服务后得到的感受、印象和评价称为客人满意度，它最终体现餐饮服务质量的优劣，因而也是餐饮服务管理努力的目标。餐饮客人满意度主要取决于客人接受餐饮服务之前的服务期望与接受餐饮服务之后的服务感知之间的差距，只有当客人服务感知大于其服务期望时，客人才会对餐饮服务感到满意。餐饮管理者重视客人满意度，因此必须重视餐饮服务质量构成的所有内容。

随着科技手段的不断提升，餐厅设施和设备、装饰环境等已经出现同质化严重，缺乏文化要素等问题，而其有形产品质量各企业间的差距也是愈发缩小。在有形产品竞争市场逐渐狭隘的情况下，无形产品的服务质量重要性凸显而出，因此如何提升无形产品的服务质量已成为餐饮企业的核心争夺点。

三、餐饮服务质量的特点

(一) 综合性

餐饮服务是一个精致繁杂的处理过程，由多次服务接触构成，任何细微的差错都会影响整个服务流程。而餐饮服务质量则是餐饮管理水平的整体体现。它的实现得益于餐饮方案、餐饮业务掌控、物资、设备、劳动组合、服务水准、财务等多方面的保障。

(二) 关联性

餐饮生产、服务是一个环环相扣的过程，从菜品制作到餐桌服务，从迎客到送客，每个环节都会对餐饮服务质量产生或大或小的直接影响。因此，只有整个流程中的服务人员协调合作、分工搭配，才能保证服务流程的顺利进行。

(三) 时效性

餐饮服务的生产制造与消费基本上同时展开。相对较短的服务时间对餐饮服务人员的素养提出了挑战。在较短时限内高品质地做好服务工作，不仅体现了餐饮服务质量的效率，同时体现了质量的高低。高质量的餐饮服务要求服务人员准确、迅速、有效地为客人提供服务，要保证餐饮服务产品享用的有效时间。餐饮产品的特征是要求提供及时服务，客人应在规定时间内得到有效服务。客人购买服务、消费服务都有一定的时间要求。

(四) 差异性

首先，接受餐饮服务的主体是客人，而每个客人作为不同的个体，对相同事物的表现与反馈各不相同。不同的客人由于其自身的性格、习惯的不同，就可能对同一种服务产生不同的评价。餐厅员工在服务的过程中应细心观察，了解客人的物质和心理需求，为客人提供个性化的服务，进而满足客人的需要。其次，餐厅服务质量是在有形产品的基础上，通过餐厅服务员的劳务服务创造出来的，服务员和客人的接触是客人消费经历的重要组成部分，所以餐厅的服务质量对服务人员的素质有较强的依赖性。由于服务质量的优劣在很大程度上取决于餐饮服务人员的即时表现，而这又很容易受到服务人员情绪等个人因素的影响。因此，餐厅的管理者必须十分注重服务人员素质的培养，包括人员选择和职业道德、语言艺术、形体语言、礼节礼貌、职业知识、职业技能、职业习惯等方面的培训，充分调动餐厅服务人员的主动性、积极性和创造性，培养餐厅服务人员的工作责任心和自我管理能力。

(五) 一致性

一致性具体指产品和服务之间保持一致、服务质量和服务标准保持一致。不同的餐饮产品对应不同的服务流程，而服务流程要符合餐厅的服务标准，因此产生了产品、服务、标准三者之间的一致要求，只有三者达到一致，才能打造出符合要求的餐饮服务质量。

第二节　餐饮服务质量的影响因素

服务质量是客人对餐厅所提供服务的主观意识反映，常与客人对餐厅的期望服务进行对比，当实际的服务质量和客人期望的服务质量出现偏差时，客人会相应地产生差异性的服务满意度，因此，在服务质量管理时，应当从客人视角出发。在如今客人至上的时代，打造高质量的餐饮服务是餐饮企业重点突破的问题。了解客人期望与实际感知之间的差异形成原因是改善服务质量的重要起点，而这种差异的测量主要依靠服务质量差距模型来实现。

一、餐饮服务质量差距模型

客人对某一餐厅服务质量的期望和实际感知对比，主要来源于其对餐饮行业服务质量的认知，客人会在以往的就餐经验中寻找相似之处进行对比，从而产生期望与实际感知之间的差异。期望反映了客人对于餐饮的消费需求和精神渴望，而实际感知则体现了客人对于餐厅的体验感觉，期望和感觉两者相互对比，最终影响餐饮服务质量。

本章所用的服务质量差距模型详见图 6-1。

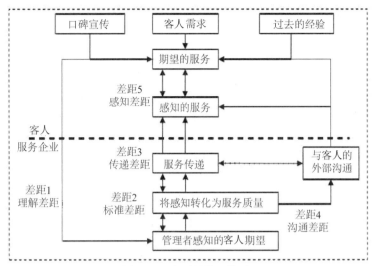

图6-1 服务质量差距模型

根据服务质量差距模型，餐饮服务质量差距体现在以下五个方面：理解差距(质量差距1)，餐饮客人对服务的实际期望和餐饮管理人员对餐饮客人期望的理解之间的差距；标准差距(质量差距2)，餐饮管理人员对餐饮客人期望的理解和餐饮服务质量目标和标准之间的差距；传递差距(质量差距3)，餐厅一线员工在服务传递过程中的行为与服务标准之间存在的差距；沟通差距(质量差距4)，实际的餐饮服务和餐厅在外部交流中对服务的承诺之间的差距；感知差距(质量差距5)：餐厅客人服务期望和餐厅客人服务感知之间的差距。

二、餐饮服务质量差距影响因素

餐饮服务质量差距的影响因素可分为以下几方面。

(一) 理解差距的影响因素

餐厅客人对服务的实际期望和餐厅的管理者对客人期望的理解之间可能存在差异，这就是理解差距。理解差距的影响因素主要包含以下几方面。

(1) 市场研究过程。餐饮客人在购买餐饮产品和服务之前会形成期望。该期望将成为客人评价餐厅服务表现的标准。"感知"，即餐饮客人"对所接受服务的判断"。市场调查是了解餐饮客人期望的重要方法，准确把握和理解客人对餐饮服务的实际期望有助于餐饮企业提供令客人满意的服务。影响市场研究过程的因素主要有两个：一是餐饮管理者的市场研究导向，即对市场研究的重视程度；二是餐饮管理者对客人的了解程度和接触程度。小型的餐饮企业中，管理者通常和客人面对面交流互动，了解就餐客人的实际需求，但随着餐饮企业的规模扩张，管理者可能脱离市场，导致无法直接了解市场的实际情况。

(2) 由下至上的交流过程。餐饮企业中一线员工(如服务员等)需要在服务传递过程中和客人产生接触。这些长期服务于客人的员工对客人的实际需求有更多的了解机会，因此，员工向上反映成为上级管理层了解客人期望的重要渠道，但这种由下而上的信息传达流程可能会受到多重因素的干扰，如：员工的交流水平、信息传递能力、组织管理水平等。对管理者来说，应当采用多种方式与员工进行交流，既可以通过正式的会议，也可以通过轻松愉快的聊天方式，以此表达餐厅对员工和客人意愿的重视。

(3) 管理层次。管理层级的总体架构直接影响着一线员工和上级领导的交流效率。当管理层次过于复杂，管理层级多、跨度大，员工难以向上交流，导致信息流失，餐厅服务员和管理层之间关系生疏，信息传递难度大，流失率高，导致管理层可能失去市场即时的有效信息，最终导致客人不满意的服务质量出现。

总之，理解差距与市场研究导向程度和由下而上的交流过程成反比；而与管理层次的多少成正比。

(二) 标准差距的影响因素

在理解餐饮客人期望的基础上，餐饮企业会把对客人期望的理解转化为特定的目标，从而制定一系列的服务标准。这个过程中也会发生差距，标准差距就是餐饮企业管理者对客人期望的了解和他们制定的餐饮服务标准之间的差异。标准差距的影响因素主要有以下几点。

(1) 餐饮企业的经营往往过于直接追求成本的降低和利润的增加，在一定程度上忽视了提升服务质量从而吸引客人的长效路径，这种经营思想在长期的餐厅运营中可能会导致服务质量逐渐下降，最终导致客人流失。因此餐厅管理应当注意服务质量管理。

(2) 目标设定。许多服务企业都会在了解客人重视的服务属性的基础上，对相应的服务过程设定目标。如某公司通过客人抱怨发现服务的及时性、准确性以及响应性是客人所重视的服务质量特性，对于这些服务属性对应的服务过程，诸如接电话的及时性、客人抱怨后等待处理结果的时间、账单邮寄时间等，都设立了明确的服务目标。对于餐饮企业来说，设立明确的服务目标可以让服务人员明确餐饮企业希望他们向客人传递什么样的服务。而服务目标是餐饮企业制定服务标准的前提和基础，因此也是影响标准差距的又一因素。

(3) 服务标准化。对餐饮服务标准化的要求是为了保证服务质量的水平稳定，因为服务过程是一个综合性、多变的流程，所以对其进行标准化要求，可为客人提供高度相似的餐饮服务质量。例如，麦当劳对每种油炸食品的加工时间做出了严格详细的规定，以此保证所提供的产品质量稳定，不易出现差错。餐饮服务的标准化也有高低之分，根据餐厅产品及要求而定，若餐厅需要高度一致的餐饮服务，则对于服务流程的标准化要求程度较高；若餐厅提倡个性化、差异化的服务，则对于标准化的要求就会随之降低。此外，对设定的餐饮服务标准的可行性理解也将影响标准差距。在实际服务中，设定的餐饮服务标准不一定能够达成客人的要求，在这种情况下，对餐饮服务的可行性的怀疑程度越大，标准差距也将越大。综上所述，标准差距与对餐饮服务质量管理的重视程度、餐饮服务质量相关的目标设定、餐饮服务的标准化以及餐饮管理者对服务标准的可行性的理解均成反比。

(三) 传递差距的影响因素

虽然餐饮企业都会根据客人要求设定服务标准并按其执行，但在实际服务过程中，实际传递的服务和所设定的标准还是会存在差异。传递差距就是服务质量标准和实际传递服务之间的差异。传递差距的影响因素主要有以下几点。

(1) 团队合作。餐饮服务的传递过程是整个服务组织的工作。因此，餐饮企业内部的服务配合，如餐饮员工和管理者之间的协作，前台和后台员工的协作，以及不同服务部门之间的协作等，是影响餐饮服务传递过程的重要因素。餐饮企业能否以有效的方式进行团队协作，将大大影响餐饮服务的传递过程。团队协作一般受以下因素的影响：员工将其他员工当作自己客人的程度；员工感受到的管理者对他们的关心程度；在工作中，员工感受到他们在协作而不是在竞争的程度；员工感受到自己参与到组织中的程度。

(2) 员工和工作的适合程度。餐饮服务传递过程中的问题有时是因为员工不能适应工作对他的要求而产生的，如某些服务过程需要一定的技术背景，而员工没有足够的相关知识和技能来支持该服务工作。又如有些员工可能由于自身的性格等不适合某些工作，例如，脾气暴躁的员工不适合接待客人。

(3) 工具和工作的适合程度。有些餐饮服务工作需要特定的装备支持。如当厨师提供现场烹饪服务时，需要适当的厨具设备。当所准备的工具不足以支持餐饮服务传递的过程时，餐饮服务质量也会受到影响。

(4) 员工授权程度。员工在餐饮服务传递过程中会遇到各种不同的客人，面对不同的情境，因此餐饮服务传递存在很大的不同一性。员工在遇到特殊情况时对问题的处理能力由员工被授权的程度决定。如果员工被授权程度较低甚至未被授权，当员工在接收到特定的餐饮服务请求时，就需要先得到餐饮企业中其他部门或其他人的允许，餐饮服务传递过程就受到影响，质量就会降低。相反，餐饮企业授权员工在接受客人的服务请求后迅速地做出判断并给出适当的服务，则餐饮服务质量可以被提升。此外，餐饮企业对员工授权可以提高员工的工作满意度，进而员工会对客人更加热情，更快地响应客人的要求，从而提高客人对服务质量的评价。另外，允许员工在服务客人的过程中使用其判断力，对员工的响应性和服务过程都具有积极影响。

(5) 员工评价系统。受到有形产品生产的影响，许多餐饮企业用工作量来衡量员工的表现，而不是员工在餐饮服务过程中所提供的服务质量。当餐饮企业采用这种以工作量为基础的评价系统时，员工会倾向于加快工作速度，忽视工作质量。

(6) 服务员角色冲突。服务员在餐饮企业中扮演两种基本角色：餐饮企业的员工和向客人提供服务的服务者。对于餐饮企业的后台员工而言，他们的客人是其他员工。对于餐饮服务前台员工，他们的客人就是餐饮企业的客人。服务员在服务传递过程中既要满足他们所在的职位对他们的要求，也要满足"客人"对他们的要求。当两种要求产生冲突时，服务员就面临着角色冲突。这种角色冲突会对服务员在餐饮组织中的表现产生不利影响。因此，餐饮企业中内部和外部环境的和谐有利于减少角色冲突，并减小传递差距。

(7) 服务人员角色模糊。餐饮服务人员可能因为缺乏必要的工作指导以及不了解组织对他们的期望，并不清楚他们在组织中的定位，也不了解自己的工作目标，这就是服务人员角色模糊。在这种的情况下，餐饮服务传递质量也会受到影响。对此，餐饮企业需要通过不断地同员工沟通，从而让他们明白其在组织中的定位和角色。

综上所述，传递差距与餐饮企业的团队合作度、员工和工作的适合度、工具和工作的适合度、员工授权程度、员工评价系统，以及餐饮服务人员角色冲突程度成反比；与餐饮服务人员角色模糊程度成正比。

(四) 沟通差距的影响因素

餐饮企业的对外宣传如广告、媒体宣传等会影响客人对餐饮服务的期望程度。沟通差距是指餐饮企业的外部宣传和实际传递的服务之间的差距。沟通差距的影响因素主要有以下几点。

(1) 水平交流。水平交流是指餐饮企业内部不同部门之间的信息交流活动，它的目的是整合不同的人和部门去完成组织的目标。在餐饮企业中通常有专门的广告部门(或代理商)来完成对外宣传任务，他们和服务人员的水平交流过程非常重要，不充分的交流将加大沟通差距。

(2) 过度承诺的倾向。因为餐饮企业之间的激烈竞争，为了获取新的客人或者打击竞争对手，餐饮企业往往会有进行过度承诺的倾向。虽然这种承诺可能达成部分目的，但这种过度承诺的程度越强烈，沟通差距也就越大。

综上所述，沟通差距与水平交流成反比，与过度承诺倾向成正比。

(五) 感知差距的影响因素

餐饮客人对服务的期望和其对服务的实际感知之间也会存在差距。因此，感知差距是餐饮客人的服务期望和实际服务感知之间的差距。感知差距是理解差距、标准差距、传递差距、沟通差距一起作用的结果。值得注意的是，感知差距并不简单是理解差距、标准差距、传递差距和沟通差距的累加。

📖 **案例6-2**

一个家庭聚餐

某日，餐厅接到本地一家知名企业李总的预订电话。李总在电话里预订了一个当晚十二三人的包厢。订餐员弄清楚是家庭用餐后，提议将房间安排在二楼靠里且通风不错的一个包厢。李总表示满意。

当晚，李总一行人被热情地迎接到了事先预订好的包厢。他们惊喜地发现，包厢不仅环境优美，还通过一些个性化的布置增添了家的温馨。包厢内增添了宝宝椅、宝宝杯、宝宝围兜和宝宝碗；台面席卡设计了"热烈欢迎李总及家人前来用餐！"；餐前小吃也进行了更换，参照客史档案，换成了李总和他女儿都爱吃的枣子和玉米粒；茶几上摆放了上次李总及家人在餐厅拍的合家福照片；另外一个小茶几上摆放了一束鲜花。

饮食方面，点菜部领班专门为李总一家设计了符合客人喜好的菜品。考虑到有老人和小孩，对于烧烤类菜肴特意选用了无烟烧烤，还为小孩赠送了玉米汁。

就餐将近一半的时候，服务员发现小朋友的头老是扭来扭去，结果发现是她的宝宝兜湿了，于是，服务员迅速地找了一个干净的宝宝兜给她换上。待到小朋友吃饱以后，老是在宝宝椅里晃来晃去，员工发现了这一现象以后，迅速向上级进行了汇报，楼层主管征询客人的同意后安排员工带小朋友到休闲区，将事先准备好的沙画拿了过来，教她自己动手画。小朋友非常安静，没有吵闹。上水果时，水果雕刻"祝李总合家幸福"字样，并送上祝福语，临近结束时，餐饮部经理将事先准备好的玩具送给了小朋友。

以上个性化的安排，让李总一家在餐厅感受到家的温馨，对该餐厅的服务表示非常满意。

(资料来源：https://wenku.baidu.com/view/cc0eb6c5d5bbfd0a795673cb.html)

思考：该案例中的餐厅如何做到了让客人满意的服务？

第三节　餐饮服务质量控制

餐饮服务质量管理是指餐饮管理者采取一系列科学有效的方法和措施，以最低成本预防服务质量问题的发生，以及在发生服务质量问题时，迅速纠正和预防再次发生类似问题，促使餐厅的每一项工作都围绕着给客人提供满意的服务来展开。

一、餐饮服务质量控制方法

根据现代全面质量管理的基本原理，结合餐饮服务的三个阶段(准备阶段、执行阶段和结果阶段)，餐饮服务质量控制可相应地分为预先控制、现场控制和反馈控制。

(一) 餐饮服务质量的预先控制

所谓预先控制，就是为使服务结果达到预定的目标，在开餐前所做的一切管理上的努力。预先控制的目的是防止开餐服务中所使用的各种资源在质和量上产生偏差。

(1) 人力资源的预先控制。餐厅可根据自身经营特点和用餐高峰时段等因素，灵活安排服务人员班次，以保证餐厅工作人员数量充足和高效利用。避免餐厅中客人和服务员数量不匹配，服务员工作量不均衡，从而出现"闲时无事干，忙时疲劳战"的现象。对餐厅进行有效的人员配备，首先需要对餐厅的用餐高峰进行预测和评估，如预测一周中每天的用餐客人人数，同时进一步预测每天的用餐高峰时段，根据这些数据，灵活地安排临时工或小时工，可有效缓解餐厅营业高峰期人手紧张的问题。在开餐前，可通过工作例会的形式对员工的仪容仪表做检查。开餐前 10 分钟，所有员工必须进入指定的岗位，姿势端正地站在最有利于服务的位置上。女服务员双手自然叠放于腹前或自然下垂于身体两侧，男服务员双手背后或自然下垂贴近裤缝线。全体服务员应面向餐厅入口，等候客人的到来，给客人留下良好的第一印象。

(2) 物资用品的预先控制。开餐前必须按规格摆好餐台，准备好餐车、托盘、菜单、点菜单、订单、开瓶工具及工作台小物件等。另外，还必须备足相当数量的翻台用品，如桌布、餐巾、餐巾纸、餐具等。餐厅主管应到现场进行检查，对于摆台不规范、餐具破损、污染等问题要及时提出并采取纠正措施，特别是破损和受污染的餐具，在客人到来之前必须及时撤换，以防止对客人造成伤害而导致严重投诉。

(3) 卫生质量的预先控制。卫生质量控制是餐饮服务质量控制的重要一环。在餐饮企业服务质量的投诉中，关于卫生质量方面的投诉往往占很大一部分，因此，进行卫生质量的预先控制尤为重要。首先，要严格按照有关规程对餐具和其他设备进行清洗和消毒操作。正确摆放和使用消毒后的餐具及设备，并防止可能因操作不规范造成餐具的二次污染。此外，餐厅主管应在开餐前半小时对餐厅卫生从墙、天花板、灯具、通风口、地毯到餐具、转台、台布、餐椅等做最后一遍检查，一旦发现不符合要求的，要迅速安排返工。

(4) 事故的预先控制。餐厅主管在开餐前的巡视工作中，除检查餐厅开餐前的物资配备和环境卫生外，应格外注意对安全隐患的排查，如检查餐厅中、餐厅与厨房之间的通道是否顺畅，地面是否有油污或水渍等。对不能及时清除的路面障碍或潜在危险因素，应要求服务员在工作时提醒客人注意，防止出现客人滑倒、踩踏等事件。此外，餐厅主管应及时与厨师长沟通，核对前后台所接到的客情预报或宴会指令单是否一致，避免因信息传递失误而引起事故。最后，还要掌握当天的菜品原料供应情况，如个别菜品缺货，应及时告知全体服务员，在后续客人点到缺货的菜品时及时道歉并建议更换其他菜品，以避免因信息沟通不及时而引起客人不满。

(二) 餐饮服务质量的现场控制

所谓现场控制，是指现场监督正在进行的餐饮服务，使其规范化、程序化，并迅速妥善地处理意外事件。餐饮服务质量的现场控制是餐饮服务的主要职责之一。餐饮部经理也应将现场控制作为管理工作的重要内容。

(1) 层级控制。即通过各级管理者一层管一层地进行，主要控制重点程序中的重点环节。

(2) 现场控制。餐厅服务质量的偏差往往是一瞬间发生的，有些偏差需要立即纠正，因此要加强现场管理。

① 服务程序的现场控制。开餐期间，餐厅主管应始终站在第一线，亲自观察、判断、监督与指挥服务员按标准服务程序服务，发现偏差及时纠正。同时，各餐厅主管之间应有较明确的职责分工，分别对传菜、楼面和酒水等服务岗位进行具体的监管，从而保证现场控制的全面性。在营业的高峰期，如果出现人手不够的问题，主管应及时灵活机动补位，在监管的同时参与到服务工作中去，不能只说不做，造成甚至激化服务人员的逆反情绪，影响其为客人提供服务的质量。

② 控制上菜速度。把握好首次斟酒、上菜的时间，最好先请示客人，以显示对客人的尊重；在开餐过程中，要根据客人用餐的速度、菜肴的烹制时间等，把握好上菜节奏。餐厅主管应时常注意并提醒服务人员掌握好上菜时间，尤其是大型宴会，上菜的时机应由餐厅主管或餐厅经理掌握。

③ 意外事件的控制。餐饮服务是面对面的现场服务，容易产生可能引起客人投诉的意外事件。一旦发生意外事件，餐厅主管一定要迅速采取弥补措施，控制事态，防止扩大，以免影响餐厅其他客人的用餐情绪。例如，当发现有醉酒或将要醉酒的客人，应告诫服务员停止添加酒精饮料。对已醉酒的客人，要设法不激化其情绪，并尽量让其早点离开，以保护餐厅气氛。

④ 人员控制。开餐期间，服务员实行分区看台负责制，在固定区域服务。餐厅应根据自身的性质、档次和就餐时段等因素来合理安排服务员人数。餐厅主管应及时根据客情变化对餐厅服务人员进行再分工，统筹各区域，灵活协调调动服务人员，合理安排工作和休息时间，提高工作效率。

(三) 餐饮服务质量的反馈控制

所谓反馈控制，就是通过质量信息的反馈，找出餐饮服务工作在准备阶段和执行阶段的不足，采取措施加强预先控制和现场控制，提高服务质量，使客人更加满意。

餐饮信息反馈系统由内部系统和外部系统构成。来自于厨师、服务员、餐厅主管、经理等人员的信息构成了餐饮信息反馈的内部系统。因此，应在每餐结束后召开简短的总结会，及时收集信息以不断改进餐饮服务质量。来自于客人的信息构成了信息反馈的外部系统。餐厅可在餐桌上放置客人意见表或收集客人反馈意见的二维码，及时汇总客人的意见；也可在客人用餐后，主动征求客人意见。如有客人投诉，则属于强反馈，应予以高度重视，并及时处理，保证以后不再发生类似的质量偏差。只有建立和健全内、外信息反馈系统，餐厅服务质量才能不断提高，进而更好地满足客人的需求。

二、餐饮服务质量管理控制实施

餐饮服务质量管理控制的实施可以分以下几个步骤进行。

(一) 了解客人的期望

一般而言，客人个人的需要、客人过去的经历和餐饮企业的口碑这三个方面的因素共同决定了客人对餐饮服务的期望。餐厅在定位自己的目标市场时，就已将自身目标市场客人的需求与其他市场进行了区分。深入分析目标市场客人的具体需求对了解客人对餐饮企业的服务期望至关重要。餐厅可通过前期市场调查，收集客人反馈信息等方法，获取较为直观的第一手资料，掌握客人的消费模式，了解客人如何评价餐饮产品的适宜程度，进而确定目标客人的具体需求及其对餐厅服务的期望值。

(二) 确立餐饮服务质量水平

餐厅可在了解客人对餐厅服务期望的基础上，设立相应的餐饮服务内容，制定服务标准和规格，配备工作人员和设备、设施，组成餐饮服务供给系统。

一般来说，餐厅确立服务水平包括以下内容。

(1) 餐饮管理者根据客人需求提出餐饮服务质量水平目标。

(2) 制定餐厅各项餐饮服务质量标准和操作规程，使餐饮服务供给系统在实际运转中达到预期的水平目标。

(3) 根据餐厅自身服务内容和特色，通过广告宣传和各种媒介途径使客人了解并适应现有餐饮服务质量水平。

(4) 通过客人消费信息的反馈，不断修正餐饮服务质量水平目标并改善餐饮服务供给系统，使餐饮服务质量水平达到完全适合客人需求与满意的程度。

(三) 制定餐饮服务质量标准

餐饮服务质量标准，即餐饮服务应达到的规格、程序和标准，也就是我们常说的服务规程。

餐饮管理者应把服务规程视作工作人员应该遵守的准则，视作内部服务工作质量的法规，科学制定并严格执行，以提高和保证餐饮服务质量。制定服务质量标准时，首先确定服务的环节程序，再确定每个环节服务人员的动作、语言、姿态、时间要求、用具、手续、意外处理、临时要求等。每套程序在首尾处要有和上套服务过程以及下套服务过程相联系、衔接的规定。

📖 **扩展阅读6-2**

零缺点质量管理

第四节　餐饮服务质量分析

质量分析法很多，常用的有排列分析图法、因果分析图法、PDCA 循环工作法等。利用这些方法对餐饮服务进行质量分析，可以找出存在的主要质量问题和引起这些问题的主要原因，从而有针对性地对采取有效的方法进行控制和管理，杜绝同样问题的出现。

一、排列分析图法

(一) 排列分析图法的概念

排列分析图法又称 ABC 分析法、帕累托图法、主次图法，由意大利经济学家维尔弗雷多·帕累托首创。它是按照发生频率大小顺序绘制的直方图，将出现的质量问题和质量改进项目按照重要程度依次排列而采用的一种图表。可用来分析质量问题，确定产生质量问题的主要因素。

排列分析图法的原理是帕累托法则(二八原理)。帕累托法则认为相对来说数量较少的原因往往造成绝大多数的问题或缺陷，即 80% 的问题往往是 20% 的原因所造成的。以关键是少数，次要是多数这一原理为基本思想，通过对质量的各方面的分析，以质量问题的个数和发生问题的频率为两个相关的标志进行定量分析，先计算出每个问题在问题总体中所占的比重，然后按照一定的标准把质量问题分为 A、B、C 三类。该分析法在管理中主要用来找出产生大多数问题的关键原因，用来解决大多数问题。

(二) 排列分析图法的步骤

(1) 收集服务质量问题信息。餐饮服务质量问题信息的收集方式主要有：客人意见书、质量调查表、客人投诉、投诉处理记录、批评意见单和各部门的检查记录等。

(2) 分类、统计、制作服务质量问题统计表。将收集到的质量问题信息进行分类、统计、排列，制作统计表，在表上计算出比率和累计比率。服务质量问题划分类别不宜太多。

(3) 绘制排列图(见图 6-2)。

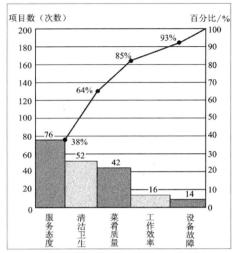

图6-2　某餐厅服务质量评分排列图

(4) 分析找出主要质量问题。

① 累计频率在 70%～80%的为 A 类因素，是主要因素，是亟待解决的质量问题。

② 累计频率在 10%～20%的为 B 类因素，是次要因素。

③ 累计频率在 10%以内的为 C 类因素，是一般因素。

其中 A 类因素只能是一至两个的质量问题，最多不能超过三个，否则就不能称为主要因素。将 A 类因素纳入服务质量的 PDCA 循环(详见下文 PDCA 循环工作法。)中，从而实现有效的服务质量管理。

(三) 排列分析图法的案例应用

某餐厅服务质量检查小组日常检查评分，全月发现差的项目共有 200 项，结果为服务态度差的 76 次，占比 38%；清洁卫生差的 52 次，占比 26%；菜点质量差的 42 次，占比 21%；工作效率反映差的 16 次，占比 8%；设备故障 14 次，占比 7%。根据上述数据画出的排列图即图 6-2，如图所示，由此分析出 A 类因素为服务态度、清洁卫生和菜肴质量问题，是亟待解决的问题。

(四) 排列分析图法的注意事项

用排列分析图法进行质量分析时应注意以下问题。

(1) 在划分 A 类问题时，具体问题项目不宜太多，最好是一项或两项，最多三项，否则将无法突出重点。

(2) 划分问题的类别也不宜太多，对不重要的问题可设立一个其他栏，把不重要的质量问题都归入这一栏内。

(3) ABC 类划分的范围可以根据实际情况进行一定幅度的升降。

二、因果分析图法

(一) 因果分析图法的概念

因果分析图法通过因果图表现出来，因果图又称特性要因图、鱼刺图或石川图，1953年，由日本川琦制铁公司质量管理专家石川馨最早使用。为了寻找产生某种质量问题的原因，发动大家谈看法，做分析，将群众的意见反映在一张图上，就是因果图。用此图分析产生问题的原因，便于集思广益。因为这种图反映的因果关系直观、醒目、条理分明，用起来比较方便，效果好，所以得到了许多企业的重视。

(二) 因果分析图法的分析过程

影响服务质量的因素是错综复杂的。因果分析图法对影响质量(结果)的各种因素(原因)之间的关系进行整理分析，并且把原因与结果之间的关系用带箭头的线表示出来，如图6-3。

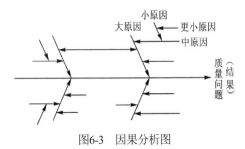

图6-3　因果分析图

因果分析图法分析过程如下：

(1) 确定要分析的质量问题，通过 ABC 法找出 A 类问题。

(2) 发动餐厅的管理者和员工共同分析，寻找 A 类质量问题产生的原因。要注意集思广益，充分听取各方人员的意见。探讨一个质量问题产生的原因时，要从大到小，从粗到细，寻根究源，直到能采取具体措施为止。找出质量问题产生的各种原因是用好这个方法的关键。

(3) 将找出的原因进行整理，按结果与原因之间的关系画出因果分析图。影响服务质量问题的大小原因通常可以从人、方法、设备、原料、环境等角度加以考虑。

(三) 因果分析图法的案例应用

例如，某餐厅菜肴质量有问题，产生的原因很多，可用因果分析图分析如下，见图6-4。

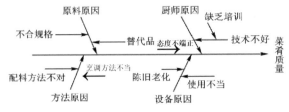

图6-4　某餐厅菜肴质量问题因果分析图

三、PDCA循环工作法

(一) PDCA循环工作法的概念

PDCA 循环最早由美国质量统计控制之父 Shewhart(休哈特)提出的 PDS(plan do see)演化而来，后由美国质量管理专家 William Edwards Deming(威廉姆·爱德华·戴明)改进为 PDCA 模式，所以又称为戴明环，它是全面质量管理所应遵循的科学程序。

PDCA 循环就是按照计划(plan)、执行(do)、检查(check)、处理(action)四个阶段的顺序进行管理工作，并按照这样的顺序循环不止地进行下去。

(二) PDCA循环工作法的阶段

(1) P(plan)——计划。包括方针、目标及活动计划的确定。

(2) D(do)——执行。执行就是具体运作，实现计划中的内容。

(3) C(check)——检查。就是总结执行计划的结果，分清哪些对了，哪些错了，明确效果，找出问题。

(4) A(action)——处理。对检查的结果进行处理，认可或否定。成功的经验要加以肯定，或者模式化或者标准化以适当推广；失败的教训要加以总结，以免重现；这一轮未解决的问题放到下一个 PDCA 循环。

以上四个过程不是运行一次就结束，而是周而复始地进行，一个循环完了，解决一些问题，未解决的问题进入下一个循环，这样阶梯式上升。PDCA 循环的基本模型见图6-5。

(三) PDCA循环工作法的特点

PDCA 方法有以下三个特点。

(1) 大环带小环。如果把整个餐饮企业的工作作为一个大的 PDCA 循环，那么餐饮服务的各个部门、各个岗位，各个方面都有自己的 PDCA 循环，并且大环套小环，一级带一级，共同推动大环，形成了各个方面相互促进、有机联系的整体。具体见图6-6。

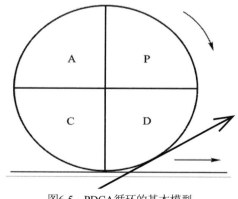

图6-5　PDCA循环的基本模型

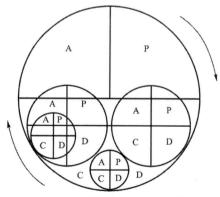

图6-6　PDCA循环的特点：大环带小环

(2) 阶梯式上升。PDCA 循环每转动一圈就使服务质量提高到一个新的水平，服务质量就会有新的内容和目标。这样循环反复，质量问题不断解决，服务水平、管理水平就不断提高。具体见图6-7。

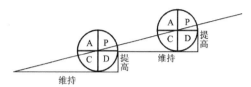

图6-7　PDCA循环的特点：阶梯式上升

(3) 科学管理方法的综合应用。PDCA 循环的四个阶段又可细分为八个步骤，每个步骤的具体内容和所用的方法如表 6-1 所示。在这八个步骤中会应用到多种工具作为发现问题、解决问题的手段。

表6-1　PDCA循环的阶段、步骤与方法

阶段	步骤	具体做法	方法
P	1. 界定问题	分析现状，收集影响客人满意度的因素，了解客人对本餐厅服务质量的意见和期望，找出存在的主要问题	客人满意度问卷调查、客人访谈等
	2. 原因分析	分析产生问题的全部原因。分类统计客人意见，制作频数型或均数型意见表，并制作主次因素排列图	排列图
	3. 确定原因	找出主要原因(影响因素)。通过因果图，深层次分析挖掘目前餐厅服务质量问题背后的原因，以便发掘矛盾根源，再寻求化解方法	因果图
	4. 制定对策	针对主要原因制定改进的措施。运用头脑风暴法制定解决质量问题的具体措施，拟定实施计划以及预期达到的目标效果。计划要明确具体，切实可行。可采用 5W1H 方法制作对策表	对策表
D	5. 实施计划	按照计划对策表，认真执行	
C	6. 检查效果	按照计划对策表，检查实际执行的结果。在执行后，运用分析方法对企业质量情况进行分析，并将分析结果与步骤一中所发现的质量问题进行对比，以检查在步骤四中提出的提高和改进质量的各种措施和方法的效果。同时，检查在完成步骤五过程中是否还存在其他问题	质量执行评定单
A	7. 总结经验	总结经验教训，纳入标准和规章制度，并用于培训员工。对已解决的质量问题提出巩固措施，以防止同一问题在每次循环中再出现，对已解决的质量问题应予肯定，并使之标准化、规范化。对已完成步骤五，但未取得成效的质量问题也要总结经验教训，提出防止这类问题再发生的意见	质量管理阶段小结
	8. 遗留问题	尚未解决的问题转入下一个 PDCA 循环。提出步骤一中所发现而尚未解决的其他质量问题，并将这些问题转入下一个循环中去求得解决，与下一循环的步骤一衔接起来	

复习思考题

一、名词解释

1. 餐饮服务质量
2. 预先控制
3. 现场控制
4. 反馈控制
5. 餐饮服务质量管理

二、简答题

1. 简述餐饮服务质量的特点？
2. 简述餐饮服务质量差距模型。
3. 餐饮服务质量的影响因素有哪些？
4. 如何控制餐饮服务质量？
5. 如何分析餐饮服务质量？

三、实践题

请利用课余时间调查你最熟悉的某家餐厅的餐饮服务质量现状，分析其成功经验或存在的问题及原因，并写出分析报告。

四、案例分析

肉蟹没了

某餐饮部宴会厅，客人数量突破 200 人，餐厅桌位显得十分紧张，许多客人进行了拼桌以尽快用餐。由于该餐厅厨房只有 10 名厨师上班，餐厅加上领班只有 8 名服务员，出菜有些供不应求，上菜也有些慢。一位男客人点了一份饺子和一盘香辣肉蟹，之后有一对情侣和他拼桌点了一份宫保鳕鱼粒、一份烤鲈鱼。20 分钟后，这对情侣的菜上齐了，男客人的菜一个都没上，该客人已经向 3 位服务员催菜，得到的答复均是"马上就上，再稍等一会儿。"然而，30 分钟后，服务员却请客人换个菜，说肉蟹没有了。客人立马火了，提高声音质问服务员："为什么没有了点餐的时候不说，一起来的客人都快吃完了，你才告诉我没菜了，没见过这样的服务水平！"服务员越解释，客人越生气，就在餐厅中大声喧哗起来，经理见状便前去安抚客人。然而客人情绪激动，完全无视经理的解释。其他客人也纷纷起哄，向服务员催菜，导致局面有些失控。最终客人拂袖而去。

(资料来源：作者搜集整理)

问题：

1. 请分析并指出该宴会厅服务质量管理中出现了哪些问题。
2. 应用本章中的相关知识，提出解决对策。

第七章
餐饮组织机构与人员管理

由于餐饮企业与客人接触面广、工作量大、面对面的服务时间长，所以运营与管理较为复杂。要想让客人获得好的服务体验，就应当结合自身特点，科学设置相关部门，高度重视人员配备与管理工作，为提升整个服务质量提供保证。

 **学习要点**

1. 掌握餐饮组织机构设置应遵循的基本原则。
2. 了解餐饮组织机构的设置及岗位职能。
3. 根据运营需要，做好餐饮人员管理的相关工作，如岗位设置、人员配备、培训、绩效考核管理等。

导入案例

失望的宴请

王先生有一次在宴请客人的过程中，为了体现对客人的尊重，选择了本市一家很有名气的高档餐饮企业。但是，在这次用餐过程中，他感到非常的失望和生气，因为他遇到了以下几个方面的问题：①当服务人员把菜端上来后，不知道报菜名，或者做一些基本的菜品介绍，对特色菜的特色之处一无所知，让客人吃得一头雾水；②服务人员的卫生意识不强，指甲没有认真修剪、端菜上桌时袖子沾到了菜肴；③服务人员的服务意识不强，有时上菜后不见人影，专注玩手机，忽略客人等。正是服务人员的这些举动，让一次非常用心的宴请变得令人失望。

（资料来源：https://www.sohu.com/a/147050528_715887）

思考：请谈谈产生上述问题的原因有哪些？如何来解决这些问题？

第一节 餐饮组织机构设计

餐饮组织机构设计受餐饮企业的类型、规模、档次、定位、特色等诸多因素的影响，其组织机构设置和人员配备是否科学合理，直接影响餐饮企业的生产经营能力、服务质量和管理目标的实现。

一、餐饮组织机构的设立

(一) 组织机构设置的基本原则

(1) 精简和高效相统一的原则。餐饮组织机构设置中，在充分考虑如何满足企业经营和管理需要的前提下，厉行精简节约、提高工作效能的原则，避免机构臃肿、人浮于事，造成人力成本和管理成本的浪费。因餐饮企业的规模、服务定位、经营特色的差异，不同餐饮企业组织机构设置不可能完全一致，要有效避免部门之间忙闲不均，人手紧缺的现象。有的企业规模大，餐饮接待任务重，机构设置相对要更加完善，分工更加细致；有的以客房住宿为主的饭店，餐饮企业机构设置中功能相对更加集中，要突出早餐为主的接待特点。

(2) 专业性和灵活性相协调的原则。餐饮企业产品生产是一个专业化程度非常高的过程，因此其组织机构的设置也应专业化，其组织机构涉及的各级管理人员和从业员工必须接受过专业知识和技能的培训，具有相对独立的专业管理和操作水平，使其在自己的职责范围内能独立开展工作。当然，还应注意保持相应的灵活性，即餐饮企业组织机构的大小同其所在企业等级规模相适应、该组织机构的内部专业分工程度同其生产接待能力相适应、管理人员和从业人员的专业水平和业务能力同其工作任务和市场环境相适应。

(3) 因事设岗和责权分明的原则。首先，管理者在授权时应根据该餐饮企业的经营目标，把其分解委派给不同职位的、与岗位相适应的各级管理和从业人员，明确这些人员各自的职责范围和权限，并将其在岗位描述中列出；同时，还要遵循权责分明的原则，理解责任是权力的基础，权力是责任的保证，做到有权必有责，有责必有权，使管理者和从业人员互相协调配合，有效地从事企业的各项业务工作，从而确保企业的经营目标得以实现。

(二) 餐饮组织机构的类型

不同类型和规模的餐饮企业的组织机构各不相同，以餐饮为主的小型企业、功能较为齐备的中档企业和豪华大型企业，在机构设置上都会根据自身特点进行充分考虑，确保餐厅的正常运行。

(1) 小型餐饮企业的组织机构。一般来说，这类餐饮企业通常会设置一个行政办公室，负责行政管理工作，同时，将餐厅运行部门分为前台和后台两个不同的部门。前台部门的主要有预订、迎宾、餐厅服务等职能，后台部门主要有采购、厨房、设备维护、安全管理等职能。

(2) 中型餐饮企业的组织机构。中型餐饮企业服务功能相对齐全，会根据餐饮经营需要，设置中餐厅、西餐厅、酒吧等不同部门(如图 7-1 所示)，配备部门经理、领班和相应的服务人员。有时会设置独立的宴会部，负责对外承接宴会服务，这也是中型高端餐厅营利的重要组成部分。设置厨师长、管事部经理或主管、房内用餐主管等。相对于小型企业而言，其组织机构的功能和人员设置的层次较为齐全，但是与大型餐饮企业设置相比，其承担的功能、提供的服务和所需达成的目标明显要低。

图7-1 中型餐饮企业的组织机构设置

(3) 大型餐饮企业的组织机构。因为拥有大型或超大型的宴会厅，所以大型餐饮企业成为大型会议或婚宴的首选之地。大型餐饮企业组织机构设置更为复杂、细致、全面，配备人员的专业化程度和能力也更高。餐饮企业根据需要配备餐饮总监，下设餐厅经理、宴会部经理、行政总厨、酒吧经理、咖啡厅经理、管事部主管，再设置各部门的副经理或主管、领班，最后是基层服务人员或工作人员，形成一个金字塔形的管理机构(如图 7-2 所示)，服务于整个餐饮生产经营的需要。

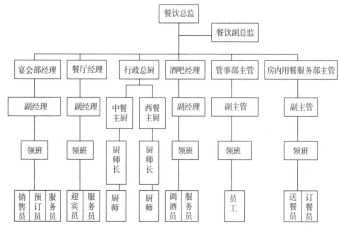

图7-2 大型餐饮企业的组织机构设置

二、餐饮企业的岗位职责

(一) 餐饮总监的岗位职责

餐饮总监的直接上级是总经理，直接下级是各部门经理、行政总厨或厨师长等。工作范围为：全面负责企业的餐饮管理和运营，确保经营管理目标的实现；对照服务标准，评估员工工作表现，提高客人的满意度；按照食品卫生安全要求，确保餐饮部门所提供的食品符合质量标准；组织开展运营成本分析，促进餐饮运营利润最大化；重视员工培训，不断增加员工知识储备，提升员工的工作技能，培养员工的忠诚度；做好部门人力资源规划，统筹做好各部门的人员招聘与管理；制定餐饮年度推广活动，增加餐厅知名度与营收；同时，还要负责制定本部门的年度预算与资产管理工作。

具体工作内容如下。

(1) 负责餐饮管理制度的编制与修订，组织制定年度预算、推广活动。

(2) 熟悉目标市场，分析客源市场，不断发现新客户，根据季节变化适时推广季节性菜肴。

(3) 每日视察餐饮的前台、后台，及时发现问题，并采取相应的措施。

(4) 及时掌握员工餐饮标准的执行情况，监督各部门严格执行操作规范，提高服务质量。

(5) 做好部门的资产管理，定时督导各部门开展餐具等物品的盘点，降低餐具破损率。

(6) 妥善处理客人投诉，提升客人满意度。

(7) 加强食品卫生安全，监督部门的卫生、食品安全等状况。

(8) 每日与行政总厨沟通，确保菜肴的高品质。

(9) 组织每日、每月的餐饮会议，不定时与各部门经理沟通，确保经营目标的实现和利润最大化。

(10) 创造和谐的工作环境，促进团队发展，拓展各部门的培训计划，确保培训统筹实施，激发员工的工作热情。

(11) 配合人事部做好员工的招聘、录用、离职、终止合同等工作。

(12) 提高员工安全意识，确保餐饮工作的安全性。督导员工正确使用和操作餐饮设备设施，定期组织消防安全培训。

(13) 熟知并监督收银工作的准确性，加强餐饮成本分析。

(14) 严格按照先进先出原则使用原材料，配合成本部核算成本，有效控制采购订单和部门物资的申领，监督每月餐饮库存的流失率。

(二) 餐饮副总监的岗位职责

为了保证餐饮生产和经营工作的正常运行，大型餐饮企业通常会设置餐饮副总监，协助餐饮总监做好部门工作，工作范围为：按照服务标准，评估员工工作表现，提高客人的满意度；按照食品卫生安全标准，监督食品质量；加强员工培训，增加员工知识量，培养员工的忠诚度，从而提高服务质量；根据各部门人员编制，协助各部门人员招聘；每月参加餐饮运营损益会、经营分析会、推广会议。

具体工作内容如下。

(1) 全面负责食品饮料生产和服务的计划、组织和管理工作，保证日常业务正常开展。

(2) 与主厨师长一起进行菜单的筹划和菜肴价格的确定，不断推出新的菜肴品种。

(3) 根据餐饮市场的动态和客人的需求，有针对性地开发和改善餐饮产品服务。

(4) 协同主厨师长共同制订生产计划，组织厨房生产，提高菜肴质量，减少生产浪费。

(5) 督导餐厅、酒吧和厅面经理组织好本部门的服务工作，提高餐饮服务质量。

(6) 加强对膳务管理的领导，做好保障餐饮生产、服务的后勤工作；定期与厨师长、采购员一起巡视市场，检查库存物资，了解存货和市场行情，对餐饮物资和设备的采购、验收和储存进行严格的控制。

(7) 负责餐饮成本和费用的控制，定期召开成本分析会，审查菜肴和酒水的成本情况。

(8) 计划和组织餐饮的推销活动，扩大餐饮销售渠道，增加餐饮收入。

(9) 督查餐饮区的环境卫生，检查餐具、食品卫生管理和安全管理情况。

(10) 负责餐饮人员的劳动组织和安排，对本部门职工的工作表现进行评估，监督部门培训计划的执行，并实施有效的激励手段。

(三) 行政总厨的岗位职责

(1) 负责厨房生产的管理、计划和组织工作，根据生产要求安排工作班次，做好厨房员工的培训、成绩评估、激励和奖励工作。

(2) 负责制定菜单、开发新菜品、确定菜肴价格。

(3) 认真制定标准菜谱，进行食品生产质量控制。

(4) 根据对客人人数的统计和预测，做好厨房生产计划工作。

(5) 现场指挥开餐时厨房的生产工作，保证菜品的质量、份额、出菜速度符合标准，协调各班组厨房的生产，协调餐厅和厨房的工作。

(6) 负责提出厨房所需原料和用具的请购和请领要求。

(7) 负责厨房中的烹调和成本控制工作，减少餐饮成本的浪费。

(8) 负责厨房的清洁卫生和安全的管理工作。

(9) 负责厨房中烹调和加工设备的管理，检查设备的保养和维修状况。

(10) 加强食品卫生和员工个人卫生的管理工作，保障食品和个人卫生符合工作标准。

(四) 餐厅经理的岗位职责

(1) 巡视各餐厅、宴会厅、酒吧的营业及服务情况，指导、监督日常经营活动的开展，提出相关建议。

(2) 检查各餐厅的卫生、摆台标准、所需物品的准备情况，提高工作效率。

(3) 参加工作例会，提出合理化建议，听取工作指示。

(4) 做好各餐厅经理(主管)的工作排班表，监督各餐厅员工工作排班表的安排；招聘新员工，实施员工培训计划，评估员工表现；执行餐饮企业管理的各项规章制度，解决有关问题。

(5) 发展良好的客户关系，满足客人合理的特殊服务，处理好客人的投诉。

(6) 加强与相关部门的联系和合作，向厨师长提出有关食品销售的建议，共同向客人提供优质餐饮服务。

(7) 完成领导交办的其他工作。

(五) 宴会经理的岗位职责

主要负责收集客人的喜好并做好客史档案，协助宴会统筹部做好促销活动方案；维护良好的客户关系，及时处理客户的反馈及投诉；及时向员工传递食品安全、卫生管理政策和消防、生命安全政策，并保证正确实施；监督部门月度、季度、年度盘点工作；监督供应商对宴会场地的前期布置，以确保餐饮企业设备、设施的安全。

具体工作内容如下。

(1) 检查活动前各项准备工作，确保满足客人的需求，做好宴会活动结束后的现场管理。

(2) 定期巡视检查宴会厅运营的前台和后台区域，确保各项服务标准达到企业管理要求。

(3) 定期整理经营分析相关资料，做好餐饮市场调研，提供市场份额信息。

(5) 负责宴会部门客户关系的维护；整理宾客意见或投诉，做好解决客人投诉的准备；定期与客人保持接触和联络，了解客人的需求，发展有消费潜力的客人。

(6) 协助人事部招聘员工，并做好本部门的员工考勤等工作。

(7) 制订部门培训计划，加强团队建设，参与员工的个人培训、入职培训；考察员工在工作中的表现并进行评估。

(8) 管理、指导和组织宴会厅运营，确保所提供的食品、酒水、服务质量保持始终如一。

(9) 确保所有的材料、设备和机器的正确使用，并经常清理，延长使用寿命。

(10) 组织召开部门例会，并把相关信息传达给员工。

(11) 根据要求制定宴会食品和酒水的配料标准、合理售价。

(12) 参与餐饮和各分部门的会议，确保餐饮和其他部门之间的交流畅通、有效；做好与供应商的沟通，确保彼此运作通畅。

(13) 加强对部门经营过程中的成本控制、分析和评价；严格成本控制目标，强化利润增长措施；积极参与并控制库存货物，控制食品、酒水及各类物品的领用，节约能耗。

(14) 加强收银管理，熟悉收银流程，确保收银、账务处理准确。

(六) 酒吧经理的岗位职责

负责餐厅酒吧和酒水运营管理工作，确保服务的质量标准、员工工作的表现让客人满意；收集客人的喜好并做好客史档案，及时处理客人的反馈及投诉；负责团队建设、招聘、培训与发展；负责每月损益分析，根据市场和经营需要，策划酒吧的促销活动方案；为员工进行食品安全管理系统、卫生和食品安全管理政策、消防和生命安全标准的培训，并保证实施到位。

具体工作内容如下。

(1) 定期巡视检查酒吧酒水质量，确保所提供的食品、酒水、服务的质量保持始终如一。

(2) 按照要求和计划开展市场调研，采取正确的运营措施，不断优化本部门的运营方案；组织、参与餐饮和相关部门的会议，确保酒吧和其他部门之间的交流畅通、有效。

(3) 协助行政总厨、副总监的工作安排，制定酒水促销方案；收集整理经营分析、产品服务推广、损益分析等会议资料。

(4) 保持与客人的定期联络，以获取反馈信息，发展未来有潜力的客人；负责整理宾客意见等不同形式的投诉，恰当而巧妙地处理客人的各类投诉，对客人填写的意见表做出及时回应。

(5) 制订部门培训计划，规划员工的个人发展，加强团队建设，提高员工的工作积极性；考察员工个人的工作表现，对员工的工作表现进行评估；协助人事部招聘员工，做好部门员工的考勤管理。

(6) 维护保养本部门的设备设施，确保所有设备和机器的正确使用并经常清理，延长使用寿命。

(7) 定期与主要供应商见面，讨论新产品和现有产品存在的缺陷，最大限度地争取折扣和赞助。

(8) 积极参与并控制库存货物，认真审批酒吧食品、酒水的申请，控制食品、酒水等物品的领用，节约能耗；协助总监完成年度预算、市场预测等工作。

(9) 向员工传达有关卫生、消防安全、紧急疏散等程序的知识，开展相应的演练和培训。

(10) 熟悉收银流程，确保收银和账务处理准确。

(七) 餐厅主管的岗位职责

(1) 编定每日早、中、晚班人员的班次，做好领班、迎宾员的考勤记录。

(2) 每日班前检查服务员的仪表、仪容，进行相应的服务礼仪培训。

(3) 了解当日用餐人数及要求，合理安排餐厅服务人员的工作，督促服务员做好清洁卫生和餐酒具的准备工作。

(4) 随时注意餐厅人员动态和服务情况，保持在现场进行指挥，有 VIP 客人或举行重要会议时，要认真检查餐前工作和餐桌摆放是否符合标准，并亲自做好服务，以确保服务的高水准。

(5) 加强与客人的沟通，了解客人对菜品、酒水的意见；与销售部门加强合作，了解客人档案情况，妥善处理客人的投诉，并及时向餐厅经理反映。

(6) 定期检查设施和清点餐具，制定使用和清洁保养制度，及时向餐厅经理进行沟通汇报。

(7) 关注服务人员的表现，随时纠正服务人员的失误、偏差，并做好工作记录，作为员工评比的重要依据。

(8) 组织领班和服务员参加各种培训、竞赛，不断提高自身和下属的服务水平。

(9) 为 VIP 客人提供现场服务。

(10) 积极完成经理交派的其他任务。

(八) 餐厅领班的岗位职责

(1) 协助餐厅主管做好各项工作，高质量完成领导要求的各项工作。

(2) 做好现场服务和管理，严格要求自身和员工，做好现场培训，带领员工严格按操作规范进行接待，亲自服务好重要客人或特殊客人。

(3) 熟悉菜单、酒水，熟记每天供应的菜式品种，做好推销工作。

(4) 抓好员工纪律、服务态度，了解员工的情绪状况、技术水平和思想作风。

(5) 落实每天卫生工作计划，保持餐厅整洁。

(6) 开餐前，做好餐台摆设、台椅定位情况检查；开餐后，随时关注现场服务情况，并及时做出调整；客人用餐结束后，做好收台检查工作，为第二天的营业做好准备。

(7) 检查餐厅内各项设施设备的检查，确保空调、音响等设备的正常运行，做好安全和节能工作。

(九) 餐厅服务员的岗位职责

(1) 服从领班安排，做好餐前准备工作。

(2) 严格执行工作程序、服务程序和卫生要求，努力提高服务质量。

(3) 按主动、热情、耐心、礼貌、周到的要求，保证良好的服务态度。

(4) 服务中，做到手勤、脚勤、眼勤、口勤，及时为客人提供服务。

(5) 熟悉菜单和酒水，积极向客人推销，并向客人进行确认，避免错误。

(6) 做好餐厅餐具、布草、物品的补充替换。

(7) 积极参加培训和训练，不断提高服务技能技巧，提高服务质量。

(8) 关注客人用餐喜好，做好客史档案的积累，为客人提供更加具有针对性的服务。

第二节　餐饮人员的配备与管理

在了解餐饮组织机构设置、人员岗位职责、组织机构运行特点的基础上，我们还需要了解如何对餐饮人员进行配备和管理，以发挥不同人员在工作岗位中的重要作用，共同服务于餐饮运行的需要。

一、餐饮人员的配备

(一) 影响人员配备的因素

定岗定编是确定岗位和确定岗位编制的合称，即明确一个单位或部门要设置多少个岗位，需要多少个具体人员。前者是设计组织中的承担具体工作的岗位，而后者是设计从事某个岗位的人数。实际工作中这两者是密不可分的，当一个岗位被确定之后，就应考虑谁来完成这项工作，需要多少人来完成这项工作，员工应具备哪些基本素质，有的企业还把与定岗有关的人员素质问题单独提出来，称之为定员。定员与定岗、定编一起被称为三定。餐饮从业人员科学合理地定岗、定编、定员，可以有效解决以下几方面的矛盾，如接待量不均衡，人员配置忙时人员不足、闲时人员闲置，员工工作饱和度不够或餐饮服务各区域工作忙闲度不等。餐饮管理在定岗定编时可参考以下影响因素。

(1) 服务流程的设计。服务流程是通过某种工作流程努力实现服务、经营和管理目标的过程。通俗地讲，流程就是怎样做事、如何服务和管理。在不同的组织架构和岗位职责中，某一部门职责相同，也就是要做的事情相同，但是由于流程的差异，也就是做事方式的差异，可能导致岗位设置不同。同时，定岗也是重新检讨服务流程的良好时机，企业重新审定岗位时，都要对业务流程进行一定的优化。

(2) 技术水平的变化。技术水平是岗位设置的一个重要影响因素。随着信息技术的进步，在许多餐厅点菜工作已经不需要服务人员，而是由客人通过信息系统完成，点菜这个功能或岗位在这种类型的餐厅中就必须进行削减。又如传菜员的岗位在很多餐厅中被机器人所代替。技术在生产类岗位中体现为从手工向自动化的发展，在管理岗位中则体现为新的管理方法、工具的不断出现，影响岗位设置和人员安排。传菜机器人工作一体化设计见图 7-3。

(3) 客户需求的改变。客户需求也会对岗位设置产生影响。随着网络点评对客户的消费影响越来越大，餐饮企业可设置专门的人员进行网络点评的管理和回复，并把客人的消费评价作为产品更新、重新定价、市场定位、服务流程优化的重要参考依据。如果企业没有这种适应产业发展变化和客人需求变化而及时应变的能力，那必将失去一定的市场份额或被市场淘汰。

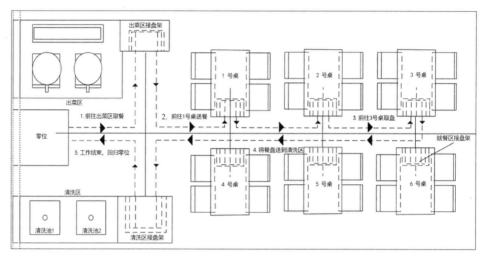

图7-3　传菜机器人工作一体化设计

(4) 员工能力的高低。对于餐饮企业而言，能力强的员工除了具备良好的专业知识和服务技能，还具有随机应变地处理复杂问题的能力，能够确保餐饮业务的正常运行。因此，每一家酒店都希望找到专业素质高、技术能力强、服务态度好、敬业精神优的好员工，但是餐饮行业所面对的现实是人员流动性强、整体素质下降，这也增加了餐饮行业在追求满足客人需求和实现自身经营目标过程中的难度，也制约着岗位设置中的人员选择和数量多少。

(5) 成本压力的大小。在每一家餐饮企业、每一个部门的运行过程中，成本控制是保证盈利的根本性前提，其中人力成本占有非常重要的比例，在企业经营不景气的情况下，最先采取的措施就是减少人手的成本支出。因此，在岗位设置时，既要考虑岗位工作的必备人手，又不能不考虑成本因素盲目扩大人员比例。在这一点上，大企业和小企业的做法显然是不同的，这是因为成本优势是小企业的竞争优势所在，小企业也承受不起大企业的高额运营成本。

(6) 竞争对手的做法。即竞争对手的岗位设置是怎样的，这也是所谓的标杆法，竞争对手的岗位设置经验是现成的老师。第一步，需要学会怎样正确地找到企业的竞争对手，它是客观的客人层面的认知，而不是自己的主观认为。第二步，系统性地对比自己与竞争对手之间的差异。第三步，针对梳理出的差异，制定出合理的自我解决方案。

(7) 餐饮企业自身特点。在进行人员配备时，最重要的是结合自身特点来配备人员。比如，企业对餐饮市场定位是何种类型和档次的、所提供的菜肴品种复杂程度如何、厨房的设计与生产能力、餐厅的客流量和生产规模等，这些自身因素具有一定的稳定性，也是竞争的关键因素，要认真分析，慎重考虑，精心配备。

(二) 定岗应遵循的基本原则

(1) 人岗相适原则。把合适的人放到适合的岗位上，是人岗相适的基本要求，这样可以人尽其才，提高工作效率和服务质量，提升客人满意度。在实际过程中，要避免因人设岗，或把不具备岗位能力素质要求的人放到相应岗位上的现象，从而减少服务、生产或管理失误，避免员工之间不公平感的产生。

(2) 协作分工原则。岗位设置强调专业化分工，但各岗位间有效的协调也尤为重要，因此，在分工基础上有效地综合，使各岗位职责明确又能上下左右之间同步协调，以发挥最大的企业效能。这在企业的岗位职责说明中应当进行明确，并在培训中加以强化和训练，让既有分工合理，又讲协作的团队精神深入人心。

(3) 最少岗位原则。从减少人力成本和管理成本的角度出发，最大限度地节约人力成本，尽可能地缩短岗位之间信息传递时间，减少信息传递中的衰减效应，提高组织的战斗力和市场竞争力。有些餐饮企业在改革过程中，尝试减少岗位人员数量，将人力成本减少的费用投放到因人手减少而担任更多工作任务的员工身上，也能有效提高工作效率，激发员工的工作积极性。

(4) 客户导向原则。为客户创造价值是企业存在的依据，岗位设置应从客户角度考虑问题，这里的客户不仅包括外部客人，还包括内部客户。有的企业为降低人力成本，大量使用小时工，有些小时工缺乏必备的专业知识和技能，很难胜任岗位工作，无法给客户带来很好的消费体验。

(5) 一般性的原则。岗位设置应基于正常情况的考虑，不能基于例外情况。例外的产生一是不利于团队合作，同时也不利于企业的经营管理，例外打破了平衡，产生失衡现象。在普遍公平一致的工作环境下，才能让规章制度和要求更好地推行，推动企业发展。

(三) 定员的基本步骤和方法

两种不同的定员方法各有其适用性。一种是自下而上的逐级汇总，一种是自上而下的逐级分解。从通常情况来看，自下而上方式往往由于缺乏总体规模限制，过于考虑部门利益而虚夸定员，最终仍要由高层管理者压缩定员。自上而下方式从一开始就确定企业总体规模，并逐次分解，强调企业总规模和部门总规模，作为岗位定员的总体限制，这样能使各部门自觉按合理水平确定定员。同时，任何企业都存在一个人员总体规模限制的问题，其极限是企业盈亏平衡点所决定的人工成本占企业总销售额的比重。餐饮企业在定员过程中，也同样要受到企业人员整体规模的限制，要在控制范围内合理定员。

(1) 确定一线服务人员的数量。餐厅人员以服务人员为主，包括领位员、传菜员、酒水员和桌面服务人员。其人员配备方法也以劳动定额为基础，核定好一个服务人员能够同时接待服务的最大范围和数量。如服务规格不高的餐厅，负责零点服务的人员可接待 20 人左右，团体或宴会厅可接待 30~40 人左右，而包间服务每人只能服务 1 桌客人，高档的包间服务甚至需要 2 名或 2 名以上的服务人员同时接待。

(2) 厨房人员的配备。确定厨房生产人员数量，还可以根据厨房规模，设置厨房各工种岗位，将厨房所有工作任务分各岗位进行描述，进而确定各工种岗位完成其相应任务所需要的人手，汇总厨房用工数量。厨房人员，因企业规模不同、星级档次不同、出品规格要求不同、数量各异。在确定人员数量时，应综合考虑以下因素。

① 厨房生产规模的大小，相应餐厅、经营服务餐位的多少、范围的大小。

② 厨房的布局和设备情况，布局紧凑、流畅，设备先进、功能全面，还是与之相差甚远。

③ 菜单经营品种的多少、制作难易程度，以及出品标准要求的高低。

④ 员工技术水准状况。

⑤ 餐厅营业时间的长短。

厨房用人包括厨师，加工人员和管事部勤杂工 3 种。其人员配备方法以劳动定额为基础，重点考虑上灶厨师，其他加工人员可作为厨师的助手。其配备方法有两个：一是核定劳动定额，即选择厨师人员和加工人员，观察测定在正常生产情况下，平均 1 位上灶厨师需要配备几名加工人员，才能满足生产业务需要，由此核定劳动定额；二是核定人员配备，在厨师劳动定额的基础上，影响人员配备的还有厨房劳动班次，计划出勤率和每周工作天数等因素。

(3) 确定管理人员总规模。餐饮企业的管理人员主要指主管以上的人员，其人员配备方法主要采用岗位定员法。根据组织机构设计，在分析企业规模、管理层次、各级管理工作的工作量大小的基础上来确定岗位设置，然后根据工作需要按岗定人，确定岗位人数。在能够照顾业务工作的前提下，员工宜少不宜多。

(4) 遴选定员专家，成立定员委员会，采用德尔斐法适当调整部门总定员。定员专家由企业高层、各部门经理、外部行业专家组成。将上述计算过程及结果以简明的列表方式呈现给各位内部专家，让其背靠背地按个人意见适当进行调整，并指明调整的理由；人力资源部在意见收集后做综合处理，然后反馈给各位专家，第二轮征求意见。根据意见的一致程度，一般在两轮后即可组织面对面的座谈会，由各位专家公开发表意见，进行集体协商，最后即可得到达成一致的各部门定员总数。在进行定员总数核定时，应考虑到出勤率的因素，为员工正常的事假、病假留出合理的空间，出勤率可参考企业历史数据确定。

(5) 由各部门按照岗位设置将总定员分解为岗位定员。逐层分解的过程为各职能部门内部岗位定员勾勒出越来越清晰的框架，实际上在部门定员确定之后，岗位定员确定难度大大降低。

(6) 定员的最终确定。在分解部门定员的时候，可能产生定员核定数不尽合理的问题，需要重新核定部门总定员；还有就是要对分解到岗位的结果进行总体分析，并最终确定。

(四) 定员的注意事项

(1) 正确认识岗位定员的重要意义。在成本成为企业生死线的今天，定员显得非常重要，要从企业竞争力的高度认识定员的重要性。定员也是企业的系统化工程，涉及各个不同的层面和因素，企业高层的重视和支持是定员成功必不可少的要素。

(2) 持续积累定员数据，为定员提供支持。行业数据和本单位、本部门的历史数据是企业定员最有力的依据，但是很多企业在定员过程中缺乏系统的数据积累或者不重视数据的积累，从而给实际定员工作带来一定困难。人力资源部门应特别注意相关历史数据和行业数据的搜集和积累，从而为企业核定定员提供支持。

(3) 运用公开透明的决策程序，使各部门充分发表意见。人力资源部门往往成为企业定员中的众矢之的，各部门将人力资源部门看作压缩定员的砍刀，原因之一是定员过程中没有给相关部门发表意见的机会，使之被动接受定员结果。人力资源部门应当强化定员程序的公开透明，使各部门积极参与到定员中，充分发表意见，变暗箱决策为公开博弈。

(4) 通过规则设计，使各部门具有自我约束动力。依靠外界约束只能压缩和抑制定员膨胀的速度，而无法真正保持合理的定员水平。划小核算单位或进行模拟独立核算，从形式上使各部门成为自我约束的实体，是形成良性定员机制的有效途径。

(5) 正确认识量化标准和主观经验的作用。定员绝对不可能完全量化，主观经验起着重要作用，所以不要盲目相信量化，过度量化可能是有害的，采用合理的程序如德尔斐法等使主观经验公开表达，非但不会影响客观性，反而有利于定员的合理确定，其关键在于公开。

(6) 定员是一个持续调整过程。环境是不断变化的，企业定员也必然是不断调整的，因此没有一劳永逸的定员标准，人力资源部门要做好定员维护工作，及时发现问题，并根据内部和外部因素的变化适时调整。

定岗定员是世界各种组织中普遍存在的问题，它没有固定的模式，也没有统一的标准，只有适用的才是最好的。

二、餐饮人员的培训管理

培训通常是指企业或组织为了满足工作需要，有针对性、有计划性地开展的以提升员工知识、技能和素质为目标的相关学习和实践活动。

(一) 培训的作用

餐饮人员培训管理对整个企业的业务推进具有非常重要的作用，在餐饮企业不同的运行阶段，开展与之相适应的员工培训，能够提升员工个人的能力素质，增强部门的接待服务水平，促进企业的市场竞争力和盈利能力。其作用具体表现在以下几个方面。

(1) 培养和增强员工专业化水平。餐饮企业工作岗位多、工作内容繁杂，不管是直接面对客人的岗位还是后台服务部门，其秉承的理念和呈现出来的行为状态是否专业化，能否与企业定位和品牌特色相吻合，都需要重点关注。员工只有通过不断的学习和训练才能变得更加专业，才能使个人的能力素质和职业形象更加契合岗位需要和客人需求，而员工培训是实现这一目标的重要途径。

(2) 促进和提升员工的团队精神。在餐饮企业各管理者的岗位职责中，管理者一个非常重要的职责就是加强员工的团队建设，提升员工的团队精神和合作意识，这也是做好餐饮接待服务工作的重要保障。员工通过培训学习，增进对企业文化的了解和认同，增强与团队成员的沟通协作，充分认识不同部门和人员之间的协作，是完成自身和部门工作不可或缺的部分。

(3) 树立和强化企业的品牌价值。不同的企业具有不同的企业文化和品牌定位，员工培训是一个让企业文化不断导入和深入人心的过程，也是增强企业在市场中的品牌识别度和特色的过程。品牌价值和品牌要通过企业提供的产品、服务和管理方式得以传播，扩大受众面。

(4) 稳定和保证企业的竞争优势。企业在市场同行中竞争优势的取得是一个系统性工程，由诸多因素构成，而人是其中最为重要的部分，尤其是在企业的硬件设施不处于最优状态时，员工的软实力成为最重要的竞争优势，会取得不断累加的市场效应。而人力资源的竞争优势需要通过不断的培训和强化。

(二) 培训的形式

(1) 根据员工的不同类型分类。

① 新员工培训，包括岗前培训和专业性培训两个部分。此项工作是让新员工加强对企业

的了解和熟悉，尽快融入企业和团队，明确自身定位，达到岗位工作要求。岗前培训通常由餐饮企业人力资源部门负责，专业性培训主要由职能部门负责，员工知识和技能培训应由人力资源部组织实施，结合具体的岗位职责，进行知识传授和技能训练。

② 在职员工培训，包括提高性培训、发展性培训和拓展性培训等三个方面。这些培训主要是基于适应发展性需要的考虑，把市场发展中的新理念、新要求、新技术不断融入，促进个人和企业的共同发展。如习近平总书记多次指出，餐饮浪费现象触目惊心、令人痛心，要制止餐饮浪费行为，切实培养节约习惯，在全社会营造浪费可耻、节约为荣的氛围。那么餐饮企业如何在具体工作中向餐饮浪费行为说不？餐饮企业要在培训中加强员工对餐饮消费的正确引导，打造绿色厨房，倡导光盘行动，培养引导客人量人点菜、适度点菜、适时提醒的能力。

(2) 根据培训师资来源分类。

① 企业或部门的师资开展的内部培训。这也是实际培训工作中最多最常见的培训开展形式，一是组织开展比较便利，容易进行内部培训人员的调配；二是能够有效地节约培训成本，无须额外支付外请专家的费用。

② 企业外部师资开展的内部培训。通常是企业或部门有针对性地选择聘请外部专家对员工开展某个方面的知识或技能的培训。对员工来说，这种方式具有一定的新鲜感和吸引力，能够有效增强员工对培训的兴趣，吸收到更多的外部信息。

③ 在线培训。指随着信息技术的进步而不断深化的一种培训方式。这种方式打破时间和空间的制约，为员工的自主学习提供更多选择，非常符合员工终身学习和跨界学习的需要。

④ 选派员工开展外部培训。为了某种特定的服务管理或技术技能的学习需要，企业可选派员工到其他单位开展专项培训。这种培训方式对员工具有很好的激励效果，能够为企业或部门的进一步发展创新提供知识或技能的支撑。

(三) 培训的程序

(1) 评估培训需求。餐饮企业开展培训的第一步就是开展员工培训需求的评估，对部门的工作目标、员工的知识和技能现状进行分析，确定培训的必要性和培训内容，明确培训的具体方向，解决部门为什么要开展培训、培训哪些人、培训什么内容等问题。对培训需求的分析评估要考虑全面，既考虑个体，又考虑整体，既着眼当下，又考虑未来发展的需要，让培训更有针对性、系统性、实用性、经济性。

(2) 明确培训目标。根据培训的目的与对象，事先拟订培训结束后预计达到的目标以及衡量标准，以激励和引导培训活动的进行。培训目标的预设不宜太低或过高，既要立足实际，满足基本工作需要，又要立足发展，具有一定的挑战性。

(3) 制订培训计划。制定培训计划包括确定培训内容，确定培训时间，确定受训人员，选择培训教师，确定培训方式方法，培训费用的核定与控制等环节。计划制订要切实可行，容易操作，明确责任人员和培训要求，这样在实际操作过程中，才能容易实施，促进培训目标的达成。

(4) 管理培训过程。该程序包括监控培训活动的全过程，培训结束后的考核，培训后的奖惩等活动。对于一个成功的培训而言，实施过程特别重要，如人员组织是否到位、员工的参与和理解掌握程度如何、培训节奏的把握等，有的环节需要部门管理者和员工进行沟通，有的需要和培训师进行沟通，有的需要和上级进行沟通等。

(5) 开展培训反馈。反馈是为了更好地培训。该程序包括对培训教师、培训组织管理的考评，对培训内容应用的反馈，对培训活动的总结与资料归档等环节。对于员工一致认可、喜欢的培训内容、培训方法、培训师资可以不断积累和优化，成为培训的典型。对于员工反馈效果不好的部分，更要认真分析和改进，促进后续培训工作的提升。

(四) 培训的内容

培训内容的选择一定要围绕两个需求：第一，培训是企业或部门需要的吗？通过培训能够对企业或部门起到何种作用？第二，培训是员工需要的吗？通过培训能够让员工在哪些方面得到提高和改进？

(1) 员工培训的内容。

① 导向性培训。熟悉组织与部门的工作，促进职业认同。

② 基本知识与技能培训，如听说读写能力、电脑操作能力、人际沟通技能、自我管理能力、学习能力、信息收集和分析能力等。

③ 专业知识与技能培训。餐饮服务规范培训、餐饮服务技巧、英语会话、菜品知识等。

表 7-1 是餐厅服务员岗位培训内容范例，每一项内容都有具体的操作标准和要求。

表7-1　餐厅服务员岗位培训内容范例

姓名		入职/调动日期	
职位	服务员	部门/分部	多方参评
岗位任务培训活动	培训员	日期	评价
(1) 熟悉部门仪容仪表、礼貌礼节要求			
(2) 如何更换骨碟			
(3) 如何准备酒水			
(4) 如何更换烟灰缸			
(5) 如何使用分汤羹			
(6) 如何去鱼骨			
(7) 如何更换布草			
(8) 餐饮服务程序			
(9) 如何做餐前准备			
(10) 如何做餐中服务			
(11) 如何做餐后收尾			
(12) 如何为客人斟倒酒水			
(13) 上菜盘形搭配			
(14) 正确擦拭玻璃器皿			
(15) 如何擦拭银器			
(16) 如何擦拭不锈钢器皿			

(续表)

姓名		入职/调动日期	
职位	服务员	部门/分部	多方参评
岗位任务培训活动	培训员	日期	评价
(17) 如何叠小毛巾			
(18) 问候客人及引领客人就座			
(19) 如何正确摆台(大厅和包房)			
(20) 如何清洁转台			
(21) 如何清理台面			
(22) 如何更换台布			

如表 7-1 中第 14 项正确擦拭玻璃器皿的培训标准共有 6 个步骤。第一步,用干净的餐巾布包住玻璃杯的底部并用手握住;第二步,把玻璃杯放在热水表面上方,让蒸汽进入杯内;第三步,将玻璃杯置于离水面 2.5cm 处,确保蒸汽覆盖整个内壁;第四步,用中间三个手指轻轻地把杯布塞入杯内,拇指握住外壁;第五步,将玻璃杯举过视线,放在光线下检查是否有污点、脏物、裂痕或崩口;最后,如有必要,重复上述步骤。

④ 多样化培训。即提高员工的岗位迁移能力,让员工具备本岗位以外的一些知识与技能,使之能与不同类型的人合作,能胜任不同岗位的工作。

(2) 管理者培训的内容。

① 餐饮服务与管理的基础知识。通过培训熟悉食品管理、卫生与安全、营养学等多学科知识。

② 经营管理知识,如餐厅经营、人员管理、菜品创新、营销策划、服务管理等方面的基础知识。

③ 人力资源管理知识。每位管理者都肩负着人力资源开发与管理的责任,因此,各管理层次的管理者都应掌握一些人力资源管理基础知识。

(五) 培训的方法

(1) 讲授法。这是最常见的培训手段,其优点是可系统地将知识教给员工,如教材选用得恰当、讲授主次分明,可清晰地传递知识,节约时间,培训者还可采取提问和讨论等方式活跃氛围,引导受训者主动思考。但讲授法通常被指责为冗长而无实践的讲授,没有提供实践的机会,导致知识只停留在理论层面。

(2) 现场培训法。现场培训法是指在职培训时让受训者对熟练员工进行观察和提问,然后再模仿他们的行为进行学习。这种培训方法可以观察到最真实的工作情境,随时发现学习要点,迅速让员工掌握新的技巧和熟悉工作环境。这种方法经济实用,还能及时反馈受训者的学习情况。

(3) 角色扮演法。角色扮演是在设计的一个接近真实情况的场景中或情景下,指定受训者扮演特定的角色,借助角色的演练来体验该角色,从而提高解决该类问题的能力。培训者和其他受训者都可对表演给予评价和建议，表演者也可参加到讨论中，从中认识到处理问题得失的方法。

(4) 行为模仿法。行为模仿是先向受训者展示正确的行为，再要求他们在模拟环境中扮演角色，根据他们的表现，培训者不断提供反馈，受训者在反馈的指导下不断重复工作直至能熟练完成任务。角色扮演是在某种场景下自由发挥表演，而行为模仿则要求受训者必须以正确的行为处理问题，且一旦出错就被要求重复演习直至正确。

(5) 视听培训法。视听培训指利用幻灯、电影、录像、录音、电脑等视听材料进行培训，这种培训方法也可以起到很好的效果。

(6) 案例分析法。在案例分析法中，会向受训人提供关于某个问题的书面描述，问题可以是现实的，也可以是虚拟的，受训人对问题或事件进行分析并提出解决方案。

(六) 培训的效果评价

培训的效果评价包括培训时机是否合适，培训目的是否准确，培训内容设置是否合理，培训方式方法是否高效，培训教员的水平高低等。

(1) 受训者培训后的感受。可通过调查问卷获知受训者的看法和收获，定性或定量的问卷设计及访谈等都是常用的方法。

(2) 受训者对知识、技能的掌握。可通过现场测试，测量受训者对餐饮技能的掌握与熟悉程度。

(3) 培训技巧应用及业绩改善。可通过观察、问卷调查、测试、考核获取信息。

(4) 培训为餐厅带来的影响和回报。如培训费用是否合理，服务质量是否提高，客人满意度是否提高，利润是否增长等。

📖 **扩展阅读7-1**

咖啡师的职业等级

三、餐饮人员的绩效考核管理

绩效是指员工在工作过程所表现出来的与企业目标相关的，能够被评价的工作业绩、工作能力和工作态度，其中工作业绩是指工作的结果，工作能力和工作态度体现在工作过程中。绩效考核是指企业为了实现生产经营的目的，参照一定的标准，对生产经营过程中的各级人员完成指定任务的工作实绩和由此带来的诸多效果进行价值评价的过程。

(一) 绩效考核的作用

不同的员工在工作岗位上的表现不尽相同，有的认真负责，追求工作效率和客人的满意度，有的敷衍塞责，打发时间混日子，他们的不同表现也影响到企业的运行和整体形象。因此，加强绩效考核能够将员工的工作差异和工作成效较好地体现出来，以优胜劣汰，提升经营效果。

(1) 考核是激励员工的有效手段。客观来说，大部分员工都希望自己的工作能够得到领导和他人的认可，充分体现自身的工作价值，也可以通过考核发现自身存在的不足和缺陷，形成员工与员工之间的有益竞争和自我改进提升。

(2) 考核是核定员工报酬的有效依据。按劳付酬、论功行赏能够让员工产生公平感和获得感，有助于加强员工的自信心和责任心，避免因薪酬不合理而产生的优秀员工的工作热情削减和员工流失，也让工作表现未达到预定目标的员工受到相应的惩罚。

(3) 考核是内部人事调整的重要参考。通过考核评估可以判断员工对职位的胜任程度和发展潜力，并据此对员工的工作岗位实施调动或职务升降。这样既能以理服人，又能做到人尽其才，充分发挥人力资源的最大作用。

(4) 考核是开展员工培训的参考依据。在考核过程中能够发现员工的不足和缺陷，以及相互之间的差异，可以为进一步解决这些问题，制定相应的培训方案提供有效参考。比如，针对员工服务主动性不强的问题，就可以开展专题培训，有针对性地解决。

(二) 考核管理的误区

(1) 考核标准的制定不科学。考核者和被考核者在现实中往往会形成对立关系，产生这一问题的原因主要是考核者对考核的权力观和考核目标的理解存在不足。如果把考核作为管理员工的最后一道关口，那考核者就会在考核方案的制定中突出考核者的权力，忽略被考核者的感受和认同。有的管理者缺乏现场管理的经验和意识，闭门造车制定考核内容，形成所考的、要考的与现实严重不符的现象。

(2) 考核人员对考核业务不了解。在许多餐饮企业里，有一支专门的队伍，一批专门的人员负责考核，但这些人并不一定来自一线，或不具备一线的长期工作实践，很难对员工的具体表现联系实际作出科学的评价。这样既达不到考核的目的，又不能服众，所以一定要用精通业务且品德素质过硬的人作为考核者。

(3) 考核文件与培训资料混为一体。培训的目的是告诉员工哪些行为能让客人满意，但考核是实际，不是所有方法都一定要用。不能把培训的具体内容和要求直接转化为考核表，这样会让员工为了考核而去做一些没有意义的工作，反而导致客人的反感。比如，包间服务中，并不是所有的客人都希望服务人员一直站立等候服务，客人可能需要一个相对私密的空间进行交流等，那么服务人员就应当灵活应变，随机处理，既保证服务质量，又满足客人的需求。

(4) 考核过程走过场。比较常见的现象是考核人员拿着考核表在服务或管理现场走来走去，走一圈就对员工的工作情况进行定量打分和定性判断，缺乏全面性和深入性，无法考核员工的真实状态，出现考核时一种表现状态，不考核时另一种表现状态的情况。

(5) 考核的绩效结果缺乏沟通。考核后一定要进行反馈和沟通，让员工知道哪里做得好，要继续保持，哪里做得不足，要进行改进。考核是为了让员工做得更好，进一步提高员工的士气，明确努力的方向，而不仅仅是为了惩罚。

(6) 考核结果的应用性不强。考核是为了选拔人才，奖励优秀者，同时也对表现差的员工进行惩罚。考核结果应与员工的晋升挂钩，作为员工晋升的重要依据，否则就失去考核的意义。

(三) 科学制定考核方案

不同岗位有不同的考核标准，考核方案在制定过程中要充分考虑不同的考核内容和要求。总体来说，分成两个部分：一个是适用于所有人的管理制度，比如仪容仪表，个人卫生方面等；另外一个是根据不同岗位制定相应的考核标准，如对厨房的考核有出品的合格率、出菜的时间、菜品创新的能力等；对服务员的考核则关注客户的满意度、销售能力、工作态度、看台率、沟通能力等。因此，一个科学实用的考核方案应当包括以下几个方面。

(1) 明确考核目标。这个目标是有相关信息与数据支撑的，可达成、与目前项目相关联、有明确的达成时间。

(2) 明确考核原则。要树立定量与定性相结合原则、公开透明原则、公平公正原则。

(3) 明确考核办法和内容。针对不同的岗位，明确考核怎么考、考什么。比如排序法、平行比较法、人物比较法、定额分配法、量表评等法、关键事件法、行为定位等级评价法、行为观察法、目标管理法。

(4) 明确考核人员。明确由什么人进行考核，餐饮企业岗位众多，仅凭一个人是无法对所有员工进行考核的。为了确保考核的全面性、有效性，在实施考核过程中，可以考虑从不同岗位、不同层次的人员中选出相关成员组成考核小组，开展全方位的考核，成员可以包括上级领导、同事、下级、员工本人、客户等。

(5) 明确考核结果。在考核方案中，要将结果应用讲清楚，并落实到位，这样才能充分发挥考核在员工管理中的机制作用，体现考核的权威性。

📖 **案例**

万豪酒店管理集团的员工激励

作为世界著名的酒店管理集团，万豪在激励员工方面，确实有自己的独特之处。它秉承了一个理念，那就是如果公司能够善待自己的员工，那么员工将会用忠诚来回报企业，这些忠诚的员工会为客人提供优质的服务，从而能让公司获得巨大的利益。美国《财富》杂志就曾报道过万豪酒店的总经理平均任期长达25年，不少普通员工在工作岗位上也超过了20年。这些员工之所以在万豪工作如此之久，就是万豪能够善待他们。

万豪酒店的员工称呼同事为家人，对公司和同事赞不绝口。每天早上醒来，员工都期待着去上班，不仅是因为热爱工作，而且去上班的路上看到同事在那里工作，他们会觉得太棒了。宾至如归，感觉就像在家里一样。

想激励好员工，精神层面不容忽视，特别是要能让员工在工作时感到幸福快乐。因此万豪公司采取了很多措施，如干洗服务、健身房、日托，甚至是灵活的工作时间。弹性工作时间便于员工平衡工作和家庭生活。在全球范围内，在酒店物业工作的部分员工被授予优秀业绩奖，而万豪酒店则为这些员工举办年度颁奖典礼。

万豪公司非常注重培训，而且在招聘的时候主要基于个性和态度，因为它一直秉承的那个观念——快乐的员工能提供更好的客户服务和增加利润。平均而言，万豪的员工在开始工作之前，要花大约30天的时间进行培训。这主要是为了让新员工融入公司文化。在培训过程中，员工会了解企业文化及工作的方方面面。当员工完全接受培训后，会对自己的工作充满自信，从而降低离职率。辞职员工的不断减少意味着花在培训、招聘上的费用不断削减。万豪也会利用轮岗培训对员工进行激励。这意味着一名员工可以尝试不同的工作岗位。所以，在万豪，你可能会发现前台接待也被培训来设置宴会桌、打扫客房，甚至做厨房任务。这一做法的出发点是，每个员工都有机会了解酒店的不同方面。对公司的好处就是有了可以在需要的时候投入工作的员工。这是个双赢的结果。

（资料来源：案例网 http://www.hrsee.com/?id=576 HR）

问题：万豪集团对员工的激励给你哪些方面的启示？

复习思考题

一、名词解释

1. 定岗定编
2. 绩效考核管理
3. 员工培训

二、简答题

1. 餐饮企业组织机构设置的基本原则有哪些？
2. 一般来说，大中型餐饮企业要设置哪些部门和岗位？
3. 对餐厅一线服务人员培训的内容主要有哪些？
4. 对餐饮企业员工绩效考核过程中应注意哪些问题？

三、实践题

1. 如何为一家小型餐饮企业开展培训？
2. 调研你所在城市的高端餐饮企业是如何面向需求开展餐饮产品的在线销售和生产服务的。

四、案例分析

遗忘了客人的晚餐

某天晚上，北京一家五星级宾馆的中餐厅正在接待外宾旅游团和会议团。孙先生是某公司负责接待外宾会议团的翻译，他把外宾安排好后就和同事一起到旁边的工作餐厅用餐。

这一天，外宾团队订的都是"北京烤鸭"餐宴，翻译、导游员和司机等也享受和外宾同等的用餐标准。孙先生入座后，服务员端上了茶水和凉菜，但等候良久仍不见其他的菜上桌。他忍不住去催问服务员，服务员告诉他，今天太忙，请他再等一下，马上上菜。孙先生又等了半天，仍不见上菜，此时其他桌的菜已经上得差不多了。孙先生和同事又去催问了两次，但还是迟迟没有上菜，孙先生赌气不再催问。外宾用完餐，孙先生直接带他们上车。此时，服务员追到车门前请孙先生签单结账。

孙先生没好气地说："我根本就没吃上饭，结什么账？""先生，实在对不起。今天的确太忙了，把您那一桌给疏忽了。要不然给您打包菜和鸭子，但是请您先把账结了。"服务员着急地说。

"我们虽然也是服务人员，但到你们饭店都应该是客人，待遇也是平等的。你们给外宾和其他桌都上了菜，就是没有给我们这桌上菜，催了几次还不行，搞得我们现在都没吃上饭。要结账就找'老外'吧。"孙先生说着就要上车。其他人见状忙劝解孙先生，车上的外宾也有人问及此事。最后，孙先生还是和服务员一同回到餐厅结账。他拒绝了餐厅给他包装好的晚餐，只是对服务员说："请你们记住这次教训，以后不要忽视每位客人。"

（资料来源：https://wenku.baidu.com/view/3110c0e77c192279168884868762caaedd33ba1b.html）

问题：

1. 结合案例，分析服务员在供餐服务方面存在哪些失误。

2. 餐厅应如何加强员工的培训？

第八章
餐厅的规划与设备管理

餐厅是商务宴请、好友相聚、家人共享美味的地方，一个小小的装饰也可以使用餐环境温馨感倍增。餐饮管理人员常常只重视饭菜的口味、质量，却忽略了餐厅内部设施布局、清洗维护的必要性。餐厅的设计、设备的配置是否科学合理，设施和设备是否干净光洁、运行状态是否良好，将直接影响餐饮部门的运营能力和经营效益。那么怎样使餐厅的规划设计具有先进性、实用性与竞争性，在符合市场需求与自身条件的同时，又能够得到目标客人的高度认可呢？本章将提供一些基本的准则、思路与方法。

 学习要点

1. 了解餐厅设计布局的基本原则，熟悉餐厅就餐环境布局的要求及基本内容。
2. 熟悉餐饮环境氛围营造的方式方法。
3. 熟悉餐厅常见设备、设施、用品及其清洁与养护。

导入案例

如何设计酒店餐厅

酒店餐厅的设计是每个想从事酒店餐饮行业的老板所必须面对的问题，虽然可以全权交给装修公司，但是了解酒店餐厅设计的要点和原则之后，才能更好地与设计师沟通，以便设计出令自己更加满意的餐厅。

餐厅的设计应以流程合理、方便实用、节省劳动、改善服务人员的工作环境为原则，不需要追求过多的设施和设备。餐厅设备多但是没有太大的用处，不仅会造成投资浪费，而且占用餐厅空间，使餐厅运营施展起来不便捷，增加不安全性，所以没有必要一味追求气派高端，造型花哨。如何设计酒店餐厅，应当引发大家的思考及讨论。

(资料来源: https://wenku.baidu.com/view/d79db1f211a6f524ccbff121dd36a32d7275c733.html)

思考: 应该依据什么原则对餐厅进行规划与设计？

第一节　餐厅的规划与布局

　　餐厅的规划和布局应根据酒店的类型、目标客户定位、国家的相关法律法规与标准进行设计与规划。合理配置各类餐饮设施的规模与结构，正确规划制定餐饮设施档次与风格，科学设计餐厅设施空间及动线，从而使酒店的餐厅既符合餐饮业务运转的要求，又独具风格与特色。

一、餐厅的整体规划与设计

(一) 餐厅的设计原则

　　(1) 整体、完善、统筹的原则。餐厅设计布局，应根据其空间设计效果的要求，以经营为导向，统筹兼顾各营业功能区域空间资源的规划和组合，合理安置和分配服务设施。必须充分考虑宾客就餐的舒适性、便利性和安全性，以及餐饮操作服务各环节顺利实施等因素。

　　(2) 经济、安全、高效的原则。完美合理的餐厅设计不是单纯在材料上追求昂贵，而是要通过装饰布置、色彩线条来体现风格。经济性要求设计出的餐厅在同档次中投资较少，而从投资空间所获取的收益最大。由于餐厅面积的利用程度直接影响到接待能力和营业收入，所以各种设计布置不应占据太多营业空间；安全性是指餐厅内的布局要合理、实用，保证用餐区内客人、产品、服务员和设备的流动畅通，无安全隐患；高效性主要指用餐区的设备、设施维修方便、费用较低，充分利用餐厅营业空间给客人带来乐趣。

　　(3) 协调、环保的原则。餐厅应该与酒店坐落的环境相协调，同时与酒店整体的风格协调统一。此外，餐厅设计布局，应注重环保，为客人和员工提供良好的餐饮生态环境，节约能源，消除污染，共同树立环保的公益意识。

　　(4) 餐厅应与客人消费习惯相协调。餐厅应具备满足客人需求的功能。在餐厅入口处设立收款员、领位员的服务台，以控制进出，结账收款，并设衣帽间；将餐厅分为若干小区，在营业低峰时可以关闭部分小区；餐桌要有大小不同的规格，以便招待人数不同的客人；10%的座位要建成火车座式，供单身客人使用；餐厅里应设食品陈列柜；大约每100个位子设一个服务台，用于为客人提供水、咖啡，换台布，置放从餐桌上撤换的餐具；使用可变灯光调节装置，以便创造不同的用餐气氛等。

　　(5) 餐厅应与酒店经营目标相协调。餐厅经营餐品的品种和风味应与酒店等级和种类相协调。通常一个酒店会有数个餐厅，每个餐厅应有各自的风味菜肴和酒水及服务方法等，不同装饰和布局体现不同的经营特色，做到产品多样、互补。

(二) 餐厅的餐座与面积

　　餐厅、酒吧、厨房及其配套设施的面积和餐位数的确定，取决于餐厅的市场定位、服务类型、设施规模及餐饮经营在酒店总体经营中的地位和作用等因素。按照国际惯例，各类旅游酒店餐饮经营场所服务设施的面积，大致占酒店总面积的 5%~12%，但餐饮经营场所的面积和餐位数的确定标准和方法不尽相同。

　　(1) 根据酒店客房数决定餐位数，主要有以下几种类型。

① 休闲度假型、会议中心型旅游酒店的客房数:餐位数为 1 : 1.5～1 : 2。

② 商务型酒店的客房数:餐位数为 1 : 0.5～1 : 1。

(2) 根据餐饮销售额和对客流量的预测决定餐位数。在市场调查的基础上,确定餐饮企业经营的类型、规模,合理地进行市场定位。根据餐饮销售收入和客源量的预测决定餐位数。

(3) 餐位面积和餐厅面积。服务项目各异、规格不同的餐饮场所,其餐位面积也不相同,如表 8-1 所示。

表8-1 餐厅及餐位面积

餐厅类型	餐位面积
大型豪华宴会厅	1.8～2.5(m²/餐位)
大型宴会厅	1.5～2.0(m²/餐位)
豪华中餐厅	1.5～2.0(m²/餐位)
普通中餐厅	1.2～1.5(m²/餐位)
法式餐厅	1.8～2.5(m²/餐位)
美式餐厅	1.2～1.5(m²/餐位)
自助餐厅	1.2～1.7(m²/餐位)
咖啡厅	1.5～1.8(m²/餐位)
酒吧	1.2～1.4(m²/餐位)
快餐厅	1.1～1.4(m²/餐位)

(三) 动线和通道设计

餐厅的平面设计应该力求富有变化,以产生秩序井然的视觉效果、律动性的空间美感,并提供情调丰富的用餐空间,所以动线布置、通道设计和餐桌布置都是餐厅、酒吧等平面设计领域的中心内容。

(1) 动线设计。餐厅内动线是指客人、服务员、食物和器材等在餐厅内的流动方向和路径。

① 客流的动线。客流的动线应以从门口到座位中间的路径畅通无阻为基本要求,餐厅中客流的动线采取平直为好,尽量避免迂回绕圈子,不必要的迂回曲折会让人产生人流混杂的感受,影响客人的胃口。客人的流通路径要尽量宽敞,动线以一个基点为准。

② 服务员动线。在餐厅中,服务员的动线长度对工作效果有直接影响,原则上越短越好。在服务员动线布置中,要注意每个方向的道路与作业动线不能过于集中,并尽可能消除不必要的曲折线。可选择设定一种区域服务台,既可放置餐具,也便于工作人员减少行走路线。

(2) 通道设计。通道是指餐饮的主要流通空间,包括餐厅的出入口、餐饮室内客人与服务员行走的通道、餐厅与厨房之间的连接通道,以及安全消防通道等。通道的建设应当以畅通、安全、便捷为基本准则,而不应该单纯注重盈利空间而忽略了通道的设计与布置。

设计餐厅、酒吧内的人员流动通道需要充分考虑以下三个因素。

① 员工的操作空间:便利性、安全性。

② 客人的活动空间:舒适性、伸展性。

③ 人体工程学的基本特点：科学性、针对性。

安全消防通道的设置应畅通，易于疏通，并且在通道处要有醒目的安全通行标识。

二、餐厅的空间设计与布局

餐厅内部的空间设计和布局应当依据餐厅空间设计的规模确定。餐厅内各部分对空间设计的需求不同，所以在进行整个设计和布局规划之时，一定要做到统筹兼顾，合理配置。既要顾及客人的安全、便捷，营业中各环节的业务机能、使用效率等因素，也要注重全局与部分之间的和谐、平衡、对称，从而体现出浓厚的艺术风格和气氛。餐厅的空间设计一般分为以下几个方面：①流通空间设计(通道、走廊位置等)；②管理空间设计(业务台、办公区等)；③调理空间设计(配餐间、厨房、备餐间等)；④公共空间设计(休息室、就餐区、洗手间)。

(一) 根据厨房要求设计餐厅平面形式

餐厅的平面形式设计要根据厨房的要求、餐厅各室的种类及数量(如多功能厅、雅座、单间等)来进行。现代餐厅的平面设计大致分为两类：一类是传统的封闭式厨房的餐厅，这类餐厅的就餐区和厨房是隔开的；另一类是开放式厨房的餐厅，将厨房展示在客人面前，现在此类餐厅越来越受客人的青睐。

(二) 餐厅的空间分隔

餐厅空间分隔的总体原则是让客人既能享受比较隐蔽的小区，也能享受整个餐厅的氛围。随着摆设的简繁程度和空间曲折、长短、多少等的各种变化，能产生出形式多种多样的空间设计分隔。餐厅空间设计分隔最常见的表现形式如下。

(1) 软隔断分隔，即用珠帘、帷幔、折叠垂吊帘等将餐厅内部隔开。软隔断代表富贵、豪华，一般在有空调的餐厅中使用。

(2) 通透隔断空间体现了中国传统的文化氛围，一般来说是指挂落、落地罩、屏风式博古架、花窗墙隔断等，往往是把大餐厅分隔为若干个雅座时使用。

(3) 列柱、翼梁是适应特殊空间的需要而虚设的。列柱、翼墙都具有沉稳、厚重的感觉。

(4) 用照明灯具对餐厅空间加以隔断，给人一种隔而不断的感觉。灯具的布置起到了空间分区的作用，对于西餐厅和酒吧来说，是室内环境设计的常用手法。灯具分区既保持了大的整体空间的气魄，又在客人的心理上形成分隔，而且空气流通良好，视野宽广。

(5) 用矮墙隔断空间，让就餐者从心理上形成了一种自己得到保护的感觉。人们既享受到了大空间的共融性，又保持了一定心理上的隐秘性，矮墙隔断也拥有灯具隔断的诸多好处。

(6) 用植被分隔空间，不但能够限定两种功能完全不同的空间，还能够遮蔽视线，以围合具有相对独立性的私密空间。而植被本身，又形成了一个充满生机的"屏"，隔而不断，使空间维持了其整体性与敞开性。绿色植物还能够调节室内空气，调节湿度，改善小气候，从而增加视觉与听觉上的舒适感。同时，由于人们对回归大自然的向往，对绿色植物也有一种偏爱。

(7) 装饰物的摆放也意味着某个空间设计的终止，或另一个空间设计的起始。它和半透明的隔断或柱子有同样的效果，没有阻挡人的目光，却限制人的行动，因此为室内增加了丰富的空间层次感。按照空间构成的原理，多种类型的物体都可以在分隔空间时加以利用，如花架、水池以及铺地材质的变化等都能起到分隔空间的作用。

(三) 餐厅座位的设计与布局

餐厅座位的设计、布置，是按照餐饮类别、规模、菜品特点进行的，其对整个餐厅的经营影响很大。虽然座位的餐桌、凳、架等尺寸大小、形式都多种多样，但还是有相应的配比原则与标准。一般按照实际就餐面积大小、规模，对座椅所要求的数量做合理的分配，使有限的就餐面积能最大限度地发挥其使用价值。

(1) 桌椅的设计。在现代餐厅中，桌椅的主要功能首先是解决客人就座的需要，然后才是满足审美需要。所以，桌椅首先要舒适，合乎人体坐姿的自然曲线。此外，靠背的支撑方式也需要切中人身体上方的着力部位。

日本学者研究表明：当座面高度为40cm时，腰部的肌肉活动最强烈。座面比40cm高或低时，肌肉活动都有所降低。这说明当人坐在40cm左右高的椅子上时，腰部不易疲劳。另外，椅子的高度应该比小腿的长度矮2~3cm。

桌子和椅子之间的高度差也十分重要。从功能上看，餐桌最重要的尺寸是差尺，即从座面坐骨结节点到桌面的距离，而不是地面到桌面的总高度。这是因为人们使用餐桌时，坐骨结节点的位置确定之后，坐骨结节点和肘的位置关系是确定餐桌高度的重要依据，一般为30cm。

(2) 餐桌的设计。餐厅中座席的配置一般要根据用餐人数、桌子形状来确定，做到既不使客人感到拥挤局促，又不使客人感到相互间的疏远。

① 圆形餐桌。按每位客人占直径15~20cm的比率计算餐位数，如直径110cm为5~7个餐位，直径250cm为12~14个餐位。或以圆台大小与人数的关系计算，以每人占60cm边长为最低限来确定餐位。

② 长方形餐桌。根据用餐人数来确定不同的餐桌宽度和长度。如方长台：2人，宽60~65cm，长72~85cm，高72cm；6人，宽75~90cm，长130~160cm，高72cm；8人，宽80~100cm，长160~180cm，高72cm。

📖 **扩展阅读8-1**

中式餐厅的设计理念

第二节　餐饮环境的氛围营造

氛围是一种能令人感受领悟、意味无穷却又难以用言语阐明的意蕴和境界。餐厅要引起客人的兴趣、刺激客人的消费欲望，并能够给客人留下深刻的印象，就必须注重餐厅氛围的设计。在此，主要从以下几方面对餐厅的氛围营造进行介绍。

一、餐饮环境布局的要求

(1) 舒适惬意。客人到餐厅吃饭，一方面是为补给食物营养以滋养身体，一方面是希望松弛神经，减少劳累。这就需要餐厅周围环境的装饰布局能给人以舒服惬意的感觉，餐桌和用具的形状、构造必须符合人体工程学，餐厅的色调、温度、灯光和装饰要力求营造宁静放松、舒畅愉悦的环境效果。

(2) 美观雅致。随着人们物质与精神生活的发展，人们对用餐环境的要求越来越高，客人到餐厅吃饭，常常有满足爱好、寻求情调的要求。

(3) 突出主题。在餐厅的装饰装潢中，最关键的是突出主题、具有特色，并能够迎合人们的不同喜好。餐厅的主题能够体现人文内涵，如以自然环境为主题、以独特的地理环境或风土人情为主题、以音乐艺术为主题、以体育运动为主题、以国际知名人物为主题等。

二、餐饮环境布局和装饰

针对客人在就餐时的不同心理需求，酒店餐厅的室内布置与装修、家私摆设应力求达到宽敞气派、干净整洁、安静舒适、优美典雅、柔和谐调的美学效果。

(一) 餐厅的空间处理

首先，餐厅应合理地利用空间层高与面积，使空间流畅而舒适。其次，餐厅空间应该合理地分隔。餐饮空间划分的准则是让客人既可以得到比较隐蔽的空间，又可以享受整个用餐氛围。而陈设的简繁和空间曲折、大小不一、高低不同的变换，都可以产生形式上丰富多样的空间划分。此外，在设计分隔时，还可选择反差较大的色彩或材料，这会使客人有一种拥有属于自己小天地的感受。

(二) 餐厅的家具布局

餐厅家具应当按照餐厅种类、规格、餐饮内容和特点设计搭配，让其与餐厅其他装修布局相得益彰，构成整体统一和谐的风格，无论古典式、现代式、民族式、西洋式，均应当与餐厅的总体风格相统一。家具的挑选与运用是构成餐厅内整体气氛的一个关键方面。在挑选家具之前，先要考察目标市场的客人，假如目标客户为高阶层的人员，则传统的家具效果比较好；假如希望接待的是忙了一整天的业务人员，那么现代化的家私——包含宽大而舒服的桌椅和沙发，将更为适合；假如要使客人彻夜狂欢，则舒服的睡椅或长沙发尤为理想；而假如要使客人频繁流动，则最好采用更坚固的塑料椅子和塑料桌子。

(三) 餐厅的照明与色调

餐厅室内环境装饰离不开色调和灯光，好的色调运用和灯光效果能形成完美的室内环境氛围，从而提高客人的舒适度和愉悦感。大部分餐厅靠近路边或以窗代墙，也有的位于高处，这种充分利用自然光照的餐厅，让客人不仅可以体验到自然光照的舒适，也能给客人一个明亮开阔的感受，使客人心情舒适且乐于饮食。另外一些餐厅设置在建筑物群中心，这类餐厅要利用灯光，或摆放各式古董及鲜花，使灯光及色调和谐，以引起客人的注意。餐厅入口照明主要是用来让客人可以看到招牌，引起注意力。它的高度应与周围建筑的高低相适应，光线也应以柔和为主，让客人感到舒服为宜。餐厅走廊的照明与拐弯和梯口处的灯具一般功率在 20~60W 即可。若为长廊，则每隔 6m 装一盏灯，但若遇角落区有杂物或储物空间，要采用局部照明法。而餐厅光线和色调的选择可以根据餐厅主题来定，如表 8-2 所示。

表8-2　根据餐厅主题配置的餐厅光线与色调

餐厅主题	色调	光源
豪华型	软暖或明亮	50W 烛光
正餐	橙黄、水红	50~100W 烛光
快餐	乳白色、黄色	100W 烛光

除了与餐厅的主题相结合，餐厅光线与色调的配置也可结合季节制定，如表 8-3 所示。

表8-3　根据季节配置的餐厅光线与色调

季节	色调	光源
春	明快	50~100W 烛光
夏	冷色调为主	50W 烛光
秋	成熟、强烈的色彩	50~100W 烛光
冬	暖色调为主	100W 烛光

(四) 餐厅的色彩

无论哪一种光线与色调的确立，都是为了充分发挥餐厅的作用，以获取更多的利润，同时给客人更多的满足。餐饮环境色彩设计必须考虑色彩与客人食欲的关系。一般来说，暖色调容易引起食欲，冷色调则会使食欲减退。不同的色彩对人的心理和行为具有不同的影响。有些人认为，红、橙之类的颜色具有激励的效果，其他如蓝色等冷色则具有镇静的作用。一般说来，颜色对人心境的影响如表 8-4 所示。

表8-4　颜色对人心境的影响

颜色	效果
红色	振奋、激励
橙色	兴奋、活跃
黄色	刺激
蓝色	宁静、镇静
紫色	自由、轻松
棕色	优美、雅致
绿色	松弛

不仅色彩的种类对人的心理与行为有影响，而且色彩的强度也有此效应。如明亮的蓝光具有相同于红光的激励效果。在餐厅气氛设计过程中，要想增加客人的流动率，在餐厅内应尽量采用红绿搭配的色彩，而不要采用如橘红、桃红和紫红等色彩。因为橘红、桃红和紫红等色彩，具有柔美、悠闲的效果。在快餐厅的氛围设计中，鲜明的颜色非常关键。这个颜色配合紧凑的座椅、窄小而又不很舒服的餐桌和火车椅、强烈的光线和快节奏的乐曲，再外加嘈杂声让客人无暇交流，促使他们在用餐后迅速离开。要想拉长客人的用餐时光，就应通过温柔的色调、宽大的空间布局、舒服的桌椅、浪漫的灯光以及柔和的音乐来渲染氛围，以便让客人多待一会儿。色彩还可以用于体现餐厅的主题思想。因此，在一些海味餐厅多画着帆船、海底地形图，或梁上悬吊着船灯、帆缆，又或者有救生艇，不过，现在的餐厅已经颠覆了原有的传统观念，设计师们用了冷色的绿、蓝和白微妙地表达了航海的主题。

颜色的使用与餐厅的位置相关。一般在纬度较高的地区，餐厅颜色应当采用暖色如红、橙、黄等，以便给客人一个温馨的感受。在纬度较低的地区，绿色、蓝色等冷色的效果则更好。

中餐厅一般宜用暖色，或以红、黄色为主色调，并辅助其他颜色，加以丰富其变化性，从而提供温馨热烈、欢快喜庆的环境氛围，并满足就餐者热烈兴奋的心理需求。西餐厅可以选用咖啡、褐、赭红等暖或较暗的颜色，以提供古朴庄重、平和安逸的氛围；也可以选用奶白、淡褐等颜色，让环境豁亮明快，充满现代气息。

(五) 餐厅的声音要素

餐厅内的声响可以分为噪音和音乐。

噪声主要是由烹饪、客人流动，以及餐厅外部所产生的。不同类型的餐厅，对噪声的控制能力有不同的要求。如对招待忙碌了一天的商务人士的餐厅而言，要提供一个更加宁静和幽雅的环境，所以对噪声的限制比较严格。

音乐对客人的心理活动也有重要的影响。明快的乐曲会让客人加速就餐；相反，旋律缓慢而轻柔的音乐会给客人一个轻松、愉悦的感受，可以拉长客人的用餐时光。所以，不同类型的餐厅需要做出差异化的音乐设计。

(六) 餐厅空气调节系统的布置

客人期望能在一个四季如春的舒适空间就餐，所以餐厅的室内空气质量、温度和餐厅的经营有很大的关系。餐厅的空气调节方式受地理位置、季节、空间尺寸、室内外气温等各种因素的影响。餐厅内部针对各种环境，所选择的温度控制方式如表8-5所示。

表8-5　餐厅室内外温度比较

室外温度	室内温度	与室外温度的比率
25℃	22℃	88%
26℃	23℃	88%
28℃	24℃	85%

(续表)

室外温度	室内温度	与室外温度的比率
30℃	25℃	83%
35℃	29℃	82%

(七) 餐厅工作台要满足服务需要

餐厅的工作台又称边台、落台、服务台，既是储藏柜，用于放餐具等，又是操作台，用于摆放酒水、菜肴、餐具、托盘等。其设置的数量和方位要根据餐厅的大小、形状、工作便利和布局的美观来确定，工作台一般放在餐厅的墙边，既便于服务人员的操作，又不影响客人就餐。

(八) 餐厅的非营业性设施

餐厅中常设有若干非营业性服务设施，可为客人提供方便，也不容忽视。

① 接待卡座。接待卡座的设计目的是当餐厅客满时，客人无须站立等待，即可在舒适的地点休憩。接待室供应客人消遣的设备，如电视、报纸、杂志等，如有可能还可设置一些小推销站。如果接待空间比较开阔，在必要时还可用作中小型会议场地。

② 衣帽间。通常位于靠近餐厅入口处。

③ 洗手间。客人可能根据洗手间的清洁程度来判断该餐厅对于食物的处理是否合乎卫生。洗手间应该和餐厅位于同一层楼，以免客人上下不便；洗手间的标志一定要简洁清晰、醒目，要有中英文对比；洗手间切忌和厨房连在一起，以防影响客人的食欲；一般洗手间的空间要能容纳三人以上；附设的酒吧也应有专用的洗手间。

综上所述，餐厅的环境氛围是餐厅室内设计的主要任务。要实现完美的环境氛围设计，需要深入研究目标市场，确定各种因素对客人情绪与活动的影响。同时还要关注上述各种因素间的互动和联系。餐厅经理应该同设计者、建筑工程师密切配合，共同营造出完美的餐厅氛围。

第三节　餐厅设施的清洁与保养

为了能够时刻为客人提供舒适温馨、干净整洁的用餐环境，除了在餐厅的整体规划、空间设计、气氛营造等方面花费心思，还需要对餐厅的设施和设备、物品用具进行日常清洁与定期保养。但由于餐厅经营环境特殊，在进行清洁保养时，通常会遇到较难处理的痕迹、污渍，因此，掌握恰当、适宜的清洁保养方法尤为重要。

一、地面、桌面的清洁与保养

酒店餐厅多用大理石、木制地板、水磨石、地面砖等地面，以及大理石、玻璃桌面，这里介绍一些常见材料的地面、桌面清洁与保养的方法。

(一) 大理石地面、桌面的清洁与保养

(1) 工具和材料：日常清扫所用的工具主要有扫帚、拖把(干)、吸尘器和排拖。扫把应保持清洁干燥，拖把与排拖在清洁时应泡入牵尘剂(静电水)中，再风干后备用。任何工具在使用后均应再次清洗一遍后使用，不然会影响清洁效果。

(2) 清扫方法：首先用扫帚清扫地面脏物，然后再用拖把或排拖加以除尘，由于牵尘剂的作用，清扫后地面光亮无尘土。严格的管理者要求每日都对大理石地板用磨光机进行一次抛光。

① 用洗地机或加浸洗涤剂处理。清洁地面不得用强酸洗涤剂和粉状清洗剂，不然会侵蚀和破坏大理石表面。尽量避免用凹凸不平的物品摩擦地面，这样会使大理石表面产生永久性划伤。

② 打蜡。对大理石地面打蜡是维护表层的最好方式，既美观又可增加使用寿命。这是一个对技术要求极高的工作，由经过专业培训的技术人员承担，方能确保打蜡的效果。

(二) 玻璃桌面的清洁与保养

检查并准备擦玻璃所需器材，如玻璃刮、玻璃涂水器、铲刀等；准备玻璃清洁剂，按规定配制溶液。擦拭方法如下。

(1) 用玻璃涂水器洗涤溶液均匀擦拭玻璃表面；

(2) 用玻璃刮子将玻璃上的溶液刮净；

(3) 用玻璃涂水器蘸清水洗涤玻璃表面；

(4) 用玻璃刮子将玻璃上的水刮净；

(5) 用抹布将玻璃表面未刮干净的水迹和边框上的水迹抹净；

(6) 如有斑迹，可在局部用清洁剂或铲刀去除(铲刀要锋利，但不可将刀刃正对玻璃操作)；

(7) 用盐水刷抹可保持明亮而且持久。

(三) 木制地面的清洁与保养

(1) 最初的养护。新的木制地板要经过沙擦、吸尘、填实之后盖上三层保护膜，并且每盖一层均应打磨抛光。溶解蜡与擦光剂均可使用。

(2) 每天进行。用大功率的揉擦机擦光，接着上第二层蜡后再打亮。用带蜡的拖把进行除尘工艺时，也应当注意定期更换拖把。在必要时也可采用略带水分的湿拖把。

(3) 定期执行。用零号钢丝绒或尼龙衬垫擦地板；用湿拖把和稀释清洗剂擦拭地板的污渍处；如有需要，可在表面再加蜡处理。

(4) 隔天进行。若地板有油污，用上光剂或液态蜡、糊状蜡，将钢丝绒刷装于揉擦机上揉擦。

(5) 注意事项。不可使用过多的水。

(四) 水磨石地面的清洁与保养

(1) 最初的保养。彻底封蜡，多孔的水泥矿石用非黄色蜡料适当从内部封蜡。在最初的几个月里，要每天拖地，从平整的地面清除矿物质；彻底清洁时，有必要再上一次蜡。

(2) 每天进行。用扫帚清扫，吸尘，或用处理过的无油拖把除尘；用合成纤维垫抛光(不要用钢丝绒)。

(3) 定期进行。湿拖或用机器刷擦，先用干净的湿水打湿地面，再使用柔性清洁剂，用拖把或真空吸水器随意洗刷并抛光；用水磨石供应商推荐的合成品封蜡。

(4) 隔天进行。用为水磨石配置的合成抛光剂抛光。采用这种技术，保养适当的话，地面可以数年不必上蜡，起蜡可延长至三年或更长的时间；如果水磨石地面损坏严重，应铺上新的地面，重新封蜡。

(5) 注意事项。不能使用钢丝绒，因为钢丝绒屑可能损坏地面或使地面褪色；必要时用少量洗涤粉；不能使用碱性清洁剂，该种清洁剂可能会腐蚀地面引起剥落；地面如果没有彻底地、恰如其分地封蜡，PH 值低至 6.5 的清洁消毒剂也会损坏水磨石地面；工作车等设备应注意挑选适当的小脚轮以保护地面。

(五) 方形地砖和陶瓷材料地面的清洁与保养

(1) 最初保养。用无碱合成清洁剂洗刷、冲净，并使其干燥；地面封蜡保护水泥浆。

(2) 每天进行。用刷子或除尘拖把清扫地面；用人造清洁剂湿拖或用地面清洁机清理；用拖把或真空吸水器吸去溶液，清洗地面并拖干，以免残留的水或清洁剂留下斑痕。

(3) 注意事项。灰浆能有效地防酸抗碱，但对清洁剂却无抗性，清洁剂可使其松脱；具有磨蚀作用的清洁剂会使地面受损；肥皂往往会形成滑膜。

二、地毯的清洁与保养

(一) 地毯清洁保养总则

(1) 每天吸尘或用电动扫帚清洗，每周彻底吸尘一遍，并定期用干粉或泡沫清洁剂擦洗。

(2) 公共区域的地毯清扫工作是一个花费相当高昂和永无休止的工作。餐厅地毯上有许多食物印迹，因此每天开餐后都要吸尘或用电动扫帚清理，或使用小型多功能地毯清扫机清扫。另外，必须每晚都使用干粉或者发泡清洁剂擦洗。同样，大堂入口处也必须每晚清理。

(3) 如果带有泥土的鞋踏过了地毯，泥沙就会嵌入地毯内部，使地毯的纤维遭到破坏，从而磨损地毯；至于食物痕迹和油渍，如果不能及时清理，时间一长就得使用强效清洁剂或者溶剂，并用毛刷才能擦掉。这都不利于地毯的清洁养护。所以，定时地、持续地对地毯进行养护是必要的。这样不但可以让地毯更加整洁，而且是保护地毯的好方法。

(二) 常见的地毯污渍及其处理方法

针对污渍，无法使劲擦抹的，可使用类似毛巾、纱布、小海绵、抹布等干净的、具有较强吸水能力的物料吸干，但绝对不可采用合成纤维织物。

(1) 婴儿和动物尿液。先用蘸有洗涤剂溶液的海绵吸干尿液，再用海绵蘸上清水揩拭，最后用酸性溶液冲洗、吸干。如有特殊需要，也可多次进行。

(2) 血迹。先彻底吸干，再用蘸有冷水的海绵揩拭，并吸干水分；然后用海绵蘸上洗涤剂溶液揩拭，再吸干溶剂；最后用海绵蘸上清水揩拭并吸干水分。如有需要，可多次进行。

(3) 黄油。把落在毛织毯上的黄油全部彻底刮出，然后用海绵蘸上干洗溶剂揩拭，再吸干。如有需要，可多次进行。

(4) 火烛。把落在地毯上的蜡烛斑点全部刮除，再用海绵蘸上清洗剂揩拭，最后吸干。如有需要，可多次进行。

(5) 糖果。把落在地毯上的糖渣块彻底擦拭后，用海绵蘸上洗涤剂溶液揩拭，再吸干溶液；再用海绵蘸上清水揩拭，并吸干水分。如仍无法擦去，也可以用海绵蘸上干洗剂揩拭，最后吸干。

(6) 番茄酱。先把落在地毯上的番茄酱完全刮除，接着用海绵蘸上洗涤剂溶液揩拭，再吸干溶液；之后用海绵蘸清水揩拭，并吸干水分。如有需要，可多次进行。如仍存在黑色斑，则可以用海绵蘸漂白溶剂揩拭，并吸去溶液，接着再用海绵蘸清水揩拭，并吸干水分。

(7) 可乐。把可乐溶液完全吸干后，用海绵蘸上清洁剂溶液揩拭，并吸干溶剂；接着再用海绵蘸上清水揩拭，并吸干水分。如有需要，可多次进行。

(8) 巧克力、牛奶或可可茶。彻底吸干汁水后，用海绵蘸上清洁剂溶液揩拭，吸干溶液；再用海绵蘸上清水揩拭，并吸干水分。若色斑已无法擦去，则用海绵蘸上干洗剂揩拭，并吸干净。

(9) 鱼肝油。先充分吸干油汁，再用海绵蘸上干洗剂溶液揩拭，并吸干净；接着用海绵蘸上清水揩拭，并吸干水分。

(10) 咖啡。先彻底吸干咖啡液，再用海绵蘸上清洁剂溶液揩拭，吸干溶液；然后用海绵蘸上清水揩拭，并吸干水分。如果是旧的污渍，可用漂白剂溶液除去，吸干溶液后再用海绵蘸上清水揩拭，并吸干水分。如有必要，可反复进行。

(11) 呕吐物。先彻底刮去并吸干脏物，再用海绵蘸上清洁剂溶液揩拭，吸干溶液；然后用海绵蘸上清水揩拭，并吸干水分。如有必要，可反复进行。

(12) 口香糖。先从地毯上彻底刮去，再用海绵蘸上干洗剂揩拭，最后用纱布吸干。如有必要，可反复进行。

(13) 锈斑。先从地毯上彻底刮去，再用海绵蘸上清洁剂溶液揩拭，并用纱布吸干；最后用海绵蘸上清水揩拭。如有必要，可反复进行。如果锈斑是旧的，应由专业人员进行处理。

三、餐厅墙面的清洁与保养

墙上若有很多尘土或蜘蛛网，在清洁前应先掸去，这样可以加快整个清洁流程。在较潮湿的室内掸除干尘时常常会在墙上留下条痕，所以，除非建筑内环境暖和、干燥，通常都不要在阴雨潮湿的时候开展此项工作。平时尽量使用长柄软毛刷或羊毛刷子清洁墙壁。清理管线、较高处的装饰件和窗顶时则必须采用经处理的抹布。墙壁掸尘的动作应从下往上，这主要是因为向下的动作易使尘土黏着在墙壁上，同时动作也要轻柔，以防止尘土飞扬，并且还应该注意经常更换用脏的抹布和毛刷。

(一) 墙面清洁的方式

墙面清洁的方式主要有：海绵和水桶；拖把和水桶；洗墙机。这三个方式均采用水加清洁剂溶液进行。对于声控材料、壁纸及其他较特殊的墙体装饰的洗法，一般也可稍加调节或把这三个方式组合使用。

(二) 墙面清洁的原则

墙面清洁的主要原则是选用最有效的清洗剂，它既要有充分的除污力，也不会污损墙面而使墙体失去光泽。强碱性清洗剂虽有一定除污力，但它也会侵蚀部分油漆。在使用任何清洗剂之前，都宜先在墙面上选一点做个小实验。先试除污力较弱的，再逐步提高至所需要的除污强度。要注意清洗剂的效能和墙面的抗污能力也是各不相同的。人们通常认为合成清洗剂比肥皂好，因为后者常会因产生的残液而加重墙面污垢。所以假如采用了肥皂，在使用后也应完全淋洗掉残液。人工合成清洗剂则不会留下残渍。清洗墙面上特别脏的部分，宜等到清洗剂溶液渗入墙面几分钟后进行。如散热器上方这种烟尘积聚的地方，可用湿海绵蘸上一些有磨蚀作用的去污粉进行擦拭，但不能滥用，以免损坏墙面的光洁。对于严重污染的区域，冲洗是基本的要求，但冲洗后应立即擦干。一般用油鞣革擦干较为理想，但费用较高，没有油鞣革时，也可用有吸收力的布块代替。

四、餐厅窗户的清洁与保养

任何一个客人走进酒店用餐时，首先总是不自觉地关注窗户，继而才考虑家具摆放。充满情调的客人将玻璃窗称作"他与外界沟通的生命线"，这足以说明保证玻璃窗洁净明亮的重要意义，再好的色彩和造型精美的门窗也无法掩饰其本身的脏污。

(一) 窗户清洁的溶剂

为了让窗户的清洁过程既简单又干净，一般采用的都是温性洗涤剂与水的混合溶剂，如略加氨水，则能够让水质软化，从而提高光亮，但这样做也会引起变色。酒精去除污渍也是相当有效的，尤其是在较寒冷的天气条件或污渍滞留在窗户玻璃上的情形下，更是如此。

(二) 窗户清洁的工具和材料

擦窗户的材料尽量采用不掉丝的软材质，如油鞣革、海绵或亚麻布等。轻便的橡皮刮把适用于大中型玻璃窗的清洁工作，但在使用时应注意及时擦去玻璃上的水痕，以防留有污痕而影响清洗效果。其他基本用具还包括储存洗涤剂溶解液和清水的手提桶、剃须刀片(用以刮去不易擦去的污物)、安全梯和遮灰布。

(三) 窗户清洁的方法

(1) 在清洁窗户之前，应首先把各种室内装饰物和窗帘等拆除下来，如果有纱窗，则一样也要卸走。然后，开始清洁，或先吸尘再清洁。窗台板和窗框应该内外全面除尘清洁，不留下污痕。金属框应该特别处理，以防锈蚀。木质框清理时还应该注意防止用过多的清水或洗涤剂，以防日久腐烂。

(2) 清洁窗户，最简单的办法便是用海绵蘸清水从上部开始反复地从左至右揩拭或擦洗，接着再反过来从右至左，一直向下揩洗到底部。横向揩洗后，再由左侧展开上下揩洗，直至右侧。

(3) 在擦干时也按相同的方法，小型窗户可用油鞣革或亚麻布，而大中小型窗户则可选用橡皮刮把。一旦选用了橡皮刮把，操作员就能灵巧把握，得心应手地前后或上下来回刮擦。若采取左右侧向刮擦的办法，可先将橡皮刮把置于窗格玻璃的左上方，然后往右方刮擦，并在半途停下，然后再用相同办法由右向左刮擦。在刮擦时应考虑尽快去掉刮把上的水分，并通过上述办法直到刮至窗格玻璃的底部。最后还要说明，凡选用玻璃清洗剂或人工合成洗涤剂时，均应先查阅说明书，经认真研读后再进行清洗工作。

五、餐厅沙发的清洁与保养

沙发有皮质沙发、布艺沙发、木质沙发等。不同材质的沙发，保养方式也不尽相同。

(一) 保养注意事项

(1) 皮沙发放在潮湿、日光直射之处，是最致命的。汗渍、灰尘等要尽可能减少，擦拭时可用较细软的棉绒布，若有水渍则应快速擦拭，若有霉污则应在沙发店里选购专门的除污剂或养护品，如长期使用汽油或有机合成溶液，将会损害表皮皮质的色泽。

(2) 皮革经年使用后会显得更加细腻、美观，散发出真品制品的自然材质。利用皮革专用的保护乳液擦拭皮沙发，有助于避免皮革变色、粗糙、变形。而定期清洁及护理皮革，是维持真皮沙发寿命的要诀。

(3) 布料沙发若没有防尘保护措施，则可自己选择罐装喷剂，依照说明书来使用，如要洗涤，应用泡沫式沙发除污剂。若是用全棉布沙发，则要请人干洗，以免缩水变形。

(4) 定期清除粉尘和残渣，有脏污的要及时清理，若表面起了毛球，则应用小剪刀或电子去毛球器进行清除。尽量避免常年坐在沙发上同样的地方，偶尔换一个地方或更换椅垫位置，有助于维持沙发的均衡寿命。也尽量避免沙发垂直受到日晒，因为紫外线会让织物的玻璃纤维缺乏弹力，变得更加脆弱和褪色。

几类常见沙发的具体保养措施如下。

1. 皮质沙发的清洁与保养

(1) 皮革吸收力强，应注意防污，最好在春、秋季节用一次皮革柔软剂。平常擦拭沙发时请勿大力搓擦，以免损伤表皮。

(2) 每周用干净毛巾蘸水拧干后轻拭沙发。若皮革上有污渍，用干净湿海绵蘸洗涤剂擦拭，或者用布蘸适当浓度的肥皂水洗擦，然后让其自然干。

(3) 如发现有洞孔、破烂、烧损现象，要请专业人士来清理。

(4) 真皮沙发应放置在通风干燥处，不宜用水擦拭或洗涤，应避免潮湿、生霉和虫蛀。

2. 布艺沙发的清洁与保养

(1) 每周至少吸尘一次，注意去除死角、织物结构间的积尘。

(2) 如垫子可翻转换用，应每周翻转一次，使磨损均匀分布。也可经常将垫子拿到户外拍打，疏松内部纤维，保持沙发的弹性。

(3) 如沾有污渍，可用干净抹布蘸水拭去，为了不留下印迹，最好从污渍外围抹起。丝绒家具不可沾水，应使用干洗剂。

(4) 所有布套及衬套都应以干洗方式清洗，不可水洗，禁止漂白。

(5) 如发现线头松脱，不要用手扯断，要用剪刀将之整齐剪平。

3. 木质沙发的清洁与保养

(1) 木质沙发忌潮湿、阳光照射，如放置在窗旁，应设窗帘。

(2) 用湿布擦拭后应立即再用干布擦拭。因各种家具表面油漆处理方式不同，应该注意使用不同的保养方法，比如上蜡。

(3) 清洁木质沙发可用中性肥皂泡温水(1∶20 的比例)混合后擦拭，再用清水擦净，之后用干布擦干，降低污渍卡在木质家具表面的概率。可喷木质家具保养油，有一定的保护作用。

📖 案例8-1

服务员打翻饮料

夏日中午，酒店宴会大厅正在举行欢迎记者午宴，百余名客人在互相交谈，舒缓的背景音乐响起。

这时，一位男侍应生手托饮料盘向客人走来，一不小心，托盘上的饮料翻倒，全部洒在邻近的一位女士身上，女士被这突如其来的事情吓得发出了一声尖叫："啊呀！"

叫声惊动了百余名客人，大家目光一齐投向女士。

这样的场合发生这样的事情，年轻的女士显得无比尴尬。那位服务员手足无措，脸色煞白。

这时，公关部沈经理和小杨一前一后从宴会大厅不同的方向向客人走来。

沈经理对站立在一边的服务员说道："请尽快把翻倒在地毯上的饮料和杯子收拾干净。"同时对客人说："女士，请先随我来。"说着与小杨一起，一前一后用身体为女士遮挡着走出宴会厅。

沈经理对客人说："女士，对不起，发生这样的事是我们服务上的失误，请您原谅。"

客人从尴尬到气愤，抱怨不停："你们是怎么搞的，我的衣服被弄湿了，叫我怎么出去啊？"又说道："我第一次到你们酒店就碰上这样的事，真倒霉！"

沈经理一面安慰客人，一面把客人带到一间空客房内："女士，请您先洗个澡，告诉我们您的衣服尺寸，我们马上派人去取。"

女士走进浴室。沈经理到客房部借了一套干净的酒店制服。小杨把客人的衣服送到洗衣房快洗。

很快，衣服取来了，客人换上了酒店的衣服，沈经理对客人说："您的衣服我们送去快洗了，很快就会取来，我们先去用餐吧！"说着陪同客人一起到一楼餐厅单独用餐。

客人渐渐平静了，一面用餐一面与沈经理闲聊起来。

得知这件事的总经理也特意赶到一楼餐厅，对正在用餐的客人道歉："女士，我代表酒店向您道歉，我们的服务质量不高……"

客人被总经理的诚意打动了，笑道："您看，我都成了您酒店的员工了。"说着指指身上的酒店制服。

用完餐，客人回到客房，看到自己的衣服已经洗净熨好送来了。换上自己的衣服后，她满面笑地对沈经理道谢。

"谢谢你们！虽然碰到不愉快的事，但你们入微的关怀，快捷利落的措施，妥善的安排却令人愉快，你们的真情和诚意更令人难忘。"

（资料来源：https://wenku.baidu.com/view/d79db1f211a6 f524ccbff121dd36a32d7275c733.html）

问题：

1. 当餐厅服务出现失误而给客人造成不快时，餐厅在向客人致歉的同时，怎样通过更合理的办法让客人的利益获得赔偿？

2. 在清洁餐厅整体环境的设施设备时应注意哪些方面？

第四节　餐厅电器的使用与保养

餐厅的常见电器，主要包括电冰箱、空调、电视、视听设备、吸尘器、咖啡壶、制冰机等，本节将讨论这些主要设备的使用与保养方法。

一、电器使用时的注意事项

(1) 在使用前仔细查阅使用说明书，了解要领后方可使用。

(2) 检测电缆是否安全可靠，在铺设前要选择合适的地点，并选择使用专门的供电插座。

(3) 定时清洁电器，在清洗前先拔掉开关电源。电器部分不能着水，在清洗时不要直接用水冲洗，应用抹布擦拭。清洗后干燥过一段时间才可再次使用。

二、冰箱、冰柜的使用与保养

冰箱、冰柜作为餐厅电器，其主要作用是为宾客提供温度适宜的各种饮料、葡萄酒、香槟酒，保存新鲜水果等，其规格大小因餐厅饮料使用情况而定，其温度的高低也应根据存放的物品来决定。为正确使用冰箱、冰柜，应注意以下几个事项。

(1) 冰箱、冰柜安装于通风良好的地点，保持必要的空隙，其背部要与墙面有 10cm 的间距，以保证散热效果。

(2) 在移动冰箱或冰柜时不能直接将其放倒，要立式移动，且倾倒角应低于 45°。在地上使用的电冰箱需要挪动位置时，首先应拉下电源插头，并倒掉蒸发机里的余水。

（3）冰箱、冰柜门的开闭要尽量少且快，当室内气温约在 30℃时，电冰箱打开约 10 秒左右，箱内温度就会增加 5~6℃，如打开 1~2 分钟，温度就会和室内温度相同。

（4）加热的食物要放冷后再放进冰箱、冰柜；不要在冰箱、冰柜塞满食物或放置过多的食物，否则会妨碍冷气的循环，令制冷能力减弱。

（5）某些食物尽量不放在冰箱、冰柜，如香蕉、白薯等。

（6）在预告停电后，将温度调节器调至最"强"点，以使食品完全凝结。暂时不要放置新的食物，停电时也要尽量减少冰箱、冰柜的打开次数。

（7）当冰箱、冰柜长久不用时，一定要拔下电源的插头，拿出食品并将冰箱、冰柜清洗干净。

（8）擦拭冰箱、冰柜应注意以下事项。

① 使用中性洗涤剂或温水擦拭。

② 果汁食品、汤汁等会浸蚀冰柜门封条衬垫，因此应该定期清理。

③ 冰箱、冰柜内一旦沾上油污，一定要马上擦掉，切勿用化工药品擦洗电冰箱，否则会使塑胶元件变形、变质。

（9）冰箱、冰柜不可储存乙醚、汽油、油漆、涂料、酒精等易燃烧的物品。

三、空调设备的使用与保养

现代化的餐厅通常都拥有空调设备，在使用时应把温度调节到人体感觉舒服的数值，即保证室内温度在 21~24℃。

因为餐厅规格档次的不同，空调设备种类也不尽相同。在很多大酒店内各个餐厅使用的都是中央空调系统，而在有的中小型餐厅内也使用了各自独立的空调器来调控温度。空调机组的正确使用方法如下。

（1）保证适宜的温度。太冷或过热均不利身体健康。使用冷气时温度控制在较户外气温低 4~5℃为佳。而使用暖气时则应将室内温度控制在 22~24℃。另外，暖气降低 1℃以及冷气升高 1℃都可以节省约 10%用电。

（2）为保持室内温度均匀，要调节好风向。采用暖风系统时将风向向下，再调整暖风直吹至地面。夏天为避免太阳直射，冬天则为保温起见，一般应拉上窗帘。

（3）切勿让冷风长时间直吹肌肤。

（4）使用时注意通风换气。

（5）电源插头一定要插好，因为电源插头一旦松动，就会导致漏电及过度发热。

（6）绝对不能用电源的接通和断开粗暴地操作机器，因为如此会导致触电及过度发热。

（7）接触正在运行中的风扇及电力元器件十分危险，要格外小心。

（8）切勿堵塞吸入口和送风口，不然会给空调器加大压力，使其性能降低或造成保险装置损坏，主机暂停运行等现象。

(9) 切勿向空调器内喷洒易燃性药剂、杀虫剂、涂料等易燃品，否则很容易造成火灾事故。

四、吸尘器的使用与保养

在使用吸尘器时注意，不要吸下列物质：未熄的香烟、挥发性油、溶化剂、乙醇等易燃易爆物，针、刮胡刀等尖利物体。带有水分的废物、蟑螂或一些昆虫等也可堵塞吸尘口及管道。

吸尘器上面不能放置重物，也不要将软管硬性地弯曲、伸拉、踩踏等。使用时要小心，不要离火及热源过近，也不可强行抻扯电源线等。在清扫过滤器之后要注意检查安装是否恰当，若安装不当，则粉尘会进入发电机内造成故障。每次使用后，清扫步骤如下。

(1) 用完吸尘器，要立即切断电源，然后把集尘袋里的尘土重新清理一遍。

(2) 吸尘器的所有附属物都要保持清洁，如果有尘土污物，要擦洗干净。

(3) 注意检测机件和附件上的螺栓是否有松动迹象，若有，应立即拧紧。

(4) 定期更换轴承和上润滑油。

五、电视机的使用与保养

(1) 电视机的使用。

① 用前先仔细阅读产品说明书，以了解每个功能，并严格按程序操作。

② 为避免可能由火或雷电所引起的事故，勿将电视接收器置于潮湿处。

③ 如长期不用电视机，请切断电源或拔出插头。

④ 如发生不正常现象，请立即停用。若有冒烟、声响等非正常情况或异响，则应该尽快断开供电开关，并拔掉电源插头。

⑤ 清洁电视屏幕和电脑显示器屏幕的专用清洁剂，可去除电视屏幕上的手指印、油渍和灰尘。

(2) 电视机的保养。

① 必须保持良好的通风，以避免对电器零部件的损伤。要防止把电视接收器暴露于日光直射之地或其他热源处。

② 外壳和荧光屏仅需要清洁，使用不起毛的棉布沾上柔和的洗涤剂和清水进行擦洗，便能保持良好的状态。不得用含苯、汽油的溶剂。

六、制冰机的使用与保养

(1) 制冰机的使用。

① 在使用前要仔细查阅产品说明书，严格遵照说明书的规定使用，并注意安全。

② 制冰机应设专人使用，并定期清理，定期检验和进行化验，以保证客人的健康。

③ 餐厅服务员在取用冰块时，要使用专用冰铲。冰铲用后要置于专门的玻璃容器中，不能用手直接拿取冰碴或用其他玻璃容器取冰。

(2) 制冰机的保养。

① 要定时停机清洗。拔掉电源，再用冰铲将剩余冰块铲出，置于干净冰桶中，并用已稀释的清洁剂冲洗机器内壁及边角处。

② 用完后，要及时用干布擦洗机体外壳、玻璃窗口、门把和拉手。

③ 要求机内保持无异味、无杂质。清理干净后再接电源，恢复正常的制冰工作。

七、消毒柜的使用与保养

(1) 消毒柜的使用。

① 用前先查阅使用说明书，以了解使用方式，再根据说明程序操作，并注意安全。

② 柜中的东西要码置齐整，应按盘的尺寸规格码置，把门关好后再启动电源。

③ 消完毒的餐具应待温度降低后再拿出，如需马上用，则应用洁净的餐巾或毛巾垫着取出，以防烫伤。

(2) 消毒柜的保养。

① 要定期清洁橱内、柜外，并保证清洁，用完后不要立即关门或风干后再关门。

② 在不用时要及时关闭电源，闭好气门阀，并随时检查电缆有无老化，检查蒸气管是否有裂纹等，发现问题及时处理。

八、微波炉的使用与保养

(1) 微波炉的使用。

① 盛装食物不要使用金属材料容器，要采用微波炉专用容器。

② 冷冻食品烹饪前要预先选择解冻功能档，以进行解冻，并掌握适当的时间。

③ 根据食物的类型和烹饪的需要，调整定时时间、功率输出旋钮及温度控制旋钮，以避免烹饪中的食物过生或过熟。

④ 当超过所设定的烹饪时间时，微波炉就会自行断电，发出铃响，此时可取出食品。

(2) 微波炉的保养。

① 在使用时，切勿过猛封闭炉门，也切勿用硬物卡住炉门的密封部位，若遇门锁松脱等状况，应立即停机。

② 微波炉不宜安装在靠磁性材料的地方，以防磁性材料干扰炉腔内磁场的均匀状态，使效率降低。

③ 在烹饪时切勿将脸靠近观察窗观看，因微波炉对眼睛不利。

④ 使用后用干净的软布把机内外擦洗干净，以保证机器清洁。

九、电饭煲的使用与保养

电饭煲一般由内锅主体、机壳、发热体、自动开关、热动开关、安全装置等构成。内锅主体为铝合金材质，机壳外表面为烤漆。由于电饭煲一般用来做饭，所以内锅底的脏物一般是饭粒的焦渣，电饭煲的外部烤漆也常因高热米汤的泄漏而遭到侵蚀，导致外部烤漆松动。开关电源和安全装置还会由于汤液或饭粒的流入、洒落而失灵。

(1) 铝质内锅的清洗方法。

① 用温水浸渍后，再刷洗。如果污渍去不干净，可用布蘸去污粉或用硼砂 30 g、氨水 10 g 和清水 1 L 调配成的混合溶液擦拭，然后再用软布蘸清水擦拭干净。

② 铝质锅会被碱及酸侵蚀形成黑点，使用去污粉擦拭或用食醋浸渍一夜后可除净。

(2) 一般性污迹的清洁。电饭煲机壳上的一般性污迹，使用洗洁灵或洗衣粉溶液进行洗涤。

(3) 电饭煲控制部分的清洁。当电饭煲的内部控制部位有饭粒或污物时，应该用螺钉刀直接取下电饭煲底座的螺丝钉，然后打开底盖，把里边的饭粒、污物全部清除。如有污垢积聚于控制部位或某一处时，先用小刀清理干净，再用无水酒精或氟利昂-113 擦拭。但应注意不要破坏电路控制装置。

十、打蜡机的使用与保养

(1) 打蜡机的使用。

打蜡机，是在地板上打蜡后进行抛光工作的机器。在地板上打蜡之前，必须先把地板清理一遍，再根据地面状况使用地板蜡。上蜡时，要将蜡包在清洁柔软的纱布中，然后均匀地、薄薄地涂于地面上。待蜡略干后，即可展开工作。使用前，应仔细检查电源电压是否符合规定。打蜡机在开启前，要抓住把手，之后再按下指示灯开关，即可完成抛光操作。在抛光时，手要前后转动，这样可以使地板在抛光后更清洁、光亮、方便日后清理打扫。

(2) 打蜡机的保养。

打蜡机的保养也是延长机件工作寿命的关键。

① 每次使用机器后，应立即把里面的污垢全部清理掉。两板都要洗净，用干布把机器设备各部件的脏污物、水迹等擦拭干净。

② 用完后及时将电源拔下，将电线重新缠上，并检查一下插头是否完好，部件有无破损。

第五节　餐厅物品的清洁与保养

除了餐厅常用的设施设备需要定期保养外，餐厅的常见物品也应做到定期清洁与保养。餐厅的常见物品主要包括餐具、玻璃器皿、金属器件、餐厅的布草、毛巾，甚至餐厅的绿化植被等，本节将就这些物品的清洁与保养方法展开介绍。

一、餐厅餐具的清洁与保养

(一) 使用洗碗机清洁餐具的操作程序

(1) 工作步骤。除渣→装篮→喷洗→入机清洗(70℃)→消毒(80~95℃)→整理、检查(将有污渍、破损的餐具拣出来)→送到需要的部门(楼面、厨房)，暂不使用的餐具放回餐具库。

(2) 洗碗机使用程序。

① 准备。

● 检测清洗机水泵、喷隔渣盆，以确保其处于正常工作状况；

● 先关掉排水阀，再开启进水阀，放水进水箱；

● 检查并确保洗涤剂足够当次使用。

② 开机。

● 水注满水箱后关掉进水阀；

● 开启总开关，开启加热阀、蒸汽阀。

③ 洗碗。

● 洗涤温度为70℃；

● 喷淋消毒温度为80~95℃；

● 当温度符合上述条件时，可达到最佳的清洗效果。

④ 停机。

● 餐具洗完或烘干后，最好在停机后20分钟左右再取出使用；

● 清理完餐具后，立即关掉电源、蒸汽开关和水龙头。

⑤ 清洗洗碗机。

● 打开洗碗机门，再拧开排气口，将机内的污水全部排放干净；

● 把喷臂去掉，取出隔网冲洗干净；

● 清洁洗碗机内部，再用干布擦净机体水迹。

⑥ 保养。

● 洗碗机工作结束后，应立即洗净。洗涤时要停机，先关掉洗碗机电源或工作按钮，然后放水取出缸中的隔渣盘，再清除隔渣和污垢；

● 及时清洁内壁，以保证机内各部分的清洁，用完后要用干净软布将电动洗碗机内部擦净，然后备用。

● 洗碗机若长时间不用，应用净水刷洗干净，再用干布擦拭水渍，最后放置在通风干燥的地方。

(二) 不使用洗碗机清洁餐具的操作程序

(1) 工作步骤。

冲(除渣)→洗(放入洗涤灵清洗)→浸泡消毒(用洗涤剂、漂白水)→过清水→热力消毒(放入消毒柜消毒)→送到使用部门。

(2) 操作要求。

① 在清洁餐具时，要轻拿轻放，以避免餐具划伤，同时应注意降低餐具损耗，消毒后达到明亮、清洁、干爽的效果。

② 对洗房的要求：保持餐具摆放整齐，废弃物及时处理。清洁完毕后(包括：下栏车、下栏盘、杯筐、洗碗盘、地面等的清洁)，才可下班。

③ 不能放置无关物品，如员工所用的水杯、台布、餐巾、扫把、垃圾桶、手套等杂物。

(3) 注意事项。

① 热力消毒温度一般为 80℃，时间为 1~2 分钟；

② 消毒剂与水的配比为 100~200mg/L，浸泡时间为 3~5 分钟。

二、玻璃器皿的清洁程序

(一) 普通玻璃器皿清洁程序

① 除残渣；

② 碱水洗擦(洗洁灵)；

③ 用漂白水或洗涤剂浸泡消毒 3~5 分钟；

④ 清水冲洗；

⑤ 高温消毒(温度为 80℃)；

⑥ 送使用部门。

(二) 高脚杯清洁程序

① 左手用一块干净的餐巾握住杯肚；右手将另一块餐巾放在杯内，顺时针方向轻轻擦拭。

② 待擦拭完毕后，再倒过来，用餐巾按顺时针方向轻轻擦拭杯底。

③ 擦拭完毕后，把杯子朝向灯光处，检查杯中是否干净。

三、金属器件的清洁与保养

(一) 银器的清洁与保养

(1) 使用。银器餐具的银表层光滑如镜，在使用存放时要小心，尽量减少擦花、摩擦、堆放。

(2) 清洗。银器餐具日常清洁，可用中性优质洗洁精加水稀释，再用纯棉织物蘸取，轻柔擦拭后用清水过一遍，最好再过一遍 70~100℃的清洁热水，浸透后再取出，让其表层迅速热干，便于长期保存。银器餐具一定禁止用漂白水、强酸等去污物以及化学药剂漂洗。

(3) 保养。

① 避免银器变黑：含有大量硫的腐蚀介质和银层相接触是导致银层变色的最主要因素，同时由于空气污染，还有些食物(如果蔬、蛋类等)中存在大量硫磺，所以银器餐具在使用后应该尽早清洗，以免硫化(俗称氧化)。

② 银器餐具去黑：将银器餐具在加铝箔或铝片的温度为 78℃的盐水或苏打水中浸泡 5 分钟，在餐具表面没有油脂时会有效。最好的方法是用擦银膏，用湿润的海绵布涂上擦银膏，将变黑的银层擦亮即可。

(4) 放置维护。银器餐具应有专人管理。擦干后的餐具在长期不使用时，在保鲜箱或塑胶容器中排放、密封好，以防止和室内空气接触而氧化。每天使用的银器餐具，用后放入塑胶碗篮，防止接触较硬物质，以免锈蚀表面，餐具摆放环境应尽量为没有含硫烟雾的室内，并远离暖气。

(二) 铜器的清洁与保养

常见铜器，如拉手、铜装饰的清洁与保养程序如下。

(1) 擦铜器。器材：擦铜油一瓶，质地较软、表面平整的抹布数块。

(2) 将抹布叠成四折(大小视所擦铜器而定)。

(3) 将擦铜油均匀地涂在叠好的抹布上，均匀并用力擦拭铜器。

(4) 用干净抹布将铜器上的铜油抹掉。

(5) 用干净抹布快速反复用力擦拭铜器，直到铜器光亮为止。

注意：黯淡的铜器可用干布涂上蜂蜜擦掉。已形成铜锈的器具，则可用干布涂醋擦干净。

(三) 金器的清洁与保养

用碱水(洗洁灵)冲洗，过清水，然后用干布擦干，必要时拿去重镀。

注意洗完后，要保持金器干爽。

四、布草、毛巾的清洁管理程序

(一) 布草的管理

(1) 后勤部负责记录每日布草的更换状况和周转数量。检验洗好后的布草，发现有不合格的应及时送回洗涤工厂重洗，并请求洗涤工厂立即把洗好的布草用长衣架分类吊起，送店后再由专人放回布草房。

(2) 为了避免布草丢失，要把多余的布草保管好，需要时再按需提取。

(3) 脏布草要及时清查送洗，每月彻底盘点一次，并确保各部门布草数量准确无误。

(二) 毛巾的清洁程序

(1) 浸泡消毒 5~10 分钟(用漂白水)；

(2) 洗(加入洗衣粉)；

(3) 清水冲洗(加入滴露)；

(4) 甩干叠好；

(5) 放入毛巾柜中高温消毒(温度为80℃)。

五、绿化的清洁程序

(一) 绿化清洁的要求

(1) 每天由专人检查，清除绿化中的污物、尘土和杂质等。要针对绿化的不同类型，按需求浇水、施肥、剪枝。

(2) 对已发黄、枯死的绿化植物进行更新。

(3) 根据不同种类绿化的要求，定期把绿化带到室外晾晒。

(4) 对部分绿化植物可以喷淋清水或用少许啤酒涂抹于叶片上，以保持颜色鲜亮、有光泽。

(二) 注意事项

(1) 金桔最怕暖气，因为长时间受热，金桔易落叶、皮皱、枝干，所以每天都要洒水，并同时对枝、叶片等进行喷淋，以保证水分充足。

(2) 兰科植物(如蕙兰、跳舞兰、蝴蝶兰)应该每天浇 1~2 次水，平常则仔细观察叶片及花的色泽，适时对枝、叶加以喷淋，保证兰花鲜绿，但不能喷得太多、太频繁。

(3) 对池养、缸养的观赏鱼(如金鱼、鲤鱼等)，不能喂食得太过频繁，合理喂食即可。

(4) 对工艺摆件的清洗也应该注意：必须每天都由专人负责清洁，以保证工艺品的洁净。清理完毕后，将每件工艺品放置回固定地点，切勿擅自移动及更换。

(三) 浇水

在夏秋时节，应多浇水，在雨季不浇或尽量少浇水；在高温时，中午切忌浇水，应早、晚同时进行；在冬天温度逐渐降低时，应尽量少浇水，并于晴天上午 10 点钟左右浇；在萌芽时期尽量少浇，旺盛生长时多浇，在开花结果时期也不宜多浇；春天浇花，应在中午前后开始，不要径直浇到根系上，要浇在根茎部的周围，以促使植株根系向外延伸。每次浇水应遵循“初宜细、中宜大、终宜畅”的原则，以避免表土被冲刷。浇花的器具应使用喷瓶，并配置粗细两种喷头，不要用碗、口杯等直接倒水进入花盆。早春浇花，把握好温度很关键。早春时用 30~40℃的温水浇花，既能使花木根壮叶茂，也能促成各类花木的提前现蕾、开花、结果，且颜色鲜艳。

(四) 管理与养护

(1) 春季盆花的管理。对枝叶茂盛、蒸腾量大、需水多的植株可 2 天浇一次透水；枝叶较细小、需水量小的植株可 2~3 天浇一次透水。浇水要掌握不干不浇，浇必浇足的原则。入春后，病虫害亦时有发生，应注意及时防治。蚜虫和红蜘蛛等也迅速繁殖，可喷辣椒水杀除。

(2) 夏季盆花的管理。夏季是盆花生长发育的季节，首先要防酷暑高温。对一些喜凉爽的花卉如杜鹃、仙客来、四季海棠、大丽花、丁香石竹等，应及时放于阴凉通风之处。注意勤往地上及盆花周围洒些水，盆花浇水可早、晚各一次。此外，还要防暴晒灼伤。忌强烈阳光暴晒的花卉有：秋海棠属、君子兰、龟背竹、花叶芋、吊兰、花叶万年青及各种耐阴的蕨类观叶植物等。

(3) 秋季盆花的管理。秋后，天气转凉，许多花木又转入生长旺盛的时期，所以秋季盆花必须防新梢，对需要入室越冬的不耐寒花木，秋后应彻底停肥，尽量少浇水，多接受光照。入室前还需将没有老化的嫩枝、开过的或未开过的残花蕾彻底清除。将一些病枝剪去，以减少不必要的养分消耗，保证花木有足够的养分，抵御寒冬的侵袭。

(4) 冬季盆花的管理。在怕冷的盆花中，米兰、白兰花、茉莉、扶桑等，应在降霜以前搬入室内阳光充足的地方，温度要保持适中，不宜施用肥料，浇水要适量，一般 10 天浇一次水即可。

复习思考题

一、简答题

1. 简述餐饮企业餐厅布局的原则。

2. 餐厅餐位与面积的确定标准和方法有哪些？

3. 餐厅的设施设备主要有哪些？

二、实训项目

项目名称：酒店餐厅的设计。

实训目的：帮助学生掌握餐厅设计的基本方法，锻炼和提高学生搜集资料、分析问题的能力。

项目要求：以小组为单位，为一家酒店设计主题餐厅，根据餐厅的营业面积、主题、经营类型，进行餐厅的设计，包括设备的选择和气氛设计。

三、案例分析

餐厅如何设计才合理

赵新被任命为某综合性商务会议五星级酒店的餐饮部经理。来到餐饮部一周后，他召开了第一次由全体管理者参加的部门会议。会上他对酒店此前取得的成绩给予了充分肯定，同时希望大家畅所欲言，集思广益，对引起餐饮经营问题的主要原因进行分析。话音刚落，餐厅经理就发表了意见：酒店餐厅包厢数量不少，但面积档次不够，绝大部分包厢内没有卫生间，与当地客人的需求不匹配。餐饮宴会经理接着发言：酒店多功能厅空间不够大，与当地居民举办婚宴的要求相差较大，导致酒店在婚宴市场竞争力不强。同时，他反映了客人对酒店餐厅的意见，客人认为餐厅装饰没有特点，缺乏独特性。

(资料来源：作者搜集整理)

问题：

1. 针对餐饮管理人员提出的问题，假如你是赵新，下一步会进行哪些工作？

2. 综合本章所学内容，对调整餐厅布局、改造餐厅装饰提出意见与建议。

第九章
餐饮产品的设计与价格管理

产品设计是餐饮企业经营的生命线。关注餐饮市场需求的变化，注重新产品的研制与开发，避免餐饮产品设计的误区，提高餐饮产品的设计水平与创新效益，才能使餐厅在产生显著的经营效益的同时，保持竞争优势。在餐饮调研与市场定位的基础上，进行科学的菜单设计与价格管理是餐饮企业成功经营的关键。

学习要点

1. 了解餐饮市场细分的概念与重要性，掌握餐饮市场细分的依据与方法，熟悉餐饮市场定位的步骤与策略。

2. 了解菜单的起源，熟悉菜单的分类与特点，掌握菜单设计的依据，了解菜单装帧的要领。

3. 熟悉餐饮产品的价格策略，掌握餐饮产品的定价方法。

导入案例

疫情催生预制菜 搅动餐饮市场

什么是预制菜？不用切菜、洗菜，撕开食品包装盒，将预制好的食材倒入锅中，再放上调制好的酱料翻炒……不一会儿，一道美味的菜肴新鲜出锅。

2022 年 9 月 1 日，记者在位于南充市高坪区碧溪路的盒马鲜生超市看到各商品分类区的货架上货品摆放整齐，蔬菜、肉蛋等生活物资供应充足。超市严格落实新型冠状病毒疫情防控措施，市民自觉佩戴口罩，根据各自生活所需有序地进行采购。鱼香肉丝、宫保鸡丁、香辣海参、烤鱼……在冷冻食品柜中，整齐摆放着 20 余种琳琅满目的预制菜，既有家喻户晓的家常菜，也有炒饭、意大利面等主食，不时有客人前来挑选购买。当天下午，记者来到南充保利 MALL 购物中心。在购物中心的生鲜区，标有方便菜的冷冻柜里，辣椒、金针菇、土豆、豆角等 40 余种切块整齐、真空打包好的预制蔬菜有序地摆放在一起，时不时就有工作人员来分装打包订购的菜品。记者拿起一份预制菜观察，发现这些预制菜的包装上都清晰地标注了生产日期、保质期、生产商等信息，个别预制菜还将不同类型的蔬菜组合打包成套餐售卖，方便不同需求的客人选取购买。正在整理预制菜的导购员张晓华告诉记者，目前超市的预制菜销量不错，尤其是这两周时间，销售量翻了几倍，一些热销的预制菜供不应求。超市为了保证菜品的新鲜度，所有蔬菜都是当日清晨加工之后上架售卖。

（资料来源：https://baijiahao.baidu.com/s?id=1743121861699277645&wfr=spider&for=pc）

思考：分析预制菜发展的时代背景与消费趋势。

第一节　餐饮调研与市场定位

许多餐厅经营失败的原因是没有进行精准的市场定位，在产品设计上无的放矢。由于客人的需求多种多样，而餐厅的资源是有限的，无法满足所有客人的需要，因此，餐饮企业的经营管理者必须根据市场需求分析的结果，确定本餐厅的目标市场。

餐饮市场是由餐饮产品与客人组成的，客人的消费需求、支付能力与消费方式存在很大差异，任何餐饮企业都无法满足整体市场上的所有需求。随着市场竞争日趋激烈，餐饮经营者想取得成功，就更有必要进行市场细分，并结合自身条件，找准适合的目标市场。确定目标市场包括三个阶段。第一阶段是市场细分化(market segmenting)，通过特定的变量来细分市场，描述市场概况。第二阶段是市场目标化(market targeting)，评估每个目标细分市场的吸引力，选择目标市场。第三阶段是市场定位(market positioning)，为选定的目标市场进行明确可行的市场定位，并选择、发展和传播所挑选的定位观念。

一、餐饮市场细分

(一) 餐饮市场细分的概念

(1) 市场细分。又称市场分割，按照消费者的需求和欲望、购买态度、购买行为特征等不同因素，把一个市场划分为若干不同的消费者群体的行为过程。

(2) 餐饮市场细分。根据客人对餐饮产品需求的差异性，将餐饮市场划分为若干具有不同需求特征的子市场。

(二) 餐饮市场细分的作用

(1) 有助于餐饮企业发现并锁定目标市场。通过市场细分，了解餐饮市场需求的满足度和市场竞争状况，根据企业的实际与竞争状况，利用优势占领市场。发掘与满足最优市场，对于中小餐饮企业至关重要。

(2) 有助于将有限的资源集中在目标市场上。通过市场细分，针对目标市场制定营销组合方案，将资源聚焦于目标市场，才能更精准地满足客人的需求。

(3) 有助于制定灵活的竞争策略，最大限度地提高经济效益和社会效益。可以集中力量对一个或几个细分市场进行营销，突出产品和服务特色。

(三) 餐饮市场细分的依据

餐饮经营者可结合当地实际情况，运用多种因素来进行市场细分，如按照地理特征、人口统计特征、客人就餐心理、消费行为特征等因素来细分市场。

(1) 按地理特征细分。按照地理特征因素细分市场，是指按不同的地理单位(如国家、城市、区、县等)，将消费市场划分为若干个亚市场。例如，按照常住地划分，可将客人分为外地客人和当地客人，还可将当地客人再分为住宅区客人、商业区客人、工业区客人等。

(2) 按人口统计特征细分。人口统计特征是餐饮市场细分最常用的标准，它是根据人口的不同特征，如年龄、性别、职业、收入、教育程度、婚姻状况等，将市场划分成若干个亚市场。客人的需求、偏好、外出就餐频率等与人口特征有着密切的关系。

① 按年龄细分。在不同年龄阶段，由于经济状况、身体条件、兴趣爱好等都会发生相应的变化，客人的餐饮消费需求往往有很大的差异。按年龄标准来细分市场具有一定的现实意义，因为各年龄阶段的人一般都会根据自己的收入状况与生活态度等决定购买行为。以麦当劳为例，其在中国的目标市场主要是儿童和青少年。

② 按性别细分。在餐饮消费时，男性客人与女性客人在消费行为和动机方面存在较大差别，如男性在餐饮消费时，其消费决策往往比较直接果断，而女性则较喜欢反复比较价格、就餐环境等。因而，客人的性别也是影响餐饮经营的重要因素。

③ 按家庭结构细分。家庭结构直接影响家庭负担和消费行为。一般来说，家庭成员越少或需要负担的未成年人口和老年人口越少，家庭外出就餐的机会就越大。如年轻的两口之家或三口之家在外用餐的频率明显较高。

④ 按受教育程度细分。受教育程度不同，使客人在志趣、生活方式、价值观念、消费需求等方面产生较明显的差别，从而导致其餐饮消费行为和习惯的差异。如即使同属某一收入水平的阶层，受过高等教育的客人与未受过中等及以上教育的客人相比，前者往往对餐厅的卫生条件、就餐气氛、环境布置等有较高要求。

⑤ 按职业细分。客人的职业不同引起消费差异的主要原因是：不同职业的客人收入与职业特征不同。例如，在正常工作日，因时间关系，公司职员的午餐只能以快餐为主。

⑥ 按收入水平细分。收入水平高低直接决定着消费需求的多寡，而且决定着消费层次的高低。高收入者在餐饮消费时主要考虑菜品的质量与服务，对价格考虑较少；而低收入者则往往考虑菜品是否经济实惠、物美价廉。

(3) 按客人就餐心理细分。在地理环境和人口状态相同的条件下，客人之间存在着截然不同的消费习惯和特点，这往往是客人消费心理的差异所导致的。尤其是在比较富裕的社会中，客人已不限于满足基本生活需要，因而消费心理对市场需求的影响更大。

(4) 按生活方式细分。生活方式是人们对消费、工作和娱乐的特定习惯。由于生活方式的不同，客人的消费倾向及需求的产品也不一样。例如，可以将客人划分为便利型客人、求廉型客人、享受型客人、求新型客人、健康型客人、信誉型客人等。

(5) 按消费行为特征细分。市场行为因素是与产品最直接有关的细分因素，它是根据客人对产品特性的认知、态度、使用与反应等行为将市场细分为不同的群体。行为因素包括时机、追求利益、使用者地位、产品使用率、忠诚程度、购买准备阶段等。如可以按品牌忠诚度将客人划分为专一品牌忠诚者、几种品牌忠诚者、转移忠诚者、犹豫不定者等。

(四) 餐饮市场细分的方法

(1) 完全细分法。完全细分法采用近于无限多的变量把市场上每一位客人都看作独立市场。客观上并不存在，只是理论假定。

(2) 单变量细分法。单变量细分法选择一个显著影响餐饮市场的变量作为标准，来划分不同的消费群体。如年龄变量、收入变量等。优点是能形成清晰的细分市场，便于管理，缺点是不能对市场进行深入调研。

(3) 多变量细分法。多变量细分法选择两个或两个以上显著影响市场的变量划分市场中的客人。优点是能准确、深入地划分餐饮市场中每一个不同消费群体，准确认识市场变量。缺点是增加市场细分的时间和费用，不能科学合理掌握诸多变量，容易进入完全细分的死角。

(4) 客人盈利能力细分法。客人盈利能力指客人为餐厅贡献利润的能力。分析每个客人的成本和收益，与餐厅设定的盈利能力比较，达到或超出则成为目标客户。优点在于直接界定细分市场的盈利水平，满足营销需求，能让企业更有针对性地为每个客人服务。

二、确定餐饮目标市场

(一) 餐饮目标市场的概念

目标市场是指企业在评价各细分市场的基础上，根据自身的条件，所选定的一个或几个能给企业带来最佳经济效益的细分市场。餐饮目标市场是指餐饮企业在市场细分的基础上，将其确定为企业服务对象的最佳细分市场。餐饮目标市场是企业为满足消费需求而开拓的特定市场，是营销活动的主要对象。

餐饮目标市场与餐饮市场细分两个概念既有区别又有联系。餐饮市场细分是发现餐饮市场尚未满足的需求并按不同标准划分的过程，而确定餐饮目标市场则是根据餐饮企业自身条件、特点选择某(几)个细分市场作为营销对象的过程。

(二) 确定餐饮目标市场的原则

依据不同的标准将市场细分为若干个子市场后，餐饮企业就要结合自身特点最终确定目标市场。以下几条原则是对目标市场的子市场进行衡量和评估的依据。

(1) 可衡量性。这是指一个市场或子市场能用某种数量指标和数量单位，如市场需求量、客人购买力等来描述和衡量。例如，用市场需求量来对当地 18~25 岁的青年这一子市场进行定量分析。假如某餐饮企业估计当地在餐厅用餐的 18~25 岁的青年人数每年为 3 万人，每人每年在餐厅用餐的频率为 10 次，每人每次的平均消费为 15 元，那么当地 18~25 岁的青年对餐厅的年需求量为 450 万元，用公式表示为：某市场年需求量=该市场中每年客人人数×每年就餐频率×平均消费额。对于这一子市场的市场占有率、增长率及本餐饮企业在这一市场上的销售量、营业额等，经营管理人员都可用各种数量指标及数量单位进行衡量。

(2) 可进入性。可进入性即可达性，指餐饮企业进入细分后的子市场的可能性和可行性。市场细分的目的是使企业能利用自身拥有的资源与力量进入目标市场，如果细分后子市场的客人不能有效地了解和认同企业产品的特点，或餐饮企业不能通过广告和其他促销手段在一定时间内将客人吸引至本餐饮企业，则说明企业不能到达该细分市场，企业应该放弃该市场。反之，则说明将该子市场作为自己的目标市场是可行的。

(3) 充足性。充足性是指子市场必须具有足够的规模和潜力，值得餐饮企业开发和经营，并能带来可观的利润。企业确定目标市场的目的在于通过向目标市场提供恰当的产品而获得利润。这就要求目标市场应有适当的规模和一定的潜在需求，保证餐饮企业不仅能在短期内盈利，还能使企业有持续发展的可能。

(三) 确定餐饮目标市场的影响因素

餐饮企业在确定目标市场时，应结合自身条件并综合考虑其他因素。

(1) 企业实力。企业实力是企业拥有物质资源、人力资源、生产能力、销售能力和管理能力的综合体现。不同实力的企业在确定目标市场时所采取的策略不同，如果企业实力雄厚，则可选择较多的子市场。反之，则最好集中在一个或少数几个子市场。

(2) 产品特点。产品的特点、产品生命周期都是企业确定目标市场时应考虑的因素。对于质量稳定、知名度高的产品，如采用特许连锁经营的麦当劳、肯德基等西式快餐产品，企业可采取无差异策略，即选择多个子市场为目标市场。不同产品的生命周期长短各异，在生命周期各个阶段也会面临不同的市场情况。这些也是经营管理者应考虑的因素。

(3) 市场状况。如果客人的需要、偏好及其他特点比较接近，或者说市场类似程度较高，企业在确定目标市场时，就可以采取无差异性策略，占领较多的子市场。反之，就应采用差异性或密集性策略。

(4) 竞争状况。当市场中竞争者较少，且竞争不激烈时，餐饮企业在确定目标市场时就可采用无差异性策略；市场竞争激烈时，餐饮企业一般应选择差异性或密集性策略。

(5) 供应商状况。餐饮企业在选择目标市场时，还应考虑产品的原料供应问题。如果计划提供给目标市场的产品，其原料供应困难或供应渠道不畅通，那么会增加企业的经营风险。

(四) 餐饮目标市场选择的程序

(1) 评估细分市场。首先是分析细分市场的规模和增长率，市场应具有一定规模，使餐饮企业有利可图。规模是一个相对概念，依据企业自身条件而论。市场规模可以用市场容量来衡量，即市场现实的需求量，理想市场既有现实容量又有良好的发展前途。其次，要分析细分市场结构吸引力。影响一个市场或一个细分市场长期盈利的因素有五个方面：行业竞争、潜在进入者、替代者、购买者和供应商。

(2) 选择目标市场。目标市场应具备以下特征：目标市场必须与餐饮企业的经营目标和企业形象相符合；目标市场必须与企业所拥有的资源相匹配，要充分发挥自身优势，充分利用自身资源，突出自身特色，自身资源是选择目标市场的重要依据；目标市场必须具备结构吸引力；餐饮企业必须对目标市场有较强的控制能力；还要充分考虑是否有竞争对手，以及竞争是否激烈等。

三、餐饮市场定位

餐饮企业在确定了目标市场后，还要针对自身产品与服务特点，结合市场情况进行准确的市场定位。餐饮企业进行市场定位的依据很多，主要包括自身拥有的设施、服务、所属地理位置以及竞争对手的情况和客人偏好等。

(一) 餐饮市场定位的概念

餐饮市场定位是指餐饮企业根据竞争者现有产品在市场上所处的位置，以客人的需求和利益为出发点，充分考虑本企业的优势与特点，确定本企业在目标市场中的地位，塑造出本企业产品与众不同的、给人以鲜明印象的、符合客人需求的市场形象。

(1) 市场定位的概念。定位就是找准自己在客人心目中的位置，市场定位的任务是为本企业或本企业产品在目标客人心目中树立和造就一个与众不同或突出的地位。

(2) 餐饮市场定位的概念。餐饮企业在市场中即在潜在客人的心目中，为自己的产品和市场营销组合寻求和确定一个最恰当的位置的活动。实质是取得目标市场的竞争优势，确定餐饮产品在客人心目中的适当位置并留下值得购买的印象，以便吸引更多的潜在客人。它是目标市场营销战略体系中的重要一环。

(二) 餐饮市场定位的原则

(1) 餐饮经营方式差异化。突破饮食的基本概念，在特色经营上做文章。如真功夫引入"电脑程控蒸汽柜"，不仅将蒸的功夫发扬光大，而且实现了中式快餐的标准化和规范化，店铺的规模越来越大。

(2) 餐饮服务差异化。当某一餐饮产品较难区别于其他竞争产品时，这种产品在市场竞争中取胜的关键就是服务。服务差异化可以提高餐饮产品的附加值。

(3) 餐饮产品差异化。突破单纯追求餐饮产品色、香、味、形、器的传统观念，营养、健康、安全是未来餐饮产品的主导趋势。菜品通过原料、口味、烹饪技法的不断更新迭代，推出创新菜式，才能减少客人流失，确保餐饮企业的持续稳定发展。

(4) 服务人员差异化。任何差异化的竞争策略最终都可以归结为人员差异，人员差异主要体现在服务员的能力、品德、知识和仪表等方面。

(三) 餐饮市场定位的内容

餐饮市场定位主要包括客源、形象、产品、价格、服务标准、销售渠道等六个方面的内容。餐饮市场定位以客源为中心，形象为基础，产品为关键，价格为杠杆，服务标准与销售渠道为保证。做好餐饮市场定位，就是要选准目标市场，设计好产品结构，制定合理价格，创造优良环境，提供优质服务，构建多元的销售渠道。

(1) 客源定位。指餐饮企业以何种类型的客人群体作为自己的目标市场。消费群体可以按地理、人口、心理、行为变量具体细分，综合考虑自身资源，定位满足于某一特定的客人群体。

(2) 形象定位。指餐饮企业以何种形象面对目标市场，提供何种产品和服务。形象包括外观、建筑、名称、标准字、标准色等。所有视觉因素都会直接影响客人对餐饮企业的看法。

(3) 产品定位。餐饮企业应根据自己产品的某些优点或者根据目标客人看重的某些利益进行定位：为产品创造一定特色，树立市场形象；详细说明产品能为目标市场客人提供的各种利益；强调本企业的餐饮产品与竞争者产品的差异。

(4) 价格定位。价格是一个敏感因素，价位的高低直接影响客人的心理预期。

(5) 服务标准定位。第一，服务态度标准：热情、礼貌、微笑，责任心强；第二，服务的行为语言标准：使用普通话，文明礼貌，精神干练；第三，服务要满足客人的个性化需求。

(6) 销售渠道定位。通过对渠道成员的选择、评估，餐饮企业确定其所有适用的渠道成员，从而形成理想的销售渠道结构。

(四) 餐饮市场定位的战略

餐饮市场定位是一种竞争性定位，它反映了餐饮企业与客人、竞争对手三者之间的相互关系。餐饮企业主要有以下几种市场定位战略。

(1) 市场领导者定位战略。市场领导者定位战略是指在相关产品的市场上市场占有率最高的企业，在价格调整、新产品开发、分销渠道和促销力量等方面处于主导地位。它是市场竞争的导向者，也是竞争者挑战、效仿或回避的对象。其地位是在市场竞争中自然形成的，也是相对可变的。一般通过以下三个步骤实现：第一，扩大总需求，寻求新客人；第二，保持现有市场份额，通过扩大或缩小经营范围实现；第三，继续提高市场占有率，提高销售量。

(2) 市场挑战者定位战略。市场挑战者定位战略分为毗邻定位战略与侧翼定位战略两类。其中，毗邻定位战略是指紧贴某一竞争对手附近，集中力量向竞争对手的主要强项发起挑战。直接挑战要慎重考虑自身是否拥有一定的优势。这是一种与在市场上居支配地位的竞争对手对着干的定位方式，即餐饮企业选择与竞争对手重合的市场位置，争取同样的目标客人，彼此在产品、价格、分销、供给等方面稍有差别。侧翼定位战略是指定位于主要竞争对手侧翼，集中优势攻击对手弱点。实行挑战者定位战略，餐饮企业必须做到知己知彼，了解市场是否可以容纳多个竞争者，自己是否拥有比竞争者更多的资源，是否有可能比竞争对手做得更好。否则，市场挑战者定位战略是一种风险较高的战略，有可能将餐饮企业引入歧途。

(3) 市场追随者定位战略。市场追随者定位战略的出发点是避免在市场竞争中损失增大，自觉维护与领先者共存的局面。追随并不是模仿，是设法培养自身优势，降低成本，获得盈利。

(4) 市场补缺者定位战略。市场补缺者定位战略定位于市场的空白地带，发展市场上没有的特色餐饮产品，拓展新的市场领域。这是一种避开强有力的竞争对手进行市场定位的模式，其优点是能够迅速地在市场上站稳脚跟，并在客人心中尽快树立起形象。由于这种定位方式市场风险较小，成功率较高，具有一定特长或对市场变化反应灵敏的餐饮企业常采用该定位战略。

案例9-1

4月3日起 沙县小吃登上厦航航班

2021年4月3日起，厦航福州始发的两舱(头等舱和商务舱)航班正式引入沙县小吃，万米高空也能吃到正宗的沙县味。

2020年，厦航空厨团队前往沙县调研，与沙县小吃传承人进行技术交流与学习。经过多次的产品研发和工艺改良，菠菜汁绿皮蒸饺、槟榔芋饺、水晶烧卖、姬松茸炖猪软骨、南瓜饼等小吃顺利进入两舱菜单。

后续，沙县小吃最耳熟能详的当家产品——飘香拌面，还有经典客家菜金线莲番鸭汤也将于4月6日起登上厦航两舱。厦航计划持续推出"巡味八闽"系列机上美食，让旅客多角度感知福建美食文化底蕴。

(资料来源：徐景明.4月3日起，沙县小吃登上厦航航班[N].厦门日报，2021-04-04.)

思考：我国的航空餐饮服务有哪些发展趋势？

第二节 菜单的设计与制作

菜单是菜肴名称和价格的明细表，在餐厅经营中占有相当重要的地位。菜单既是客人的消费指南，也是餐厅最重要的一张名片，是服务员进行推销的主要载体。菜单设计不仅是餐饮经营循环的起点，也是成本控制的重要依据。

一、菜单的起源与概念

菜单来源于厨师为备忘而记录的菜谱。菜谱是记载制作菜肴所需烹饪原料、烹饪方法以及烹饪技巧的载体。从最初用于指导厨师制作菜肴，逐步演变为现代意义的菜单，成为安排上菜秩序的依据，有利于客人更好地享用食物。

(一) 菜单的起源

菜单的雏形出现得很早。在底格里斯河和幼发拉底河之间的美索不达米亚地区，考古学家发现了迄今为止世界上最古老的菜谱。这份菜谱由公元前1700年的一些石制铭牌组成，铭牌上刻着将水牛、羚羊和鸽子制作成菜的方法。

中国有关饮食的记载浩如烟海，屈原的《楚辞•招魂》中记载了中国的第一份宴会菜单。书中不仅记录了大量楚国国王的饮食，包括主食、菜肴、调味品、冷饮等种类繁多，应有尽有，而且还充分体现了当时高超的烹饪技艺，如煨、红烧、烧烤、醋烹、水煮、油煎等。

(二) 菜单的发展

伴随着餐饮经营活动的发展，菜单逐渐演变为一份详细的、带价目表的菜肴清单，成为餐饮企业向客人推销菜肴、饮料的重要工具。

(1) 文字形式菜单的出现。出自9世纪的《烹饪津梁》是我国最早的手抄本菜谱，也是世界上最早的现代意义上的菜谱。第一本正式印刷出版的菜谱则是 1455 年意大利人巴尔塔美奥特·沙希的《饮宴乐事》。

(2) 菜单源于宫廷厨师与贵族宴会。起初菜单是厨师为了备忘而写的单子，英文为 menu，这和法国的厨师有关。1533 年，作为陪嫁，法国国王昂里二世的王妃卡得五努从佛罗伦萨带来了厨师，法国宫廷菜肴因此得以优化与完善。法国厨师为了记住意大利菜肴的烹制方法及材料，将它们记录下来，成为菜单的雏形。后来，王公贵族争相效仿，在举行宴会前预先制作菜单，便于客人查看与品鉴。

(3) 民间商业菜单的出现。民间商业菜单的出现始于 18~19 世纪的法国。最初的餐厅是没有菜单的，而是服务员把餐厅向客人提供的食品背熟，然后由服务员凭记忆在客人面前复述。巴黎的一些餐馆把所供应的菜肴名称写在一块小牌子上，让服务人员挂在腰间的皮带上，用来加强记忆。后来，欧洲的一些餐馆把所供应的菜肴名称写在一张纸上或卡片上，这种菜单的出现引起了客人的极大兴趣，他们感到餐前看菜单可增加食欲，吃起来更加有乐趣，餐饮经营者也意识到菜单不仅对招徕客人有用，而且对餐厅后台的工作人员都有用，于是开始编写菜单。

(三) 菜单的概念

菜单是餐饮产品的集中展现，也是餐厅销售的主要渠道。菜单按构成要素与涵盖内容，可分为广义与狭义两类。

(1) 广义的菜单。从广义上来说，菜单是指餐厅中一切与该餐饮企业产品、价格及服务有关的信息资料，它不仅包括各种文字图片资料、声像资料以及模型与实物资料，甚至还包括客人点菜后服务员所写的点菜(订餐)单。

(2) 狭义的菜单。从狭义上来说，菜单是指餐饮企业作为经营者和服务人员向客人展示其生产经营的各类餐饮产品的书面形式的总称。

二、菜单的作用

菜单是向客人介绍餐饮产品的目录单，同时又是组织餐饮生产与服务的计划任务书，是餐饮经营管理的重要环节。现代菜单是指餐饮企业为便于客人点菜订餐而准备的，介绍该企业产品、服务与价格等内容的各种印刷品。

(1) 菜单是菜肴特色与服务水准的体现。菜单是传递产品信息的工具，促进了餐厅员工与客人之间的沟通。对于餐厅而言，要想提升经济效益，首先要让客人了解餐厅的产品，菜单正是服务员向客人推销餐厅产品的媒介。餐饮企业经营的产品种类、特色、标准、规格特别是价格等全部信息，都以菜单这种特殊形式无声而强有力地展示给客人，并直接影响着客人的购买行为。因此，菜单是企业向客人传达产品信息的工具，起着满足客人需求、促进餐饮产品价值实现的媒介作用。

(2) 菜单是企业形象宣传的有力工具。菜单不仅通过提供餐饮信息向客人进行促销，而且还通过一定形式和内容的艺术设计，烘托进餐氛围，对餐饮企业进行宣传。餐饮企业所制定的菜单上所显示的菜品的类型、定价、风格、质量标准、原料性状以及所隐含的制作工艺、技术难易程度、品种组合和风味流派等，一定程度上反映了餐饮企业经营的特色、实力和优势。一份精心设计的菜单，其颜色、图案、符号、装饰、文字及材料等，不仅反映了组织管理水平和企业文化，而且展示了企业的综合形象，有利于扩大餐厅影响力，提高利润。

(3) 菜单是餐厅经营分析的重要基础。餐饮企业的经营分析包括销售分析、促销分析、产品质量分析、财务分析和客情分析等。餐饮管理者通过观察客人点菜、统计点菜率，以及对菜单上各菜品的销售状况、畅销程度、客人满意度和客人对菜品价格的敏感度等进行计算、分析与测定来得到相关信息，可以及时地调整经营管理行为。因此，菜单与客源市场需求相吻合的程度，菜单的特色、优势、水准、品位，客人对产品的评价和接受程度等信息，都是餐饮企业经营分析的重要基础。

(4) 菜单是餐饮经营管理工作的指南。餐饮企业食品原料的采购与储藏、厨房菜点的生产与制作、餐厅的销售与服务等经营活动都是以菜单为依据展开的，这实际上决定了餐饮企业的运作内容与方式。同时，菜单是餐饮经营管理者、生产者和员工通过对市场调查分析以及对竞争对手比较分析后，结合本企业资源条件所形成的餐饮产品销售决策，它集中体现了餐饮企业的经营思想、经营方针、销售策略和市场定位，设定了餐饮企业的经营目标，所以说菜单为餐饮经营管理工作指明了方向。菜单是餐厅营业循环的起点，餐厅成本控制的重要途径，也是保障餐厅利润的重要依据之一。

三、菜单的类型

(一) 按价格形式分类

(1) 点选式菜单。点选式菜单又称为零点菜单(A La Carte Menu)或自选菜单(Order Menu)，是餐饮经营最基本的菜单。零点菜单的特点是列出餐厅能供应的所有菜肴品种，供客人以单个菜肴购买的方式自行选择。因此，客人可以从零点菜单上选择自己需要的菜肴，组成完整的一餐，零点菜单上的菜肴是分别定价的。

(2) 定价式菜单。定价式菜单又称为套菜菜单(Table D'hote Menu)或定餐菜单(Set Menu)，是根据客人的需求，将各种不同营养价值，不同食品原料，不同制作方法，不同菜式，不同颜色、质地、味道及不同价格的菜肴合理地搭配在一起设计成的一套菜肴，并制定出整套菜肴的价格。客人只能购买成套菜肴。套餐菜单的优点是节省了客人点菜的时间，它的价格比零点购买更加优惠。

(3) 混合式菜单。一份菜单中，既有零点菜单也有套菜菜单，供客人选择或组合。

(二) 按市场特点分类

(1) 循环菜单。周期循环式菜单(Cyclical Menu)是一组完整的菜单，这些菜单按照一定的时间周期连续使用。过了一个完整的周期，又开始新的周期。比如说周期为 7 天的菜单应当有 7 张或 7 组菜单，以供 7 天循环。这些菜单上供应的菜品可以是部分不同或全部不同，厨房每天根据当天菜单的内容进行生产。这种菜单的优点是满足了客人对菜肴品种及营养均衡方面的需求，在咖啡厅和茶餐厅很常见。

(2) 固定菜单。固定菜单(Static Menu)是指基本不变动的菜单，这种菜单上的菜肴都是各个餐厅的代表作品，是经过精心研制并在多年销售实践中总结出的优秀的、有特色的产品。这些菜肴深受客人欢迎且知名度很高，因此，这些品种相对稳定，不经常变换，否则会使客人失望。

(3) 当日菜单(Today's menu)。由厨房每天提供，一般以活页或插页加入菜单中，通常选用当季食品、库存过多产品、厨师的拿手菜等作为当日菜单。

(三) 按餐饮类型分类

(1) 客房送餐菜单。客房送餐菜单主要供酒店附设餐厅的客房送餐使用，菜点、饮料的品种不多，制作精细，质量较高，易于递送。菜单印刷精美、设计新颖，文字介绍生动达意。

(2) 宴会菜单。宴会菜单是餐厅根据不同的宴会主题推出的菜单。制定菜单时，必须充分考虑宴会的标准和要求，包括菜点的数量、口味的调配、烹调方法的选择、色彩的搭配、营养成分的配比等。宴会菜单上菜品的名称往往韵味十足，有一定的寓意。

(3) 咖啡厅菜单。在各类咖啡厅或咖啡馆使用的菜单，一般菜品的种类较为局限。

(4) 酒吧菜单。在酒吧、KTV 等场所使用的菜单，一般以饮品为主，辅以点心小吃类。

(5) 外卖餐饮菜单。外卖菜单是提供各种外带食品的菜单，以便于携带的菜品为主。

(6) 团体包餐菜单。团体包餐菜单根据主办单位规定的用餐标准来制定，在安排菜点时既要让客人满意又要保证餐饮企业的利润。

(7) 自助餐菜单。在制定自助餐菜单时，可突出卖相佳、有特色的菜点，以吸引客人，扩大口碑，增加客人消费的认同感。

(四) 按菜单的形式分类

餐厅经营的方式不同，菜单制作的形式也各不相同。常见的餐厅菜单的形式有印页式(单页和折页)、台卡式、POP 式、价目板式、划单式等。

(1) 印页式菜单。印页式菜单是餐厅最常见的菜单形式，体现了餐厅的特色和档次。根据餐厅菜品的种类数量，可分为单页和多页菜单。印页式菜单具有制作精美、使用周期长、成本较高等特点。传统的印页式菜单只是简单的文字说明，现在的印页式菜单多是图文并茂。

(2) 台卡式菜单。台卡式菜单指摆插在餐桌上的临时性菜单，主要呈现餐厅定期更替、特别推荐的销售品种。台卡式菜单最大的特点是灵活、周期短、制作成本低，是对印页式菜单的一种重要补充。

(3) POP 式菜单。POP 式菜单以海报形式展示促销期间的菜品特点和价格，实际上就是在餐厅内做的菜品促销广告。

(4) 价目板式菜单。价目板式菜单就是餐厅将经营品种的名称、价格、图片直接展示在收银台的背景墙面上，客人在收银台前直接点菜、结账，甚至取餐。价目板式菜单通常用于菜品种类有限的快餐厅，如麦当劳、真功夫、大家乐等中西式快餐厅。这种服务方式简化了餐厅的服务环节，大大提高了服务效率，满足了客人快速用餐的需求。

(5) 划单式菜单。划单式菜单是客人直接在点菜单上画勾，选择所需菜品，一般不需要服务员进行点菜服务，适用于客人对菜品熟悉或菜品有实物展示的餐厅。如早茶服务、火锅店、部分快餐厅、饮品店等。这种菜单将菜单和点菜单合二为一，服务方便、快捷、准确。

餐厅为了便于客人点菜，有效地推荐菜品，可综合使用各种形式的菜单。如采用印页式菜单+台卡式菜单+POP式菜单、价目板式菜单+台卡式菜单+POP式菜单、价目板式菜单+印页式菜单+POP式菜单、划单式菜单+台卡式菜单+POP式菜单等多种形式菜单的组合。

四、菜单的内容

菜单是饮食文化发展的产物，式样很多，有单张的、单张对折的、本式的、凹凸的、彩印的、照相簿式的，等等。一份设计精良的菜单，还能给客人带来美的享受，并具有收藏价值。菜单主要包含菜品的名称、价格、特色介绍以及餐饮企业的信息等内容。

(一) 产品与价格信息

(1) 菜品的名称与价格。菜品名称的来源常见的有：①以烹调方法命名：如油爆鲜贝、水煮牛肉、清蒸鲈鱼等；②以主要原料命名：如辣子鸡丁、番茄虾仁、黑椒牛肉等；③以地名命名：如北京烤鸭、无锡排骨、德州扒鸡等；④以人名命名：如麻婆豆腐、东坡肘子、宋嫂鱼羹等；⑤以色彩命名：如五彩鸡片、翡翠虾球、三色蒸水蛋等；⑥以味道命名：如麻辣鸡丝、糖醋排骨、酸辣汤等；⑦以寓意命名：如叫花鸡、佛跳墙、宫保鸡丁等。

(2) 菜品的基本要求。①品名真实准确。菜品名称应该做到名副其实；②质量真实。原料产地、等级、品质新鲜度、分量等必须真实；③价格真实。菜单必须注明计价单位和货币种类，以份为计价单位的，应分别注明大、中、小份的价格；以重量为计价单位的，应注明原料或成品重量的单价。如果餐厅加收服务费，也必须在菜单上说明，价格若有变动，则必须改动菜单；④品名具有特色、朗朗上口。菜品名称应突出餐厅的特色，便于客人记忆和传诵，并能激起客人的食欲。

(3) 菜品品种数量的确定。餐厅菜品的品种数量并非越多越好，而应根据餐厅经营的规模和供餐能力确定合理数量。品种过多意味着需要很大的原料库存量，可能占用大量资金采购原料和管理库存；菜品品种太多也容易在销售和烹调时出现差错，还会使客人决策困难，延长点菜时间，降低座位周转率。如果经营品种太少，会显得选择范围窄，难以满足客人的需要。一般大中型餐厅正餐经营的品种数量在100种以上，包括凉菜20种、汤羹20种、热菜80种；茶市的点心品种数量一般在100种左右；中式快餐厅经营的品种数量一般在80种左右。

(4) 菜品的简要介绍。菜品简介是用简洁的文字描述菜品的主要原料、烹调方法和风味特色，可以使客人通过菜单了解菜肴的口味、特色和营养结构，节约客人的选菜时间。对于餐厅特别推荐菜品或招牌菜品，可用图片配合文字进行介绍。

(二) 机构信息

(1) 餐厅名称、企业名称、标志或商标记号。菜单上的机构信息包括餐厅的中英文名称、所属集团信息、餐厅的标志，以及标准字体与标志物等。

(2) 餐厅的地址、联系电话或预订电话。连锁餐厅可列出各分店的地址与联系电话。

(3) 餐厅的发展历史、发展规模、经营理念、获得的荣誉、媒体的宣传报道等信息。这些信息不仅能够吸引客人的注意力，起到有效的宣传作用，而且有利于增加客人对企业的信任感。

(三) 告示性信息

(1) 特殊推销信息。介绍餐厅的销售优惠政策，如折扣、赠送礼品及其他销售优惠条件等。

(2) 付款方式和加收的费用。餐厅如另加收服务费，要在菜单的内页上注明。餐厅允许使用的付款方式也应明示客人。

(3) 营业时间。营业时间一般列在菜单封面或封底。如果每餐之间有间隙，应注明每餐的营业时间。有些餐厅因原料供应等原因，特别注明某些菜品只在某一特定时段供应。

五、菜单设计的依据

(一) 市场需求

市场需求是菜单设计最重要的依据。餐厅要以客人需求为导向，根据市场调研的结果，制定符合市场需求的菜单。市场调研主要目的是了解目标消费群体对菜品的品种、类型、价格、数量的要求，对色、香、味、形、器、名的偏好，以及客人的年龄、性别、宗教禁忌、饮食习俗、消费水平、职业、教育程度等基本信息。客人的需求不同，菜单的设计也会不同。例如，在印度开业的麦当劳不供应牛肉汉堡包，只有鸡肉和鱼肉汉堡包以及蔬菜汉堡包。麦当劳在以色列的餐馆于 4 月犹太人逾越节期间，用土豆粉代替面粉制作汉堡包。

(二) 成本与盈利能力

ME(menu engineering)分析法是指餐饮企业通过对菜品的畅销程度和毛利额高低的分析，确定哪些菜品既畅销、毛利又高；哪些菜品既不畅销、毛利又低；哪些菜品虽然畅销，但毛利很低；哪些菜品虽不畅销，但毛利较高。据此对菜单品种、价格、顺序编排、生产工艺、服务程序等进行调整，以保证经营活动的顺利进行。为做好 ME 分析法，首先应了解餐厅菜单的品种构成。餐厅菜品的销售状况分为以下四种情况。A 类产品：畅销，高毛利额；B 类产品：畅销，低毛利额；C 类产品：不畅销，低毛利额；D 类产品：不畅销，高毛利额。具体见图 9-1。

图9-1　ME分析坐标图

(三) 原料供应情况

如果原料的数量能保证供应，价格也合理，那么用该原料烹调的菜食就可上菜单，否则就不能列入菜单。餐厅经营管理应通过正当渠道保证原料的正常供应，甚至某种特殊食品原料有专门的供应基地。菜单设计既要考虑食品原料的季节性，原材料储藏的难易程度，还要考虑餐厅的原料库存情况。

(四) 花色品种与季节因素

菜单设计要注意各类花色品种的搭配，既要保持传统风味，又要不断研制新花色、新品种，在食品的色彩、形状、香味等方面下功夫，增加菜品的吸引力。菜品呈现丰富的原料、多样化的烹调方法、温度对比、装盘技艺，通过色、香、味、形、器、名的变换，丰富菜单的内容与形式。同时，在设计菜单时要考虑到食品原料的时令，配合季节上市的时鲜菜，不仅供应充足，而且价格优惠、质量高，可适当增加时令菜肴的比例与宣传促销。

(五) 地方特色

菜单设计要注意选择体现餐厅特色的菜品列于菜单上，进行重点推销。地方特色主要表现在食材原料、烹调过程、色香味形、食用方式，甚至餐厅环境等。如菜肴制作利用当地的名特原料，充分显示当地的饮食习惯和风土人情，或餐厅装潢保持一定的风格特色。突出餐厅的拿手菜和拳头产品，把它们放在菜单的醒目位置，单列介绍，能给客人留下深刻的印象。

(六) 技术水平

技术水平是制定菜单的关键。没有技术力量的保证，菜单只能是空中楼阁。技术力量包括厨师的烹调技术水平和服务员的服务技能。拥有技术力量，达到一定的技术水平之后再设置相应的菜单。编制菜单要立足实际，充分展现本餐厅厨师的技能水平，不能盲目跟风。另外，要加强对服务员的技能培训，确保菜肴保持良好状态，并以整洁、正确、美观的方式展示给客人。

📖 **案例9-2**

杂志化菜单——《食事求是》

杂志化菜单是杂志和菜单的结合体。川菜馆老转村的菜单就是一本名叫《食事求是》的杂志。杂志突出食，实际上是一个餐厅菜单。

杂志的第一部分和普通菜单内容相似，其中几页介绍了老转村的经典菜品，包括经典凉菜、经典热菜、经典烧烤和经典小吃等几类，菜品的名称和价格等信息一应俱全。与普通菜单不同的是，这里有一个友情提示：以上所有菜品详情，请参照菜品彩页，以实物为准。类似于杂志中的目录和引言，吸引读者关注后面的精彩内容。

第二部分为杂志内容，该部分以图文并茂的形式介绍菜品。一些经典菜品除了照片放大、制作精美以外，还增添了一些趣味性的解说，阅读时是一种享受。杂志对重庆口水鸡是这样介绍的：第一次听说口水鸡的名字感觉比较怪，但吃过以后就知道是怎么回事了！后来每次听到口水鸡，想到那种酸酸、辣辣、香香的味道，嘴里就充满了口水！让读者看了有种想尝尝的冲动。

第三部分是一些设计时尚、另类的空白页。一旦餐厅推出新菜，就可以增添到这些位置。

没有新菜也没关系，这样设计也有艺术效果。

第四部分是真正的杂志区，前面安排目录，后面紧跟散文或者小说，几乎全部和饮食相关。比如《美女与饮食》《吃鱼的民族更兴旺》《请客》等等，不仅文字优美，而且排版设计等也非常时尚另类，很能吸引年轻人的眼球。整个编排也沿袭了杂志的做法，分版块，分栏目，也有卷首语。

杂志化菜单的最后一个部分，即封底，刊登了老转村各个分店的地址、电话、投诉电话、网址等。通篇下来，只有这个位置算是直接宣传餐厅了。

（资料来源：https://www.xiaohongshu.com/discovery/item/60ffd09f0000000001026400）

问题：杂志化菜单的优劣势是什么？

六、菜单的装帧

菜单的装帧设计对于菜单的促销效果非常重要。因为一份设计精美的菜单本身对客人就有非常大的吸引力。菜单的大小、色彩、重量、质感、清洁度等都能给客人强烈的印象。在设计制作菜单时，应注意以下几方面的内容。

(一) 纸张与材料

菜单纸张主要考虑餐厅的类型、档次及菜单的使用期限。用于印制菜单的纸张有多种类型，其价格、质量各不相同。如高级铜版纸、牙粉纸及一些特种纸张，表面可以覆膜，使用耐久，四周不易卷曲，但价格较高；而胶版纸、凸版纸等轻磅纸张，价格相对较低。菜单的色彩不宜过多过杂，设计风格要与餐厅装潢符合；材料选择与菜单用途、餐厅类型相适应。

(二) 规格与篇幅

规格和篇幅应符合客人点菜所需的视觉效果。菜单开本和页数的选择要慎重。太大的菜单客人不便拿取，太小的菜单可能不易看清。菜单文字所占篇幅一般不要超过50%。菜单最理想的开本规格为23cm×30cm，其他规格的开本，小型的是15cm×27cm，中型的是17cm×35cm，大型的是19cm×40cm等，各餐饮企业可根据需要选择具体规格。

(三) 文字与图片

文字和图片是菜单上餐厅与客人沟通的最基本、最主要的信息媒体。无论是汉字还是其他文字，字体一定要易于辨认，一般菜单不要用小于四号的中文字体或12磅的英文字体。图片传递的信息最直观，最能真实展现菜品的特色。彩色照片比文字具有更强的说服力，而且菜品的某些信息只有彩色照片才能形象地展示给客人。注意中英文的对照，要翻译准确，清晰可读，避免涂改。

(四) 封面与封底

封面是菜单的门面，是菜单给客人的第一印象，而封底是菜单留给客人的最后一个印象，独具匠心的封面和得体的封底，往往会给客人留下深刻而美好的记忆。菜单封面与封底的色彩、图案、字体等应与餐厅的档次、特色、环境色调相匹配和协调。封面与封底可用防油防水材料压膜覆盖，以防止水油的浸染，同时也便于清洁。

(五) 菜品顺序的安排

中餐上菜顺序的原则是先冷后热、先咸后甜、先清淡后肥厚、先新鲜后陈年、先炒后烧，因此，中餐菜单可按冷拼→热炒(先海鲜后肉类)→大菜→汤(甜汤配甜点、咸汤配咸点)→点心的顺序排列。西餐菜单可按开胃菜→色拉→汤→海鲜类→肉类→甜品→餐后饮料或咖啡的顺序排列。

第三节　餐饮产品的价格管理

餐饮产品科学的价格管理是餐厅提高营业额、获取利润的重要途径。具体而言，包括遵循基本的定价原则、确定合理的定价目标和运用灵活的定价方法，以确保餐饮产品的价值体现。

一、餐饮产品的定价原则

(1) 产品价格反映产品的实际价值。菜品的实际价值包括三部分：一是食品原材料消耗的价值及生产设备、服务设施和家具用品等耗费的价值；二是以工资、奖金等形式支付给员工的报酬；三是以税金和利润的形式向企业和国家提供的积累。这三部分是构成产品成本的基础。

(2) 产品价格适应市场需求，反映客人的认知价值。认知价值是客人对产品价值的主观判断。企业可以通过创造产品特色，提升企业和产品形象来提升客人的认知价值。虽然星巴克中杯咖啡的单价为 30 元，远远高于咖啡的实际成本，但大多数星巴克的客人却对此表示满意，这是因为客人认为星巴克这个品牌是高品位、高质量生活的代言人，星巴克是具有小资情调人士享受生活的地方，而且它优雅舒适的环境、热情周到的服务也使客人乐于接受它的高价。

(3) 餐饮定价遵守国家政策，接受物价部门监督。餐饮企业的菜单和电子显示屏等所标示的菜品价格及收费标准应当符合明码标价的要求，字体清晰醒目，菜品单价和相关服务收费标准规范、准确；餐饮企业应诚信经营，合法合理运用定价权。自觉规范价格行为，不得以虚构原价、先提价后打折、不履行价格承诺、虚假降价、虚假折扣等欺诈行为进行促销；不得使用欺骗性或误导性的语言、文字、计量单位等诱导客人进行交易；不得有强制代收任何费用以及其他乱加价、乱收费行为。如有餐饮企业违反相关规定，客人可向物价部门投诉。

(4) 制定价格既相对灵活又相对稳定。菜单定价应根据供求关系的变化而采用适当的灵活价，如优惠价、季节价、浮动价等。根据市场需求的变化有升有降，调节市场需求以增加销售，提高经济效益。但是菜单价格过于频繁地变动，会给潜在的客人带来心理上的压力和不稳定的感觉，甚至挫伤客人的购买积极性。因此，菜单定价要有相对的稳定性。比如，菜单价格不宜变化太频繁，每次调价幅度不能过大，更不能随意调价。

二、餐饮产品的价格构成

餐饮产品的价格主要由四大部分构成：成本、费用、税金和利润。一般而言，餐饮产品价格的计算公式如下。

价格=餐饮成本+经营管理费用+税金+利润

(1) 餐饮成本。餐饮成本包括原料成本和燃料成本两大部分。原料成本主要是指主料、配料和调味料成本；燃料成本是指烹调餐饮产品所用的燃料费用。

(2) 经营管理费用。经营管理费用由营业费用、管理费用和财务费用组成。营业费用(直接费用)是餐饮生产经营过程中所需的各种费用，如人工、水电、物料消耗、房租、折旧等；管理费用(间接费用)是餐饮企业组织和管理餐饮业务活动所需的各种费用；财务费用是指筹集所需生产资金的一般财务费用。

(3) 税金。包括增值税、城市维护建设税、教育附加税和企业所得税、个人所得税等。

① 增值税。增值税是以商品在流转过程中产生的增值额作为计税依据而征收的一种流转税。从计税原理上说，增值税是对商品生产、流通、劳务服务中多个环节的新增价值或商品的附加值征收的一种流转税。餐饮企业增值税税率根据不同的纳税人会有不同，有以下两种情况：如果纳税人是一般纳税人，那么其税率为 6%，并且使用一般计税方式计算；如果纳税人是小规模纳税人，那么就使用简易的计税方式，其税率是 3%。小规模纳税人年度应税销售额不超过 500 万元，销售额超过 500 万元的餐饮企业管理者则登记为一般纳税人。

② 城市维护建设税。城市维护建设税是我国为了加强城市的维护建设，扩大和稳定城市维护建设资金的来源开征的一个税种。计税依据是纳税人实际缴纳的增值税的税额。税率分别为 7%、5%、1%。其计算公式为：应纳税额=纳税人实际缴纳的增值税、消费税、增值税税额×适用税率。城市维护建设税的适用税率，一般规定按纳税人所在地的适用税率执行。餐饮企业所在地为市区的，税率为 7%，餐饮企业所在地为县城、镇的，税率为 5%，餐饮企业所在地不在市区、县城或镇的，税率为 1%。

③ 教育附加税。教育附加税的计税依据是纳税人实际缴纳增值税的税额，税率为 3%。计算公式为：应交教育附加税=增值税税额×税率。

④ 企业所得税。企业所得税的征税对象是纳税人取得的生产经营所得和其他所得。税率为 33%。基本计算公式为：应纳税所得额=收入总额－准予扣除项目金额。应纳所得税=应纳税所得额×税率。企业所得税设置了两档优惠税率，即：年应纳税所得额在 3 万元(含 3 万元)以下的，减按 18% 的税率计算缴纳；年应纳税所得额为 3 万元至 10 万元(含 10 万元)的，减按 27% 的税率计算缴纳。

⑤ 个人所得税。根据《中华人民共和国个人所得税法》的规定，企业要按期代扣代缴员工的个人所得税。个人所得税是以个人取得的各项应税所得为对象征收的一种税。

(4) 利润。利润指一定时期内营业收入额扣减去成本、费用和税金后的余额。

三、餐饮产品的定价目标

(1) 以保本生存作为定价目标。当餐饮企业的营业收入与固定成本、变动成本和增值税之和相等时，企业即可保本。即：保本点营业收入=固定成本+变动成本+增值税。

(2) 以经营利润作为定价目标。以经营利润作为定价目标，是指餐饮企业在定价时主要以企业应实现的利润为出发点。管理人员根据利润目标，预测经营期内将涉及的经营成本和费用，然后计算出实现利润目标必须完成的收入指标。即：要求达到的收入指标=目标利润+食品饮料的原料成本+经营费用+增值税。

(3) 以营业额作为定价目标。采取这种定价目标的餐饮企业通常强调要实现某一营业额目标，但一般不明确规定本企业应实现的利润数额。大多数餐饮企业都相信营业额的增长意味着利润的增加，但若通货膨胀严重、能源紧张或餐饮原材料缺乏，会导致生产和销售成本、费用的增加，即使营业额增加，也未必会增加利润额。因此，虽然仍有餐饮企业以增加营业额作为定价目标，但这些企业也同时将企业的利润作为定价目标。

(4) 以竞争作为定价目标。在市场经济条件下，竞争是不可避免的。餐饮企业面对竞争时，通常会采用竞争导向的定价目标。主要有以下几种情况。

① 应对或避免竞争。有相当多的餐饮企业制定产品价格的主要依据是对市场有决定影响的竞争者的价格。在一般情况下，客人对价格比较敏感，因此，这些餐饮企业的餐饮产品价格不一定与竞争企业的价格完全相同，而是根据自己的具体情况而制定比竞争对手略低或稍高一些的价格。当成本、费用或客人需求发生变化时，如果竞争对手的餐饮产品价格保持不变，他们可能也会维持原来的价格；但若竞争对手做出价格变动的决定时，他们也会对价格进行相应的调整，以应对竞争。

② 维持原有的市场。在餐饮业的竞争日趋激烈的今天，许多餐饮企业都采取各种方法，以保持原有的客源市场，并为他们提供适合的餐饮产品。当新的竞争对手出现时，这些餐饮企业力图保持与本企业规模和声誉相适应的市场份额。

③ 开辟新的客源市场。为在竞争中取胜并获得长远的经济利益，餐饮企业往往会采取各种方法开辟新的客源市场，尤其在原有市场已经基本饱和时，这种策略很容易在竞争中取胜。

四、餐饮企业常用定价方法

由于餐厅的市场指向性决定了餐厅获取利润的主要方法是提高销售额，而提高销售额的关键因素就是运用正确的价格策略。

(一) 以成本为基础的定价法

(1) 毛利率定价法。成本率指原料成本占售价的比率，包括内扣毛利率和外加毛利率两种计算方法。其中，内扣毛利率是指毛利占售价的百分比，又称销售毛利率；外加毛利率是指毛利占食品成本的百分比，又称成本毛利率。用于计算售价的公式如下。

$$食品销售价格=食品成本÷(1-内扣毛利率) \qquad 按内扣毛利率计算$$
$$食品销售价格=食品成本×(1+外加毛利率) \qquad 按外加毛利率计算$$

【例 9-1】一份糖醋排骨，排骨成本为 20 元，配料和调料成本为 2 元，规定内扣毛利率为 40%，而外加毛利率为 60%，其售价分别是多少？

$$售价=(20+2)÷(1-40\%)=36.66(元) \qquad 按内扣毛利率计算$$
$$售价=(20+2)×(1+60\%)=35.2(元) \qquad 按外加毛利率计算$$

(2) 系数定价法。系数定价法就是以食品的原材料成本乘定价系数，即为食品销售价格。定价系数，则是计算食品成本率的倒数，如果经营者将食品利润率定为40%，那么定价系数就是1÷40%，即2.5。假定一盘小炒肉的食品原料成本为8元，将食品利润率定为40%，则售价应该是8÷40%=20(元)。

这种定价法是以成本为出发点的经验法，使用比较简单。但要注意的是经营者要避免过于信赖自己的经验，因为菜品利润率的高低是经营者依据自己的经验制定的，不一定能充分反映市场状况。

(3) 主要成本率法。主要成本率法是以食品原料成本和直接人工成本作为定价依据，从损益表中查得其他成本费用和利润率，即可计算出食品的售价。

食品售价=(食品原料成本+直接人工成本)÷[1 - (非原料和直接人工成本率+利润率)]

【例9-2】一盘西红柿炒鸡蛋的原料成本5元，直接人工成本2元，从损益表中查得非原料和直接人工成本率与利润率之和为50%，则这道菜的售价计算如下。

售价=(5+2)÷(1 - 50%)= 14(元)

(二) 以需求为基础的定价法

(1) 区分需求定价法。即按照不同的客人、地点、时间、消费水平、方式区别定价。最常见的就是淡旺季之差，如中午的商务套餐比晚上的商务套餐价格要低，节假日的菜单与平日的菜单价格也不相同，又如在机场的麦当劳与在闹市区的麦当劳定价不同。

(2) 理解价值定价法。即由客人自行定价。美国有家名为帕内拉面包的餐厅，单从外表看，这家餐厅似乎没有什么特别，但走进去就会发现餐厅没有收银机，只有一个捐款箱。很少有人相信，这样的连锁餐厅也能够实现盈利。实际上他们运营得的确还不错。客人在点餐后，拿到一张餐点原价的参考收据，再把自己决定支付的金额投入捐款箱，所得交给餐厅基金会管理，支付餐厅的营运开销。据统计，用餐客人中六成会付建议金额，两成少于建议金额或没付钱，两成会高于建议金额。

(3) 消费心理定价法。心理定价策略就是餐饮企业在制定产品价格时，运用心理学的原理，根据不同类型客人的消费心理来制定价格，它是定价的科学和艺术的结合。常见的心理定价策略有尾数定价法、整数定价法、声望定价法、招徕定价法、求俭心理定价法等。

① 尾数定价法：尾数首先给人以便宜的感觉。由于民族、社会风俗、文化传统和价值观念的影响，某些特殊数字会被赋予一些独特的含义，餐厅在定价时如果能加以巧用，其菜品可能因此会因之而得到客人的偏爱。例如：8 是发的谐音，在广东比较流行，因此在餐饮定价中经常采用。而 4 则被视为不吉利，要少用。

② 整数定价法：整数定价法恰好与尾数定价法相反，它是餐饮企业有意识地把食品的价格定为整数，其用意是增加价格的明朗程度，给客人一种好货不便宜的感觉。这种定价策略一般适用于高质量的名牌产品或客人不太了解的菜品、新品种等。

③ 声望定价法：又称客人意向分析比较法，即针对便宜无好货、价高质必优的心理，对在客人心目中享有一定声望、有较高信誉的产品制定高价。如餐厅推出一道创新菜，经成本导向计算以及定价委员会的论证给出 3 个模拟价格，分别是 30 元、35 元、40 元。最终确定哪一

个售价会带来好的销售量呢？可使用客人意向分析比较法。通过问卷调查，邀请常客作为受访者按 5 种评价给出自己的选择，前 3 种评价视为可能接受的客人，结果如表 9-1 所示。

表9-1　客人意向分析比较法范例

评价选项	模拟售价		
	30元	35元	40元
非常值	25%	30%	3%
很值	22%	22%	5%
无所谓	15%	8%	10%
不值	14%	18%	36%
完全不值	24%	12%	46%

价格为 30 元时，潜在客人比例为：25%+22%+15%=62%　　30×62%=18.6

价格为 35 元时，潜在客人比例为：30%+22%+8%=60%　　35×60%=21

价格为 40 元时，潜在客人比例为：3%+5%+10%=18%　　40×18%=7.2

因此，售价应为 35 元。

④ 招徕定价法。招徕定价策略是指餐饮企业通过特价菜等低定价吸引客人，目的是招徕客人在消费特价菜时也消费正价菜品，从而提高餐厅的销售额。采用招徕定价策略要注意三个方面：一是特价菜的确定。特价菜既要对客人有一定的吸引力，又不能价值过高以致大量低价销售给企业造成较大的损失；二是数量要充足，保证供应，否则没有买到特价菜的客人会有一种被愚弄的感觉，可能损害企业形象。三是引起客人注意是增加销售额的前提。当客人因特价等因素进入餐厅，应注意采取措施分散客人的注意力，引导客人消费其他正价产品。

⑤ 求俭心理定价法。通常只有大量消费后客人才会产生价格敏感性，并想寻找廉价的替代品。35 元钱一杯的咖啡并不便宜，因此，星巴克为客人提供小袋包装的咖啡，100 元能买到一大包，似乎便宜很多。当客人选择了袋装的咖啡，还需要一个咖啡壶将咖啡渣和咖啡分离，这种机器在星巴克的柜台内销售；有些客人还需要一个印有星巴克标志的陶瓷杯子，售价 85 元。又如名贵海鲜的价格不是按斤计价，而是以克或两计价。

菜品定价是一门学问，需要仔细斟酌与考量。价格定高了，销量上不去，价格定低了，不赚钱，白忙活。只有把握客人的消费心理，恰到好处的定价才能赢得人气和提升营业额。

(三) 以竞争对手为中心的定价法

以竞争对手的同类产品的售价为定价的依据，在制定菜单价格时，可比竞争对手高一些，也可低于或等同于竞争对手的产品价格。具体而言，分为以下三类。

(1) 避强定价法。这是避免与竞争对手直接冲突，在客人心目中迅速形成自己形象的定价方法。某餐厅为避开与其他对手的直接竞争，代办酒水业务，酒水按进价向婚宴举办者提供，数量上多退少补，省去了婚宴举办者置办酒水的种种麻烦，促进消费。

(2) 迎头定价法。迎头定价法是与竞争对手对着干。当然低层次的竞争只会在短期内奏效，必须迅速完善服务，使之演变为质量竞争。深圳某酒楼将其招牌烤鸭从 98 元降到 38 元，此举大大刺激了消费，通过这种方式迅速形成了口碑，酒楼的生意一下子火了起来。

(3) 随行就市定价法。即以竞争对手的成功菜品为依据来制定本餐厅的菜品价格。要注意选择好同类产品，不要盲目克隆。

案例9-3

打破传统，给老菜提提身价

在新推出的菜单中，餐厅改良了多款老菜，不仅给客人带来新鲜感，而且餐厅从中小赚了一笔。一道是响油鳝糊，以前是将鳝鱼做好后直接上菜，菜品售价 38 元。如今，借鉴烤鸭的上菜方式，给这款老菜增加荷叶饼、京葱丝、香菜和黄瓜丁等四种配料。上桌后，用荷叶饼夹食鳝糊、京葱丝、香菜和黄瓜丁。虽然只是一个小小的改良，改良后菜肴的成本仅增加 2 元，但是售价却涨到 58 元，而且客人还特别喜欢。尝到甜头后，餐厅又对炒蜗牛进行改良，搭配法式蒜香面包一起上菜，菜品比之前售价高了 10 元。原来的上汤豆苗售价 20 元，如今，将做好的上汤豆苗用烧烫的石锅盛装，再磕上一个生鸡蛋，一道窝蛋石锅上汤豆苗就完成了。还是原来的用量，只不过把容器换成石锅，加入了一个几毛钱的生鸡蛋，这道菜的售价涨到 32 元。

(资料来源：https://wenku.baidu.com/view/d66ba4d568eae009581b6bd97f1922791688beab.html)

问题：

1. 菜单创新有哪些途径？

2. 该案例给你什么启示？

复习思考题

一、名词解释

1. 餐饮市场细分

2. 餐饮目标定位

3. 零点菜单

4. 套菜菜单

5. 餐饮市场定位

二、简答题

1. 简述餐饮市场细分的作用与方法。

2. 简述餐饮市场定位的原则与内容。

3. 简述菜单的分类。

4. 简述菜单设计的依据。

5. 简述餐饮定价的方法。

三、实践题

1. 以华侨大学为例，分析高校学生不同食堂的定价差异。
2. 以你所在高校附近的某家饮食店为例，说明餐饮产品定价的依据。

四、案例分析

某中餐厅的清蒸鲥鱼和松鼠鳜鱼很受欢迎，鲥鱼和鳜鱼的进价分别为 48 元/kg 和 38 元/kg，净料率为 82% 和 78%，用量均为 0.75 kg，两种菜肴的配料成本分别为 1.8 元和 1.6 元，调料成本分别为 0.5 元和 0.7 元，毛利率为 52% 和 68%。

问题：请分别计算两种产品的价格。

第十章
食品原料的采购供应管理

俗语说："巧妇难为无米之炊。"食品原料的品质会影响餐饮产品的质量，而其价格又直接关系到酒店的经营效益，因此食品原料的采购管理对酒店餐饮经营非常关键。食品原料采购管理是对食品原料的采购、验收、储存等环节进行有效的计划与控制，其目的在于为厨房等加工部门保质保量地提供原料，并使采购的价格和费用经济合理。那么，究竟该如何进行食品原料采购的组织、控制、验收和盘存管理呢？

学习要点

1. 食品原料采购的不同模式和方式。
2. 食品原料验收程序及控制方法。
3. 食品原料库存管理的基本环节和方法。

导入案例

降低成本，从源头抓起

拥有 76 家大中型餐馆的北京某饮食集团公司为使下属各企业在激烈的市场竞争中掌握市场主动权，决定从源头抓起：在保证货源质量的前提下，减少成本，把菜品价格降下来，服务大众，让利于民。基于此种想法，集团公司推出了进货招标方案，该方案得到了供应商的积极响应，前来报名竞标的经销商、厂家有 100 多家。经过筛选，有近 50 家供货商获准参加竞标。中标的原则是：同等质量下，选择价格最低的；同等价格下，选择质量最好的。通过质量和价格的认证，28 家供货商以质优价廉取得了向该企业供货的资格证书，提供包括酒、饮、蛋、禽、蔬菜等 7 大类 30 多种食品原料。

（资料来源：https://wenku.baidu.com/view/d79db1f211a6f524ccbff121dd36a32d7275c733.html）

思考：北京某饮食集团公司在采购管理中采用了哪些策略？

第一节　食品原料的采购管理

食品原料是餐厅产品与服务质量的重要物质基础。菜单确定以后，生产需要的原料都需要经过精心采购。只有原料的品质好，才能提供高品质的餐饮服务。如果原料采购的数量、品质和价位与计划不符，不仅会提高餐饮成本，还会降低服务水平。通过学习食品原料的供应管理，加深对采购重要性与复杂性的认识，有利于更好地融入餐饮行业的实践管理中。

一、食品原料采购与采购管理的概念

(一) 食品原料采购的概念

食品原料采购是指采购部门根据餐饮企业经营的需要，以合理的价格从供应商处购得符合企业标准的食品原料。食品原料采购的重要性主要表现在以下三个方面。

(1) 食品原料采购是保证企业生产经营正常进行的必要条件。

(2) 食品原料采购是保证餐饮产品质量的重要环节。

(3) 食品原料采购是控制成本的重要环节。

(二) 食品原料采购管理的概念

食品原料采购管理是指餐饮企业为保障公司利润、完成公司利润目标，而对企业采购工作所实施的策划、组织、协调和管理工作等系列活动。食品原料采购管理站在餐饮企业整体效益的基础上，以谋求购销管理工作的顺利开展和综合效率为目的，既包含对供应机构、供应技术人员的管理工作，也包含对供应程序、采购计划、采购活动以及采购资金的控制等管理工作。

二、食品原料采购组织管理

(一) 食品原料采购的管理目标

餐饮原料采购的管理目标包括以下四个方面。

(1) 明确的质量标准。确保各种原材料的品质达到相应的使用规格和技术标准。

(2) 确认采购数量。确保给厨房等食品加工部门供应相应量的食物、饮品等原料。

(3) 保证采购的价格和费用最为优惠，使食品原材料生产成本达到最理想的状况。

(4) 选择适当的供应商。

(二) 食品原料采购的组织形式

按采购的统一程度划分，可分为集中采购制度与自主采购制度。

(1) 集中采购制度。集中采购主要包括两种形式：第一种形式是由两个以上的餐饮企业参加共同购买某种原料物资；另一种形式是由大型餐饮公司设立区域的采购办事处，为各餐饮公司统一购买各类食品原材料。在具体实施中，由公司把所需要的各种原材料的质量和数量提交至公司采购办公室，由办公室汇总后实行集中供应。在订购之后，可按照实际情况由供应单位分别配送至不同的餐饮公司，也可由供应办公室统一验收，然后再行分送。

(2) 自主采购制度。即各个餐饮公司按照自己的要求在公司内建立独立采购部门的制度。独立采购制度有其本身的优势，如购买组织具备一定弹性，较具市场竞争力，也具有很大的业务自主性。

(三) 食品原料采购的工作职责

(1) 采集供货商信息。采购组织必须建立供货商数据库，对供货商的资信、规格、产品、优惠条件等做出全面说明，并对每次的交易价格做出记载。熟悉原材料的购买途径，即特定的买卖关系线，一般即两种企业间固定的买卖关系。采购人员必须了解哪些原材料在哪个地区购买，哪里的货品质好，哪里的货价格便宜，经过对比，可以购买到质优价低的原材料。

(2) 收集市场信息。采购组织应当了解市场信息，同时也应该熟悉餐厅的菜单，掌握所需食材的即时市场行情，这样有利于收集供应商的信息，以方便建立特定的交易关系线。

(3) 采购价格控制。即询价、比价、议价、订购工作。采购人员应熟悉菜单上每一个菜的名字、售价和分量，知道餐厅近期的毛利率以及理想毛利率。在购买的时候可以判断某些食品原材料在物价上是不是能够承受，同时也方便对同样的食材价格进行比价、议价及订购。

(4) 采购流程管理。采购部门需要对供货商的运送时间加以管理和监督，对供货商运送商品的品质、数量加以验收。要求采购人员对可能发生的情况进行预判，并有一系列完整的处理措施，预防在采购过程中由人为因素造成的食材损伤或浪费。

(5) 付款汇总、审核。采购部门按时对客户货款进行审计。要求采购管理人员了解餐厅的会计管理制度，并掌握关于现金、支票、发票等用途的条件与规则，及对应收款的管理规定等。

(6) 提交采购工作报告。可以根据餐饮企业的要求，在每次采购结束之后，填写采购表格或提交采购工作报告存档，以便核查。

三、食品原料采购的人员配备

食品原料采购环节是成本控制的重要环节，许多企业为了防止舞弊行为的发生，通常安排自己的亲戚负责采购事务，在中小餐饮企业和家族式企业中尤为明显。但在大型餐饮企业中，采购人员的配置必须科学、合理，具体而言应该满足以下要求。

(1) 良好的职业道德和素质。采购工作涉及价格的谈判以及大量的账款支付，是各个企业中最容易出现舞弊行为的环节。餐饮企业除了要从制度上制约和监督采购行为，还应当在员工选择时高度谨慎，通过日常工作的观察和考核，从企业内部有关部门抽调具有良好职业道德和素质的员工，最大限度地杜绝舞弊行为的发生。

(2) 丰富的食品原材料知识。中国食品行业原材料生产涉及的品种很多，而且专业化较强，因此同一种原材料的品质、规格也会随着产品的差异而有所区别。麦当劳、肯德基等公司要实现对食品质量的统一标准，通常选择质量稳定的原材料供货商。由于国内市场竞争激烈，供货商数量也不少，因此，要在市场上选择质量最好的原材料，需要专门的技术知识，如条件许可，在采购人员中应尽量配备有烹调和食物制作经验的技术人员。

(3) 丰富的采购经验。原材料采购是一个相当复杂的流程，涉及采购计划的制订、供货商的选定、供应协议的谈判等，因此采购人员需要具备丰富的采购经验，对采购行业和原材料市场都有相当的认识。

(4) 较强的社会活动实践能力。采购人员会经常和供货商接触，因此应该学会和形形色色的人打交道，如此才可以全面熟悉市场，了解供货商，做到货比三家，才可以在和供货商的交涉中处于有利地位，以便为公司争取到一个满意的采购合同。

(5) 其他专业知识。采购人员应掌握相关法规以及财务管理专业知识。餐饮业经营者应根据《餐饮食品索证管理规定》的要求，建立食品采购索证、进货验收和台账记录制度，指定专(兼)职人员负责食品索证、验收以及台账记录等工作。台账存放应方便查验。负责食品索证、验收和台账记录的人员应熟悉餐饮业食品卫生法规，掌握食品卫生基本知识和感官鉴别常识。

四、食品原料采购的程序控制

采购程序是采购工作的核心内容所在。实施采购管理需要一个有效的工作程序，让所有参与采购的利益相关人和管理者都明白需要怎么工作、如何沟通，也让管理人员明白如何去监控和管理工作。酒店可以按照自身的管理模式，建立适合本餐厅的采购程序，如图 10-1 所示。

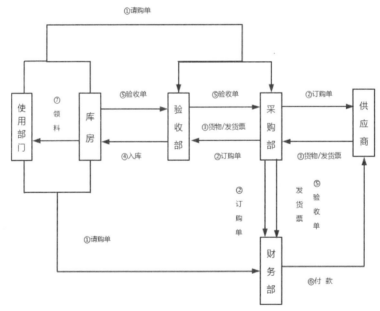

图10-1　食品原料采购程序

(1) 填写食品原料请购单。

① 生鲜原料请购。由于生鲜原料基本都是在当天大量消耗，为确保原料的品质，减少因为长期冷藏而形成的仓储成本，餐饮企业通常与供应商签订长期供货协议，由供应商每天配送。厨房及其他使用部门应在前一天及时了解订餐情况，再根据同期客座率估算出第二天临时用餐人数，结合当日剩余原料估算出原料的大概使用量；随后填报请购单，由主管领导审批。

② 库存原料请购。出库原料主要是耐储运的原料，这种原料通过验收后会进仓库储存。由库管人员通过入库验收日报表、原料发放日报表、库存卡等资料进行各种原料的出库计算，当一种原料达到订货点或达到订购期时，填报请购单，并由主管领导审批。

③ 季节性、计划外、全新食品的原料请购。这些原料的使用都不具有长期性，无论是常用库房还是厨房等部门均没有存货。所以，对于上述原料的请购通常由厨房或其他使用部门按照自身的需求填报申请单，并由有关主管部门领导审批。

请购单(表10-1)一式四联，经相关部门主管领导批准后，一联送交采购部，用于采购参考；一联留存财务部，用于财务审核；一联送交验收部，用于验收控制；第四联自己留存。

表10-1　食品原料请购清单

部门_____ 申请人_____ 负责人_____　　　　　　　　申请日期_____ 编号

品名	规格	数量	交货期	建议供应商

　　　　　　　　　　　　　　　　　　　　　　　　审批_____ 日期_____

(2) 填写食品原料订购单。采购部根据各部门送交的请购单信息，结合市场情况，填写订购单，如果订购单和请购单内容相同，则不需要再次批准。如果订购单和请购单内容有出入，就必须征得使用部门的同意，并经相关主管领导批准，批准后第一联留存财务部，用于监督控制；第二联送交验收部，用于验收控制；第三联送交供应商，用于订购货物；第四联自己留存。

(3) 验收货物。采购人员和验收人员接到供货商发出的货物和发货单，由验收人员验收并填写验收报表，采购人员签字确认。

(4) 货物检查入库。由采购人员、验收人员协同库管人员将商品验收入库；由库管人员在入库验收单上签章后确认。

(5) 验收单留存。入库验收单一式四联，首联由采购人员上交财务部门，便于采购结算和成本核算；采购人员保留一联，分析供应商信息并填报采购工作报表；验收人员与库管人员各保留一联。

(6) 交纳货款。财务部审核请购单、订购单、验收单和发货票后，向供应商缴纳全部款项。

(7) 原料领取。各使用部门按照自身需求领取料单，并领取相应原料。

五、食品采购的质量控制

食品原料的质量是指食品原料是否适用。食品原料的质量是餐饮产品质量的保证，因此，要对原料质量进行控制。食品原料质量控制首先应制定食品原料的质量标准。通常是用采购规格书的形式，列出所需采购的食品原料的目录，规定对各种食品原料的质量要求。

(一) 采购规格书

采购规格书是以书面的形式对食品原料等规定具体的质量、规格等的采购书面标准。

(1) 采购规格书的格式和具体内容见表10-2。

表10-2　采购规格书

(1) 原料名称：
(2) 原料用途：
详细介绍物品用途(如橄榄用来装饰饮料，猪排用来制作烤酿馅猪排)
(3) 原料概述：
列出供应原料的一般质量指标。如猪排，应里脊完整无缺，外有脂肪层，厚度 2cm，冰冻状态，无不良气味，无解冻、变质现象
(4) 原料的详细说明：
列出有助于识别合格产品的因素。这些因素包括产地、规格、比重、品种、份额大小、容器、类型、商标名称、净料率、式样、稠密度、等级、包装物等
(5) 原料检验程序：
收货时对应该冷藏保管的原料可用温度计测出；通过计数或称重可检验数量
(6) 特殊要求：
明确表明质量要求所需的其他信息，如投标程序、包装要求、交货要求等

(2) 采购规格书的作用如下。

① 有助于采购人和管理者确定食品原料的质量标准。

② 有助于为食品制造过程提供合格的原料。

③ 有助于做好食品原料的验收和发放等管理工作。

④ 可避免采购人和供应商间的误解。

⑤ 把采购书给几家供应商，便于供应商投标，也让酒店有挑选最优价格的机会。

⑥ 便于采购工作的顺利进行。每次订购时不需再口头向供应商反复说明原料的质量要求。

⑦ 可以避免采购部门与原料需求部门之间可能产生的矛盾。

(二) 编写质量标准要考虑的因素

(1) 企业的种类。各种类型的餐饮企业，对原料的质量标准要求均不相同。如快餐店与一般酒店、普通餐厅和豪华酒店等对原料的品质标准要求就不相同。

(2) 设备情况。企业的设备、设施情况会影响食品原料需采购的品种和数量。如果餐厅没有足够的设备准备，就需要采购较多的经过加工的产品，故在采购书上就要详细写明要求。

六、原料采购计划书编制

采购计划书以书面形式规定原料采购的规格、单位、数量、质量要求等，是采购工作说明书。

(一) 采购计划的分类

依据不同参数，采购计划可有不同划分：①按时间跨度可分为年度采购计划、季度采购计划、月度采购计划和日采购计划；②按原料消耗的方式可分为鲜活食品原料采购计划和可储存食品原料采购计划；③按采购的方式可分为零买采购计划和批发采购计划。不同的餐饮企业，可以根据自身的情况编制不同的采购计划。其中，以时间跨度为分类依据的采购计划中，各时间段的采购计划目标以及编制方式略有不同，具体如下。

(1) 年度计划编制方法。年度计划，主要目的是确定食品原料采购资金和营业周转金的需求量。所以，全年食品原料采购计划可以从减少库存量、加速资金周转、节省成本费用支出的角度考虑，确定全年食品原料采购资金，并据此确定采购业务周转金。

① 直接计算法。

② 间接计算法。间接计算法是指以上年度的食品原材料市场采购资金实际耗用量为基数，通过分析业务量的增减变动情况以及上年度食品原材料市场采购资金周转的合理程度，来决定市场采购资金需求量。

(2) 月度计划编制方法。

① 食品仓库按照食品原料消耗方法和仓储期限的不同，分类设定进货间隔期。

② 根据历史统计资料，了解各种食品原料年度日均需求量，确定进货量。

③ 编制月度采购计划。

(3) 日常订货计划编制方法。日度采购计划，主要应用于进货间隔期一周以上的食品原料。计划编制方法是厨房根据生产业务需要，于前 1 至 2 天分类填写请购单，确定各种鲜活食品原材料的采购数量，经采购经理审批后交食品采购组办理。

(二) 采购计划的内容

一份完整的采购计划，应该包括以下内容。

(1) 采购基本要求。

(2) 采购总量、采购频次、采购批量和计划采购时间。

(3) 确定常用原材料供应的最佳供货渠道和供应商。

(4) 按照采购的总量和理想价位，核算采购的资金占用量，并与餐厅的财务预算进行比对。

(5) 对储运方式有特殊要求的物料，在制订采购计划时，有必要阐明其运输方式。

(三) 采购计划的编制程序

(1) 主管、领班起草。各部门的主管、领班是最了解具体原料需要量的人员，采购计划首先应由最基层的使用单位组织研究，提出计划期内对各类原料的需要品种及需要数量。部门对班组意见进行审核，提出本部门计划期内对各类物资的需求，上报餐厅的采购部门。

(2) 采购部汇总。每个部门编制的采购计划在采购部汇总，由采购部逐项检查每种原料的库存量和实际需要采购的数量，并补充采购原则、采购渠道、供货商的选择等信息，从而编制出完整的采购计划。

(3) 财务部门审核。餐厅对物资的需求及采购员的物资采购行为受到餐厅资金状况的约束。

没有相应的资金支持，物资采购计划就无法实施，编制采购计划时要由餐厅的财务部门审核，将采购计划与预算对比，调整其中不符合预算的部分，使采购计划更为合理，更具有可行性。

(4) 总经理会议审批。采购方案要由餐厅的总经理或分管副经理进行审核，只有通过总经理层层审核的采购方案，才是最后要付诸实施的采购方案。

七、食品采购的数量控制

(一) 影响采购数量的因素

(1) 餐厅餐饮产品销售总量的增减影响了采购总量的多少。

(2) 现有的仓库设施直接影响购进的商品数量。因此，若冷冻、冷藏空间范围过小，则无法采购较多的易变质的鱼、肉类、禽蛋类原材料；若除湿能力低下或技术设备较差，则无法采购较多的干货。

(3) 采购点的距离与远近影响采买的数量。如果采购点远，可以增加批量，减少批次，从而节省运费，防止断档；如果采购点近，可以减少批量，增加批次。

(4) 公司财务状况的好坏影响采购的商品数量。餐饮公司业务较好时，可适度扩大采购量；经费紧缺时，宜精打细算，降低采购量，以利于周转。

(5) 商品采购的自身特性决定着采购总量的多少。不能久贮的商品原料宜"勤进快销"；便于储藏的干货，则可相应提高购买总量。

(6) 市场供应状况直接影响采购总量。市场上原材料供给状况较稳定时，采购的总量应根据其消耗速度和供给天数来计算；当原材料的市场供给量不平衡时，就应增大采购总量。供货单位制定的最低订货要求直接影响采购的总量。如供货单位可能规定最低金额或最小重量等。

(二) 采购对象的分类管理

(1) 鲜活原料。生鲜产品原料一般指的是果蔬、鲜鱼、鲜肉、果品类以及生鲜乳制品等，而这类产品原料通常在购买后的当天或短期内就会使用，用完后再购买，而且采购的频次也较高，因此通常采用日常采购法和长期采购法。

(2) 干货原料。干货原料一般指的是可储存原料，即通过干货加工及冷藏而储藏的不易变质的食物原料，如大米、面粉、食盐、白糖、罐头、调味料和冷藏类的肉食、水产品等，对这些原料通常用定期采购法或永续盘储法来控制购买量。

(三) 鲜活原料采购的数量控制

鲜活原料应遵循先耗用再进货的基本原则。餐厅决定原料的当次采购数量时，应该首先了解该原料的当前库存总量(一般在厨房反映出来)，并通过经营预估，以确定在下一个经营期所需的原料总量，进而测算出企业应采购的总量。实际操作中，可以使用下列方法。

(1) 日常采购法。日常采购法多用于采购消耗量变化大，有效保存期较短而必须经常采购的鲜活原料。每次采购的数量用公式表示为

$$应采购量=需使用量-现有量$$

公式中，需使用量是指在进货间隔期内对某种原料的需要量。它要根据客情预测，由行政总厨或餐厅经理决定。在确定该数字时，还要综合考虑特殊餐饮活动、节假日客源变化、天气情况等因素。现有量是指某种原料的库存数量，它通过实地盘存加以确定。

应采购量，为需使用量与现有量之间的差额。由于鲜活原料采买很高频，有时甚至天天发生，并且还经常在现场购买，所以一般都不用考虑保险储备量。

日常采购原料可以用餐厅自行设计的市场订购单(见表 10-3)来表示。表格中的原料名称应该预先印刷好，以免每次采购时重复填报。另外几栏也要在每次订货时按照所需使用总量和现有储备量的实际状况填报。

表10-3　××餐厅市场订购单

_____年____月____日

原料名称	需使用量	现有量	应采购量	市场参考价		
				甲	乙	丙
花菜						
芹菜						
番茄						
……						

(2) 长期采购法。有些鲜活类食品原料的每日消耗量变动不大，且单位价格又不高，应采用长期采购法。一是餐厅和某一供货商订立协议，由供货商以既定的价格每天或隔数日给餐厅提供规定数量的一种或数种原料，等到餐厅或供货商觉得有必要变更现有供货协议时再重新协商；二是要求供货商每天或隔数日将餐厅的一种或某几种原料补充到一定数量。餐厅对相关原料逐一设定最大储存量，各餐厅或供货商在盘点进货当日的现有量后，以最大储存量减去现有量确认当日需采购量。采购定量卡见表 10-4。

表10-4　采购定量卡

原料名称	最大储存量	现存量	应采购量
鸡蛋	5 箱	3 箱	2 箱
鲜奶	100kg	20kg	80kg
……			

长期采购法也可以用于一些消耗量很大，但又必须定期补充的餐厅用品上(如餐巾纸)。这些东西大量存放会浪费巨大的仓储面积，让供应商定期运输更经济。

(四) 干货及可冷冻储存原料的数量控制

干货属于不易变质的食物原料，它通常指谷物、香料、调味品和罐头食品等。可冷冻储存的原料，还有各种肉食、水产品等。不少餐厅为了降低采购成本，或者获得供应商的量大折扣优势，经常以较大批次进货。但这又或许会引起原料的积压和流动资金的过多耗费，所以，就需要对这类食材的采购数量进行严格管控。

确定干货和可冷冻储存原料的采购量常用两种方法，即定期订购法和永续盘存卡订货法。

(1) 定期订购法。定期订购法是干货原料采购中最为普遍的方式。由于原料种类较多，为了尽量减少进货频次，使管理员有更多的时间去处理鲜活类原料的采购业务，餐厅一般将同种原料或向同种供货商采购的原料定在同一日采购，将不同种类的原料和向不同供货商采购的原料的进货时间安排在不同日期，使验收员与库存保管员的工作量均衡分配。

定期订购法是一种订货周期固定不变，即进货间隔时间(一周、一旬、半月或一月等)不变，但每次订货数量任意的方法。每到某种原料的订货日，仓库保管员应对该原料的库存进行盘点，然后确定本次采购的订货数量，其计算方法为

需订货数量=下期需用量 - 实际库存量+期末需存量

下期需用量=日需用量×定期采购间隔天数

日需用量指该原料平均每日消耗量，一般根据以往的经验数据得出；实际库存量为订货日仓库实物盘存得到的数。

期末需存量，即每一个订单期末，餐厅所需要储备的能维持至下一个送货日期的原料储备量。用以下公式表达为

期末需存量=日需要量×订购期天数+保险储量

决定期末需存量，一方面要考虑发出订货单至原料入库所需的天数(由合同或口头约定，在这里称为订购期天数)和原料的日均消耗量，另一方面还要考虑各种意外可能造成的送货延误，要有一个保险储存量。保险储存量的多少视原料的供应情况而定，一般餐厅把保险储存量定为订购期内需用量的50%。

期末需存量，亦称最低存量。当由于某种因素导致某种原料在某个阶段的实际用量远远高于以往的日均消耗量时，如果不进行及时购买，就可能导致原料的断档。为了防止这个失误，当仓储保管员发货时发现某些原料尽管还没到订购时间，但它们的现存数量已经十分接近最低存量时，就必须及时采购。

【例 10-1】某餐厅每月购买一次菠萝罐头。菠萝罐头的消耗量是每日 15 听，一般订购期限是 4 天。在当月的订货日，盘点尚存 100 听。餐厅确定了菠萝罐头的保险储备为订购期内需用量的 50%，即菠萝罐头的最低存量和需订货量为

$$最低存量=15×4+15×4×50\% = 90(听)$$

$$需订货量=15×30 - 100+90= 440(听)$$

(2) 永续盘存卡订货法。永续盘存卡订货法也称订货点采购法或定量订货法，它是通过查阅永续盘存卡上原料的结存量，对达到或接近订货点存量的原料进行采购的方法，一般为大型酒店所采用。使用永续盘存卡订货法的前提是对每种原料都建立一份永续盘存卡(见表 10-5)，每种原料还必须确定最高储存量和订货点量。

表10-5　永续盘存卡

食品原料永续盘存卡编号：3112

| 品名：西红柿罐头 | | 最高储存量：250听 | | |
| 规格：　　　单价： | | 订货点量：120听 | | |
日期	订单号	进货量/听	发货量/听	结存量/听
4月26日				135 (承前)
4月27日	345678		15	120
4月28日			17	103
4月29日			16	87
4月30日			17	70
5月1日			15	55
5月2日		210	16	249

原料的最高库存数量指一种原材料在最近一次供货后可以达到但一般不应超过的储存量。它主要根据原料日均消耗量以及计划采购间隔天数，再考虑仓库面积、库存金额、供应商最低送货订量规定等因素来确定。

订货点量也是该原料的最低库存量(定期订货法中的期末需存量)。当原料从仓库中陆续发货，使存货下降至订货的点量以下时，该原材料就需要采购补充。这时，订货数量为

订货数量=最高储存量－订货点量+日均消耗量×订货期天数

【例10-2】某酒店采购西红柿罐头，该罐头日均消耗量为16听，订货期为5天，最高储存量为250听，保险储存量定为订购期内需用量的50%，则

订货点量=日均消耗量×订货期天数+保险储存量=16×5+16×5×50%=120 (听)

订货量=最高储存量－订货点量+日均消耗量×订货期天数=250－120+16×5=210(听)

永续盘存卡订货法的优点是原料不足时能及时反映并采购。由于每项原料都规定最高储存量，数量上不会多购，有效地防止了原料的过量储存或储存不足；永续盘存卡登记各种原料进货和发货的详细信息，仓库保管员不必每天盘点，只要翻阅永续盘存卡即可；同时，以该方法采购可使采购数量比较稳定，不需每次决策。不过永续盘存卡采购是不定期进行，采购运输的工作量较大，卡片的登记比较费时。因此，许多餐厅把定期订货法和永续盘存卡订货法结合使用。

八、食品采购的价格控制

采购价格是食品原料采购的重要因素，但并不是最低的价格就是理想的采购价格。理想的采购价格是指在某一价格水平上能获得所购原料理想的使用价值，包括理想的质量及理想的供货服务。食品原料采购不能为了追求低价格而降低对产品、服务、设备等的质量要求。餐厅必须通过价格比较来获取理想的价格。

(一) 价格比较的原则

(1) 价格相对最低的原则。经过价格对比，选定产品价格相对最低的供应商，合理的价位通常是最低的价位。不过，相对于质量而言最低价位并非绝对是理想的价位。

(2) 保证质量原则。餐厅在进行产品价格比较时，应该充分考虑原料品质，只有在保证质量的前提下选择最低价才有意义；不然低价或劣质的原料会严重影响餐厅的服务质量。

(3) 供货商的诚信原则。供货商的供货实力、供货价格、供货品质等，都是价格比较需要考量的因素。

(二) 价格比较的程序

(1) 了解市场价格。在商场，同种原料由于级别、品质、产地等因素的不同，会有不同的报价。因此餐厅的采购人员应多方多次开展市场调研，以准确掌握有关资讯，并掌握影响供应商报价的各种因素，从而测算出供应商能承受的最低限价。

(2) 设立最高限价。在原料购买过程中，部分原料尽管品质很好，但售价却过高，因此，在进行产品价格对比时，就必须设定一个最高限价，并在此限度内根据价值相对原则进行产品价格对比。而采买也应该在限定的价位下进行，这会降低挑选的困难。

(3) 报出合理价位。根据供应商最低限价和餐厅最高承受能力这个区间，结合服务质量等各种因素，决定餐厅愿意支付的最高价位。

(三) 获取理想价格的手段和途径

(1) 选定合适的购买时间。如果某种原料在市场上供过于求，售价便宜，又是厨房中最需要的，只要产品质量符合一定标准且有条件储存，就可以利用这种时机采购，以降低食品成本。而如果原料刚上市，售价日渐下跌，采购数量则应尽可能减少，等物价平稳时再行购买。

(2) 集中或批量订购，或变更购货规格。大量购买有助于降低购货单价。此外，当一些原料的包装规格有大有小时，如有可能，通过选择在厨房中可采用的较大尺寸包装的原料，就能降低单位价格。通过集中或批量订购的方法，即可以用较低的批发价获得大量批发原料。

(3) 建立稳固的供货渠道。通过采取签署定点采购协议的方式和供货商形成长久的合作伙伴关系，可以得到价格上的优惠。

(4) 减少中间商，直接供货。在购买流程中，餐厅应该减少购买环节，减少中间商，可以的话，尽量从销售商、制造商处直接购买，这样可以通过减少中间环节来降低费用。

(5) 选用正确的支付方法。在资金允许的情况下，可以通过现金结算的方法，让供应商按时收到货款，这对于供应商而言非常关键，而餐厅也可以因此压低产品价格。

(6) 组建购买集团或采购中心。在采购某些不易变质的食物原料时，可以以集团方式集中购买，然后再在内部实行分摊。

九、食品采购方式的控制

选择并运用正确的采购方式，是实现采购目标的关键保障。采购方式很多，需要针对餐厅业务经营的特点、采购任务、食物原料的品种和市场状况，选用最合适的采购方式。目前常见的采购方式主要有如下几类。

(1) 竞争报价采购。采购某种食品原料时，采购员通过几个供货商的报价，或提取样品，从中选取质优价廉的货品为采购对象的一种采购方法。在餐饮企业所在地货源充足，供货商较多，餐饮企业有稳定大量的采购需求且资金运转良好的情况下，可采用这种方法。

(2) 招标采购。由使用方提出品种、规格等要求，再由卖方报价，投标并择期公开开标，公开比价，以符合规定的最低价者得标的一种买卖契约行为。优点是公平竞争，使买者以合理的价格购得理想的货品，杜绝了徇私舞弊，但手续繁琐费时，不适用于紧急采购与特殊货品。

(3) 成本加价采购。当某种原料的价格涨落变化较大或很难确定其合适价格时，可使用这种方法。成本指批发商、零售商等供应单位的原料成本。在某些情况下，供货单位和采购单位双方都不能把握市场价格的动向，于是便采用这种方法成交，即供货单位购入原料时所花的成本酌情加上一定百分比，作为供货单位的盈利。对供货单位来说，这种方法减少了因价格骤然下降可能带来的亏损危险，对采购单位来说，加价的百分比一般比较小，因而也有利可图。

(4) 合作采购。几个类型相似的餐饮企业为了降低进货成本，将某些共同需要的原料凑成大批数量，从供货单位进货，从而获得批发价或优惠价。

(5) 无选择采购。在餐饮经营过程中，厨房有时急需某些在当地仅一家有货供应的食品原料，在这种情况下，无论供货商如何索价，只能采取无选择采购。

(6) 归类采购。餐厅营业所需的原料品种繁多，必须向众多的供货单位采购，这就意味着每天必须花费大量的人力和时间处理票据和验收进货。为了减少采购、验收工作的成本费用，有的餐厅开始尝试新的采购方法，即凡属同一类的各种原料、物资，都向同一个进货单位购买。

上述是一些常见的食品原料采购方式，餐饮企业应该针对自身的种类、规模、经营特色、市场要求等各种因素选用合适的采购方式。

📖 **扩展阅读10-1**

中华老字号东来顺的原料供应与采购

第二节　食品原料的验收管理

食品原料的采购是厨房获取原料的前提，验收则是为厨房生产提供价格合适又符合质量要求的各类原料的保证。

📖 **案例10-1**

采购验收重要吗

天津某餐饮企业采购部经理遇到了采购管理中采购与验收工作的矛盾问题。具体表现为餐饮企业采购的物品,因没有成文的标准和明确的分工,收货组只管收货不管质量,往往到了使用时发觉不好才退货,这样就产生了一个弊病——经常与供应商扯皮,尤其是鲜活货品常常是公说公有理,婆说婆有理。

(资料来源:作者搜集整理)

问题:你认为解决采购与验收工作矛盾的措施有哪些?

一、建立合理的验收体系

(一) 称职的验收员

餐饮企业内部验收部门的设置,以及验收部门和其他部门之间的关系,一般依酒店规模大小而异,一般大中型餐厅都有专职的验收部门,而中小型餐厅则可能设有专门的验收人员。选拔称职的验收人员是验收管理的首要环节,而一个合格的验收人员必须具有下列基本素质。

(1) 验收人员要有强烈的责任心,对验收管理工作感兴趣。

(2) 验收人员应反应敏捷、愿意虚心学习、诚实可靠。

(3) 验收人员应当具有较丰富的食品原料专业知识。

餐厅应制定人员培训规划,对全部验收人员进行技术培训。验收人员应该定期和厨师、餐厅经理、采购员等沟通,充实自身的食品原料专业知识与经验。验收人员应知晓,未经上一级主管批准,任何一方都无权更改采购规格,遇特殊情况应该及时向上一级主管汇报请示,不能私自做主。验收人员在工作时也不应该受到厨师长和采购员的干涉,相对独立的验收人员可以对整个采购过程进行有效的监督与管理。

(二) 实用的验收空间和设备

食物原料验收区域,一般设置在酒店内或餐厅的后门或边门,通常临近于储存室,与厨房和餐厅在同一个地方。在验收场地附近设有验收办公楼,这样验收人员就可以在办公楼观看到从验收到入库的所有活动,以便验收。验收场所的选择必须同时考虑车辆出入是否便利、是否便于装卸搬运、是否有利于验收物料的存放和使用搬运工具,以及是否具有符合食品卫生要求的环境。验收场地的大小视验收任务量而定,一般以不影响验收工作为准。验收部门应有适当的验收设备和工具,主要的工具有重量等级不同的磅秤、温度计、起钉器、纸板箱切割工具、榔头、尖刀等,还应有验收单、验收标签、购货发票、收货单、采购规格书等单据、材料。

(三) 科学的验收程序

验收程序规范了验收工作的职责范围和方式,使验收管理工作更加标准化。同时,根据程序做好验收,养成良好的习惯,是验收高效率的重要保障。

(四) 定期的监督检查

餐饮企业的工作人员，应当不定期检查验收工作，并复查被检查商品的重量、数量和品质，要让验收人员知道，经营管理者十分关注并重视他们的工作。

二、原料验收的程序

合理的验收程序，是确保食品质量与成本控制的关键。原料的验收管理主要是核实所采购原料的数量、品质和价值，检查质量标准是否与订购单相符，并核实货量和价格是否与发货单相符。所以，整个验收程序重点围绕这三个方面进行，具体步骤如下。

(一) 核对订购单

当收到食品原料时，验收人员应核对供货单位的送货发票与相应的订购单。验收人员首先应核对送货发票上供货单位的名称与地址，避免错收货和接受本餐厅未订购的货物。其次核对送货发票上的价格。若发票上的价格高于订购单上的价格，验收人员要询问送货员提价的原因，并将情况反映给采购部经理、成本控制员或厨师长，无论退货或不予退货，都需要厨师长和成本控制员在货物验收单上签字。若供货单位送货时的价格低于订购单上的价格，验收人员应请厨师长检查食品原料的质量是否合格，并在验收单上签名，若合格，则验收人员可按此价格接受这批原料。

(二) 检查原料质量

食品原料验收人员检验的依据是食品原料采购规格标准和请购单、订购单。因为在这些表中均有对所采购食品原料质量要求的描述。一套完整的采购规格表应贴在墙上或大块指示牌上，以便到货时核对参考。若发现质量问题，如腐烂、变色、气味怪异、袋装食品过期、水果有明显斑痕等现象，验收人员有权当时退货。

(三) 检查原料数量

验收人员根据订购单对照配送单，采用点数、称重等方式，对所有到货的商品数量进行核实。数量检查核对应注意以下事项。

(1) 若有外包装，先拆掉外包装再称量。

(2) 对用密闭箱子或其他容器包装的物品，应打开一只进行抽样调查，主要检查其中货品的数量和重量是否与容器上标明的相符，进而统计总箱数。对高规格的食品原料，需要逐箱打开清点。

(3) 对尚未密封的箱装食品原料，仍应按箱仔细点数或称量。

(4) 检查单位重量。除称量到货的产品重量以外，还应抽查单位重量，检查验收单位重量是否在验收规格所规定的范围内。

(四) 在发票上签字

所有送货都应有送货发票。送货员提供给验收人员的送货发票有两联，要求验收人员在送货发票上签名，并将第二联还给送货员，以示购货单位收到了货物。上联交给付款人员。发票上面应该有价格，验收人员要认真检查，避免产生错误。

(五) 填写验收单

验收人员必须确认所验收的这批可食用原料的价格、品质、数量全部符合订购单及食用原料采购规格书后，方可进行验收单的填写。验收单一式四份，第一联交验收部门，第二联交储存室，第三联交成本管理室，第四联交财会部门。

(六) 退货处理

如送来的菜品原料不满足采购条件，需报请餐饮部经理或厨师长；如因生产要求而选择不退货，需由厨师长及相关的决策管理人员在"验收单"上签字；若选择退货，应填报退货单。

在退货单上填报所退商品品名、退货主要原因及其余信息内容，需要送货员签字。退货单一式三联：一联留验收处，一联交送货员带回供应单位，一联交财会部门。此处，应告诉供应单位，本餐厅已退货，如需要供应单位补发或重发，新寄来的货品按常规办理。

所交货物中若有腐烂食品原料，在退货后应及时向采购部门相关人员报告，以便及时寻找可替换的供应源及可能的生产方式，以减少生产部门的不便。

(七) 验收盖章

验收人员在检查商品原料的价值、总量、品质和办理退货后，便可在已获准接收的商品原料的配货销售发票上盖验收章，并将已盖了验收章的配货销售发票粘贴到验收单上，送交财会部门。验收章内有公司名称、验收人员签名、验收时间、成本入账部门。使用验收章有如下几个含义：①核实获得食品原料的时间；②验收人员签名可明确责任；③企业管理人员通过签字，证明已知悉收到采购的食品原料；④食品控制师据此核实发票数额的准确性。

(八) 注明信息

在商品包装物上，标明发票上的信息。标在商品包装物上的信息主要有：①收货日期，有助于确定存货流转方式是否合理；②购价，在存货时就不必再查询验收日报表及发货票。

(九) 收货储存

将到货物料直接送往储存室、厨房。所收到的食品原料部分被直接送往厨房或销售地点，称作"直拨原料"；另一部分被送到储存室，称作"入仓原料"。由于产品质量和安全等因素，验收人员应当负责确保及时将商品送入储存室。由供应单位的送货员直接把货物送入仓库置放的做法是不可取的。当送货员离去后，验收人员或本单位其他工作人员应把货物迅速搬到安全可靠的储存室。验收人员把验收单中规定的一联交给储存室管理员，后者根据验收单再次验收，最后入库储存。

(十) 将验收记录呈交给有关部门，并标明过期到达的货物

验收人员在所有发票上盖章签字，并把发票贴在验收单上，然后将贴着发票的验收单送至管理人员。管理人员在发票上签字后送至成本控制师，由成本控制师核对发票数字的正确性。成本控制师检查完毕后，送交会计部，会计部会将有关数字填进采购日志内。当验收单还在验收人员手上时，应该记直拨成本，因为直拨成本是在食品原料一收到时就计入成本的。

建立验收程序的目的是保证企业收到的货物是已订购的数量、已明确的质量和已报过的价格。不论对大型企业还是小企业，这些步骤是最基本的，也是通用的。控制体系越完备，越需要更多的人力和设备，当然这样做也会增加成本。但是，即使小型的个人业主制的餐饮企业也必须采用基本的步骤，以防止在验收过程中由于数量、质量和价格方面的问题而引起的成本过高。

三、原料验收的检验标准

(一) 验收的质量标准

(1) 验收人员必须按照请购单和订购单的详尽说明，根据企业制定的采购标准实施验收。

(2) 如是鲜肉运输，必须查验检疫合格证明，无合格证明的则拒绝接收。

(3) 验收中对商品质量掌握不准的，应征求有关技术人员的建议。

(二) 验收的数量标准

对未密封的箱装食用原料，必须对每箱进行认真点数、称量。

(三) 验收人员

验收人员在进行一般原料的验收时，采购人员和仓管人员也必须到场，而在进行鲜活原料、生鲜产品和贵重物品验收时，使用部门工作人员也必须到场，以发挥现场监管和辅助的作用。

(四) 验收时间

货物验收时间应当在每日上午或者下午固定的时间，以使仓库管理更为科学有效。

四、原料验收的相关表格

(一) 发货票

所有到货物品都应有发货票。发货票应一式两联，送货员将发货票交给验收人员之后，要求验收人员签名，验收人员签名后将第二联交还送货员，证明企业已收到供货单位发出的货物。第一联应交给财会部门，由财会部门付款。表 10-6 是一份发货票。

表10-6　公司发货票

户名：　　　　　　　　　　　　　　　　　　　　　　　　　　　年　　月　　日

项目	单位	数量	单价	小计

(二) 验收单

验收人员应每天仔细填写货物验收单(见表 10-7)，并正确记载验收部门接到了什么产品，何种商品没有发货票，供货单位因交货数量和发货票数量不合而贷记了本企业的哪些应付账款。有时验收人员为节省时间，在验收单上只记载供货单位名称和送货金额，这个方法是错误的。

验收人员在验收单上填上供货单位名称、商品名称及规格、单位、数量、单价、合计数额和总计金额后，要在验收单上签字，明确责任。对于大中型餐饮企业，验收单应一式三联。第一联送经理室，之后再转总会计师；第二联留验收处；第三联送成本会计师。

表10-7　货物验收单

酒店			编号		
供货单位			日期		
存货编号	项目及规格	单位	数量	单价	合计
总计					
验收员			送货员		
储存室管理员					

(三) 冷藏鱼肉食品标签

在验收时，验收人员还应对肉类和海鲜添加存货标签。

(1) 使用存货标签的优点。

① 填写标签会方便验收人员称鱼、肉类的重量。

② 发料时，可把标签上的数额直接填在领料单上，以便核算食品生产成本。

③ 标签编号方便使用人员知道储存的食物原料，并避免偷盗。

④ 在标签上填明各种有关数据，可简化存货控制程序。

⑤ 便于存货流转工作。

(2) 在使用鱼、肉类的存货标签时，要执行以下的工作程式。

① 验收人员应对每一片肉、每一条鱼、每一种禽类(单独作一计量单位时，上同)以及每一箱肉、鱼、禽类进行标签的填写。

② 标签应包括两个部分，一半系在食品原料上，另一半送食品成本会计师(见表10-8)。

③ 在厨房领用原料后，解下标签，并加锁保存。原料用完以后，把标签送交食品成本会计师，并核算当天所有肉、鱼、禽类产品的成本。

④ 食品成本会计师核对由其保存的另一半标签，再依据未使用的标签，盘点并管理库存。如果存货数量不足，则分析是不是存在偷盗或记错数额的情况。

表10-8　鱼、肉类食品存货标签

标签号：	标签号：
收货日期：	收货日期：
项目：	项目：
重量/单价/成本：	重量/单价/成本：
发料日期：	发料日期：
供货单位：	供货单位：

(四) 验收日报表

验收日报表有以下作用。

(1) 分别计算食品成本和饮料成本，为编制有关财务报表提供资料。

(2) 计算餐饮直接采购食品总额，以便计算每日食品成本。

(3) 在大型企业里，应配有数名验收人员和保管人员，便于将收货控制的责任从验收人员转至保管人员。表10-9是一份食品原料验收日报表。

表10-9　食品原料验收日报表

原料品名	供应商	发票号	数量	单价	金额	直接采购原料		库房采购原料	
						数量	金额	数量	金额
合计									

(五) 验收章

验收结束之后，验收人员应在送货发票上签名并接收原料。有些餐厅为了方便管理，还需要在送货发票或发货单上加盖验收印章，具体见表10-10。

使用验收章的作用如下。

(1) 证实收到食品等原料的日期。

(2) 由收到食品原料和发货票，检查数量、质量、价格的验收员签名，明确责任。

(3) 由食品成本会计师核实送货发票金额的准确性。

(4) 由总经理或总经理委托人签字，同意支付。

表10-10 餐厅收货单

日期：
单价：
金额：
经手人：
验收员：
验收章：

(六) 退货通知单或贷方通知书

如到货数量不够、产品质量不符合规定，或出现了任何问题，则验收人员将填报退货通知单或贷方通知书。见表10-11和表10-12。

表10-11 退货通知单

(副本备存)		编号：_____		
发自：_____		交至：_____ (供应单位)		
发票号码：_____		开具发票日期：		

货品	单位	数量	单价	总价
理由			总计	
送货员			负责人签字	

贷方通知书与退货通知单是目前常用的两种单据格式，如餐饮企业未采用退货通知单，则可以采用贷方通知书，同样也可以起到告知退货的作用。

表10-12 贷方通知书

(一式两联)	编号：_____
发方：_____	收方：_____
下列项目应予以贷记	
发货票号码：_____	
开具发票日期：_____	

（续表）

货品	单位	数量	单价	总价

理由：＿＿＿＿＿＿＿　　　　　　　　　　总计：＿＿＿＿＿＿＿

送货员：＿＿＿＿＿＿＿　　　　　　　　负责人签字：＿＿＿＿＿＿＿

出具贷方通知书的主要工作程序如下。

(1) 在发票上注明哪些商品存在问题。

(2) 填写贷方通知书，要求送货员签名，并把一联贷方通知书交送货员带回。

(3) 将贷方通知单存根贴在发货票背面，在发货票正面注明正确的数额。

(4) 打电话通知供货单位，本企业已使用贷方通知书修正发货票金额。

(5) 如果供货单位补发或重发货物，新送来的发货票应按常规处理。

(6) 将有差错的发货票单独存档，直至问题解决。

验收人员收到无发货票的货物时，应填写无购货发票收货单(见表 10-13)，以防差错和争议。无购货发票收货单一般一式两联。验收人员在验收单上注明无发货票货物后，将第一联送到财务部，第二联作为存根留在验收部。财务部收到发货票后，应送验收人员。验收人员将无购货发票收货单的第二联贴在发货票背面，在验收单上补填发货票上的数额，然后按程序由财务部付款。

表10-13　餐厅无购货发票收货单

发货单位＿＿＿＿＿＿＿＿＿＿　　　　　　NO.＿＿＿＿＿＿＿＿

日　　期＿＿＿＿＿＿＿＿＿＿

数量	项目	单位	小计

📖 案例10-2

虾的死活——客人的疑问

晚上 10:30，两位客人来到酒店餐厅吃夜宵，客人翻着菜谱，挑选菜肴，他们互相商量着。一位客人说：“来一道白灼虾怎么样？”

“好的，我最爱吃虾了。”另一位回答道。

他们一共点了四道菜，便吩咐服务员上菜。10:40，四道菜已整整齐齐地摆在客人的餐桌上，客人一边品尝菜肴，一边闲聊，似乎兴致很好。

“来来来，先尝尝这道白灼虾，如何？”

客人笑嘻嘻地吃着虾。忽然，客人脸上笑嘻嘻的表情不见了，他们再仔细看看餐桌上的虾，显出很气愤的样子，责问旁边的服务员："小姐，这虾一点都不热，是不是早就烧好，等我们来吃啊？"另一位也不示弱："是啊，你看这虾色泽深浅不匀，光泽偏暗，要么是剩虾活虾混在一起，要么是剩菜重烹，这样的虾我们不能接受。"

服务员心平气和地说："先生，我们酒店绝对不会卖死虾的，厨房也是根据菜单配制烹调的，不可能有剩菜，请放心。"客人就是不相信，固执地说："我们点了四道菜，前后上齐只用了10分钟，这里肯定有问题，这样的虾你怎么解释？"

服务员耐心地劝说，客人仍然固执己见。这时，值班经理小顾闻讯走了过来，他先安慰客人："先生，请息怒，能告诉我是怎么回事吗？我会尽快替你们解决的。"在倾听客人投诉的同时，小顾一面叫服务员为客人换上热毛巾，斟上热茶，以缓和紧张气氛，一面观察席上的那盘虾。很快，小顾就意识到问题的关键是客人对活虾烹制后的特征并不了解，要消除客人的疑问，仅仅靠口头解释难以使客人信服，于是，小顾对客人说："先生，这盘虾是不是活虾烹制的，我先不下结论，请你们随我到餐厅操作台来看看，如何？"征得客人同意后，小顾带客人朝操作台走去，决定以现场操作来解释。

小顾叫服务员取来卡式炉，将鸡汤烧开，然后让厨师拿来一只活虾，在客人面前进行现场烹制，再将此虾与桌面的虾比较，结果，各方面都基本相似。见状，客人的面色开始缓和，已经相信所食的虾并非死虾，但仍有疑惑。善于察言观色的小顾又热情地对客人说道："观虾秘诀在于颈尾，活虾色泽深浅不匀，原因在于生虾本身纹理之粗细。"一番内行话说得客人直点头："原来如此。"小顾接着又说："我们工作中也有疏忽，虾体微温不够热，多谢你们提出宝贵意见，我们一定改正……"

听到小顾诚恳的话语，客人也谦恭地说："我们态度也不够好，你们的现场操作让我们开了眼界。"双方之间呈现一片融合的气氛。

(资料来源: https://wenku.baidu.com/view/d79db1f211a6f524ccbff121dd36a32d7275c733.html)
问题：

1. 在以上案例中，除了生鲜的烹饪，生鲜的验收与库存是否也需要加以重视？
2. 如果遇到以上情况，你是否有其他解决办法？

第三节　食品原料的库存管理

食品原料的库存管理是餐饮采购管理的重要环节，对餐饮质量和餐饮成本影响较大。良好的库存管理，能够有效地控制食品成本，如果控制不当，就会产生原料变质腐败、账目混乱、库存积压等问题，甚至还会导致贪污、盗窃等事故的发生。

一、原料储存要求

食品原料的储备是生产与销售的准备阶段，合理的仓储管理能够使餐饮生产与销售活动平稳地、不间断地开展，确保餐饮产品的质量。这也是尽量减少浪费，实现成本管理的重要环节。

(一) 仓库的分类

由于不同的原料需要在不同的气温、湿度等条件下储存,所以,在餐厅内应该设有各种功能的储藏库。按照不同的划分依据,库房一般有如下几种。

(1) 按场所划分。包括餐厅的总仓库、各营业点分仓库等,各仓库存放的品类与数量不同。

(2) 按物品的功用划分。包括食品仓库、啤酒饮品仓库及其他食品原料仓库。

(3) 按储存要求划分。一般分为干藏库房、冷藏库房和冻藏库房。干藏库房主要储存各类罐头食物、干果、谷物、调料和部分干性食用原料;冷藏库房一般存储蔬菜、果品、鸡蛋、黄油、奶制品和需要保鲜的家禽类、鱼类、肉食等原料;冻藏库房一般存储需较长时间储存的冷冻肉类、水产品、禽类,以及已加工的成品及半成品食物。

(二) 仓库的位置和面积

在规划建设餐饮场地时,仓库通常是最易被忽视的区域。它往往让步于餐厅、厨房等要害部门,但实际上如此做会导致整个餐饮业运作环节管理效益的降低,所以,在整个餐饮业功能规划中,要充分考虑仓库的位置和面积。

(1) 仓库的位置。仓库应该位于原料验收处与厨房中间,且三者离得越近越好,缩短原料的移动距离,可以降低人流、货物的拥挤程序。因为不同餐厅建筑构造上的因素,各厨房和验收处可能不在同一个楼层。应考虑将仓库放在验收处附近,便于将验收后的原料入库储藏;亦可考虑放在地下室,因为地下室避光的储藏条件及易于控制的温度、湿度对原料的储藏有益。当仓库与各厨房距离较远时,需要厨师制订更加严密科学的用料规划,尽量减少领料频次。

(2) 仓库的面积。仓库的面积和容量都必须充裕。餐厅应根据产品种类、发展规模、菜单特色、客流量、原料市场的供应情况、采购方针和订购期限等各种因素,来确定仓库的面积。菜单丰富并时常变换的餐厅,仓储面积应大些;订单周期较长且供应批量大的餐厅,仓储面积也可大些;快餐厅、咖啡厅及供应种类有限的餐厅仓储面积可小些。仓储面积过大,会增加能源耗费和维修保养的费用,也可能导致库存过多,同时增加了安全保卫的困难;库房面积过小,会使原料堆放杂乱,存放人员无法整理,库房清理工作麻烦。

那么,仓库面积到底多大才算是合理呢?以下提供两个较为常用的推算方式。

一种方法是根据餐厅的餐位数和开餐次数来推算仓库面积。通常每天每个餐位每供应一餐约需仓库面积 $0.1m^2$。假如某酒店有 500 个餐位,日均供应三餐,则该酒店所需的仓库面积为 $500 \times 3 \times 0.1 = 150m^2$。另一种方法是根据酒店实际储备量和需要量来确定仓库面积。一般把维持两个星期营业所需的原料储备作为前提,计算出储存这些原料所需的仓库面积。

在确定总仓库面积后,还要对不同类别的仓库进行面积分配。表 10-14 是一种参考方案。

表10-14 各类仓库面积分配参考表

仓库类别	占总面积百分比	总面积(m²)	应分配面积(m²)
干藏仓库	40%	150	60
冷冻库	10%	150	15
肉类冷藏库	8%	150	12

(续表)

仓库类别	占总面积百分比	总面积(m²)	应分配面积(m²)
水果、蔬菜冷藏库	10%	150	15
乳制品冷藏库	5%	150	7.5
酒类饮料库	20%	150	30
走道等面积	7%	150	10.5
合计	100%	150	150

(三) 仓库的温度、湿度、照明和通风

食用原料保质期的长短，与储存流程中的温度、湿度、照明、通风等条件有关。仓储管理者应当了解不同原料的储存条件，使原料达到最佳储存状况。

(1) 温度要求。

① 干藏库。干藏库房通常不需要供暖设备和冷却装置，其最佳温度通常是15~20℃。通常来说，若环境温度低些，食物的保存期也可长些，但若仓库内不设空调设备，则宜选择远离发热设备的地方，且应采取较好的防晒措施。

② 冷藏库。细菌通常在4℃以下环境的活动能力有限，在15~49℃的环境最宜繁殖，但在高温(90℃以上)时最容易被杀灭。冰箱就是运用温度控制细菌生长的原理来延长食物的保存期。餐厅通常使用电冰箱、冷藏室等对食物实行低温储藏。但因为食物的种类不同，对储存的温度、湿度等要求的规定也不同。表10-15列出了常用原料储藏温度和湿度的参考值。

表10-15　食物最适宜的冷藏温度和相对湿度

食品原料	冷藏温度	相对湿度
新鲜肉、禽类	0~2℃	75%~85%
新鲜鱼、水产类	−1~1℃	75%~85%
蔬菜、水果类	2~7℃	85%~95%
奶制品类	3~8℃	75%~85%
一般冷藏品	1~4℃	75%~85%

③ 冻藏库。冻藏的温度应当在−18℃以下，并且室温要保持稳定，冻藏原料产品的储存期也不是无限制的，一般来说不能超过3个月。

(2) 湿度要求。库房的湿度也会影响食品原料的储藏时间及品质。相对湿度过大，细菌容易繁殖，原料会迅速变坏；而相对湿度过小会引起食品的干缩、失鲜。各种原料对温度、湿度的要求也不尽相同。

① 干藏库。将相对湿度调节在50%~60%为宜。要避免仓库的墙壁、地板回潮，以及管道滴水等因素造成湿度升高。因此干藏库要悬挂湿度计和温度计，以供管理员及时观测。

② 冷藏库。相对湿度宜维持在75%~85%，蔬菜、果品等的储藏湿度可略高。

(3) 仓库照明。强光照对原料的储存不利。仓库内若有玻璃窗户，应尽可能采用毛玻璃。若采用人工照明，则尽量采用冷光灯，亮度一般以每平方米 2~3W 为宜。

(4) 通风。库房要保证空气的流通。原料均不可贴壁堆放，也不可直接堆积在地上或堆放过密。干藏库每小时应进行四次换气，通气条件良好有利于维持适当的温度和湿度。

(5) 对设备、器材的要求。

① 货架。货架必须有一定的高度，以增加每单位体积的空间利用效果。干货库房宜用结实的高钢度及铁质货架。最好还可调整搁板的高度以满足对各种原料的储存要求。而冻藏库则以采用不易导热的木制货架为好。

② 容器。散装原料通常用密闭、防虫的不锈钢容器盛放，并在容器上注明原料信息。

③ 搬运工具。库房需用金属手推车装卸更重的货品，需要设有牢固的梯子，以便存放位置较高的货品。

④ 称量工具。仓库内也应配备不同精度的称重工具，如地磅、台秤、电子磅等。

二、库房管理

(一) 存放方法

科学存放原料有助于提高生产效率，也有利于有序入库、上架、盘点管理和领用发放。

(1) 分区分类。按照原料的种类科学合理地规划货品摆放的固定区域。一个品种的原料不要摆在两个不同的地方，不然易被遗漏，也会给盘点工作造成困难，甚至还可能造成采购过量。

(2) 四号定位。四号定位就是用 4 个号码来表示某种原料在仓库中的存放位置。这 4 个号码依次是库号、架号、层号和位号。任何原料都要对号入位，并在该原料的货品标签上注明与账页一致的编号。如某火腿在账页上的编号是 2-1-1-3，可知它存放于 2 号库、1 号架、第 1 层的第 3 号货位。四号定位法便于存料发料、盘点清仓，也便于仓库保管员尽快熟悉业务。

(3) 立牌立卡。对已定位、编号的各类原料，设立食品储存标签(料牌)和永续盘存卡。料牌上填写原料的品名、编码和到货日期，卡牌上记载物料的出入状况和结存总量。

(4) 五五摆放。按照分级后的物料形态，对标准的罐、桶、盒、箱装的原料，以五为计量基础堆垛，并达到五五成堆、五五成行、五五成排、五五成串、五五成捆、五五成层。

(二) 各种原料储存的基本要求

无论是干藏、冷藏或冻藏，在原料的保护储存过程中均要做好以下几点。

(1) 存放的各种商品不能触及地板和墙壁，一般距地板 15cm、距墙壁 5cm 以上。

(2) 非食用原料禁止储存于食用库房内。

(3) 注明各类商品的编码、品名、入库日期等相关信息。

(4) 将常见的或单重较大的货品置于距出口近的位置，或货架的下方。

(5) 保证货物的循环利用，即实行"先进先出"的原则。

(6) 对滞压货物要进行报告，请厨师长及时使用。

(7) 将已开封的原料，放入加盖或有标签的容器内。

(8) 定期清洁仓库或储存室，定期检查库房的温度、相对湿度等是否合适。

(三) 冷藏库的储存管理要点

(1) 原料在验收后应及时入库。

(2) 温热的成品和半成品在冷藏前都应预先冷却，否则很容易损伤冷却装置。

(3) 由于外包装材料上通常含有污泥和病菌，因此宜在拆开原料外包装物后放进冷藏库。

(4) 有强烈或特殊气味的原料及食品，宜在密闭玻璃容器内冷藏。

(5) 冷藏装置的下方或接近冷却管的区域温度较低，宜放肉食、禽类、水产类等原料。

(6) 当冷却管外的冰霜厚度大于 0.5cm 时，就应当进行除霜处理，以改善冷却效果。

(7) 注意冷藏库、冰箱等的保洁，并定时清理打扫。

(8) 已加工的食物和剩余食品均宜密封冷藏，以防受冷干缩或有异物混入，并避免串味。

(四) 冻藏库的储存管理要点

(1) 冻藏原料，在验收时应当保持冻结状态。

(2) 冻藏自制半成品和成品时最好使用速冻装置，使其尽快降温，以保证原料品质的新鲜。

(3) 温度维持在 - 18℃以下，温差要小。定时存料、发料，减少冻藏库的开门频次和时间。

(4) 冻藏的原料尤其肉类等，应用防挥发性的物料包裹，避免原料因失水而发生变色、变质。

(5) 冻藏原料的解冻处置要得当，在解冻过程中不得受到污染。各类食品应分别解冻。解冻一般在室温下进行，也可用塑料袋包妥后在冷水中进行。

(6) 冻藏原料一旦解冻，就不能继续冻藏储存，不然食品内复苏的细菌会导致食品腐烂变质，同时继续冷冻会损伤食品内在组织，影响外观、营养和食品风味。

(7) 冷冻的果蔬、面点类食品，不用解冻就可以直接进行烹调，这样可更好地保持食品的色泽和外观。

📖 **扩展阅读10-2**

餐厅如有海鲜池，海鲜如何保存

(五) 库存管理责任

对库存商品出现的产品质量问题，如果属于因验收把关不善引起且可要求供应商立即退换的，则尽可能要求供应商退换，并追究验收单位负责人的责任；属保管不善所致的，直接追究保管责任人的责任。对存货物资产生短损的，定额内(依据各物资的特性，参考同业内的平均标准予以确定)的可直接列入当月生产成本；定额外的部门要追究管理责任人的责任。

财务部稽核人员稽核工作不到位，对应稽核、监控的方面不予稽核、监控，应发现的问题未予发现，或对发现的问题不予上报，事后被查出的直接追究稽核人员的责任，并严肃处理。

复习思考题

一、名词解释

1. 食品原料采购
2. 食品原料验收
3. 食品原料储存

二、简答题

1. 分析食品原料两类采购方式的利弊。
2. 验收的主要环节有哪些，如何通过验收控制采购原料的数量、质量和价格？
3. 食品库存管理的基本要求是什么？

三、案例分析

鸡毛事件

某日晚，有四位客人在某酒店的餐厅内吃晚饭。最后上点心时，有一位客人在品尝菜包时发现内有一根细小的鸡毛，于是其余的三位客人也不肯动筷了，他们要求餐厅服务员小韩加以解释。小韩仔细观察后对客人们说："对不起各位，是我们没有把包子做好，我马上给你们调换。"然而客人们仍旧不满意，他们要求餐厅领班出来做进一步解释。小韩此时看到餐厅领班正忙得分不开身，于是灵机一动说领班有事外出未回，接着用手指着那只吃过的包子说："其实这个包子里的东西根本不是鸡毛，而是一片黄菜叶根，不信，我吃给你们看。"话音刚落，他已把这个剩下的包子吞下去了。

餐厅和客人之间的矛盾以小韩吞下鸡毛的方式得到化解，事后在酒店内引发了一场争论。在该酒店事后组织的全体员工讨论会上，一些与会者首先向小韩提问："你为什么想到把鸡毛吞进肚中？"小韩腼腆地说："当时实在想不出其他好办法，吞下鸡毛，为的是维护本企业的声誉。"一部分人认为小韩在关键时能够挺身而出，从维护企业的声誉出发，这种举动值得赞扬，有人还补充说："当前的酒店饮食服务业中有这样一些服务员，当碰到类似的'鸡毛事件'，会简单地回答'包子不是我做的，你要问就去问做包子的人'，这些人比小韩的表现差多了。"在会上也有人认为，小韩明明知道包子里是鸡毛，有意弄虚作假，不够实事求是，不值得赞赏，小韩的做法不应该提倡，今后要杜绝"鸡毛事件"，严抓管理，注意餐饮质量。酒店的领导根据大家的意见，经过认真分析，最后做出以下奖罚决定：奖励餐厅服务员小韩现金300元，并提前一年升级；免去餐厅领班的职务；扣发餐厅做点心的有关人员的奖金。

（资料来源：https://www.taodocs.com/p-96012215.html）

问题：

1. 你认为小韩的做法合适吗？如果是你，你会怎样处理？
2. 在进行食品原料的验收、库存时，应注意哪些问题？

第十一章
餐饮产品的卫生与安全管理

食品卫生与安全是关系到人民群众身体健康乃至社会稳定的重大问题。食品卫生与安全事件一直是社会关注热点。做好食品的卫生与安全管理是餐饮企业正常运营的基础，也是餐厅可持续经营的重要前提。

学习要点

1. 了解食品污染、食物中毒的原因及基本预防方法。
2. 熟悉食品安全法律法规。
3. 掌握餐饮产品卫生与安全管理措施。

导入案例

食源性疾病事件

2018年8月25日，某国际大酒店参加学术会议的五百余人，在酒店吃过晚宴后陆续出现腹泻、呕吐、发烧等症状，共有159人到医院接受检查，92人入院治疗。事发后，市政府、区政府立即启动食品安全应急预案，市、区两级食品药品监督、卫生计生部门及市疾病预防控制中心等部门立即开展相关工作。2018年9月1日，官方通报，初步判断这是一起由沙门氏菌感染引发的食源性疾病事件，食品药品监管、公安等部门已对此事件进行立案查处，3名相关责任人被行政拘留，涉事酒店餐厅停业整顿。

（资料来源：https://baijiahao.baidu.com/s?id=1610411478139845110&wfr=spider&for=pc）

思考：酒店发生食源性疾病事件会产生哪些影响？

第一节　餐饮产品卫生与安全管理的概念与内容

食品是人类生存与发展的最基本物质，在食品三要素(安全、营养、口感口味)中，安全性是客人选择食品的首要标准，食品卫生与安全关系到人民群众的身体健康与生命安全。近几年，世界范围内出现多起食品安全事件，如地沟油事件、塑化剂超标事件、僵尸肉事件等。我国每年也发生多起食品中毒事件，食品安全受到了广泛的关注和各级政府的重视。

一、餐饮产品卫生与安全管理的概念

(一) 食品卫生概念

《食品工业基本术语》将食品卫生定义为：为防止食品在生产、收货、加工、运输、储藏、销售等各个环节被有害物质污染，使食品有益于人体健康所采取的各项措施。世界卫生组织将食品卫生定义为在食品的培育、生产、制造直至被人摄食为止的各个阶段中，为保证其安全性、有益性和完好性而采取的全部措施。

餐饮产品卫生指在清洁环境中，采用无污染食材，由身体健康的食品从业人员加工食品，防止因微生物污染食品而引发的食源性疾病，将引起食品腐败微生物的繁殖减少到最低程度。

(二) 食品安全概念

《中华人民共和国食品安全法》界定食品安全的概念为：食品无毒、无害，符合应当有的营养要求，不会对人体健康造成任何急性、亚急性或者慢性危害。食品安全既包括生产的安全，也包括经营的安全，既包括结果的安全，也包括过程的安全。我国对食品安全实行预防为主、风险管理、全程控制、社会共治，建立了科学、严格的监督管理制度，要求食品的种植、养殖、加工、包装、储藏、运输、销售、消费等活动符合国家强制标准和要求，不存在可能损害或威胁人体健康的有毒有害物质以导致客人病亡或者危及客人及其后代的隐患。

餐饮产品安全管理指在餐饮原料采购、储存、加工以及销售服务各环节中，采取符合国家强制的食品安全标准和要求措施，保障提供给客人的餐饮产品无毒、无害，符合应当有的营养要求，不会对人体健康造成任何急性、亚急性或者慢性危害。

(三) 食品卫生与食品安全的区别

食品卫生与食品安全既有区别也有联系，食品安全是个综合性的概念，包括食品(食物)的种植、养殖、加工、包装、储藏、运输、销售、消费等环节的安全，是结果安全和过程安全的完整统一。食品卫生具有食品安全的基本特征，包括结果安全(无毒无害，符合应有的营养等)和过程安全，但更侧重食品加工过程中食材的安全和环境的安全。食品安全还是个社会治理概念，不同国家以及不同时期，食品安全所面临的突出问题和治理要求有所不同。

二、餐饮产品卫生与安全管理的内容

餐饮产品卫生与安全管理是一个系统性工作，包括制定科学的、系统的卫生与安全管理机制，开展健康检查和培训，创造和维持有益于健康的食品生产环境，实施餐饮产品生产的全过程管理，实施安全评估与餐饮安全事故处理等。

(一) 建立餐饮产品卫生与安全管理机制

食品生产经营企业的负责人应当落实企业食品安全管理制度，对本企业的食品安全工作全面负责，明确餐饮产品卫生与安全监管系统，制定餐饮卫生标准、卫生与安全检查制度等。

(1) 制定健全的餐饮产品安全管理制度，配备专职或者兼职食品安全管理人员。包括：采购、仓库、厨房加工等各岗位卫生责任制；食品、食品原料、食品添加剂和食品相关产品的采购查验和索证索票制度。

(2) 制定和落实餐饮卫生标准。包括环境卫生标准、个人卫生标准、操作卫生标准和餐具卫生标准等。

(3) 制定餐饮产品安全生产操作流程。包括原料采购、原料验收、入库、出库、粗加工、加工、出品等流程及要求。

(二) 开展健康检查与培训

我国要求餐饮服务从业人员(包括新参加和临时参加工作的人员)在上岗前应取得健康证明，患有国务院卫生行政部门规定的有碍食品安全疾病的人员，不得从事接触直接入口食品的工作。从事接触直接入口食品工作的食品生产经营人员应当每年进行健康检查，取得健康证明后方可上岗工作。

食品生产经营企业应当配备食品安全管理人员，加强对其培训和考核。根据《餐饮服务食品安全监督管理办法》，餐饮服务提供者应当组织从业人员参加食品安全培训，学习食品安全法律、法规、标准和食品安全知识，明确食品安全责任，建立培训档案；应当加强对专(兼)职食品安全管理人员食品安全法律法规和相关食品安全管理知识的培训。

(三) 创造和维持有益于健康的食品生产环境

创造和维持有益于健康的食品生产环境是保障餐饮产品卫生与安全的基础，包括食品生产环境的布局设计、相关设施与设备的选购与管理，餐饮产品原料采购、存储、加工、销售等场所安全环境的维持，从业人员个人卫生管理等。

(四) 实施餐饮产品生产的全过程管理

依据采购、验收、储存、粗加工、生产、销售等餐饮产品各流程的卫生标准，实施现场督察、安全评估、安全检查等全过程管理。包括原料采购、原料验收、入库等环节原料控制；储存、生产、包装、出品等生产关键环节控制；原料检验、出品检验等环节检验控制等。

（五）组织安全评估与餐饮安全事故处理

餐饮企业应对餐饮产品生产进行不定期安全风险评估，针对餐饮安全事故积极处置。

📖 **扩展阅读11-1**

《中华人民共和国食品卫生法》与《中华人民共和国食品安全法》

第二节　食品污染与食物中毒

除极少数的食品原料含有某种天然毒素外，自然的食品一般是无毒无害的，但是食品在培育、采收、制备、加工、包装、储藏、运输、销售直至烹食的一系列过程中，受环境或人为因素的影响，都有可能被有害的生物性、化学性物质或其他污物污染。

一、食品污染

（一）食品污染的概念

食品污染指在各种条件下，有毒有害物质进入食品，造成食品安全性、营养性和感官性状改变的过程。食品在生产、运输、销售、储存、加工、烹调等环节，常被有害物质污染，导致其营养价值和卫生质量降低，对人体健康造成危害。

（二）食品污染的类型

食品污染按照污染的性质分为生物性污染、化学性污染和物理性污染三大类。

(1) 生物性污染。污染食物的生物主要包括微生物、寄生虫及虫卵、昆虫等。一些致病菌，如霉菌及霉菌毒素、细菌及细菌毒素、病毒等污染食品后，在适宜条件下，大量生长繁殖，导致食物腐败变质，使食品失去使用价值或使食用者发生急、慢性中毒。一些寄生虫及虫卵通过患者、病畜的粪便污染水和土壤后，会进一步污染食品，特别是生肉、水产品，使食用者生病。

(2) 化学性污染。指食物被有害有毒的化学物质污染。化学性污染的来源一般有农药、兽药、有毒金属、食品添加剂、食品的容器、包装材料、人为加入的有害物质等。

(3) 物理性污染。物理性污染指食物在生产、储运、销售过程中混入了杂质、灰尘、砂石等，如谷物中混入了石、肉中注了水、乳粉中掺入了糖等。

（三）食品污染对人体的危害

食品污染对人体的危害包括：影响食品的感官性状和口味口感，导致食物中毒，致癌作用、致畸作用等。

(1) 影响食品的感官性状和口味口感。食品的感官性状(色、香、味、形等)是评价食品的重要指标之一，通常情况下，食品失去原有的正常感官性状就意味着变质。引起食品感官性状改变的原因有微生物污染和非生物污染。

(2) 导致食物中毒。如食用海洋赤潮毒素污染的贝类，常会引起人体神经肌肉麻痹，轻者出现口唇麻木和刺痛感、四肢肌肉麻痹等症状，重者可导致呼吸肌麻痹而死亡。

(3) 致癌作用。长期、小量摄入受污染的食品会引起慢性病或癌症。如霉变的大米、花生中的黄曲霉毒素不仅有很强的肝脏毒性，能引起急慢性肝中毒，甚至导致死亡，而且还有很强的致癌性，可引起肝癌、胃癌、肾癌、结肠癌、乳腺癌等癌症。

(4) 致畸作用。如吃了含亚硝胺、甲基汞、黄曲霉毒素的食物，可引起畸胎或胚胎变异。

二、食物中毒

(一) 食物中毒的概念

食物中毒是指食用了被有毒有害物质污染的食物或者食用了含有有毒有害物质的食品后出现的急性、亚急性食源性疾患。食物中毒是毒性反应，主要表现有恶心、呕吐、腹泻、腹痛、头痛，严重的会出现昏迷、肝肾功能损坏，甚至影响生命安全。

(二) 食物中毒的原因

食物中毒的主要原因有以下四类。

(1) 食物被病原微生物污染，并在适宜条件下急剧繁殖或产生毒素，导致细菌性食物中毒。

(2) 食物在生产、加工、运输、储存过程中被有毒化学物质污染，并达到急性中毒剂量。

(3) 食物本身含有有毒物质，由于加工、烹饪方法不当，未除去或除净有毒物质，导致食物中毒，如木薯中毒、四季豆中毒；或者由于储存条件不当而产生或增加了有毒物质，如发芽马铃薯、酸败油脂、陈腐蔬菜等。

(4) 含毒动植物组织与可食食品混淆，导致中毒，如毒蘑菇、河豚等引起的食物中毒。

(三) 食物中毒的类型

1. 细菌性食物中毒

细菌性食物中毒指通过饮食或者容器将致病菌或者毒素引入人体而出现的急性疾病。产生的原因包括食物被致病菌污染和致病菌在食物中大量繁殖，主要表现为急性肠胃炎症状。

(1) 细菌性食物中毒的基本特点。

① 明显的季节性。细菌的生长繁殖或产生毒素受温度的影响，一般易发于每年的5—10月。

② 发病急，病死率不高。细菌性食物中毒的潜伏期短，一般在24小时内即发病，呈急剧暴发型。细菌性食物中毒的病死率较低，如及时治疗，则病程短、恢复快。

③ 有共同的致病食物，人与人不直接传染。细菌性食物中毒者都在相同或相近时间进食同一种带病菌食物，未进食者不发病，无传染性。

(2) 餐饮产品中细菌性食物中毒的主要类型。

① 沙门菌食物中毒。沙门菌食物中毒是因为摄入了大量活菌，其进入消化道后会附着在

肠黏膜上，大量繁殖后引起肠黏膜炎症、水肿、出血，同时释放毒素引起发烧，因肠蠕动增加引起呕吐和腹泻。主要症状为急性胃肠炎。潜伏期一般为12~24小时，短者数小时，长者2~3天，发病初期全身症状明显，如头晕、头痛、恶心、寒战，随后出现呕吐、腹痛、腹泻等，一般伴有发烧，体温较高，可达39~40℃。重症者可出现寒战、抽搐甚至昏迷。

预防措施主要有：加强肉类食品在储存、运输、加工、烹饪等环节的卫生管理，尤其要防止熟肉类食品被带菌食物、带菌容器及带菌食品从业人员污染；低温储存物品沙门氏菌繁殖的适宜温度是37℃，但在20℃以上即能大量繁殖；彻底杀灭肉类食品中可能存在的各类沙门氏菌并灭活其毒素。沙门氏菌对热耐受力较差，100℃立即死亡，70℃煮5分钟、65℃煮15~20分钟、60℃煮1小时，都可以将其杀灭，蛋类应煮沸8~10分钟。

② 葡萄球菌食物中毒。金黄色葡萄球菌存在于人或动物的化脓性病灶中。进食受到金黄色葡萄球菌污染的奶类、蛋及蛋制品、糕点、熟肉类都可致食物中毒。一般在进食后1~6小时出现症状，主要有恶心、剧烈的呕吐、腹痛、腹泻等。

📖 **案例11-1**

酒店蛋糕致24人发烧腹泻

2020年5月29日下午，厦门思明区市场监督管理局投诉举报台接到客人投诉，称食用某酒店的提拉米苏蛋糕后，出现急性肠胃炎症状。6月1日至2日，多位网友反映称，食用福建厦门某酒店提拉米苏后，出现恶心、头晕、腹泻、发烧等症状。6月3日，厦门思明区市场监督管理局就上述情况进行通报，执法人员立即赴现场取样调查并向投诉的客人核实相关事实。会同疾控部门按照规定程序采样取样，快速检测，发现被投诉酒店制作的蛋糕部分卫生指标未能达到标准要求。厦门思明区市场监督管理局责令该酒店停止蛋糕及其他烘焙类食品生产销售，并责成该酒店对客人予以合理的赔偿。同日，酒店针对此事发布了道歉信。该酒店表示，将依照法律规定以及政府相关部门的指导要求，对客人给予合理的赔偿。酒店将进一步加强卫生管理，杜绝此类事件的再次发生。

然而，此事件的热度并未随调查结果的通报而下降。北京商报记者查询发现，多位网友在微博等社交平台称，引发不适的蛋糕为酒店出售的199元4个的8寸蛋糕，申请退款后被告知只能退未领取的3个蛋糕金额。同时，还有网友称中招的客人人数不排除还会增加的可能。另外，也有网友认为，销售蛋糕的平台也应对此事件负责。华美酒店顾问机构首席知识官、高级经济师赵焕焱表示，对酒店来说，安全和卫生是基本要求，企业在安全和卫生方面的成本是不能压缩的，这也是品牌建设的最基本要求。

（资料来源：https://www.cfsn.cn/front/web/site.newshow?hyid=32&newsid=29007&pdid=737）
问题：分析食物中毒事件的处理流程，以及该事件对酒店的影响。

2. 有毒动植物引起的食物中毒

有些动植物中含有某种天然的有毒成分，由于外观形态与无毒品种类似，易混淆误食；或者加工不当，未除去有毒成分；或在一般条件下并不含有有毒物质，但由于储藏不当而产生某些有毒物质，当这些有毒物质积累到一定程度，也可引起食物中毒。常见的有毒动植物引起的食物中毒如下。

(1) 河豚中毒。河豚味道鲜美，但体内含有一种很强的神经毒素，不同品种、不同部位含量不一样，肝脏、卵巢含量最大，其次为肾、脾、血液、眼睛、鳃和皮肤，肌肉无毒。

(2) 毒蘑菇中毒。部分蘑菇有毒，误食后常导致人中毒。毒蘑菇中毒多发生在高温多雨的夏秋季节。毒蘑菇中毒包括胃肠毒型、神经精神型、溶血型、原浆型四种类型。不同类型中毒，表现不一样，如误食含有胃肠毒素的蘑菇后，常会导致恶心、呕吐、腹痛、腹泻等胃肠道症状；误食含有神经毒素的蘑菇后，常会导致流涎、大汗、面色苍白、流泪、呕吐、腹泻、瞳孔缩小等症状，严重者呼吸困难，有时出现幻觉。

其他易出现食用后中毒的含毒动植物包括鱼胆、有毒鱼类、鱼肝、贝类、猪甲状腺、有毒蜂蜜、鲜黄花菜、苦瓟子、四季豆、发芽马铃薯、桐油、山大茴香、白果、黑斑甘薯等。

 案例11-2

未熟豆浆放倒48名学生

2003年11月26日上午，广西北海市某小学48名7至9岁的小学生出现头晕、肚子痛、呕吐等症状，被送往北海市人民医院急诊科，经过医护人员全力抢救，小学生没有生命危险。据症状较轻的小学生回忆，当日上午8时，他们在学校做完早操回到教室，班主任老师和任课老师送来由学校统一安排的早餐豆浆和发糕。吃完早餐刚开始上第一节课，一至三年级的小学生中相继有人出现头晕、肚子痛、恶心等症状，有的小学生当场在教室内剧烈呕吐。北海市卫生防疫站已对小学生的呕吐物进行化验，初步确定事故由豆浆未煮够时间引起。

(资料来源：https://www.chinacourt.org/article/detail/2003/11/id/93500.shtml)

问题：未煮熟豆浆为什么有毒？应怎样预防豆浆中毒？

3. 化学性食物中毒

化学性食物中毒是指食用了被有毒有害化学物质污染的食物所引起的中毒。化学性食物中毒类型包括亚硝酸盐食物中毒、有机磷农药中毒、砷化合物中毒、锌化合物中毒、鼠毒强中毒、甲醇中毒等。在酒店餐厅中，常见的化学性食物中毒是亚硝酸盐食物中毒。

亚硝酸盐俗称工业用盐，摄入亚硝酸盐0.2~0.5 g就可以引起食物中毒，3 g可导致死亡，亚硝酸盐食物中毒是一种常见的化学性食物中毒。中毒的原因如下。

(1) 亚硝酸盐为白色粉末，在烹饪中常误认为食盐、食用面碱或白糖，从而导致食物中毒。

(2) 硝酸盐和亚硝酸盐广泛用于肉及肉制品生产加工用的发色剂和防腐剂中，如过量添加，即可导致食物中毒。

(3) 新鲜蔬菜中含有一定的硝酸盐，如果储存过久或者腐烂，或者煮熟后放置过久，原来菜内的硝酸盐在硝酸盐还原菌的作用下可转化为亚硝酸盐，食用后可引起中毒。腌制不久的蔬菜(暴腌菜)含有大量亚硝酸盐。

(4) 若肠道消化功能欠佳，则肠道内的细菌可将硝酸盐还原为亚硝酸盐，如同时大量食用硝酸盐含量较高的蔬菜，可导致亚硝酸盐中毒。

预防措施：注意蔬菜保鲜，勿食用腐烂或存放过久的变质蔬菜；熟菜不可在高温下存放长时间后再食用；勿食用未腌制透的蔬菜。

案例11-3

隔夜菜撂倒中年妇女 亚硝酸盐中毒险丧命

2017年，武汉某中年妇女晚饭后突然呼吸困难、嘴唇和四肢皮肤变紫，被家人紧急送到医院急救。经检查发现是亚硝酸盐中毒，罪魁祸首竟是一盘隔夜的白菜。

46岁的姜女士晚饭后没多久便全身冒汗，心慌无力，紧接着开始呼吸困难。家人赶紧将她送到武汉市中心医院后湖院区。当时，家属觉得姜女士是吃晚饭时被什么东西卡住了气管，但医生通过纤支镜探查气管，并没有发现异常。在发现姜女士嘴唇和四肢皮肤变紫后，医生赶紧询问家属她晚饭吃了什么。家属回忆，有大半盘白菜，前一天晚上没吃完，舍不得丢，第二天早上、中午没在家吃饭，晚饭时姜女士就拿出来吃了不少。最后，姜女士被诊断为亚硝酸盐中毒。经过及时洗胃、输液，注射亚甲蓝、维生素C等治疗后脱离了危险。

急诊科主任艾芬介绍，亚硝酸盐能使血液中的低铁血红蛋白氧化成高铁血红蛋白，从而抑制正常的血红蛋白携带氧和释放氧的功能，致使中枢神经等组织缺氧。通常情况下，人体摄入0.2g到0.5g亚硝酸盐，就会引起中毒，摄入量超过3g即可致人死亡。有些剩菜，特别是隔夜的绿叶蔬菜，非但营养价值不高，还会产生致病的亚硝酸盐。剩菜中亚硝酸盐的生成量，会随着储存时间的延长和温度的升高而增多，尤其是高蛋白质、高脂肪的剩菜。另外，在炎热天气里，隔夜饭菜还容易受到细菌污染，引发胃肠炎、食物中毒等。

艾芬提醒市民，在日常生活中，有人觉得将剩菜剩饭放进冰箱冷藏就可放心食用。尽管低温环境下可以减慢亚硝酸盐的产生速度，但时间长了，亚硝酸盐的含量仍然会增加。常吃隔夜菜，也是诱发胃癌的危险因素之一。因此，市民储存食物时要保持青菜新鲜，不要吃隔夜菜；尽量避免吃劣质熟食，特别是外观新鲜的肉制品；腌制菜一般5~8天亚硝酸盐含量最高，建议腌制完立即食用或过了上述时间段后再食用。

（资料来源：https://www.tech-food.com/news/detail/n1365374.htm）

问题：如何预防亚硝酸盐中毒？

4. 真菌性食物中毒

食入霉变食品引起的中毒称为真菌性食物中毒。真菌性食物中毒的原因有：谷物、油料或植物在储存过程中生霉，未经适当处理即作为食品；已做好的食物放久发霉变质误食；在制作发酵食品时被有毒真菌污染或误用有毒真菌株。急性真菌性食物中毒潜伏期短，一般为胃肠道症状，如上腹不适、恶心、呕吐、腹胀、腹痛、厌食、偶有腹泻等。有些是慢性中毒，可发生癌变。

常见的真菌性食物中毒有：霉变甘蔗中毒、霉变甘薯中毒、麦角中毒。霉变甘蔗中毒是指使用了保存不当而霉变的甘蔗所引起的急性食物中毒。中毒初期会出现头晕、头痛、恶心、呕吐、腹痛或腹泻症状，部分患者有复视或者幻视觉，重症者出现抽搐，继而瞳孔散大、口吐白沫、昏迷等症状。霉变甘薯中毒指食用被霉菌污染并产生毒素的甘薯后引起的霉菌性食物中毒，霉变甘薯中毒的潜伏期较长，一般在食用 24 小时后发病，轻者有头痛、头晕、恶心、呕吐、腹泻等症状，重者有多次呕吐、腹泻，并有发热、肌肉颤抖、呼吸困难等症状。

案例11-4

酸汤子中毒事件

2020 年 10 月 5 日，黑龙江鸡西市鸡东县发生一起酸汤子中毒事件，最后一名食用酸汤子的患者于 10 月 19 日去世，死亡人数共计 9 人。据调查，在聚餐期间，他们共同食用了自制酸汤子，一种用玉米水磨发酵后做的粗面条样的当地特色主食。该酸汤子食材已在冰箱冷冻一年。经流行病学调查和疾控中心采样检测后，在玉米面中检出高浓度米酵菌酸，同时在患者胃液中亦有检出，初步定性为由椰毒假单胞菌污染产生米酵菌酸引起的食物中毒事件。

黑龙江卫健委发布的《酵米面食物中毒预防提醒》中提到，米酵菌酸对酸、氧化剂和日光不稳定，但其耐热性强，经煮沸和高压不被破坏，因此不论制成何种食品、采用何种日常烹调方法都不能破坏其毒性。

（资料来源：https://baijiahao.baidu.com/s?id=1680983385851179356&wfr=spider&for=pc）

问题：如何预防真菌性食物中毒？

扩展阅读11-2

食物过敏

第三节　餐饮产品卫生与安全管理的法规、制度与措施

食品在加工、运输、储存、生产等各环节，都会发生污染与安全问题，酒店餐饮产品卫生与安全管理需要建立一个科学的管理系统，从食品原料采购、储存、加工到销售服务，进行全过程管理，从餐饮从业人员、加工设备到生产环境设计与维护，进行全方位管理。

一、餐饮产品卫生与安全管理相关法规与制度

为保障食品安全，我国政府树立了全程监管的理念，坚持预防为主、源头治理的工作思路。在餐饮业卫生监管方面所做的主要工作如下。

(1) 加大对餐饮卫生的监管力度，制定并落实《餐饮业食品卫生管理办法》《公共场所卫生管理条例》(2019 年 4 月第二次修改)、《突发公共卫生事件应急条例》等法规，制定《餐饮服务许可管理办法》《餐饮业和集体用餐配送单位卫生规范》《餐饮业食品索证管理规定》《消毒管理办法》，加强餐饮环节监管。

(2) 推进餐饮业、食堂全面实施食品卫生监督量化分级管理制度，完善和加强食品污染物监测和食源性疾病监测体系建设。

(3) 加大对违法犯罪行为的打击力度，查处大案要案，并及时向社会通报。

(4) 开展食品危险性评估，科学发布食品安全预警和评估信息。

(一) 食品安全管理法规

食品安全管理法规主要有《中华人民共和国食品安全法》《突发公共卫生事件应急条例》《中华人民共和国固体废物污染环境防治法》以及饮用水安全管理法规等。

1.《中华人民共和国食品安全法》

2009 年第十一届全国人民代表大会常务委员会第七次会议通过《中华人民共和国食品安全法》(2015 年 4 月、2018 年 12 月与 2021 年 4 月先后进行了三次修订，以下简称《食品安全法》)。该条例对食品生产和加工(以下称食品生产)，食品销售和餐饮服务(以下称食品经营)，食品添加剂的生产经营，用于食品的包装材料、容器、洗涤剂、消毒剂和用于食品生产经营的工具、设备(以下称食品相关产品)的生产经营、食品生产经营者使用食品添加剂、食品相关产品，食品的储存和运输，对食品、食品添加剂、食品相关产品的安全管理等 6 个方面制定了法律规范，共 10 章 154 条，包括总则、食品安全风险监测和评估、食品安全标准、食品生产经营、食品检验、食品进出口、食品安全事故处置、监督管理、法律责任、附则等内容。

2.《突发公共卫生事件应急条例》

为了将突发公共卫生事件应急处理工作纳入法治化轨道，建立和完善我国突发公共卫生事件应急处理机制，推动及时、有效处理突发公共卫生事件，我国于 2003 年 5 月 7 日颁布了《突发公共卫生事件应急条例》(2010 年 12 月 29 日国务院对条例进行了修正)。该条例目的是处理突发公共卫生事件建立起信息畅通、反应快捷、指挥有力、责任明确的法律制度，有效预防、及时控制和消除突发公共卫生事件的危害，保障公众身体健康与生命安全，维护正常的社会秩序。现行条例共 6 章 54 条，包括总则、预防与应急准备、报告与信息发布、应急处理、法律责任、附则。条例完善了应急处理指挥体制，建立了应对突发公共卫生事件的快速处置机制，规定了应急预案制定及其启动程序等应急处理具体措施，同时强化了相应的法律责任。

(二) 食品安全管理制度

根据《食品安全法》，食品安全管理主要制度如下。

1. 食品安全风险监测与风险评估制度

《食品安全法》第 14 条规定，国家建立食品安全风险监测制度，对食源性疾病、食品污染以及食品中的有害因素进行监测。第 15 条规定，食品安全风险监测工作人员有权进入相关食用农产品种植养殖、食品生产经营场所采集样品、收集相关数据。第 17 条规定，国家建立食品安全风险评估制度，运用科学方法，根据食品安全风险监测信息、科学数据以及有关信息，对食品、食品添加剂、食品相关产品中生物性、化学性和物理性危害因素进行风险评估。第 18

条规定,通过食品安全风险监测或者接到举报发现食品、食品添加剂、食品相关产品可能存在安全隐患的,需要判断某一因素是否构成食品安全隐患的,应当进行食品安全风险评估。

2. 食品安全国家标准管理制度

《食品安全法》第 24 条规定,食品安全标准是强制执行的标准。除食品安全标准外,不得制定其他食品强制性标准。食品安全标准应当包括下列内容:食品、食品添加剂、食品相关产品中的致病性微生物,农药残留、兽药残留、生物毒素、重金属等污染物质以及其他危害人体健康物质的限量规定;食品添加剂的品种、使用范围、用量;专供婴幼儿和其他特定人群的主辅食品的营养成分要求;对与卫生、营养等食品安全要求有关的标签、标志、说明书的要求;食品生产经营过程的卫生要求;与食品安全有关的质量要求;与食品安全有关的食品检验方法与规程;其他需要制定为食品安全标准的内容。第 92 条规定,进口的食品、食品添加剂、食品相关产品应当符合我国食品安全国家标准。

3. 食品安全生产经营许可制度

《食品安全法》第 35 条规定,国家对食品生产经营实行许可制度。从事食品生产、食品销售、餐饮服务,应当依法取得许可。销售食用农产品和仅销售预包装食品的,不需要取得许可。仅销售预包装食品的,应当报所在地县级以上地方人民政府食品安全监督管理部门备案。《食品安全法》第 38 条规定,生产经营的食品中不得添加药品,但可以添加按照传统既是食品又是中药材的物质。按照传统既是食品又是中药材的物质目录由国务院卫生行政部门会同国务院食品安全监督管理部门制定、公布。《食品安全法》第 39 条规定,国家对食品添加剂生产实行许可制度。从事食品添加剂生产,应当具有与所生产食品添加剂品种相适应的场所、生产设备或者设施、专业技术人员和管理制度,并依照本法第 35 条第 2 款规定的程序,取得食品添加剂生产许可。生产食品添加剂应当符合法律、法规和食品安全国家标准。

4. 食品安全全程追溯制度

《食品安全法》第 42 条规定,国家建立食品安全全程追溯制度。食品生产经营者应当依照本法的规定,建立食品安全追溯体系,保证食品可追溯。国家鼓励食品生产经营者采用信息化手段采集、留存生产经营信息,建立食品安全追溯体系。

5. 食品从业人员健康管理制度

《食品安全法》第 45 条规定,食品生产经营者应当建立并执行从业人员健康管理制度。患有国务院卫生行政部门规定的有碍食品安全疾病的人员,不得从事接触直接入口食品的工作。从事接触直接入口食品工作的生产经营人员应每年进行体检,取得健康证明后方可上岗工作。

6. 食品安全自查制度

《食品安全法》第 47 条规定,食品生产经营者应当建立食品安全自查制度,定期对食品安全状况进行检查评价。生产经营条件发生变化,不再符合食品安全要求的,食品生产经营者应当立即采取整改措施;有发生食品安全事故潜在风险的,应当立即停止食品生产经营活动,并向所在地县级人民政府食品安全监督管理部门报告。

7. 食品安全出厂检验记录制度

《食品安全法》第 51 条规定，食品生产企业应当建立食品出厂检验记录制度，查验出厂食品的检验合格证和安全状况，如实记录食品的名称、规格、数量、生产日期或者生产批号、保质期、检验合格证号、销售日期以及购货者名称、地址、联系方式等内容，并保存相关凭证。记录和凭证保存期限应当符合本法第 50 条第 2 款的规定。

8. 首负责任制度和惩罚性赔偿制度

《食品安全法》第 148 条规定，消费者因不符合食品安全标准的食品受到损害的，可以向经营者要求赔偿损失，也可以向生产者要求赔偿损失。接到消费者赔偿要求的生产经营者，应当实行首负责任制，先行赔付，不得推诿；属于生产者责任的，经营者赔偿后有权向生产者追偿；属于经营者责任的，生产者赔偿后有权向经营者追偿。生产不符合食品安全标准的食品或者经营明知是不符合食品安全标准的食品，消费者除要求赔偿损失外，还可以向生产者或者经营者要求支付价款十倍或者损失三倍的赔偿金；增加赔偿的金额不足 1000 元的，为 1000 元。但是，食品的标签、说明书存在不影响食品安全且不会对消费者造成误导的瑕疵除外。

此外，还有食品召回制度、特殊食品严格监管制度、民事赔偿优先制度等。

(三) 餐饮安全生产管理制度

餐饮安全管理制度主要有《餐厅环境卫生管理规定》《餐厅安全生产规定》《餐厅意外情况预防处理制度》《对客安全服务员工守则》《员工使用清洁剂安全规定》《库房防火安全规定》等。厨房安全管理制度主要有《厨房常规卫生环境要求》《厨房各作业区卫生管理制度》(适用于炉灶作业区、配菜间、冷菜间、点心间、粗加工间)、《厨房员工卫生管理制度》《厨房设备餐具卫生管理规定》《食品卫生管理制度》《厨房卫生管理责任制》《厨房安全管理责任制》《厨房安全管理的检查制度》《常见安全事故及预防》等。

二、餐饮产品卫生与安全管理措施

(一) 餐饮场所及人员卫生管理

1. 食品处理区的分区

指食品的粗加工、切配、烹饪和备餐的场所、专间，食品库房、餐用具清洁区等。按清洁程度，分为清洁操作区、准清洁操作区、一般操作区。

(1) 清洁操作区。指为防止食品被环境污染，清洁要求较高的操作场所，包括专间、备餐场所等。专间指处理或短时间存放直接入口食品的专用操作间，包括凉菜间、裱花间、备餐专间、集体用餐分装专间等。备餐场所指成品的整理、分装、分发、暂时置放的专用场所等。

(2) 准清洁操作区。指清洁要求次于清洁操作区的操作场所，包括烹调场所、餐用具保洁区。烹调场所指对经过粗加工、切配的原料或半成品进行煎、炒、炸、焖、煮、烤、烘焙、蒸及其他热加工的操作场所。餐用具保洁区指存放清洗消毒后的餐用具和接触直接入口食品的容器、工具的区域。

(3) 一般操作区。指其他处理食品和餐具的场所，包括粗加工操作场所、切配场所、餐用具清洁消毒场所和食品库房等。初加工操作场所指对食品原料进行挑拣、切、称重、拼配等加工处理成为半成品的操作场所。餐用具清洁消毒场所指对餐饮用具和接触直接入口食品的工具、容器进行清洁、消毒的场所。食品库房指专门储藏、存放食品原料的场所。

2. 餐饮场所的卫生设计要求

(1) 食品处理区。食品处理区地面应该采用无毒、无异味、不透水、不易积垢的材料铺设，应平整、无裂缝，墙壁应采用浅色材料。粗加工、切配、餐用具清洁消毒和烹饪等经常冲洗场所、易潮湿场所地面铺设材料应易于清洁和防滑，应有一定的排水坡度及排水系统，墙壁应采用光滑、不吸水、浅色、耐用和易清洁的材料铺设 1.5m 以上，各类专用间应铺设到墙顶。

(2) 更衣场所。为防止从业人员在更衣后暴露在外部环境使清洁工作服再次受到污染，更衣场所应与加工经营场所处于同一建筑物。

(3) 水池区域。不同用途的各类水池均应分开设置，避免交叉感染。粗加工场所分为动物性食品清洗水池和植物性食品清洗水池，水产品的清洁池宜独立设置。禽畜类、水产类和植物性食品原料中常带有不同的微生物，不同类型食品原料的烹饪时间不一致，如植物性食品原料的烹饪时间较短，如果污染动物性食品原料常带的微生物，如耐热能力相对较强的沙门氏菌，有可能因未完全杀灭致病菌而引起食物中毒。

(4) 厨房。厨房的使用面积不得小于 8m^2，墙壁应有 1.5m 以上的瓷砖或其他防水、防潮、可清洗的材料制成的墙裙，地面应由防水、不吸潮、可洗刷的材料铺设，具有一定坡度，易于清洗。厨房配备有足够的照明、通风、排烟装置和有效的防蝇、防尘、防鼠以及污水排放和符合卫生要求的存放废弃物设施。

(5) 凉菜间。配有专用冷藏设施、洗涤消毒和符合要求的更衣设施，室内温度不得高于 25℃。

(6) 蛋糕间。蛋糕间是用于制作裱花蛋糕的操作间，应设置空气消毒装置和符合要求的更衣室及洗手、消毒水池。

3. 餐饮场所的垃圾处理、病虫害防治及人员卫生管理

(1) 垃圾处理。餐厨废弃物实行分类管理，分别处理。根据实际情况，建立餐厨垃圾集中处理的场所，设置标准餐厨垃圾收容器，将餐厨垃圾和非餐厨垃圾分开收集。餐厨垃圾中的厨余垃圾和废弃油脂单独收集。食品原料粗加工产生的垃圾，如菜叶、根须、动物内脏、毛皮等按生活垃圾处理，废弃油脂按规定倒入专用容器，由专业公司回收清运。餐厨废弃物处置安排专人负责，建立完整处置台账，详细记录餐厨废弃物的种类、数量、去向等情况，定期报告，并接受监督检查。废弃油脂按要求与回收方签订回收协议书。餐厨废弃物处理台账见表 11-1。

表11-1 (单位)_____餐厨废弃物处理台账

序号	日期	种类	数量	去向用途	回收人签名	处置人签名	备注

(2) 病虫害防治。老鼠、苍蝇、蟑螂等害虫是餐饮产品生物污染来源。鼠类可以直接把疾病传播给人类，或通过体外寄生虫间接传播和吃吸舔爬行食物和餐具、饮具传播给人类。苍蝇是多种病原体的媒介，传播伤寒、阿米巴痢疾、肺结核、眼结膜炎、病毒性肝炎、细菌性皮炎、蛔虫感染、寄生虫消化道传染病等 20 余种病毒性疾病和细菌性疾病。蟑螂对人的危害仅次于苍蝇，蟑螂全身带有细菌，携带约 40~50 种对脊椎动物致病的细菌，被蟑螂污染的食物和餐具、饮具会使人得严重的肠胃炎、食物中毒或痢疾。

首先要做好开业前的虫害预防工作。检查餐厅墙体是否有洞或裂缝供害虫潜入餐厅内部；检查管道是否有破洞，防止蟑螂、老鼠通过管道进入室内；检查门缝与地面的距离是否小于 6mm，对于排水沟和排气口，采用网眼孔径小于 6mm 的金属格栅或网罩，防止老鼠进入室内；检查周边的绿化植被、下水道口、垃圾站是否距离餐厅过近，提前采取相应的预防措施，大门上方安装风幕机，并检查风向，预防飞虫进入餐厅。其次是进行消毒和清理。使用消毒柜对餐具进行消毒，高效红外线、紫外线光波杀菌，高浓度臭氧消毒，杀菌消毒 99.99%。发现老鼠排泄物、死鼠，应清理，并对该区域清洁及喷洒适量消毒液。老鼠咬过的货物，确认后废弃。发现的蟑螂尸体应立即清理，其尸体内可能携带蟑螂卵，可孵化出数量众多的小蟑螂。最后，聘请有害生物防治人员对老鼠、蟑螂等害虫进行专业处理。发现活鼠或老鼠藏匿地点，活体蟑螂或蟑螂尸体时，联系相关品管人员，聘请有害生物防治人员进行处理。对于老鼠的防治，室外以投放毒饵为主，室内以物理灭鼠为主，如使用粘鼠板和驱鼠器等。通过切断入口、切断食物源和消除藏身处，阻止蟑螂入侵。如果厨房或仓库等地已有蟑螂，在关键位置使用胶饵和专业杀虫剂喷洒进行强化治理。对苍蝇等飞虫，首先要环境清洁，确保厨房和餐厅洁净卫生。采取安装灭蝇灯、风幕机、门帘、粘蝇条等物理防护措施，必要时采用杀虫水乳剂杀虫。

(3) 人员卫生管理。根据《食品安全法》，食品加工人员的卫生要求如下。

① 工作前、处理食品原料后或接触直接入口食品之前都应当用流动清水洗手。

② 不得留长指甲、涂指甲油、戴戒指。

③ 不得有面对食品打喷嚏、咳嗽及其他有碍食品卫生的行为。

④ 不得在食品加工和销售场所内吸烟。

⑤ 服务人员应当穿着整洁的工作服；厨房操作人员应当穿戴整洁的工作衣帽，头发梳理整齐并置于帽内。

⑥ 加工人员必须认真检查待加工的食品及食品原料，发现有腐败变质或其他感官性状异常的，不得加工或使用。

⑦ 厨师必须经过食品卫生知识培训，取得食品卫生从业人员知识培训班后方可上岗，之后每两年还要接受一次复训。

⑧ 食品生产经营人员的培训包括负责人、卫生管理人员和食品从业人员，应分别不少于 20 学时、50 学时、15 学时。

⑨ 餐饮业经营者发现食物中毒或疑似食物中毒事故时，必须向卫生行政部门报告，并保留造成食物中毒或可能导致食物中毒的食品及其原料、工具、设备和现场，积极配合卫生行政部门开展食物中毒事故的调查和处理。

⑩ 餐饮员工必须持健康证上岗，每年体检一次。凡患有痢疾、伤寒、病毒性肝炎、活动

性肺结核、传染性皮肤病、慢性肝炎等疾病者，不能从事餐饮服务工作。

(二) 原料采购及储存卫生管理

(1) 采购原料必须专人负责，采购人员应掌握食品卫生知识和采购知识，对所采购的物品负责。建立索证档案，索取的证明要分类并按时间顺序存档管理。

(2) 在采购定型包装食品时，要向供应方索取厂家卫生许可证、产品检验合格证明或者检验报告；采购非定型包装食品时，要检查食品的色、香、味、型等感官性状，并索取经销商的卫生许可证及该批产品的检测报告或合格证。

(3) 在采购鲜(冻)肉类时，应当索取畜产品检疫证，或者查看胴体上是否加盖有效的验讫印章，采购进口鲜(冻)肉类及其制品时，应索取出入境动物产品检疫合格证明。

(4) 采购保健食品、进口保健食品、辐照食品、新资源食品时，应索取卫生部门有关卫生许可批件。

(5) 拒绝一切三无商品(无商标、无生产厂家、无生产日期)进入公司仓库。

(6) 对国家明令禁止或给予特殊限制的动物、植物，必须严格按卫生部门的要求采购或禁购。

(7) 建立严格的验收制度，指定专人负责验收。

(8) 储存室的卫生要做到四勤(即勤打扫、勤检查、勤整理、勤翻晒)，五无(无虫蝇、无鼠害、无蟑螂、无蜘蛛网、无污水)。

(9) 食品存放要做到两分开(即生熟分开、干湿分开)，防止污染。

(三) 食品初加工及切配卫生管理

食品初加工及切配应做到以下几点。

(1) 餐饮企业应设置专用粗加工间或粗加工区域及设施，其使用面积与生产供应量相适应。

(2) 粗加工间或粗加工区域地面应易清洗、不吸水、防滑、排水通畅，所用材料应无毒、无臭味或异味、耐腐蚀、不易发霉、符合卫生标准、有利于保证食品安全卫生。

(3) 粗加工场地应设有层架，加工场所防尘、防蝇、防鼠设施齐全并正常使用。加工用工具、容器、设备必须经常清洗，保持清洁，直接接触食品的加工用具、容器必须用后消毒。

(4) 解冻、择洗、切配、加工工艺流程必须合理，各工序必须严格按操作规程和卫生要求进行操作，确保食品不受污染。

(5) 动物性食品与植物性食品应分池清洗，水产品宜在专用水池清洗，并有明显标志。加工肉类、水产品与蔬菜的操作台、用具和容器要分开使用，并有明显标志。

(6) 加工前应认真检查待加工食品，做到不领用、不加工腐败变质的食品原料。禽蛋在使用前应对外壳进行清洗，必要时消毒处理。

(7) 加工后食品原料要放入清洁容器内(肉禽、鱼类要用不透水容器)，不落地，有保洁、保鲜设施。易腐食品应尽量缩短在常温下的存放时间，加工后应在规定时间内及时使用或冷藏。

(8) 切配好的半成品应避免污染，与原料分开存放，并应根据性质分类放在层架上。

(9) 加工后的肉类必须无血、无毛、无污物、无异味；水产品无鳞、无内脏。

(10) 加工后的蔬菜瓜果必须无泥沙、杂物、昆虫。蔬菜瓜果加工时必须做到一拣(拣去腐烂的、不能吃的)、二洗、三浸(必须浸泡半小时)、四切(按需要切形状)。

📖 **扩展阅读11-3**

食品添加剂及其安全

第四节　餐饮产品生产与服务安全事故管理

餐饮产品生产与服务安全管理是指在餐饮加工、切配、烹调和服务中的安全管理。餐饮运营中常常发生安全事故，其中许多安全事故因员工疏忽大意造成，如摔伤、切伤、烧烫伤和火灾等，应加强员工安全意识教育，有效预防和控制安全事故。对餐饮企业来说，建立规范的餐饮产品生产管理制度和安全事故应急处理流程十分重要，餐饮企业应树立预防为主、安全第一的管理理念，强化餐饮安全隐患的辨别和处置能力。

一、餐饮产品生产与服务常见安全事故及预防

(一) 跌伤和撞伤

跌伤和撞伤是餐饮产品生产与服务中最容易发生的安全事故类型。厨房通道、餐厅门口、台阶、拐角处，易跌伤或撞伤。餐饮生产繁忙，地面常出现潮湿、油污的情况，易发生滑倒摔伤事故；送餐服务员步伐太快，拐角处不小心，没有抬头看路，也可能与客人相撞造成跌伤和撞伤。

预防滑倒跌伤和撞伤的主要措施如下。

(1) 保持地面清洁、干燥。油、汤、水洒在地上要立即擦掉，尤其是炉灶操作区。要尽量避开工作时间水洗地面，对清洗后的地面，及时放置小心防滑警示标牌。

(2) 工作区域内应有足够的照明。所有通道和工作区域内的弹簧门应有缓速装置，楼梯必须有护栏，应没有障碍物。

(3) 厨师的工作鞋要有防滑功能，不得穿薄底鞋、已磨损的鞋、高跟鞋、拖鞋、凉鞋。

(4) 要求服务员精神集中，养成走路看前方的习惯，严禁在厨房、餐厅内奔走或低头疾走。

(5) 及时清理地面杂物，保持通道畅通。

(6) 要加强安全教育，提高员工安全事故防范意识。

(二) 烧烫伤

烧烫伤也是餐饮服务中常出现的安全事故。烧烫伤包括厨房员工因不小心接触到热锅、热油、热蒸汽、热汤、热餐饮服务容器造成的身体损伤，以及服务员在传菜和上菜过程中，热菜滑落造成的烫伤。发生烫伤的原因有：厨师工作不小心，导致热油飞溅出来；揭开蒸锅时，动

作不规范；装汤时，装太满，或汤碗破损。预防烫伤的主要措施如下。

(1) 要强化服务操作流程和规范培训管理，避免粗心大意。

(2) 做好重要安全隐患的警示教育，提高员工安全事故防范意识。

(3) 在烤、烧、蒸、煮等设备的周围留出足够的空间，避免因空间拥挤、不及避让而烫伤。

(4) 在拿取温度较高的烤盘、铁锅或其他工具时，应垫上一层厚抹布。

(5) 不要将容器内的开水、汤汁等装得太满，运送汤汁时要注意人群。

(6) 在蒸笼内拿取食物时，应先关闭气阀，打开蒸笼盖，让蒸汽散发后再垫抹布拿取。

(7) 禁止在炉灶及热源区域打闹。

(三) 切伤

切伤是厨房安全事故主要类型之一，造成切伤的原因有：厨房切配加工人员工作时精神不集中、工作中开小差，技术不过关、工作姿势或程序不正确，没有在规范台面切配或者选择刀具不合适。切配刀具乱扔乱放也可能造成切伤或划伤。预防切伤的主要措施如下。

(1) 提高切配技能。

(2) 按照要求使用刀具和规范切配。

(3) 使用各种刀具时，注意力要集中，严禁拿着刀具打闹。

(4) 操作时不得用刀指东划西，不得将刀随意乱放。

(5) 不得将刀放在工作台或砧板的边缘。

(6) 在清洗设备时，要先切断电源再清洗，清洗锐利的刀片时要格外谨慎。

(7) 厨房内如有破损的玻璃器皿，要及时用扫帚处理掉，不要用手捡。

(8) 发现工作区域有暴露的铁皮角、金属丝头、铁钉等东西，要及时处理，以免划伤人。

(四) 火灾

火灾是酒店重大安全事故的主要类型，而厨房是酒店最主要的火灾发生场所。厨房是用火最多的地方，在油炸或爆炒食物的时候，会造成热油外溢，产生较大的明火。厨房抽油烟机管道常积有厚厚的油垢，容易燃烧。煤气灶也是重大的火灾隐患源，煤气灶使用后没有关严造成煤气泄漏，也容易造成火灾。厨房使用的电器功率比较高，在超负荷或者存在油污、破损情况下，也会引起火灾。预防餐饮场所火灾的主要措施如下。

(1) 加强员工安全意识教育，要求员工按照规范使用煤气灶。

(2) 要做好设备的维修保养，例如，插头使用频率高，容易坏，厨房电线容易老化漏电，要经常检查和维修，严禁使用破损的插头。

(3) 要注意抽烟烟机管道火灾隐患，加强预防管理。

(4) 厨房工作人员在下班前要有专人负责关闭能源阀门及开关，检查火种是否全部熄灭。

(5) 消防器材要在固定位置存放。

此外，餐饮产品生产与服务还会发生扭伤、电击伤等安全事故。

📖 **案例11-5**

厨房火灾

2020年10月27日中午11点12分左右，上海市普陀区城北一公司的厨房突然冒烟，接到单位员工报警求助后，普陀区消防救援大队立即派香榭街和鲁洲路2个消防站5车27人赶往现场进行处置。消防队员到场时，只见厨房内充斥着大量浓烟，油锅内仍有明火燃烧，烟道内冒出大量黑烟。经询问侦查得知：现场是厨房灶台上油锅起火，起火时工作人员曾使用灭火器、水枪试图扑灭火灾，但火势并未完全得到控制。所幸现场无人员被困，厨房内消防喷淋系统启动，对局部火势形成了有效控制。根据现场情况，消防队员在对现场确认断电后，用水带水枪对内部剩余火势进行扑灭，并展开排烟工作。

后续经调查了解和查看视频监控得知，失火原因是厨房工作人员在做菜烧热油锅后离开，忘记关闭灶台火源导致。后续消防喷淋系统启动，有效阻止了火灾蔓延。

资料来源：http://www.zhoushan.cn/pd/119/202010/t20201029_990248.html

问题：分析厨房火灾原因及预防措施。

二、餐饮产品安全事故的应急处理

(一) 餐饮产品安全事故处置基本要求

根据《食品安全法》第103条，发生食品安全事故的单位应当立即采取措施，防止事故扩大。事故单位和接收病人进行治疗的单位应当及时向事故发生地县级人民政府食品安全监督管理、卫生行政部门报告。县级以上人民政府农业行政等部门在日常监督管理中发现食品安全事故或者接到事故举报，应当立即向同级食品安全监督管理部门通报。任何单位和个人不得对食品安全事故隐瞒、谎报、缓报，不得隐匿、伪造、毁灭有关证据。

(二) 餐饮产品安全事故处置措施

根据《食品安全法》第105条，县级以上人民政府食品安全监督管理部门接到食品安全事故的报告后，应当立即会同同级卫生行政、农业行政等部门进行调查处理，并采取下列措施，防止或者减轻社会危害：开展应急救援工作，组织救治因食品安全事故导致人身伤害的人员；封存可能导致食品安全事故的食品及其原料，并立即进行检验；对确认属于被污染的食品及其原料，责令食品生产经营者依照本法第63条的规定召回或者停止经营；封存被污染的食品相关产品，并责令进行清洗消毒；做好信息发布工作，依法对食品安全事故及其处理情况进行发布，并对可能产生的危害加以解释、说明。

(三) 餐饮产品安全事故处置法律责任

根据《食品安全法》第128条，事故单位在发生食品安全事故后未进行处置、报告的，由有关主管部门按照各自职责分工责令改正，给予警告；隐匿、伪造、毁灭有关证据的，责令停产停业，没收违法所得，并处十万元以上五十万元以下罚款；造成严重后果的，吊销许可证。

📖 **案例11-6**

餐饮服务环节食品安全突发事故处置

某日，县市场监管局接到报告称，10余名游客在该县某餐饮店就餐后感到不适，去医院就诊。县市场监管局按规定及时向县卫生局通报，并向市市场监管局报告，县市场监管局出动执法人员封存可能导致食品安全事故的食品及其原料，立即进行检验，并责令其停止营业，封存被污染的食品及用具。县卫生局接到通报后，向县人民政府报告，开展应急救援工作，对因食品安全事故导致人身伤害的人员，立即组织救治；会同县市场监管局进行事故责任调查，督促有关部门履行职责，对事故现场进行卫生处理。由县疾控中心对与食品安全事故有关的因素开展流行病学调查，并在调查处理完毕后向本级人民政府提出事故责任调查处理报告；因游客未得到及时善后处理造成上访，旅游部门责成旅行社先予补偿处理，事后组织调解；县市场监管局根据调查报告，由于该经营业主涉嫌在经营过程中致使致病菌交叉污染食品造成食源性疾病，依法予以处罚。

（资料来源：http://nbxs.zjzwfw.gov.cn/art/2014/12/30/art_96274_16218.html）

问题：餐饮服务安全事故处理流程是怎样的？

(四) 餐饮企业食物中毒事件的处理程序

(1) 发现客人食物中毒，要立即向领导汇报，同时安排车辆将中毒者及时送往附近医院进行治疗，并向防疫站报告。

(2) 通知餐厅立即停止供应饭菜。

(3) 对造成食物中毒或可能导致食物中毒的食品及其原料、工具、设备和现场进行保护。原食品如有留样，应立即封存，如没有留样，应马上进行取样并封存，等候进一步处理。

(4) 配合卫生行政管理部门的调查，按卫生行政管理部门的要求如实提供有关材料和样品。

(5) 建立事故调查小组，对事故起因进行详细调查，并将调查疑点提供给卫生行政管理部门。

复习思考题

一、名词解释

1. 食品卫生

2. 食品安全

3. 食物中毒

4. 食品污染

5. 餐饮产品安全管理

二、简答题

1. 餐饮产品卫生与安全管理的内容有哪些？

2. 食品污染有哪几种类型，食品污染对人体的危害有哪些？

3. 引起食物中毒的原因有哪些？

4. 食物中毒有哪些基本类型，常见的食物中毒有哪些？

5. 食品安全管理主要制度有哪些？

6. 简述餐饮产品安全事故的处置要求与措施。

三、实践题

选择几家餐厅，通过访谈的方式，调查其餐饮产品卫生与安全管理的基本措施，并撰写调查分析报告。

四、案例分析

食物中毒

2018年8月23日至26日，桂林市举办第二十一届中国计算机辅助设计与图形学、第十一届全国几何设计与计算联合学术会议。来自全国各地的专家学者、高校师生等五百余人参加。25日的会议晚宴上，约500人共同在桂林某国际大酒店餐厅就餐。晚宴过后，部分参会者出现腹泻、呕吐和发烧等症状，某参会人员反映："第二天早上六七点我突然满头大汗，感觉身体不行了，被送往医院急诊，因为反复高烧，被安排住院治疗。"另一位参会者27日返回单位后，出现症状加重的情况，多次腹泻、低烧。还有一位参会者返回单位后高烧达39.8℃，白细胞数上万，脸色蜡黄。

据桂林市食药局通报称，截至8月27日18时，共有92人入院治疗。据悉。中毒者以各大高校教授、研究员和学生为主，其中还疑似有一位刚刚怀孕的女性。有参会者称胎儿可能会受影响。酒店第一时间处理得并不好，没有太把这起事故当回事。某参会教师说，有参会教师给酒店前台打电话表示自己即将休克，想请酒店前台帮忙叫一辆救护车，酒店方面却以酒店无这项服务为由拒绝。该教师被救护车送到医院时血压只有80。直到第二天此次事件在网上引起了舆情，酒店方面的态度才有所转变。

事件发生后当天，食药局调查取证时就已将涉事酒店的餐厅停业整顿。根据桂林市疾病预防控制中心初步判断，这是一起由沙门氏菌感染引发的食源性疾病事件。食品药品监管部门第一时间对涉事酒店的餐饮加工操作场所、可疑食品、餐饮具、食品采购票据等进行查封取证；责令涉事酒店立即停止所有餐饮经营活动；对涉事酒店的厨师及管理、服务人员逐一进行调查询问，对外购熟食开展溯源追查并进行抽样。经过数日的调查取样，疾控部门于29日在涉事酒店留样食品卤味拼盘、患者和厨师粪便中检出同型的肠炎沙门氏菌。公安机关29日依法行政拘留酒店3名相关责任人员。经现场调查和核实，涉事酒店涉嫌存在超出《食品经营许可证》核定的经营范围擅自经营冷食类食品，供餐的卤味拼盘不符合国家食品安全标准，食品安全制度不健全、不落实，留样不规范，索证索票不齐全等违反食品安全法律法规的行为。目前，酒店方已表态将承担所有责任；而食品药品监管、公安等部门已对此事件进行立案查处，并将依法从严从重作出进一步行政处罚和责任追究。

（资料来源：http://k.sina.com.cn/article_1708763410_65d9a91202000lgdi.html）

问题：

1. 该类食物中毒有哪些特点，如何预防该类食物中毒？

2. 分析政府有关部门对本次食物中毒事故的处理流程和措施。

3. 分析该国际大酒店餐饮产品生产安全管理的不足。

第十二章
餐饮产品的生产管理

餐饮产品是指厨房等餐饮生产部门加工制作的各类冷热菜点、甜品、汤羹及水果拼盘等，其质量直接反映了餐饮工作者的技术水平。餐饮产品生产管理工作是饭店业务管理的中心环节之一，厨房生产过程多，控制力度大，饭店餐饮产品的生产质量直接决定服务质量，关系饭店客源多少、餐饮的成本消耗与经济效益。

学习要点

1. 厨房组织机构的设置、厨房的规划与布局。
2. 餐饮产品生产特点、餐饮产品质量构成要素。
3. 餐饮产品生产质量控制方法。

导入案例

G大酒店的经营之道

G大酒店是广州市一家专门提供粤菜的餐饮企业，酒店以其优质服务和美味菜肴赢得了大批客人的光顾。在竞争激烈的广州饭店市场，稳定安全的饭菜出品质量是胜出的关键。该饭店胜出的关键因素就是制定了一个规范菜谱，菜谱列明了菜品在制作过程中采用的所有原料、辅料和调料的品名、用量、操作流程、每客分量和装盘用具、围边装修的配菜等。而且，饭店还在标准食谱中规范了菜肴的烹饪技术和烹调流程。只要把握并运用好烹调标准食谱，无论哪位厨师烹调，菜品的分量、成本、口味及装盘器皿、围边点缀的配菜均基本一致，使客人以相同的价钱获得相同的体验。有了烹调标准食谱，餐厅对外便于管理，对内便于效益控制，一举两得，事半功倍。

(资料来源：https://www.taodocs.com/p-96.64001.html)

思考：除了标准菜谱，还有哪些因素会对厨师的工作造成影响？

第一节　厨房的组织形式与规划布局

厨房生产管理是餐饮生产活动正常运作展开的基础，一般来讲，要本着科学、合理、高效的原则，并兼顾经济性和实用性。厨房生产管理的关键是建立符合要求的餐饮生产组织机构，依托机构，开展规范的厨房生产管理。本节主要介绍厨房组织结构的设置及厨房的规划与布局。

一、厨房组织机构的设置

餐饮行业中，除了部分从商场直接采购的餐饮业零点半成品，其他产品的制作主要由厨师来进行。所以，掌握餐饮业产品制作组织机构的设置，关键要把握厨房的组织与管理工作。根据餐饮生产规模、结构的不同，厨房组织的基本形态一般可分成大型厨房、中型厨房、小型厨房和粤菜厨房。厨房没有一成不变的，根据饭店餐饮经营战略的转变，厨房组织也要做适当的调节与变动，以体现饭店产品与各岗位之间的互相关联。

(一) 大型厨房组织机构

大型厨房的特征是设有一种集中生产的主厨区，以承担所有餐饮产品的生产与配份。它把成品先机械加工制成能够提供烹调的零点半成品，并按照成品要求加以配份，之后再加以冷藏，可随时随地提供给各烹调厨师领用。由各厨房按照各自提供的餐饮产品种类要求，向主厨订取零点半成品，然后由主厨集中向原料供应部门申订。目前，国内外大型酒店餐饮部的厨房，如上海锦江集团的一些酒店厨房采用的就是这种组织机构。在原料经过验收进店后，通过规范加工方式、配份方式，采用集中统一的工艺流程，使产品的品质与数量都达到国家标准，并可使原料的实际使用程度达到最大。现代大型厨房的组织机构如图 12-1 所示。

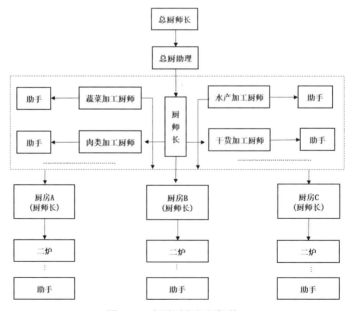

图12-1　大型厨房组织机构

(二) 中型厨房组织机构

中型厨房通常包括中餐和西餐两部分。虽然厨房的面积比大型厨房小一些,但每个厨房的配备合理、功能全面,能满足不同类型的中型规模餐饮需求。中型厨房的组织机构见图 12-2。

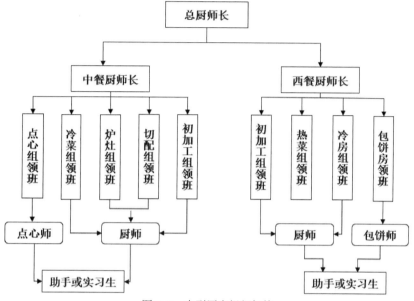

图12-2 中型厨房组织机构

(三) 小型厨房组织机构

小型厨房由于规模较小,所以组织机构相对比较简单,通常设有五大主要的职能机构。更小的厨房可不设专职机构,直接设工作人员。小型厨房的组织机构如图 12-3 所示。特小型厨房的组织机构如图 12-4 所示。

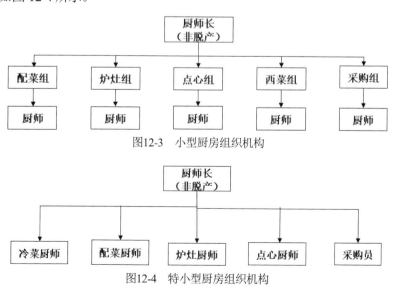

图12-3 小型厨房组织机构

图12-4 特小型厨房组织机构

(四) 粤菜厨房组织机构

由于岭南习俗的独特性，粤菜厨房的组织机构设置独具风格。粤菜厨房分工详细，责任明晰，有利于管理者的指导和监督。粤菜厨房的组织机构如图12-5所示。

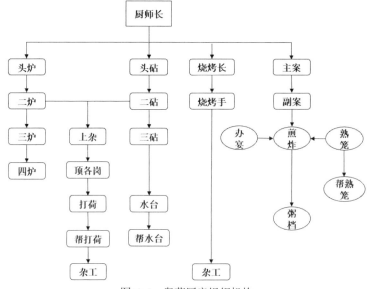

图12-5　粤菜厨房组织机构

二、厨房的规划与布局

合理的厨房现场设施设备布置是制作餐饮产品、展现厨师精湛烹调技术的客观条件，因为烹调的操作过程、制作效果与劳动效率在较大程度上受厨房设施布置的影响。生产场所设施布置合理与否，不但直接关系到人员的劳动量和操作质量，同时还影响生产场地内部以及生产场地与餐厅间的联系，影响建设投资是否合理。

(一) 厨房规划与布局原则

(1) 保证厨房生产流程的畅通。餐饮生产包括购买原料、粗加工、细切配和烹调后出品等多个流程，是反复渐进、缺一不可的工序。在厨房购买原料、领用、菜肴调配、烹饪出品流程中，应严防交叉回流，尤其要注重减少烹饪成品和收台、洗盘的交错。而餐厅货物与人流之间的通道在设施布置上也不能忽略，不但要预留足领料、垃圾清运的推车通道，还要充分考虑在大型接待中，餐车、冷碟车的出入口能否畅通。开放式厨房还要适当考虑餐厅可能借用厨房台、滚餐桌、活动舞台等用地。厨房的规划和布局应保证生产流程的通畅，减少对厨房内部货物、人流的冲击与交叉。

(2) 以主厨房为中心进行规划与布局。大多数餐饮企业，特别是星级饭店的餐饮部门都会有多个厨师。所以在室内设计时应该以主厨为中心加以布置，将厨房各部分尽可能布置在相邻楼层并力求贴近餐厅，以确保加工好的菜品可以及时传送给客人。而厨房和餐厅之间如间隔距离太远，不仅会直接影响出菜的效率，也会直接影响菜点出品的质量，同时会导致人力资源浪费并引起生产成本的增加。

(3) 厨房内部各作业点应安排紧凑。作业点是指厨房的最基本工作岗位。作业点的工具、器械最好放于接近操作地点的位置，距离太远不仅影响工作效率，还加大了作业人员行走的距离，增加了体能损耗。因此，冷菜间要和厨房的其他岗位分隔，并靠近产品出口。各作业点内部的设施设备布置则应该安排紧凑得当，使各作业点的厨师均可方便地使用所有需要的厨房设备和用具，从而提高生产效率。

(4) 设施设备的布局要合理。厨房的设施设备布局，要按照餐厅的总体规划进行合理设计。由于厨房生产间噪音很大，所以必须适当布置设施设备，从而减少厨房的生产噪音。设备安装要方便使用，易于清洗、维护与保养。厨房内排出的油烟、废气等任何废弃物，不能对餐饮企业任何地方，特别是客用场所的设备造成污染或产生其他有害影响。

(5) 保证厨房环境的卫生和安全。厨房是食品生产的重要部门，我国对食品卫生有专门的法律规定。厨房里易有刀伤、烧烫伤、失火的情况，要格外谨慎。所以厨房装修时不但要选择合理的地理位置，还要从健康和安全的角度来考量，以符合国家有关食品卫生和消防管理等方面的法律规定和政策要求。在确保食品卫生标准的同时避免失火、厨房人员受伤和发生意外。

(6) 提高厨房工作的舒适度。厨房工作人员劳动强度大，为了改善人员的操作情绪和提高工作效率，在厨房建筑设计与布置上，要从温度、湿度、通风、采光、地板高度、色彩、噪声和操作空间的尺寸等角度全面考量，给人员提供适宜的操作条件，并尽量采用现代化设备以降低厨房工作人员体力耗费，从而在提高员工工作热情的同时保证产品的质量和生产效率。

(二) 厨房整体布局安排

安排餐饮生产场所的整体布局，必须明确产品生产中各岗位的具体位置，并合理分配设施设备与用具，使其高效分布于生产场地内。在做整体布局安排时，应由厨房设计师、厨师长、主厨、设施专家等一起确定。通常中小型餐厅的生产场地是一个功能齐全的大厨房，而大中型餐厅的生产场地则由各种功能的独立厨房构成。大中型餐厅的各功能厨房虽独立却又相互连接，所以在各厨房的定位、面积、地板和墙壁设计、排烟设置等方面要体现整体作业的协调性。

(1) 厨房的位置。厨房的位置应该尽可能接近餐厅和仓库，其楼层应该尽量和消费地点保持在一个水平线上，尽可能接近公司内部的能源供应中心。若餐厅和厨房相距较远，要考虑建立专门的传菜渠道和原料、废弃物出入渠道。

(2) 厨房面积的确定。现代西式酒店已经广泛接受了宽敞、适宜的厨房环境，可批量生产出最好的食品，所以西方发达国家的厨房建筑在面积、温度、采光等方面和餐厅相互配套。厨房和后台的设备，建筑面积一般占整体饭店建筑面积的50%以下。我国在这方面尚有待提高。

根据不同的衡量标准，确定厨房面积的方法一般有三种。

① 按餐厅就餐人数确定厨房面积。以餐厅内每个用餐者所需要的厨房面积为参考来确定厨房的总面积，见表12-1。采用这个方式，一般用餐规模越大，用餐的人均所需厨房面积就越小，这主要由于小型厨房的辅助空间和过道等所占用的面积，不可以按比例缩得太小。

表12-1 以餐厅就餐人数来确定厨房面积

厨房供餐人数	平均每位用餐者所需的厨房面积(m²)
100	0.697
250	0.48
500	0.46
750	0.37
1000	0.348
1500	0.309
2000	0.479

② 按餐座数确定厨房面积。以餐厅内每个位置对应的厨房建筑面积为基准估算厨房的总面积，按照餐饮类别的差异，各餐厅餐位所对应的厨房建筑面积见表 12-2。

表12-2 各类餐厅餐位数所对应的厨房面积

餐厅类型	厨房面积(m²/餐位)	后场总面积(m²/餐位)
正餐厅	0.5~0.8	1~1.2
咖啡厅	0.4~0.6	
自助餐厅	1.5~0.7	

③ 按餐饮总面积确定厨房面积。在确定厨房面积时应根据各餐饮企业的档次、市场定位和实际条件适当进行调整，同时在设计时应留有一定的弹性调整空间，以满足餐饮企业未来业务调整的需要。详见表 12-3。

表12-3 餐厅各部门面积比例

部门名称	所占比例(100%)
餐饮总面积	100
餐厅	50
客用设施	7.5
厨房	21
仓库	10
清洗	6.5
员工设施	3
办公室	2

(3) 地面和墙面设计。厨房地板很易被水滴和油脂污染，在铺设厨房地板时，首先要防滑。选用不吸潮而且防水的瓷地板为佳，略呈龟背形的地板，便于冲洗和晾干。龟背形地板两边特别是靠近炉灶一侧宜设置排水沟明渠，在下水道上也要加盖铸铁隔渣网以利于清理冲刷和对废

物污物的处置。贴墙时可选用较不吸潮的白砖，从地平线粘贴至天花板，可以更方便地清理油烟和污垢。

(4) 排烟设置。餐饮业厨房中，尤其是高温工作的一线炉灶容易出现大面积的油烟、蒸汽及其他异味，所以厨房设计时应注重良好的排烟通气能力。排气扇、排烟罩或吸油烟机、送风管等设备能起到排除油烟、内外通风的作用，但长时间使用，产品表面会沾染油脂污垢，需要经常清洗，防止火灾、污染食物的事故产生。另外，安装纱窗既能起到通风换气的作用，又能防止蝇虫飞入。

(5) 防潮、防腐设置。因为厨房的最大特点是油腻潮湿，且含有腐蚀性物质，卫生清理至关重要，所以操作平台应选用不吸水、坚固耐久、易于清洁的材质制作，最好采用不锈钢工作台。切菜板一般以硬塑胶或压缩橡胶为好，但在使用中为避免交叉污染，要注意将生、熟、荤、素分离。

(6) 电源和灯具设置。所有器具的供电闸刀及电源线都必须设置在距地面 1.5m 左右的位置，并突出于墙壁。在清洁墙壁前必须用胶带或防水布密封好，以防止污水泄漏。厨房照明灯分为光照灯具、紫外线杀菌灯具及灭蚊蝇灯具、防爆灯具等。光照电灯通常设置于餐厅的各个操作部位，一般照度为200lx，但在食品操作部位则为400lx。紫外线灯通常设置于冷菜间，在餐前或饭后开启，起杀菌消毒的效果。但员工在冷菜间操作时不能随便开启，以免紫外光对健康产生影响。灭蚊蝇灯通常竖挂于餐厅的门口处，以免蚊虫进入各工作部位污染环境，违反食品卫生管理。防爆灯一般设置在各个炉头的最上部，或安置在抽排油烟罩上，以提高照明度。

(7) 库房设置。餐饮企业存放原料的仓库要明确用途、分类设置。肉类制品的冷冻库要自成体系，与其他房间隔开。冷藏柜存放最近期的使用商品，温度通常限制在 1~5℃。要将生熟产品分开放置，避免因食物污染所产生的健康问题。冷藏柜内要定期进行除霜，并使用温水洗涤整个冷藏柜。

(8) 员工卫生条件设置。厨房里除在产品加工部门设有相应数量的清洗池，还在整个产品作业线上设若干专门的清理洗手槽。对设备有特殊要求的餐饮企业，厨房区域内应建职工专属厕所，但不得对外开放。

此外，厨房其他方面的布局还包括厨房的温度控制、噪声控制和操作空间控制。只有对厨房科学合理地设计布置，才能有效提高餐饮生产工作流程、生产质量和劳动效率。

📖 **案例12-1**

H大酒楼发生的食物中毒事件

据通报，甘肃省古浪县食品药品监管局收到民众反映，有 87 位用餐人员在 H 大酒楼进食后，发生了恶心、腹痛、腹泻、发热等食品中毒情况。古浪县食品药品监督机构立即派出执法人员迅速前往案发地点调查，在协调医疗行政部门开展对中毒病人抢救的同时，也对 H 大酒楼中可能出现的违法活动情况开展研究。经查，该酒楼人员私自改动了营业地点、调整了食品加工间的布置，未重新申报办理餐饮经营许可证；热菜加工间存放大量食品原料，且生熟不分开；操作人员严重违反了食品安全监督管理操作规程，未认真执行餐具清洁消毒的管理制度。这些违法行为进一步加大了发生食品中毒的可能性。通过对现场留样的菜品和食物中毒病人排泄物取样检测，致病性细菌沙门氏菌已达到食品安全监督管理的标准限量。

H 大酒楼的做法，已经触犯了《食品卫生法》施行规则第 21 条第 1 款的法规，因此依据《食品卫生法》第 85 条和《食品卫生法》施行规则第 55 款法规，古浪县食品药品监管局对 H 大酒楼做出了如下处分：没收非法所得 12 920.00 元，处以货值总额十倍罚金 129 200.00 元，并撤销餐饮服务许可。

(来源：国家食品药品监管总局官网 http:www.sda.gov.cn/WSOl/CIO051/47080)

问题： 1. 该酒楼出现食品安全质量问题的原因是什么？

2. 如果你经营一家中等规模的中餐馆，你会如何对厨房进行组织规划？

第二节　餐饮产品的生产质量控制

厨房等餐饮生产部门加工制作的各类冷菜、热菜、点心、甜品、汤羹及水果盘等，其品质直接体现着餐饮生产、制作人员技术。产品的外表形态及内在风味，小而言之能对就餐者产生直接影响，关系其是否再来用餐；大而言之则通过客人的传播，影响整个饭店的声誉和形象。因而，对餐饮产品的生产质量控制尤为重要。为此，需要学习餐饮产品生产特点、餐饮产品质量构成和餐饮产品生产质量控制方法，进而展开工作与管理。

一、餐饮产品生产特点

(一) 产品规格多，管理难度大

与其他服务行业一样，食品制作与营销有明显的按需服务特征。当客人进入饭店点菜时，厨师可以按照客人需求制作相关菜肴呈现给对方。它和制造业的规模化、流水化相比存在明显的区别。因为客人要求的不同，餐饮行业的制作流程也存在品种多、规格多、生产量小、生产技术复杂的特征。另外，因为制作流程基本上是人工操作，不同的师傅做同类菜品也会产生差别，从而对餐饮行业生产的品质管控和规范统一造成了很大的障碍。

(二) 原料种类多样，保管难度较大

餐饮产品制作需要的原料数量多、品种杂，且这些原料都有相应的保质期，如果储藏方式不当或超过储藏期限，容易出现过期现象，所以食品原料的储藏应当进行分类分库监管，进行原料的归类统计，健全原料的按时发放机制，为提高食品服务质量夯实根基。

(三) 制作即时性强，质量影响因素多

餐饮生产工作是按照餐饮客人当时所点的花色品种的数量，以及按照厨师长布置的产品任务即时进行的。制作、销售与消费工作几乎同时进行。制作的产品需要立即让客人享受，其色、香、味、形、质都有强烈的时效观念，所以质量受时效因素影响很大。除产品自身质量以外，配送的时效性、饭店服务水平、用餐环境等各种因素都会给质量带来很大的影响，所以从质量

角度看，食品制作应该注重工作效率，注意原料组合的正确性，做到即炒即售，热炒热卖，为提高服务质量打下基础。

(四) 手工操作比重大，生产过程复杂

餐饮产品的制作大多以手动生产为主，特别是中国菜，自动化的过程极少。食品制作既是厨师厨艺表现的活动，又是烹调技巧构思创造的活动。其操作方式上出现的多样性也是多样化内涵的体现。同时食品的制作流程相当繁琐，厨房制作需要分别进行原料的挑选、加工、切配、烹调、装盘上菜等不同步骤。各道工序都具有不同的特点，处理方式也不相同。从产品的生产过程出发，经营者应该按照企业产品生产的本身特点来制定工艺流程，按照各种口味的花色品种来制定生产技术和主料、配料、调料的使用配比，按照产品制作的过程特征及各级师傅的手艺特点来合理配置人员，从而大大提高产品产出效率。

(五) 生产影响因素多，安排随机性强

餐饮产品的质量不但受到自身内部各种因素的直接影响，还受到外界很多因素的影响。时节、气候、节假日、所在区域的人流量、交通状况、周边环境，以及地区的经济活动等诸多因素都可能对餐饮产品的质量造成直接的影响。从季节变化看，餐饮企业按照自己的经营类型，每年有淡季和旺季的区别，每天有平时和周末的区别。而餐厅在每天、每餐中的产品数量、花色品种、服务质量等往往随之变动，从而产生了很大的随机性。因此，厨房管理人员需要每天做好产品销售记录，只有了解各种产品的随机变化情况以及客人点菜数量，才能做好规划，从而克服由于产品的随机性变化而造成的质量损失。

二、餐饮产品质量构成要素

客人会从各个视角对菜点做出评判，菜品的形状、味道或者品质，都是经过人体感觉器官眼、耳、鼻、嘴(舌、牙齿)和手来品味和掌握的。往往要同时使用五种感官对菜品的鉴别判断，才能全面掌握菜点的品质。如判断汤包的品质，应看其色洁白有光泽、形态饱满、纹路清晰均匀；刚出笼的汤包应有鲜香气味，筷子轻轻夹起汤包皮薄而不破，咬一小口表皮爽滑筋道，鲜美多汁、肥而不腻；盛装汤包的器皿应该卫生美观，以圆笼为主，并配上蘸味碟。

以上主要从餐饮产品的色、香、味、形、质、器角度进行质量评价。美籍品质管理学家克罗斯比从经营者的视角看，认为产品质量只是商品符合规定条件的限度；而德鲁克认为产品质量只是满足用户需求。但综合而言，品质管理需要明确客人的使用条件和满意情况两方面。对于餐饮来说，保证服务质量分为明确客人对餐饮产品的质量需求和达到或超越他们的需求两方面。从客人视角分析，客人对餐饮产品的质量需求主要反映在三方面：餐饮企业自身的品质、用餐服务的品质，以及用餐环境的品质。从餐饮产品本身质量来看，客人的需求主要体现在以下几个方面。

(一) 餐饮产品的安全卫生质量

民以食为天，食以安为先，安全卫生质量是菜点的首要质量标准。安全卫生的饮食产品，

首先要在使用的食物原料上严格遵循《中华人民共和国食品卫生安全法》，并且产品中不得带有毒物或其他有害成分；其次是在产品原料的生产、存放和生产加工等过程中，不受到有毒有害物质、危险物品(如化学有害品和有毒品)的直接危害；最后是产品原料自身不会出现因为有害细菌的大量滋生，而造成的食品变质。以上无论哪一方面发生了问题，都将直接影响产品自身的品质。

(二) 餐饮产品的营养价值

随着科技的发展和社会生活水平的提升，更多的人开始重视膳食养生。餐饮产品的营养价值变成人们在食用前对其品质评判的关键因素。鉴定餐饮产品是否有营养价值，主要看两个因素：一是餐饮原料是否富含人体所必需的各种营养元素；二是这些营养元素本身的含量能否符合人们的需要。当然，各个群体对营养的要求也有所不同，但合理营养、平衡膳食永远是人们的不变追求。

(三) 餐饮产品的风味质量

餐饮产品的风味质量，主要是指餐饮产品在色、香、味、形、质等5个方面能否满足客人的需求。事实证明，食物口味、香气、色泽、造型、质感的变化，使食料具有更多的适用性、更佳的食用性，从而极大地提高了菜、点制品的文化附加值，使菜、点制品由食物成为美食。

(1) 餐饮产品的色。我们在衡量一盘菜肴的味道品质时，通常从"色、香、味"等几方面来判断，而"色"位居衡量指标的第一位。菜点的色彩是通过加工形成的，它基于自然又不同于自然，是视觉风味的重要内容。随着人们饮食素养的不断提高，食品的色彩质量被提到重要的地位。然而在一些餐厅里，要么不重视着色，要么对着色理解偏颇而采用不规范的方法刻意单纯地追求色彩艳丽，效果适得其反，致使一些菜点原本的优良之色遭到破坏，或者增加了非正常色彩因素，从而降低了食品质量，如在食品中滥用人工色素过度渲染等。

(2) 餐饮产品的香。餐饮产品的香味，是指客人经由鼻子的嗅觉上皮神经系统感觉的饭菜等产品飘出来的芳香。吃饭时，总是先闻到饭菜的香味，然后尝到饭菜的风味。客人把食品送到嘴里之前，香味就从空气流入鼻中。之所以把香气单列出来，主要是因为食品的香气对增进食用时的愉悦感具有巨大作用。人的嗅觉比味觉敏锐得多，而嗅觉体验又比味觉感受更容易疲劳，因此在餐饮产品制作时尤其要重视对时机的掌握，以确保产品能在香气最好的时刻传送给客人。

(3) 餐饮产品的味。餐饮产品的味在这里指口感，口味是指食物在人口腔中给予味觉器官刺激感受的性状，刺激的感受叫味感或味觉，与触觉合称口感，"味"是传统中餐菜品质量指标的核心。一般认为的五味调和中的五味，是指酸、甜、苦、辣、咸，这五种基本味在各地不同的民风和习俗的作用下，演化出千万种变体味道，在烹调中被称为综合味，如咸鲜味、酸甜味、甜辣味、香辣味等，以至形成多重复合味，如川菜中的怪味。

(4) 餐饮产品的形。餐饮产品的形是指菜肴制作完成后，展示在客人眼前的造型。餐饮产品的造型主要取决于菜肴本身所具有的姿态、刀工处理的技术，以及烹制后摆盘与装饰等三方面。因此，刀工精致、陈列整洁、风格优美、充满情趣，都会带给人们一种美的体验。热菜的造型以形状为主，虽然冷菜形状上较热菜更简单，但在形态造诣方面却有较多的要求。对菜型的讲究一定要适度，不宜过分装饰与摆布，否则给人不卫生的感觉，甚至有喧宾夺主的意味，这是对菜品的一种极大的不尊重，也有违菜品艺术的展现。随着现代工业与艺术设计思想的成熟，已为菜点成品造型找到了自己的艺术位置，既是技术的，又是艺术的，具双重属性的功能性性质，其本质是从食用功能出发，注重结构美化的技术与艺术的统一。

(5) 餐饮产品的质。餐饮产品的质即质感，是指菜品给人的物质方面的良好印象，体现为鲜、嫩、滑、软、松、脆等各种属性。菜肴的质感直接影响到客人的体验感和满意度。所有菜肴都有其独特的质感。如馒头本应该是松软的，如果变得僵硬，就是时间放置较久了；绿叶蔬菜应该是碧绿且硬挺的，如果颜色发暗变软，就影响了它的口味。一般来说，菜肴的质感主要包括以下几个方面。酥，一种食物入口咬后即散，虽然似乎是碎渣却也不失自己抵抗的能力，这是一种非常微妙的感觉，可意会不可言传，这就是所谓的中国菜肴的质，如酥油饼。脆，指菜肴入口咬后即裂，有斧砍之意，无拖泥带水的拖沓感，如油炸花生米。韧，指菜肴既有弹性又有黏性，是唇齿与食物之间多次碰撞产生的一种独特感觉，如年糕。嫩，指菜肴入口的光滑之感，无抵抗力却不失触感，如酸菜鱼中的鱼。菜肴的质感主要取决于原料本身的特质、菜肴烹饪的手法与时间及菜肴入口的温度。

(四) 餐饮产品的器皿

餐饮器皿是指餐饮产品烹调制作完成后用来装菜肴的器皿。中国古代就提出菜肴审美的六大标准，即色、香、味、形、质和器。器皿是餐饮产品重要的组成部分，也是影响菜肴品质的重要因素，它既具有装饰性，又具有协同性。具体来讲，在选择容器时应注意以下几个原则。

(1) 器皿大小要与菜肴分量相一致，通常菜肴占器皿的 75%~85% 为宜。

(2) 器皿款式要与菜肴的风格相吻合，如砂锅适宜炖菜，平盘适宜炒菜等。

(3) 器皿色彩应与菜肴色彩相互映衬，复杂菜肴应选简单款器皿，简单菜肴应选制作精美的器皿；冷色调菜肴选暖色器皿烘托，暖色调菜肴选冷色器皿和谐。

(4) 器皿应严格消毒杀菌，灭菌后严禁手指与盘内壁接触，严禁长时间暴露在灭菌区外空气中，严禁用抹布等物擦抹盘面，严禁将配菜容器作为成型容器使用，防止二次污染。

(5) 坚持实用第一、装饰第二原则，点缀装饰物不应喧宾夺主，本末倒置，哗众取宠，更不能将有害人体安全与健康的物质充当装饰物。

(6) 坚持准确、迅速、卫生的规范化操作，热菜与点心的装盘点缀装饰应提前准备，成品装成即好，不宜盛装后再点缀，否则易产生菜冷味变质衰的不良效果。

(五) 餐饮产品的温度

餐饮产品的温度是指菜肴到达客人时的温度，而非菜肴出品时的温度。相同的菜肴在不同的温度下口感千差万别。因此，为了保证菜肴的品质，务必在菜肴制作完成后控制好菜肴出品的速度和菜肴上菜的速度，并在保证服务质量的前提下，使客人在适宜的菜肴温度下进行品尝。温度是决定菜肴质量非常重要的标准，也是影响餐饮服务质量的关键环节。餐饮产品的温度既取决于后台厨师的烹调技术，也取决于前台服务员的传菜与上菜技术，两者缺一不可。为了保证每一道菜肴适宜的温度和口感，应提醒服务员注意菜肴的温度，具体见表12-4。

表12-4　部分餐饮产品遵循的温度

部分食品名称	出品及提供食用温度
冷菜	10℃左右
热菜	70℃以上
热汤	80℃以上
热饭	65℃以上
砂锅	100℃
啤酒	6~8℃
冷咖啡	6℃
西瓜果汁	8℃

(六) 餐饮产品的声效

声效即餐饮产品发出的声音给客人带来的听觉效果。宴席中总会精心设计1~2道特别的菜肴来引起客人的兴趣，从而使其对餐厅产生好感。声效即厨师通过特殊的器皿或者特别的菜肴设计，让菜肴展示在客人面前时发出一定的声响，以引起客人的关注，这样既可以建立客人与菜肴的连接，又可以建立客人与厨师的关联，以此加深客人的印象，进而加强客人对餐厅的印象。能够产生声效的产品通常有铁板类菜肴如铁板鱿鱼、铁板牛排等，一般服务员会提醒客人注意安全以防烫伤，同时还贴心地为客人用餐巾等物做一些防护，还可以让客人现场体验到烹饪的过程，烘托整个宴席的氛围。这类菜肴上桌时，会发出"吱吱"的声音，不但说明菜肴的温度足够，也说明菜肴的质地是合格的，这也是评价菜肴质量的标准之一。

📖 **扩展阅读12-1**

兰州牛肉面

三、餐饮产品生产质量控制方法

因为餐饮产品的质量受到各种因素限制，产品生产的安全波动很大，所以生产经营更要保证各种产品出品质量的安全与稳定性，并通过各项手段及合理的管理方式来确保餐饮产品的质量合格。

(一) 明确岗位职责控制法

餐饮产品质量控制与厨房每个岗位员工的工作职责是分不开的。高效而明确的厨房岗位职责分工，取决于岗位职责的不定期的督导、检查与评价。厨房在明确了岗位和人员编制后，就要根据实际操作需要定时定量地安排岗位工作任务，同时明确岗位的职责、权利和义务，配套相应的绩效考核与奖励制度。在进行岗位职责控制时，应注意以下几点。

(1) 分工明确，责任到人。菜肴生产的品质和厨房每个岗位员工的工作职责是分不开的。菜肴生产要达到高标准，那菜肴制作全过程中的每一项工作必须要明确落实到人，这也是岗位职责控制法的关键。厨房生产，不仅包括原料采购、领料和打荷，还包括厨房间的清洗、切配、烹调等，每一个环节都决定着菜肴的质量。因此，厨房工作只有责任到岗到人，合理分工，有序操作，定期检查，才能保证正常运行。首先，厨房的每一位员工都要有责任心，干好自己的本职工作。其次，各部门负责人要做好质量检查与督导工作，对本部门工作职责有担当意识。最后，厨师长要控制好整个厨房菜肴出品的质量和正常安全运行，保证产品生产链各环节之间畅通且连接有序。

(2) 分清主次，抓住关键。虽然餐饮产品生产的各个环节都非常重要，但是各个岗位所担负的工作责任存在差异性。在生产过程中，应列出重大而紧迫的工作并将其摆在首位，如重大的豪华宴会、重要来宾招待，以及价格昂贵、重要原料的烹饪制作。特别是对烹饪难度较大的工作，应将其所涉及的炉灶和案头作为关键岗位任务范畴，加以防范和重视，以免出现意外事故，并要制定意外事件预防措施，以确保重要事件顺利正常开展。

(二) 制定标准食谱控制法

(1) 标准食谱的介绍。标准食谱是指餐厅为了保证菜品制作规范、严格控制菜品质量，所制定并形成的一种约定俗成的食谱，其内容主要涉及对产品生产需要的原料、辅料、调味品、数量、型号、产地、价格以及菜品制作原料清单、生产过程、成品质量、售价制定方法和成本等信息的规范文字说明。

食谱的一般内容分为加工生产餐饮产品的原料、辅料和餐饮产品的制作流程两部分。它是厨师等餐饮产品原料加工者的生产工具书。标准食谱除去一般食谱的内容，另有关于餐厅经济核算方面的内容。它一般提供给餐厅管理者，用作餐饮核算、经营管理的手段。

(2) 标准食谱的形式。饭店餐饮部使用的标准食谱主要有三种表现形式。

① 标准菜谱。餐饮管理人员对菜肴生产、制作过程、成本核算等进行精细化控制的工具。

② 标准面点食谱。餐饮管理人员控制面点生产、成本核算的手段。

③ 酒谱。餐饮管理者对鸡尾酒、混合酒等饮品实施生产控制、经济核算的工具。

(3) 标准食谱的作用。

① 可以保证餐饮产品质量的稳定性。

② 厨师参考标准食谱进行菜肴的选料、加工与烹饪，可以大幅度减少管理者的现场指导、检查与监督的工作量。

③ 有利于管理者参考标准食谱制订年度、月度和周计划。

④ 参考标准食谱可让新入职厨师快速适应新的工作环境和生产，保证基本的产品质量。

⑤ 参照标准食谱进行统一的标准化生产，方便管理者对厨房工作人员岗位的调配。

当然，使用标准食谱也会带来一些不足。一是长期制作同一种菜肴，不同厨师的感受不尽相同，对于有创意、善于思考的厨师来说，时间长了对标准食谱生产会产生厌倦感；而不乐于改变的厨师，也会因长期开展同一操作而疏忽大意。二是标准食谱也会定期发生改变，每一次新食谱的出现，都会是比较艰难的过程，要不停地试菜、修改、调整、测试等，还要对新员工和技术一般的厨师进行培训，所花费的时间和精力比较多。

（4）标准食谱的结构及样本。标准食谱主要由普通食谱、食谱相关菜品特点、质量标准和成本数据等内容组成。标准食谱的样本如表 12-5 所示。

表12-5　标准食谱样本

食品名称			生产厨房	总分量	每份规格	日期
用料	单位	数量	日期		日期	
			单位成本	合计	单位成本	合计
合计						
菜式预备与做法				特点与质量标准		

（5）制定标准食谱的程序与注意事项。

① 确定食谱的主料、配料和数量，是决定菜肴质量最关键的环节。食谱中的主、配料和数量，基本确定了菜肴的品质，也决定了菜肴的部分成本。对于批量制作的菜肴，应该采用分摊计算法，精确菜肴所需主配料，尤其是数量。

② 规定调味料品种和一份的用量。调味料在烹饪中的用量虽然很小，但影响很大。由于各个厂商、品种和产地的质量差别很大，价格差异也很大，因此，调味料应标明相应的规格和数量，采用分摊计算法。

③ 按照主料、配料、调味料数量，核算生产成本、毛利和销售量。菜肴的主、配料和调味料价格会随着市场经济的变化而有所变动，因此要认真核算原料采购期的价格，务必不能出错。

④ 规定加工制作步骤。标准食谱加工都有统一的程序，为了保证质量，可以用图示的方式加以规定，既保证员工能理解，方便操作学习，还能保证菜品质量。

⑤ 选定器皿，统一化菜肴装饰用料及形态，也可以用图示进行规范。

⑥ 明确商品特征、性状和质量标准。标准食谱既是厨师训练的重要参考资料，又是厨房产品生产加工的依据和考核的标准，其表述要简明扼要，方法要切实可行。

⑦ 标准食谱，要尽可能用电脑书写，保证清楚可查。

⑧ 按标准食谱培训员工，统一产品质量，塑造产品品牌。

(三) 阶段控制法

餐饮产品生产，是从原料采购、加工制作再到出售的全过程，主要分为原料采购与验收、菜肴加工与制作及菜品出品与售卖三大环节。为了保证餐饮产品的质量，务必抓好餐饮产品生产的全过程、全员和全方位的质量控制。

(1) 原料的采购验收控制。原料的采购验收主要涉及原料的产地、质地、品种、价格等要素，必须把握好原料采购、质量验收和储存管理等三大环节。原料采购者务必按照标准食谱中对原料的要求进行采购，只有确保原料质量的前提下，才能保证最终的菜品质量。原料采购是源头，也是餐饮产品质量控制的第一步。只有原料品质好，才能更好地发挥出厨师的技术，才能展示餐饮产品的高质量与严要求。除了做好采购工作，原料的验收和储存也极其重要，应委派专业人员进行把关。

(2) 餐饮产品加工生产控制。餐饮产品的制作流程有三个重要步骤。第一是领料，即必须根据菜品制作要求领料，仔细查看并做好标记，以保证原料的品质，这是决定加工质量的前提。第二是菜肴制作前的预处理，对原料进行加工和处理，这是决定菜肴质量最关键的环节，与厨师的技术密切相关。如何保证产品质量的稳定性，以及各种菜品的上浆与挂糊用料，都应该在标准食谱中做出规定，以便指导使用。第三是菜肴在烹调过程中要严格遵照规范，确保菜肴的品质。

(3) 餐饮产品消费控制。制作好的餐饮产品应该及时通过各种渠道传送给客人，以减少菜品传送的时间。同时进行餐饮业质量监督管理，提升客人对餐饮业产品质量的信心。

(四) 重点控制法

重点控制法，是指根据餐饮产品出品前的重要环节或步骤，或重要接待和客情进行更加认真、仔细和规范的检查与督查，以保证宴席能正常进行。餐饮活动具有一次性、服务性、不可控性、高成本性等特征，因此，餐饮产品的质量控制尤为重要。一般来说，餐饮管理主要针对容易发生意外的环节进行风险防控，以免为餐厅带来不必要的经济损失，如食品安全与卫生；也可以针对宴席的某个进程设计具有表演性的展示，以突出菜肴的品质和餐厅服务的规范，向社会宣传餐饮生产实力，扩大餐厅对外的影响力和美誉度。

(1) 重点岗位、环节控制。纵观餐饮生产的全过程，找出影响餐饮产品质量的关键环节、人员或岗位，进行重点培训、检查、督导，提高全员的认识，给予高度重视和防范。这些问题都是不稳定的，如果配菜部门发生问题，则主要监控配菜间，如果灶间部门发生问题，则重点监控灶间。餐饮产品生产管理者应定期培训、考核，对重要的关键的烹饪技术进行反复讲解与监督，确保产品质量。

(2) 重点客情、任务控制。餐厅接待的客情几乎没有相同的。因此，针对不同的客情，可提前进行细分，如一般客情、重要客情及特别重要客情。在进行餐厅经营管理时，根据客情重要程度予以准备和检查，以提高工作效率，确保餐厅服务质量的提升。如果是特别重要的客情，应从菜单设计入手进行质量把关，即根据客人的年龄、职业、劳动强度、饮食偏好和禁忌及慢性病等情况，设计营养搭配均衡、符合季节特征的菜肴。同时，根据菜单菜品的制作，把控菜肴制作的质量、进度和上菜的速度、温度等细节，随时巡岗，确保产品生产的各岗位环环相扣。宴席结束，餐厅工作人员可通过信息化的问卷调查或访谈的形式，诚恳地邀请客人留下宝贵的意见，以便下次改进。

(3) 重大活动控制。重大活动的开展最能体现餐厅服务和产品的质量。重大活动开始之前，首先要做好客情调查，根据客情设计菜单；此外，结合餐厅现有原料库存情况进行原料的搭配，既可以节约产品成本，又可以确保原料到货及时，保证餐饮产品生产的及时性。重大活动要精心安排厨房的每个岗位工作，确保每个环节人手足够且技术和经验到位。为保证菜品质量，还要计算菜品出品的时间、节奏及菜肴的服务方式。总体来讲，为确保餐饮产品质量，管理者要亲临现场，一方面提高员工对活动重要程度的认识，另一方面方便突发事件的处理，确保服务及时而准确。

📖 案例12-2

一盘翡翠虾仁引出的生产管理问题

郑先生与王先生来到某星级饭店的中餐厅就餐。餐间，郑先生指着一盘翡翠虾仁，对王先生说："这道菜他们做得不对，菜肴中的虾仁应该用色泽浓绿的菜汁腌制或挂汁，再浇上热油，方能显出翡翠的效果。这里的厨师为了省事，只在盘中配了一些青菜，并没有用菜汁处理虾仁，所以不是真正的翡翠虾仁！"王先生听后连连点头，对郑先生的餐饮知识表示十分佩服。

(资料来源：https://ishare.iask.sina.com.cn/f/1eY1ZwOtGkaJ.html)

问题：案例中郑先生所说的问题是该饭店餐饮产品生产中哪一方面未按要求控制？

复习思考题

一、名词解释

1. 餐饮产品
2. 餐饮产品生产质量控制

二、简答题

1. 根据餐饮生产规模结构和方式的不同，厨房组织机构的形式大致可以分为哪几种？
2. 厨房规划与布局的原则是什么？
3. 餐饮产品具备哪些生产特点？
4. 餐饮产品质量构成要素有哪些？

三、实践题

1. 如果你是广州香格里拉大酒店的餐厅总厨师长，会如何设置厨房组织机构？
2. 如果你是一家小型中餐厅的厨师长，你将从哪几个方面做好餐饮产品的生产控制？

四、案例分析

H酒店加强菜肴品质控制的举措

H酒店是福建省第一家专门提供闽菜的餐饮企业，该酒店以其优质服务和美味菜肴赢得了大批客人的光顾。在竞争激烈的福建饭店市场，稳定安全的饭菜出品质量才是胜出的关键。该酒店主要采取了三方面措施来抓好这一关键环节。

一、制定标准菜谱

酒店对菜单上的所有菜肴都制定了标准菜谱，列出这些菜肴在生产过程中所需要的各种原料、辅料和调料的名称、数量、操作程序、每客份额和装盘器具、围边装饰的配菜等。因此，标准菜谱有以下五项主要内容：标准烹饪过程、标准分量、标准配菜数量、标准装盘方式和每份菜的标准成本掌握。使用好标准菜谱，不管哪个大厨身在哪里，或为谁做出了某一种菜品，该菜品的分量、成本费用和风味，包括装盘器皿、围边装饰等的标准配菜数量均完全一致，使客人以相同的价钱获得相同的体验。如果出品的标准不同，则产品所涉及的原料消耗的成本也不同，难以进行成本控制，这样往往会导致成本超额。由于餐厅销售的价格并不会因为菜肴出品的标准控制不准而发生变化，由此会引起餐厅利润的波动以及菜肴质量的不稳定。因而，制定标准菜谱尤为重要。根据已制定出来的标准菜谱组织生产，在外便于消费管理，在内便于企业管理。这是餐饮管理者加强品质管理必须把握好的第一个关键步骤。标准菜谱规范了菜肴标准烹饪方式和操作步骤。规范的烹饪程序十分详尽、具体地规范了食物烹饪时需要的设备、用具、与原料加工搭配的方式、加料的数量和时间、烹饪的方式、烹饪的水温和时间，并且规范了盛菜的器皿、菜品的摆盘和装饰。这一般由各个厨师自行制定，并不是一次烹调后马上作出规定，需要经过反复尝试和实施，直至所制作出的菜肴产品色、香、味、形、器、质俱佳，在受到客人欢迎和认可之后，各项规范即可制定。另外标准菜谱上配备专门的文字说明和带有成品彩图的卡片，供厨房生产人员使用。

二、实行厨师编号上岗

各项规范颁布后，厨师应当严格依法作业。至于在烹饪过程中对时机、水温、火候等的正确掌握，虽然已经有了文字说明，但在实际操作中必须依靠大厨的长期摸索自行把握，由于原料品质的不同等原因，要确保所制作出的产品尽可能一致。为此，该店还对大厨进行了编号上岗规定，以提高大厨的社会责任感，接受客人监督。每个大厨对自己烹饪出来的菜肴都附有自己的号码标志，对菜肴品质的保障是对客人的责任。客人还可以基于对某个大厨的信赖与好感委托大厨帮其操作，在对菜品不满意后，也可以按编号投诉大厨，增进厨房和客人之间的交流。

三、定期评估厨师的工作实绩

大厨统一编号上岗，让每一道菜品得到了品质的保障。在此基础上，酒店定期评价大厨的工作实绩。评价的方式包括：分析在某个时间内(如一周或一月之内)每个大厨的销量、出品率、客人的反馈和点名制作的数量，等等。此外，餐饮管理人员还提供了考评的数据来源。从餐厅服务员那里了解客人对每位厨师的出品的满意程度及意见等，不仅能增强厨师的责任感，也能使客人产生亲近感，容易体会到做"上帝"的感觉。

对工作业绩不好的厨师，饭店方面将适时予以培训、引导和督促，并采用相应的经济处罚手段。必要时，管理人员还会调整他们的职责范围，以保证厨房菜肴品质得以更合理地控制。H酒店的质量管理体系措施推行后，也获得了较为理想的成效。

（资料来源：陈觉，何贤满. 餐饮管理经典案例与点评[M]. 沈阳：辽宁科技出版社，2003.)

问题：

1. H酒店在竞争激烈的福建饭店市场，怎样获得了大批客人的光顾?

2. 厨房生产管理除了需要控制案例中提到的关键环节，还需要注意哪些方面?

第十三章
餐饮产品的销售管理

餐饮产品销售是餐厅经营的重要内容之一，而销售计划制订、销售决策与系统控制是餐厅运营管理的核心环节。餐饮产品销售贯穿餐饮服务的始终，也是餐厅创造和提高营业收入的基础。正确理解餐饮销售概念，掌握餐饮销售技巧与方法，是做好餐饮服务与管理的前提。

学习要点

1. 理解餐饮销售的内涵与要求。
2. 掌握餐饮销售计划制订的基本流程。
3. 根据餐饮销售管理的需要，做好餐饮产品的销售定价决策与系统控制。

导入案例

苹果"触网" 产业升级

近年来，随着自媒体短视频的兴起，陕西洛川县的短视频创作者们在抖音平台发布了大量有关洛川风土民情、自然风光、历史文化、苹果产业发展等方面的作品，向更多人打开了了解洛川的窗口，带动了苹果销售、休闲农业、乡村旅游发展，推动了三产融合。目前，洛川县已成功培育出延美洛川苹果、果臻美、满城红等一批新媒体企业营销账号，涌现出了平哥平嫂、痞子、洛川苹果大叔等本土农民网红，他们通过短视频直播带货的形式销售洛川苹果，成为洛川电商销售的新生力量。截至 2022 年 7 月 4 日，"#洛川苹果"抖音话题突破 10 亿次播放。从 2013 年开始，洛川县政府把"洛川苹果"作为主打品牌，全力发展当地电商产业，拉动产业转型升级。自从"触网"以来，洛川苹果电商销售额从 400 万元增长到 2021 年的 12.5 亿元。2020 年 9 月，洛川县电商中心作为农投杯·延安市首届延安苹果、洛川苹果品牌推广短视频大赛的协办单位，积极与抖音平台对接，把"#洛川苹果"作为抖音官方热点话题，在平台上持续进行流量推送。2021 年 9 月，洛川县电商中心举办"洛川苹果中国红"短视频大赛暨百名网红果乡行活动，参赛的作品添加话题"#洛川苹果、#洛川苹果中国红"在抖音平台发布，通过达人粉丝的号召，在新媒体上提升洛川苹果品牌的影响力、号召力。同年 11 月，举办"洛川苹果熟啦"抖音线上推广活动，发布短视频带话题"#洛川苹果、#洛川苹果熟啦"。

(资料来源：作者搜集整理)

思考：抖音等自媒体，给餐饮产品销售带来了什么影响？

第一节　餐饮销售计划

销售是市场经济环境下常用的词汇，它可以用在各行各业，也是众多产业特别关注的生产环节，是最具挑战性和创造力的工作过程。提到餐饮销售，人们往往认为是餐饮工作人员向客人推销自己的餐饮产品，从而获取一定的销售利润。这样的理解，相对简单而片面。正确理解餐饮销售及其内涵，是餐饮企业有效开展销售活动的前提。

一、餐饮销售的概念

一般来说，客人向餐饮企业购买产品之前，本身就有了一定的潜在需求或现实需求。所以说，客人购买产品时，不是随意的，也不是被动的，而是对该产品建立了初步需求欲。与此同时，通过餐饮销售工作人员的介绍，使客人不仅获得了物质上的享受，还体验了精神上的愉悦。由此可见，餐饮销售会通过一定的手段，最终使得客人既能获得餐饮产品的实际使用价值，又能获得餐饮服务的延伸体感价值。正是餐饮产品所蕴含的双重价值，驱使了客人购买行为的发生，这也是促成餐饮销售行业存在的关键。

餐饮销售的真正目的是获利，但在获利的同时一定要特别关注客人的满意度。因此，餐饮销售是指餐饮经营者或管理者在满足客人需求的基础之上，通过一系列有计划、有组织的服务活动实现企业经济效益的提升。餐饮销售贯穿餐饮企业的全过程、全员和全方位生产、服务和管理活动，而不是单纯的、零散的促销活动或广告宣传。在餐饮销售之前，要先明确客人的心理需求，再根据客人需求设计或创新餐饮产品，进而借助一定的销售模式或手段吸引客人消费，从而达到企业餐饮产品销售的目的，提高餐饮企业的销售利润，实现客人和企业利益"共赢"。

(一) 客人服务理念的坚守

事实证明，坚守"服务客人"的理念是正确的。在自由开放的市场经济中，客人拥有丰富的选择权，客人选择产品的渠道很多，可替代性产品也非常多，让客人忠诚于某一家餐饮企业或某一类餐饮产品，一定需要理由。

1. 餐饮企业应具备的优点

成功的餐饮销售企业一定具备以下优点。

(1) 以服务客人最高利益为宗旨。

(2) 经常与客人保持联系。

(3) 建立标准化的客人服务流程。

(4) 设计个性化的客人服务方案。

(5) 客人信息化服务程度高，巧妙地将信息技术融入餐饮销售全过程。

(6) 重视餐饮销售人员的培训，对服务成效突出者给予特殊奖励。

(7) 建立完善的服务客人评估体系。

2. 餐饮销售人员具备的素质

成功的餐饮企业离不开具有优秀品质的销售人员，成功的餐饮销售人员具备以下素质。

(1) 以客人为中心的内涵。

(2) 服务客人的重要性。

(3) 服务客人的标准化流程。

(4) 服务客人时突发事件的处理。

(5) 抓住服务客人的关键时刻。

"服务客人"是一种理念，也是餐饮销售宗旨，更是餐饮经营成功之道。因而，要将"服务客人"理念贯穿餐饮销售服务与管理的全过程。这主要取决于两个方面：一是餐饮销售人员对服务客人宗旨的全面理解与贯彻，逐步建立"合作共赢"的客户关系；二是餐饮销售人员对客人需求变化的敏感性和应对性，随时掌握客人消费喜好的变化，创新适销对路的产品。

📖 **扩展阅读13-1**

抓住服务客人的关键时刻

(二) 餐饮销售观念的变迁

销售观念是餐饮销售经营工作的指导方针，是贯穿整个餐饮销售全过程的中心指导思想，是决定餐饮企业销售业绩的命脉。餐饮企业接受不同的销售观念和思想的指导，将会呈现不同的经营效果。餐饮企业在不同的经营阶段可能选择不同类型的销售观念。餐饮销售观念主要受技术进步、生产效率提高、竞争加剧、市场需求扩张、管理现代化及社会价值观念变化等因素的影响。在这些因素的影响下，餐饮销售观念大致经历了五个阶段演变历程，即生产导向阶段、产品导向阶段、推销导向阶段、市场营销导向阶段和社会营销导向阶段。伴随着餐饮业市场的日趋成熟，竞争逐渐国际化、全球化，再加上信息技术的开放性、共享性及客人需求的多样性和变化性，餐饮销售观念不断丰富、完善与发展，进而走上了餐饮销售活动的创新之路。如今推崇主题营销、机会营销、形象营销、网络营销、关系营销等方式。

(三) 餐饮销售的基本要求

餐饮销售是由若干个有计划、有组织、有步骤的系列活动的实施组成的一个有机整体，它以服务客人为宗旨，以获得一定的经济利润为主要目的。因此，从餐饮销售概念和观念的变迁来看，高质量的餐饮销售应满足以下六项基本要求。

(1) 餐饮销售以满足客人需求为第一要求。餐饮销售活动的首要任务就是探寻客人需求、尊重客人需求及满足客人需求。客人需求的探寻主要从市场需求问卷调研、专家咨询或客人访谈调研中获得。首先分析客人需求变化，探寻客人需求变化的原因，在尊重客人需求且与企业利益不冲突的前提下尽可能满足客人需求。

(2) 餐饮销售是不间断地连续性开展的。餐饮销售贯穿餐饮经营的全过程，有产品就会有销售的存在。餐饮销售前期的客人需求调研，决定了餐饮产品设计与生产的方向和内容；餐饮销售渠道和活动的开展，直接影响了餐饮产品的知名度和推广度；餐饮销售的绩效，决定了餐饮产品的销售业绩和经济效益。可见，餐饮销售是餐饮企业经营的命脉。

(3) 餐饮销售需要细致而周密的规划。餐饮销售是一个系统过程，更是个有计划有组织的整体性活动，涉及人员多样，参与部门众多，与餐饮企业经济效益密切相关。因此，餐饮销售需要有长期、中期和短期的规划，且每一次的活动组织都要精心设计，全力以赴，以实现效益的最大化。

(4) 餐饮销售调研是重要而关键的环节。餐饮销售一定要做到知己知彼，才能百战不殆。餐饮销售的前提，就是开展市场调研。餐饮市场调研，不仅包括客人的需求调研，而且要了解同行的竞争程度及业内产品的创新程度。扎实的市场调研，是节约餐饮企业成本，提升产品销售业绩重要而关键的环节。

(5) 餐饮销售需要各部门精诚合作。餐饮企业的各构成部分是一个整体的组织。餐饮销售的不仅是产品，还有服务与环境，客人获得的不仅是物质享受，也有精神体验，这不是一个人一个部门所能完成的，各部门工作人员通力合作，积极补位，才能实现共同的销售目标。

(6) 餐饮销售还要与同行建立互助合作联盟。任何行业的企业都不需要抵制同行，而应该抱团取暖，形成集团效应；争取开拓更大的潜在市场，赢得更高的经济效益。餐饮企业，在一定程度上需要相互学习，取长补短，形成竞争氛围，不断创新。另一方面，餐饮企业还可以向客人作推荐，这样既满足了客人需求，也为自身赢得客人的信任，争取更多的潜在客人，营造餐饮行业积极健康的经营环境。

(四) 餐饮销售的核心要素

影响餐饮销售的要素有计划、定价、牌号、销售、渠道、推销、广告、组合、促销、陈列、服务、储存和市场调查等。可以将这些要素简化为最重要的六要素，即人(people)、产品(product)、价格(price)、促销(promotion)、实绩(performance)、包装(package)，简称"6P"。通过餐饮销售六要素的综合应用，在企业总体目标的指导下，一定能取得销售的最佳效果。

二、可行性研究

餐饮产品生产或销售之前首先应进行可行性研究。餐饮经营者通过可行性研究报告的评估结果对是否进行餐饮产品投入生产与销售进行投资决策。这类分析与预测结果可以指导餐饮经营者和管理者做出有效的判断，能更好地开展餐饮销售计划的制订与销售的初步预算。

可行性研究一般由餐饮经营者委派管理咨询公司或者任命组织内部有专业性战略思维的管理者来进行。虽然餐饮经营者委派内部管理者也可以完成可行性研究，但是可能相对缺乏专业性比较强的合作团队。因而，建议选择资质比较好的管理公司来开展可行性研究。

餐饮销售可行性研究，主要分为以下几个步骤。

(一) 所在区域特征识别

所在区域特征是指餐饮经营场所所在区域潜在客人的人口统计信息，比如，潜在客人的年龄、性别、教育程度、家庭收入、婚姻状况、子女数量、职业类型、从事行业及居住地点等。此外，所在区域特征还包括餐饮经营场所所在区域其他同类型的餐饮经营场所的数量、规模、档次、交通状况及旅游业的发展程度等。

所在区域特征研究不仅要获得当前餐饮经营场所周边数据，而且要撰写一份可行性报告，对餐饮产品销售的积极和消极影响趋势进行分析。比如，乡村振兴对地方旅游业发展的影响可能对餐饮行业产生的连锁反应。

(二) 产品评估

对即将面市生产销售的餐饮产品评估，是决定餐饮经营企业成功与否的最重要的不确定因素。假设一家餐厅的产品不符合客人的需求，那其服务和管理再好，装修再奢华，环境再优雅，也很难继续经营下去。这样的案例，比比皆是。然而，若一家餐厅的餐饮产品能满足客人的喜好，则即使其不在繁华地段或环境、服务与管理等都很一般，仍然有可能在短时期赢得客人的信赖。

可行性研究对产品评估及产品成本的核算，需要对在餐厅周边生活和工作、能步行抵达的人群进行详细的分析研究。可行性研究，还需要分析餐厅周边同类型的可替代产品、停车场的通达性和可用性及配套设施如电影院、购物中心、书店等与餐饮产品息息相关的因素。另外，可行性研究还应当对产品颜值、营养价值、目标客户群、上市价格、系列产品品种多样化等情况进行分析。特别受欢迎的产品，不一定是营养价值最佳的产品；产品定价高，也不一定是坏事，它可能就是最畅销的产品。

(三) 竞争分析

市场竞争分析是指对餐厅所在区域所有对本餐厅餐饮产品能形成竞争的餐饮服务设施进行统计与梳理。市场竞争对手不单单指纯粹的餐饮经营场所，还包括写字楼、健身房、俱乐部、公司、学校等的餐饮服务设施等。诚然，市场竞争对象还包括超市、加油站等。上述兼营餐饮的服务设施，不断地创新服务方式，销售三明治、汉堡包、煎饼、烤肠、饮料等其他餐饮产品。万达、吾悦等大型超级市场通过将店铺租售给海内外各大餐饮快餐连锁品牌如麦当劳、肯德基、星巴克、冰雪皇后等，或国内老字号企业，经营餐饮产品而从中获取一定的提成。这些附属性的餐饮服务设施直接与街边的餐饮企业形成了竞争，瓜分了一大部分客源。有些零售商店，不仅出售冰激凌、热狗、玉米等小吃，还通过快餐车延长营业时间和延伸营业地点，其便利性对餐饮企业形成了极大的冲击。产品竞争，通常分析的是餐饮企业周边服务设施所能提供的餐饮产品规模、档次和数量等。当然，有些餐饮企业或快餐店经营有特色，客人也会慕名而来。

一般来说，可行性研究主要是对餐厅的地理位置、经营类型、客源及营业量、菜单价格、人均消费额、服务类型、座位数、是否提供酒精性饮料、娱乐设施、促销活动、所属连锁企业等信息进行详尽的分析。同时，可行性研究还应该统计梳理每个竞争对手在当地经营的时长，一周之中每天每个时间段的营业量和客流量，也包括客人对餐饮产品服务与管理的线上和线下的评价等。充分的产品分析有助于餐饮服务设施提前制定餐饮产品生产方案，可行性研究有助于餐饮企业明确以下问题。

(1) 餐饮产品与服务需求的类型和数量。

(2) 竞争对手对当前市场餐饮产品需求的满足程度。

(3) 竞争对手产品的优势和不足。

(4) 拟生产销售的产品与竞争对手产品的差异性。

产品竞争分析，还有利于餐饮服务设施的购置与布局、菜单设计、服务流程和标准的修订、产品价格制定与营业时间调整及产品促销活动与推广方式的选择等。

(四) 需求预测

预测市场对一个商业性餐饮经营企业的需求，关键要从分析该餐饮企业所在区域内所有餐饮服务设施的经营销售情况入手，因其有助于剖析餐饮发展的趋势和市场需求。这类数据，可通过统计潜在客人对餐厅、宴会设施、会议设施的需求情况获得。市场需求预测可以通过线上和线下问卷调查及实地或电话访谈的方式开展。如果涉及调查对象复杂，数据调查工作量大的情况，可委托专业的第三方机构开展大数据服务实施。若想获得市场需求预测的详细数据，可能还需要询问潜在客人的饮食偏好、距离远近、外出频率及点单方式等；如果能够外出就餐，一般能接受多远步行距离等；早餐、中餐和晚餐分别愿意花费多少时间和金钱及就餐人数的多少等。

(五) 结果研判

通常可行性研究会估算餐饮企业近 1~3 年的销售收入或经济收益，据此餐厅经营者才能决定是否对该产品项目进行开发设计并投入生产。对于餐厅经营者而言，他们期望能够详细了解餐饮产品投入生产与销售的成本与收入预测以及用于产品设计研发的劳动力、设施和设备的添加与维护保养、保险、能源、市场推广等项目的支出费用预测等。尽管不同的咨询机构或不同的研究者可能会有不同的思路，进而提供的资料也不尽相同，但可行性研究报告应该能够清楚地解释本项目的每一项投入费用和收入预测的依据，这些信息能够指导餐厅经营者制定餐饮产品前期准备工作的预算。可行性研究应该在餐饮产品项目开展之前至少 1 至 2 个月的时间进行，或者在餐饮产品项目研发之前(时间长短视情况而定)进行，但一定不能同步进行或者滞后。在餐饮市场信息万变的时代，除非原始数据没有变，否则可行性研究报告一般超过 6 个月就失去它应有的价值了。当然，具体情况是否如此还需要进一步做市场检验。总之，可行性研究报告具有很强的时效性，餐饮经营者持续跟踪餐饮市场销售的研究才是可靠的。

三、市场需求调研

餐饮服务设施投入运营之后，依然需要持续的餐饮市场销售研究才能满足客人需求的变化，进而才能制订更为有效的餐饮产品销售计划。通常餐饮市场销售研究主要包括餐饮企业调查、餐饮市场分析和目标定位等内容。通过上述市场销售研究才能清晰地确定餐饮企业本身的优势、劣势，以及面对的威胁与挑战。

(一) 企业调查

企业调查主要是指本餐饮企业生产的产品、服务与运营管理区域的客观的有数据分析的书面评价，它可以帮助企业定位自身的优势和劣势，有利于企业更好地确定目标客户群。餐饮企业的调查重点包括地理位置、建筑物外观、周边环境等。餐饮企业形象可通过建筑物的设计感及其视觉冲击力、周边交通配套程度及人流量、企业与周边环境的匹配性等要素来衡量做出综合判断。此外，可行性研究中的企业调查还包括本餐厅周边其他餐饮企业的地理位置、类型、产品种类、客户群、人流量、营业时间等，以此为本企业与竞争对手比较分析提供借鉴。诚然，餐饮企业管理者也可以去这些企业进行体验式消费，掌握竞争对手的餐饮用餐氛围和服务。同时，企业分析不能单从企业自身的立场去分析它的优劣势，而应该更多地站在客人的立场上去做调查企业，实现用客人的思维来进行可行性研究报告的企业分析。如餐饮市场出现的"试吃员""霸王餐"等，都是企业为了得到客人对企业产品和服务真实的反馈而做出的努力。

(二) 市场分析

餐饮市场分析主要是识别企业面临的现实状况，通过餐饮市场和客人细分能预测企业未来面临的机遇和挑战。客人市场是指有着相似期望、背景、收入、喜好、需求的客人群。市场分析主要包括餐饮市场分析、客人市场分析和市场因素分析三方面。

(1) 餐饮市场分析。鉴于餐饮消费客人人数多、分布广，且有着不同的需要、消费能力、购买习惯、饮食偏好等，因而需要进行餐饮市场的细分，进一步明确目标市场客人的需要，才能有效地进行餐饮产品的组合。通过客人情况调查，依据客人用餐目的、价格敏感性及餐厅便利性等，可将餐饮市场做以下划分，进而有助于餐饮经营者做出有效的销售决策。

根据客人用餐目的分为四类：一是婚庆类，如婚礼、结婚纪念日等；二是庆祝类，如乔迁、生日、升职等；三是商务类，如公司庆典、业务接待等；四是欢聚类，如家庭朋友聚会、同学聚会等。根据客人价格敏感性分为两类：一是价格不敏感类，通常收入越高，价格敏感度越低；二是价格敏感类，通常外出用餐机会少，对菜品和服务没有感性认知，相对价格敏感度会高一些。根据餐饮企业便利度分为两类：一是便利型，即客人时间比较宽裕，餐厅地理位置受限制程度就不高，这类客人可能更看重的是菜肴的品质和餐厅的服务；二是不便利型，即用餐时间有限，这类客人将在最近的距离选择一家适宜的餐厅，对餐厅出菜的速度要求较高。

(2) 客人市场分析。餐饮企业客人年龄、性别、职业、消费频率等数据对餐饮市场细分和定位十分重要。如某餐厅中午主要为一些商务写字楼的白领阶层供餐，而晚上为家庭朋友聚会供餐，针对此种情况，餐厅可在中午设计快速简便且营养搭配适宜的商务工作餐，晚上可针对性设计经济实惠的组合套餐。

客人信息也可通过以下几个方法来获取。一是通过餐厅服务工作人员对客服务过程中的观察或语言交流等了解并记录客人信息和需求，服务人员要能够"察言观色"。二是通过餐厅定期举办的餐饮促销，留下客人的信息资料用于参与抽奖活动，这类方法简单实用，还能够准确获取客人的电话、职业和姓名等重要信息。三是通过餐厅的客人意见簿，请客人填写信息，也可与促销优惠活动相关联，鼓励客人留下信息。四是餐饮企业可以设计专门的客人消费调查表，请客人进行有奖填写。比如，填写完整者可获得企业特制的赠品。在此过程中，为了避免客人对不太高的评价的顾虑，可采取信封的方式请客人填写。

(3) 市场因素分析。市场分析还应对餐厅经营可能产生影响的内外部环境机遇和威胁进行识别。如人口老龄化、疫情、政治纷争、金融危机、国家法规、汇率等因素都是直接或间接影响餐厅经营的因素。上述数据可以从年鉴、年度经济报告、法律法规、金融政策、国家文件等文件报告中获取。2020年初爆发的新冠疫情对餐饮业卫生、安全与营养及用餐方式提出了更新更高的要求，这需要餐饮经营者和管理者能迅速捕捉信息并予以调整。

(三) 目标定位

餐饮市场目标定位是指企业为其产品明确方向，即企业想在客人心目中塑造的形象，使产品能凸显出异于同类产品的特色，更好适应客人消费的偏好，进而与竞争者拉开差距。如肯德基和麦当劳的定位是快餐厅，而香格里拉大酒店的定位是高档地方特色餐厅。

(1) 形象定位。餐厅形象定位是指餐厅以怎样的形象面向目标客户群，为客人提供什么样的产品和服务，它主要包括餐厅的外观、装修、名称、菜肴文化、标志等能影响客人视觉审美的形象因素。

(2) 产品定位。餐厅产品定位是指餐厅能为客人提供的餐饮空间风格、规模、档次、产品类型、品种、服务等对餐饮品质起到直接影响的相关产品因素。产品定位需要明确两点：一是餐厅产品最大的特色，为企业形象的打造奠定基础；二是餐厅产品与其他企业产品的差异及客人能获得的利益。

(3) 价格定位。餐厅价格定位是餐饮产品组合中最为敏感的一个因素，也是决定企业经济收益的重要环节。合理调整的餐饮产品定价，既是增加客人黏性的方法，也是赢得企业经济效益的重要手段。根据季节变化，适当调整价格也在情理之中。当然，直接调整餐饮菜品价格不如创新产品，创新更能锁住常客。

(4) 消费定位。餐厅消费定位是以客人消费群体的类型来划分目标市场。餐厅消费定位既可以依据消费群体的就餐目的，也可按照客人饮食偏好和菜肴特色进行定位。

(5) 服务定位。餐厅服务定位是指客人在餐饮消费中能得到的产品和服务的体验感，这主要是由餐厅的档次、菜肴品种特色、餐厅环境氛围，及餐厅在市场竞争中的地位所决定的。餐饮服务标准很多，有国际标准、国家标准、行业标准、地方标准等，餐厅服务标准选择主要由餐厅自身形象定位来决定。

(6) 销售渠道定位。餐厅销售渠道定位是指餐厅依据产品特色和客户群体要求，选择合适的销售渠道。现如今，销售渠道有线上和线下销售，还有直接和间接销售。在选择餐厅销售渠道时，餐饮经营者可根据自身实力以及市场目标等多方面因素进行综合决策。

📖 扩展阅读13-2

黑珍珠餐厅指南

四、销售计划制订

餐饮产品销售计划是一种战略和战术的结合，是将持续的市场销售调研转化为市场销售的重要前提。

(一) 选定目标市场

餐饮产品市场销售计划以目标市场的选择、经营目标的确定、行动计划制订及评估与修订计划等几个步骤为主，组合成的一个不断循环的过程。

一般来讲，餐厅经营者都是针对某一类单一市场销售餐饮产品，但实际上并非如此。比如，肯德基餐厅产品主要面向小孩，但是对单身青年及中年已婚家庭依然富有吸引力。基于这一点，餐厅管理者应该牢记餐饮产品要想做到面面俱到是不可能的。餐厅经营者通过餐厅客人情况调查数据如客人问卷调查表、客人意见簿及客人抽奖信息等明确自身已占领的主要市场，在开拓新市场之前，要将精力聚焦在已有市场的保持和潜在客人的增加上来。

(二) 设定销售目标

选定目标市场之后，最重要的工作就是设定餐饮产品的销售目标。最为实用的做法是为餐厅每一个客人市场、每一个用餐时段均设立具体的目标，再依据这些市场销售目标设置详细的销售目标和具体定额。要想收获理想的销售效果，餐饮产品销售目标应做到以下几点。

(1) 销售目标书面化。

(2) 销售目标要通俗易懂。

(3) 销售目标既现实又具有挑战性。

(4) 销售目标既具体又可衡量。

五、销售计划实施

餐饮产品市场销售计划的实施与实现，主要依靠销售、广告、公共关系与宣传等手段。

(一) 销售

销售是决定餐饮企业经营能否成功的关键，不提高销售力度，市场销售目标就很难实现。通常来讲，销售包括内部销售和外部销售两大类。内部销售的重点旨在挖掘店内客人的消费潜力；外部销售主要是利用餐厅企业外部资源拓展新的业务来源。

(1) 内部销售。内部销售的主要目的是激发店内客人的消费欲望或增强客人的消费能力以提高店内收入。餐饮企业工作人员可以利用一切与客人接触的机会，通过内部销售创造额外的销售额，增加更多的回头客。内部销售的形式有推荐性销售、内部广告宣传，以及特殊的促销活动等。例如，餐饮服务员可以利用相应的销售技巧向客人推荐符合其需求的更多更贵的产品。工作人员积极销售餐厅产品，既使客人感到满意，也使餐厅收入增加。

(2) 外部销售。外部销售简称人员销售，即通过销售人员对客人的拜访来为餐厅招揽更多的业务。餐厅重要客户需要维护，因此要有专门的销售人员对其进行定期的跟踪服务与交流对接，不间断激发客人消费欲望，创造更多客人的消费机会，通过密切接触增加客户的信任感和满意度。餐饮企业主要依靠外部销售来最大限度地提升餐饮产品的预订率和营业收入。

(二) 广告

广告是餐饮企业实现市场销售目标的第二大重要工具。它与内外部销售不同，是一种不与客人直接接触的销售方式。餐饮经营者通过广告向公众推荐产品，从而吸引客人光顾。广告的形式很多，如报纸、电视、杂志、广播、电子广告等，餐饮企业可以根据企业产品目标受众接触广告的形式作比较分析，进而选择最经济有效的广告方式。

(1) 户外广告橱窗。餐饮企业经常会使用户外广告做宣传，这种方式通常采用醒目、大胆、对比强烈的宣传画以吸引客人的注意力。例如，公交站台、地铁、商场或人行道旁边的公共广告。这种方式的优点在于成本较低、使用期较长、受众较广；缺点是信息量有限、无效覆盖、地区法律限制多等。

(2) 报纸。报纸是一种比较普通的阅读方式，但随着智能手机的普及，纸质报纸的销售量大大降低，其阅读人群也以中老年为主。报纸上刊登餐厅广告比较常见，可以开辟专门的餐饮消费板块，也可以在一些边缝插播。报纸上投放广告的优点是速度快，一般只需要提前一天通知报社即可，取消刊发也非常容易。缺点是受众小，浏览速度快。

(3) 杂志。杂志上刊登广告的时间一般较长，不像报纸只有一天的时效。杂志可以多次多人阅读或长期阅读，且有特定的人群。杂志的印刷一般较为精美，纸质优良，能更好地呈现美味的食品和漂亮的服务设施。杂志的缺点是成本高，且等待周期较长。

(4) 广播。相比其他媒体，广播制作成本低，渗透性强。普通电台广播的成本不高，但结合天气预报、运动会、特别报道或栏目等做广告的费用较高，且其受众群体相对固定，播放时间有规律性。广播的优点是可以重复播放，储存性强。

(5) 电视。电视有图像和声音，能够突出餐饮设施的食品、酒水、氛围、装饰和其他特色，它能形象地展示厨师制作食品的现场，能展现服务员亲切服务的环境。电视广告覆盖面广，信息储存量大，可重复播放，其缺点是成本高昂，拍摄准备时间长。

(6) 餐饮企业官网。随着网络的普及，企业官网成为餐厅首选的电子广告媒介。餐饮企业运用电子商务与潜在的客人建立直接联系。客人可通过网站创建个人资料，注册会员或注册客人忠诚计划，有助于餐厅有针对性地对其进行促销或提供个性化服务。

(7) 互联网广告。除了企业官网以外，互联网上还有很多途径可以做广告。例如，其他企业网站、微信平台、小红书、大众点评等，又或是连接互联网的服务区、酒店、商场等地的电子显示屏。这类广告具有信息量大，传播快，成本低等特点。

公共关系与宣传是餐饮企业吸引新客户和维护老客户的营销方式。与广告和销售相比，不太直接，方式巧妙，效果显著。公共关系是指餐饮企业借助合适的技巧或活动，通过与媒体、竞争对手、商会、文化和旅游管理部门等建立的良好关系，将企业正面而积极的信息传递给公众，进而树立起企业良好的形象，其最终的目标是提升企业的社会声誉，增加客人光临企业消费的可能。宣传是指媒体对餐饮企业特殊的人或事迹进行免费的报道，从而赢得公众的好感，增强社会对企业及其产品的关注。因此，餐饮企业可定期创建一些有价值的活动，如社区服务、慈善捐助、烹饪赛事等，以提升公众对企业的信任。

第二节　餐饮销售控制

餐饮销售控制是从企业长远发展的角度考虑，以保证企业餐饮产品最终转化为商品的过程。这一过程的完美实现，需要建立一套完整的可衡量与评价的餐饮销售控制体系。餐饮销售控制的直接目的是确保向客人销售的每一个商品都能产生效益。销售控制重要，但销售收入的达成更重要，否则也就失去控制的意义。因而，餐饮销售控制，既包括成本的控制，也包括销售收入的控制；既包括餐饮经营前台的控制，也包括后台厨房的控制。餐厅销售控制做不好，不仅会让企业蒙受损失，还可能会使部分员工走上不归之路。餐饮销售控制要避免工作人员私吞现款、少计品种、不收费或少收费、偷盗资金、欺骗客人等情况的发生。因此，销售控制是实现餐饮企业经济效益的最重要的环节，需要全员、全过程参与控制。

一、影响餐饮销售的因素

(一) 客人需求

餐饮市场是不断发展与变化的，客人对餐饮用餐需求也是千变万化的。餐饮企业所面临的不是由需求相同的个体所构成的"同质"市场，而是由若干个需求不太相同的个体所组合而成的"异质"市场。客人对外出用餐的需求大致出于两个方面的原因：一是为了减轻在家劳作的辛苦，外出改变一下用餐环境，享受一下外面的服务；二是为了能显示对宴请对象的尊重，选择比较有"面子"的餐厅，以提高个人的形象。因此，餐饮消费需求一般分为两类：一是生理需求，如安全、卫生、营养、风味；二是由于社会因素影响而产生的心理需求，如求方便、受欢迎、受尊重、物有所值、显示气派与身份等。

(二) 产品供给

餐饮产品供给也是影响餐饮销售的重要外在因素，它主要包括餐厅的环境、用餐的情境、对外宣传广告、季节性变化等。

(1) 环境。餐厅的环境是餐饮产品销售的包装与外衣，它能向客人展示所能提供服务的能力。餐饮企业销售环境，主要涉及餐厅地理位置、建筑外观、停车场、周边环境与配套设施、内部装修与布局、气味与气氛、灯光与音响、菜单与厨房等。

(2) 情境。客人对餐饮产品的质量期望与用餐的情境相匹配。例如，宴请级别高，邀请对象比较重要时，客人期望餐饮产品质量高且服务好；宴请对象普通时，客人则可能对餐饮产品质量的要求会低一点，更讲究舒适性与自由度。

(3) 广告。广告是餐饮企业生存的必备条件，也是重要的营销手段，它对客人起着引导与推荐的作用，让客人在不知不觉中对餐饮产品产生好感，从而逐渐形成消费偏好。

(4) 季节性变化。由于四时变化，加上客人对饮食需求认知程度的提高，使得客人和经营者越来越重视餐饮产品的季节性。随着节气的变化，餐厅营业时间也会直接影响销售效果。因此，餐厅应根据人们对季节性食材的钟爱，不断开发创新产品，以增加餐厅经济收入。

(三) 环境氛围

每一家餐厅都有自己独特的环境氛围，它是无形的但却是影响客人再次选择的核心要素。客人在进行餐饮消费时往往带有一定感性成分，容易受到餐厅整体环境氛围的影响。比如，人少的中餐厅，客人可能会认为选择错了，餐厅生意不好；而人多热闹的中餐厅，客人会觉得自己的眼光不错。相反，如果在西餐厅用餐人少安静，客人会特别享受；但人多嘈杂，客人的体验则会降低。可见，客人用餐环境"场景化"对客人的情绪有着极大的影响力。因此，餐厅都会在用餐氛围的营造上花费很大精力，力图挖掘个性化的竞争优势，赢得客人的信赖与好感。

事实上，餐厅的名称、装修风格、工作人员服饰等都是极佳的环境氛围体现形式，客人在进入餐厅前事先就已经在头脑中形成基本概念。但是在客人进入餐厅的那一刻起，员工的服务态度与技巧、餐厅环境布置、菜肴出品等给客人创造的一系列体验过程就构成一个有机的环境氛围的评价整体，这是决定客人会不会再次光顾的重要衡量标准。

📖 **扩展阅读13-3**

南京大排档

二、餐饮销售定价策略

餐饮产品的定价是餐饮管理的核心内容，它直接体现了餐饮企业的档次与等级，反映了餐饮企业的市场定位和经营策略。餐饮销售定价是否合理与恰当，直接影响餐厅的上座率，影响餐饮产品与服务的销售绩效。客人对餐饮产品的期望是"物超所值"，至少也应该是"物有所值"，而餐饮企业则是为了获取满意的利润。保持客人满意与企业盈利平衡，是餐饮销售的关键。

(一) 以餐饮产品为基础的定价策略

(1) 心理定价策略。心理定价法主要针对客人心理而定价，主要有尾数定价法、整数定价法、特殊意义定价法、声望定价法几种。其中，尾数定价法适用于经济型餐厅，将价格的尾数定在5~9，让客人认为餐厅产品采取价格让利使其能得到实惠，如5.99元、99.9元等。整数定价法适用于高档餐厅，采取抹零的方法，让客人以为餐厅很有气魄，增加与客户的情感沟通。特殊意义定价法，主要满足客人喜欢讨个好彩头的说法，如598元等。声望定价法是指利用社会上有良好信誉的企业和名人来提高餐饮企业的对外形象，如全聚德的烤鸭、南京的盐水鸭、扬州炒饭等。

(2) 折扣优惠策略。指餐厅给予客人和旅游中间商的优惠折扣政策，鼓励他们购买餐饮产品或向他人推荐产品。折扣优惠政策主要包括数量折扣、现金折扣、实物折扣、季节折扣、同业折扣和佣金、团体优惠、常客优惠和清淡时段优惠几大类，这些优惠政策不仅在餐饮企业常用，在其他企业也比较常见，在此不再赘述。

(3) 招揽策略。餐饮企业常常使用一些方法或技术手段吸引客人前来消费，主要方式有亏损招徕、特殊事件价格、虚假折扣等三类。亏损招徕是指餐厅将产品定价降到令人不敢相信的地步，甚至低于成本价，以此吸引客人眼球。但是，客人在消费低价菜肴的同时，也会搭配消费其他正常价格菜肴，从而提高了企业营业利润。特殊事件价格是指在某些节日或地区举办一些特殊的活动，以此招徕客人，增加收入。虚假折扣是指餐厅提高菜肴价格，虚假宣传降价促销，吸引客人，这类做法不提倡。

(二) 以需求为基础的定价策略

(1) 声誉定价法。某些餐厅档次比较高，餐饮产品质量也有一定保证，其面向的客人层次也较高，因而餐厅产品定价不能偏低，否则会让客人误以为产品质量达不到应有的服务标准，使客人对消费产生顾虑。

(2) 低价诱饵法。餐饮企业故意降低客人比较熟悉的相对比较高的菜品价格，以刺激客人的消费欲望，这是餐饮企业销售常用技法。

(3) 需求导向法。通过问卷或访谈等方式调查目标群体的需求，以客人需求为标准来设计菜单和菜品，以此提升客人的消费水平。

(三) 以竞争为中心的定价策略

(1) 追随同业法。有些餐厅规模较小，没有实力聘请专业人员进行定价监督，因而以餐饮市场其他企业产品价格为定价的依据。这类定价方法简单，易操作，但缺乏新意，竞争者众多。

(2) 追高定价法。有些餐厅档次较高，规模较大，其通常制定高于同类型餐厅产品的价格，以此区别于其他企业，这类方法独特，且适用于比较高级的有特色的餐厅。

(3) 同质低价法。有些餐厅在保证与同类型企业产品质量相同的前提下，降低其市场销售价格，以扩大市场占有率，这类方法适用于餐厅规模较大的企业。

(四) 以成本为导向的定价策略

(1) 毛利率定价法。餐饮产品的毛利率是产品毛利与产品销售价格之间的比率，或者是产品毛利与产品成本之间的比率。利用毛利率定价法相对比较简单，但是应该根据菜肴品质价格的不同增加不同的毛利率，否则会使成本高的产品价格偏低，成本低的产品价格偏高。

(2) 成本加成法。餐厅常用产品成本作为主要参考依据，用成本加上利润决定售价，这类定价方法简单且容易使客人了解与接受，但缺少对客人需求和竞争者状况的综合考虑。

三、餐饮产品销售策略与技巧

(一) 员工销售

餐饮企业的每一位工作人员都是餐饮产品的推销员，应适时地抓住时机向客人推荐产品。同时餐饮企业员工的态度、形象、服务技能等对餐饮产品销售都具有无形的推动作用。员工销售主要涉及员工的着装、卫生、外表、言谈举止、语言艺术等几个方面。

(二) 活动推销

一般来说，餐饮企业都会充分利用特殊的节日，向客人推荐满足其需求的产品。特殊活动推销，是餐饮企业最有效的销售方法之一。特殊推销活动时机通常包括特殊节日推销活动、淡季时段推销活动、季节性推销活动等三大类。特殊推销活动通常包括演出型、娱乐型、实惠型等三大类型。特殊推销活动大致有话题性、新潮性、简单化和参与性等特点。

(三) 赠品推销

赠品是餐饮产品推销成功的有效法宝，是争取客人消费，促进业绩增长的重要因素。此类方法运用得当，会赢得一大批犹豫不决的客人信赖，获取更大的经济效益。赠品推销，通常包含商业赠品、个人礼品、广告性赠品、奖励性赠品等种类。赠品要具有与餐厅档次相吻合、与餐厅售出产品具有关联性、符合不同客人心理需求，且包装精美等特征。餐厅常用的赠品有打火机、小礼品、优惠券等附有餐厅联系方式，能留给客人好印象的物品。

(四) 展示推销

展示推销是餐厅内推销最常用、也最有效的方法之一，这类方法可以使客人看到实物的真实形象，形成对客人的视觉冲击，激发客人购买欲望，增加客人进店消费的可能。展示推销主要有原料展示推销、成品陈列推销、推车服务推销、现场烹调表演推销等形式。

四、点菜系统

餐饮管理系统在帮助企业正确决策，减少失误的同时，将"开源节流"贯穿经营始终，真正实现了降低成本，提高工作效率，增长经济收入的目标。餐饮管理系统依据餐厅经营的需要，有不同的操作方式。一是无线点菜系统，二是触摸屏点菜系统。两者形式有别，但功能差别不大。

(一) 无线点菜系统

无线点菜系统也称为PDA(personal digital assistant，个人数据助理)，一般是指掌上电脑的应用，这类系统直接面向客人服务，是餐饮销售的重要工具。

随着科技的发展，如今客人也可以利用手机直接扫二维码进入餐饮企业点菜小程序进行点单服务。这类服务具有方便、快捷、效率高、易操作等特点。客人点菜后，前台收银电脑自动显示，后厨也会自动打印出单。

无线点菜系统有使用范围广，易学易操作，功能完善，适应性强，功能灵活，付款方式多样化等系列优点。

餐饮企业使用无线点菜系统的优势在于：一是无线点菜省略了纸张耗材，缩短了点菜和上菜时间；二是客人点菜完毕，点菜单直接派送到厨房和餐厅，大大提高了翻台率；三是减少了服务员在前后台之间传递信息出错的机会，也有效避免了跑单和漏单的发生；四是系统操作具有强大的留痕功能，出现点错菜等情况时，可以迅速找到责任人。

餐厅无线点菜系统 PC 端功能设计见图 13-1。

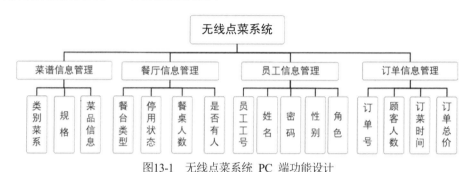

图13-1　无线点菜系统 PC 端功能设计

(二) 触摸屏点菜系统

触摸屏点菜系统与无线点菜系统作用相同，唯一不同的是用无线点菜系统点菜时每个工作人员或者客人都可以进入点菜系统点菜，而无线触摸屏是多个显示屏在不同的工作人员手中，仅有工作人员才能进入系统并点菜。使用触摸屏点菜系统时，为了防止工作人员记录有误，需要客人对点菜单进行确认，而无线点菜系统是客人自己点菜的同时自我确认。触摸屏点菜系统不仅可以点菜，也具有强大的统计分析功能。它可以有效分析当天餐厅的销售总额、每位服务员的销售业绩、服务员的对客数量、每单的结账金额及客人的结账方式等。无论使用哪一种点菜系统，后台都可以储存大量的客人消费信息，这些信息是进行餐饮销售绩效分析的重要原始资料。

五、盈亏分界点的确定

(一) 盈亏分界点

盈亏分界点(break-even point)是指餐饮企业的销售收入与成本开支正好相等时餐饮产品的销售量或销售额。当餐饮企业实际销售量或销售额低于盈亏分界点时，企业呈现亏损状态；而超过盈亏分界点时，企业呈现盈利状态。盈亏分界点也称为保本点。

计算盈亏分界点之前，需要厘清总销售额、各类产品的销售额、销售价格、客平均销售额、固定成本、变动成本、总成本、边际贡献等概念。同时，餐厅经营者还要对相关情况做出假设。例如，餐饮企业的成本能划分为变动成本和固定成本；变动成本随着销售量的变化而成正比例变化，但固定成本保持不变。

(二) 图像法确定盈亏分界点

用图像法可以使学习者更形象地理解盈亏分界点的计算。首先，弄清楚盈亏分界点用到的基本信息，如固定成本(FC)、变动成本(VC)、总成本(TC)、总销售额(TR)、边际贡献(MR)。

【例 13-1】海景花园餐厅 2020 年经营数据如表 13-1 所示。

表13-1   海景花园餐厅经营数据表

指标	数据	指标	数据
营业收入	100 000 元	固定成本	30 000 元
变动成本	60 000 元	利润	10 000 元
边际贡献	40 000 元	接待人数	4000 人

根据表 13-1 所提供的数据，绘制盈亏分界点示意图(见图 13-2)。

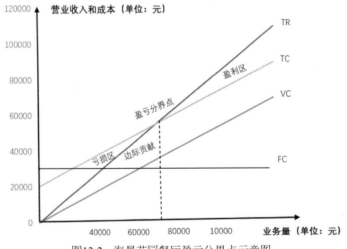

图13-2   海景花园餐厅盈亏分界点示意图

固定成本(FC)不随业务量的变化而变化，所以它是一条与横轴平行的直线。

变动成本(VC)随着业务量的变化而变化，业务量为 0，则变动成本为 0。当业务量为 100 000 元时，变动成本为 60 000 元，可用 $y = 0.6x$ 表示。

总成本(TC)由变动成本和固定成本之和组成，可用 $y = 0.6x + 30\,000$ 表示。

总销售额(TR)是指变动营业收入，可用 $y = x$ 表示。

边际贡献(MR)是 TR 与 VC 之间的垂直距离。当处于盈亏分界点时，边际贡献与固定成本相等，即 BC = DE。

图 13-2 中，总成本(TC)与总销售额(TR)相交的那个点就是盈亏分界点，此时销售收入与成本总额相等，边际贡献总额与固定成本总额相等。

(三) 公式法计算盈亏分界点

(1) 相关概念。

变动成本率(VC%)，即变动成本在营业收入中所占的百分比。

单位边际贡献(UMR)，即每客平均销售额与每客平均变动成本之差。

边际贡献率(MR%)，即边际贡献在营业收入中所占百分比。

(2) 公式计算。

任何企业损益表，都反映量、本、利的关系，见公式1：

$$营业收入 = 变动成本 + 固定资本 + 利润 \qquad (公式1)$$

当企业处于保本点时，利润为0，则得到公式2：

$$营业收入 = 变动成本 + 固定成本 \qquad (公式2)$$

对公式2中的变动成本进行移项，可得到公式3：

$$边际贡献 = 固定成本 \qquad (公式3)$$

通过上述公式，即可根据每客销售量、边际贡献及变动成本率、边际贡献率的数据计算求出保本点的销售额或销售量以及某一利润水平点时的销售额或销售量。

【例13-2】海景花园餐厅固定成本为60 000元，平均每客销售额为50元，平均每客变动成本即单位变动成本为30元，求保本点的销售量和销售额。

假设保本点销售量为x，则列关系式：

50x=30x+60 000

20x=60 000

  x=3000

销售额：3000×25=75 000(元)

【例13-3】海景花园餐厅固定成本为60 000元，平均每客销售额为50元，变动成本率为60%，销售量或销售额达到多少时才能使餐厅获利10 000元？

假设应达到的销售量为x，则列关系式：

50x=50×60%×x+60 000+10 000

20x=70 000

  x=3500

销售额：3500×50=175 000(元)

综上所述，餐厅经营管理者可通过盈亏分界点的计算实现对餐厅销售额、销售收入、营业利润等的有效控制，从而可以反观产品定价、推销宣传与推广，以及内外部管理等改革与完善，不断推进餐厅经营管理的高质量发展。

复习思考题

一、名词解释

1. 餐饮销售

2. 餐饮管理系统

3. 盈亏分界点

二、简答题

1. 请用自己的语言表述对客人服务理念的理解。

2. 餐饮销售的核心要素有哪些，谈谈它们在销售实践中的具体作用。

3. 请运用餐饮产品定价策略，分析你日常餐饮消费中真实遇到的案例。

4. 你是否体验过促销策略，尝试回忆记录下促销过程并谈谈你的感受。

5. 通过查阅资料或实地走访，说说你对当下餐饮点菜系统发展的认知。

三、实践题

1. 实地访谈一家餐饮企业经营管理者，探访其是否做过餐饮产品销售的可行性研究。如果有，是如何做的，与你预想的有什么不一样？

2. 面向学生做一个线上和线下相结合的问卷调查，统计分析学生在食堂和校外的消费需求及消费满意度。

四、案例分析

餐饮主打"花样"外卖，蹚发展新路

新冠疫情期间，许多餐饮企业通过开展直播带货、推出特色外卖菜、研发预制菜等方式，为客人提供放心餐食。除了美团、饿了么等外卖平台，南昌市餐饮企业积极推广自营平台售卖，针对外卖研发新品，并让一部分服务人员化身"外卖小哥"，开始从供应商向服务商转变。

在全力上线外卖平台的同时，一场直播带货的风潮悄然在餐饮界兴起，南昌市各大餐饮企业在新冠疫情期间，纷纷入驻抖音、微信等平台进行直播。在南昌瑞颐大酒店抖音直播间，主播正在介绍以盒饭、面食、面包为主的零售产品，客人下单后由酒店直接安排配送。"作为一次全新的尝试，我们在直播间上线了不同价位的特惠套餐，可以满足各消费人群的需要。直播平台的流量不仅有利于产品销售，也能给酒店带来一定的曝光。"南昌瑞颐大酒店市场传讯副总监张莹介绍。蓝边碗烧菜馆则是在直播间推出代金券、兑换券、优惠券等卡券，客人通过直播平台下单购买。"虽然目前暂时无法堂食，但希望可以通过在直播间发送代金券的形式，巩固老客人的同时，培育一批新客人，吸引客人在放开堂食后来到线下门店进行消费。"

新冠疫情期间，门店暂停堂食，只需简单加工就能端上桌的预制食品颇受群众的青睐，"对于我这种没时间也不太会做饭的人来说，预制菜省时又省心，解决了我很多烦恼。"市民朱女士笑道。预制食品"即热、即食、即烹"的特点，不但契合快节奏的都市生活，同时也降低了居民外出采购频率，减少人员流动，让大家在家也能尽享"舌尖"美味。

此外，记者了解到，××餐饮集团股份有限公司也在预包装食品上"下功夫"。新冠疫情期间，××餐饮集团股份有限公司推出的预包装食品销售同比增长 80%，跟去年同期相比增长了近两倍。"自新冠疫情发生以来，我们一直在加大创新力度，研发拌粉浇头、汤粉等预包装食品，并且不断思考如何将预包装食品最大程度还原产品口味。"××餐饮集团股份有限公

司工作人员表示，公司推出的预包装食品在淘宝、京东、抖音等平台进行销售，为了更好地服务客人，还采取会员红包、下单满减、老客人返无门槛优惠券等各种优惠，让客人以更低的价格获得更好的产品。

(资料来源：尧佳敏，高晖. 餐饮主打"花样"外卖，蹚发展新路[N]. 南昌日报，2022.04.)

问题：新冠疫情下的餐饮业自救，给餐饮业未来发展带来什么启示？

第十四章
餐饮产品的市场推广

20世纪50年代，伴随着餐饮营销的兴起，餐饮产品的市场推广成为餐饮企业重要的经营理念。毋庸置疑，市场推广对餐饮企业的成功发展至关重要。一个好的市场推广方案可以帮助餐饮企业树立品牌，维护客户关系，创造并维护企业的无形资产。而餐饮产品的特殊性使创造客户价值与满意度成为该行业营销的核心。餐饮产品的市场推广到底有什么特点、类型和程序，在网络盛行的融媒体时代，餐饮产品的市场推广又呈现哪些新的变化呢？

🕐 学习要点

1. 了解餐饮产品生命周期和客人购买决策过程，制定营销策略。
2. 熟悉广告媒体的类型、广告策划步骤及销售推广的主要类型与目的。
3. 了解危机管理的概念及过程。
4. 了解销售洽谈的具体步骤及注意事项。
5. 掌握网络营销的概念与主要类型。

🕐 导入案例

小杨生煎：年轻的老字号，如何保持品牌的持续活力

小杨生煎是上海一个土生土长的品牌，创立至今已经有28年。那么为什么说小杨生煎是年轻的老字号？小杨生煎的主要用户群体是"90后"宅浪双全、朋克养生的一个群体，对这个群体来说，生活比娱乐和兴趣更重要。作为活跃的线上社交者，用户群体有着较强的自我意识和个性。从个性延伸出来的口味变化、消费行为的变化，决定了小杨生煎的营销决策。因此，在品牌的打造过程中，小杨生煎更重视评分与意见的反馈。在营销策略的打造过程中，通过持续关注评分及客户反馈，根据流量因子的大数据及时调整营销策略，建立鲜明的品牌形象，提高品牌受众群体的好感度与忠诚度，通过多个渠道获取新的流量，提升消费频次。在跨界营销方面，小杨生煎通过与共享单车、潮牌、流量明星、换装游戏、美妆等多个维度的联名，推出

顺应当下发展热潮的新品。通过线上线下的广告投放，冲上微博热搜，提升了品牌的知名度与影响力。早在 2019 年，小杨生煎先是与马克华菲旗下品牌 RESHAKE 携手，登上了伦敦时装周；再是与国产品牌稚优泉携手上天猫"国潮来了"，推出了小龙虾唇釉和小龙虾面膜。2020 年，突如其来的新冠疫情让整个餐饮行业雪上加霜，小杨生煎也不例外。于是，小杨生煎将重心放在了复购上，推出 15~19 元不等的打工人套餐。2018 年，小杨生煎开始布局的会员管理系统(CRM)也发挥了作用，凡是小杨生煎的会员，用 0 积分就能兑换优惠折扣，这一方式也提高了会员消费频次。

（资料来源：https://www.jianshu.com/p/9c6e0d3c6ae8）

思考：小杨生煎在保持餐饮品牌活力方面有哪些值得借鉴之处？

第一节　餐饮产品的营销策略

餐饮消费是人们最常见的消费之一。餐饮服务除了满足客人的功能性需求，同时也满足了客人的心理性需求。餐饮服务既抽象又具体，虽然是无形的，但也有迹可循。可以通过对餐饮服务内容与特点的分析，加深从业人员对餐饮服务的认知，进而培养其从事餐饮服务的热情。

一、餐饮企业营销沟通组合

营销沟通是企业将产品或服务的相关信息传递给客人的过程。营销沟通组合是将广告、销售推广、人员推销、公共关系和公共宣传四种工具组合在一起，向目标市场传播产品和服务的信息，促成购买行为以实现营销目标的过程。餐饮企业营销沟通组合见图 14-1。

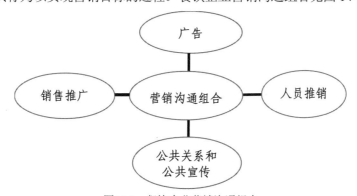

图14-1　餐饮企业营销沟通组合

(一) 营销沟通与产品生命周期

产品生命周期是指一种产品从投入市场到被淘汰以至退出市场的过程。产品的发展经历导入、成长、成熟、衰退或重新发展四个阶段。产品沟通按目的可分为告知式沟通、说服式沟通、提示式沟通等。告知式沟通通过向客人如实介绍产品的性质、用途、价格，以及产品的生产厂家、品牌、商标等，促使客人对产品产生初级需求，属于开拓性沟通。说服式沟通以说服客人为目标，凸显产品的特质与优势，使客人对某品牌或产品加深印象，刺激其产生选择性需求和指派购买，属于竞争性沟通。提示式沟通被用于客人已习惯于使用和购买某种产品后，旨在保持客人的购买习惯，刺激重复购买，以防止客人发生偏好转移。具体见图14-2。

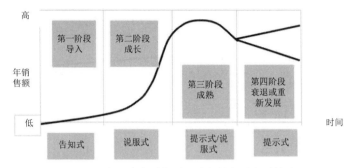

图14-2　产品生命周期不同阶段的主要沟通策略

导入阶段，餐饮产品知名度低，市场需求量小，销售额增长较缓慢。创品牌是该阶段的主要目标，即培育餐饮产品的认知度和知名度。餐饮企业一般采取告知式沟通策略，密集传播、大量媒体投放，以达到影响产品认知和提升品牌知名度的目的。销售量迅速增长是导入阶段的重要标志。随着产品逐渐被市场接受，市场占有率上升，企业利润增加；新的追随者与竞争者进入市场，竞争加剧。塑造品牌形象是此阶段重点，利用产品和服务的优势说服客人，刺激重复购买。

产品到成熟阶段已拥有比较稳定的消费群体。保护和维持品牌忠诚度是此阶段主要任务。沟通旨在凸显产品的主要区别和利益，维持品牌忠诚。在这一时期，说服式沟通的频率明显提高，但沟通费用会因此明显增加。增多的沟通费用导致企业利润减少，因此，企业一般将说服式沟通和提醒式沟通交替使用。进入成熟期后，产品会因为市场竞争和新餐饮产品投放，或社会环境问题而逐渐呈现衰退现象。企业采取的措施有：以提醒式沟通维持品牌的忠诚；更新产品或服务，开始新的生命周期；采取收缩策略，广告集中到其他产品。

企业的沟通策略与客人的实际决策过程密切相关。告知式沟通以告知客人能满足需要的产品/服务的利益、特点和功能，来刺激客人的某种欲望并使其意识到自身的需求；说服式沟通主要用于客人评估和购买阶段，用优于竞争者的特点和优势说服客人购买本产品；提示式沟通在购买后的评估阶段用以维持客人的记忆。

(二) 需求刺激

营销沟通的主要目标是刺激消费需求，说服客人购买。需求分为原始需求和选择性需求。原始需求是指与生俱来的、先天存在的需求，如对食物的需求。刺激原始需求是许多餐饮企业推出新产品时经常采用的方法。如麦当劳利用日常真实的生活场景的广告，刺激人性中最原始的对亲情的向往和对家庭幸福的追求。选择性需求是指客人指名购买某特别品牌的需求。产品的个性化和特殊性是此阶段沟通的重点。

(三) 沟通反应层级

客人对营销沟通的反应水平是企业制定选择沟通模式和衡量沟通效果的考虑因素。常用

AIDA 模型来衡量。认知(awareness)—兴趣(interest)—欲望(desire)—行动(action)是从消费心理的角度考虑，从唤起认知到产生购买行为的心理模式沟通，它反映的是客人对企业进行沟通的产品和服务的心理介入程度。以某新开餐厅为例，开业酬宾活动主要是唤起公众的认知，使其认识到有新餐厅出现，激起公众对餐厅提供的产品和服务的兴趣，引起其购买该产品的欲望，并促使客人做出购买的决策；当客人将意念中的购买付诸实施之时，也就是购买行为真正发生的过程。至此，企业进行营销沟通的目标——获得购买得以初步实现。这个完整过程就是表 14-1 所示的 AIDA 模型。

表14-1　营销沟通的反应层级：AIDA模型

	阶段	客人反映
A	认知	我看到那里有新的……
I	兴趣	我在想是否……
D	欲望	我想试一下他们的……
A	行动	啊，终于来到这里了

扩大市场份额和提高市场增长率是诸多策略共同作用的结果，广告沟通只是其中之一。如销售推广是获取更多客源，建立知名度的重要方式，但产品和服务的质量才是维持和扩大知名度以及决定客人是否重复购买的关键因素。从图 14-3 可以看出，销售推广一直是企业实现营销目标的关键要素，直到客人的试买活动顺利实现。企业的销售推广推动客人的认知度、兴趣和欲望的不断增强。当客人的首次购买行为发生后，质量就会取代销售推广的位置，成为首要因素；广告词主要起提示性作用。企业此时的经营活动围绕满意度和忠诚度，即维持客人对产品和服务的适应性和重复光顾。另外，营销组合中的其他元素在 AIDA 过程中也很重要，如方便的地理位置有利于提升公众对餐厅的认知度和联想度；餐馆的宜人环境也是吸引客人再次光顾的重要载体；有竞争力的价格也是激发客人兴趣、做出购买决策的支持性因素。

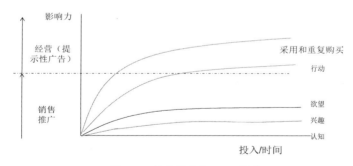

图14-3　销售推广和AIDA模型

二、餐饮企业广告

广告目标通常与餐饮企业和产品/品牌的发展目标相一致，与产品/品牌的生命周期相配合。广告目标是企业目标和产品生命周期的外在表现。明确的、可衡量的和可实现的广告目标是成功宣传品牌或产品的基础。

(一) 广告目标

1. 广告目标的类型

按照直接目的，广告可分为产品销售广告、企业形象广告和企业理念广告等。产品销售广告以销售产品为目的，从中直接获取经济利益，最常见的是销售推广广告。销售推广广告告知客人新产品的上市，或特别时段提供的特殊产品，一般包括产品品牌、活动名称、时间和期限、方式和方法等信息。它时效性强，属短期目标。餐饮企业销售推广方式多样，包括折扣、优惠券、积分、抽奖、多买多得等。企业形象广告是宣传餐饮企业的宗旨和信誉、历史与成就、经营与管理情况，目的是建立商业信誉、沟通企业与客人的公共关系，从而达成产品销售。形象广告通过视觉、听觉等诠释品牌的内在价值，它承载和表现品牌的核心理念和价值，体现品牌的特性与服务承诺。无论是星巴克的"第三空间"和咖啡体验的理念，还是广州稻香的摩登都市与韵味东方的结合，都是品牌广告深入人心的结果。企业理念广告是指建立或改变客人心目中对企业或某一产品的形象，从而建立或改变一种消费习惯或观念的广告。

2. 制定广告目标的要求

广告目标不仅是企业制定广告活动的主要依据，也是具体广告创作的指引。明确性、可衡量性和可实现性是衡量广告目标的三个基本标准。一个合理的广告目标应该符合以下要求。

(1) 明确性。目标的明确性直接影响广告活动的效果。广告目标是一系列广告决策的准则，也是广告主同广告公司与企业广告部人员之间相互协调的宗旨，所以广告目标必须清楚明确。

(2) 可衡量性。广告目标的定量化是明确性的主要表现，它为广告效果的衡量制定了可比较的标准。如某餐厅的广告目标是通过春节的销售推广，使 1 月至 2 月的就餐人次同比上升 15%。

(3) 可实现性。广告目标虽然主要由广告主来确定，但是因广告活动是企业与个人相互协调的产物，所以就要求广告目标必须切实可行。

(二) 广告策划

策划是对广告整体战略与策略的运筹规划，是对提出、实施、检验广告决策的全过程做预先的考虑和设想。完整的广告策划一般包括五项内容：目标受众、信息内容、媒体选择、时机选择和成本预算。表 14-2 对这五大因素及其概念进行了基本概括。

表14-2　广告策划的五项内容

策划内容	关键概念
目标受众	非使用者、新出现者、忠诚客人、不稳定者
信息内容	核心价值理念、突破信息丛林
媒体选择	印刷媒体：报纸、杂志 电子媒体：电视、电台 户外媒体：平面广告、立体广告 网络媒体：网页广告、电子邮件广告、搜索引擎广告、博客广告、窄告、内文广告 辅助媒体：宣传手册、说明书、图片、销售材料、礼品、纪念品

(续表)

策划内容	关键概念
时机选择	持续式排期、起伏式排期、脉冲式排期
成本预算	销售额百分率法、竞争对抗法、目标达成法

1. 目标受众

目标受众是广告策划的首要阶段，解决对谁推广的问题，决定着后续信息内容、媒体、时机、预算的策划。广告受众群分为非使用者、新出现者、忠诚客人和不稳定者等四类。受众群不同，广告策略亦不同。非使用者对产品的存在有意识，但由于某种原因拒绝使用该产品。那些认为西式快餐热量过高、不利于健康而拒绝吃麦当劳或肯德基的人就是西式快餐店的非使用者。他们不会受广告的吸引，因此企业应尽量将注意力转移到其他群体上去。新进入市场的新出现者尚未形成自己的购买习惯和理念，但有接受企业广告产品的潜力。企业只要能够将广告推崇的理念成功地传递给他们，他们就能成为现实的购买者。忠诚客人熟识产品或品牌，对该产品或品牌形成心理上的信任感和依赖感，注重质量而非价格，是所有企业追求的重要目标。针对忠诚客人的广告应主要肯定他们的选择和行为，防止他们向别的品牌转移，一般为长效性行为。不稳定者购买是由于某些优惠条件的吸引或尝试新事物的心理，而不是出于对产品或品牌的忠诚。求新者和求异者一般属于此类。表 14-3 对这四类受众群体进行了简单的归纳。

表14-3　广告的目标受众分类

受众	可能的吸引点	评论
非使用者	广告对他们没有吸引力	非真正的潜在客人
新出现者	注重品牌或产品的核心理念的传递，主要通过提高认知度和品牌形象塑造说服	帮助他们形成购买习惯和偏好
忠诚客人	增强他们的信任和信心，肯定他们的正确选择，维持并强化品牌忠诚度	销售利润的最主要来源
不稳定者	价格敏感度高，受求新或求异心理驱使，受销售推广的优惠条件吸引	无真正的品牌忠诚度，容易向其他产品转移

2. 信息内容

20 世纪 50 年代，罗瑟·里夫斯(Rosser Reeves)提出广告中产品的核心价值理念(unique selling proposition，USP)并沿用至今。客人购买产品的主要理由是产品能提供的价值和利益，有效的核心价值理念应该是产品提供的价值和利益的综合。首先，广告应以产品的核心价值作为主要理念，明确购买该产品可以获得的价值和利益；其次，核心价值应具备独特性和新颖性；最后，理念必须真实可靠，聚焦于某个点或面来刺激客人的购买欲望。产品的核心价值是广告的主题，也是吸引客人的关键。广告语要能简短精练地概括广告的核心信息。可视广告中的视觉内容，如人物、表情、背景、音乐等也常被作为传递信息的载体。

标题是印刷广告吸引客人注意力的关键因素之一。标题措辞、鲜明程度与排版都是吸引力的载体。广告标题既可简单至一两个核心字，如六折，也可以是广告的中心句子。幽默广告的最大特点是通过含蓄的表达在潜移默化中感化目标受众，形成更持久的记忆。对比广告直接或间接地确定一个竞争者，目标是为了说明本产品的优势或提升品牌的知名度。美国七喜柠檬和酸橙混合饮料的广告词——"非可乐"炫耀"非可乐果实"，成功使七喜成为可乐之外的首选。

代言人也是很多企业凸显企业个性和吸引力并冲破信息丛林的手段。如麦当劳叔叔和肯德基爷爷已成为各自所代表企业的鲜明标志，形象深入人心。明星代言人已成为企业制定广告的关键，如成龙代言芭比馒头。

不管广告的形式多么新颖别致、别具一格，最关键的因素还是具体、真实的广告内容。广告传递的信息建立起客人的期望值，实际行为也必须与广告中的承诺一致。被客人认为欺骗行为的广告即使吸引来再多客人的首次购买，最终也只会造成巨大的客人流失和资金损失。

3. 广告媒体的分类和选择

传统的媒体仍然是餐饮企业进行信息沟通的主要媒体形式。新出现的精准媒体也已经被越来越多地应用于餐饮广告，形成多种媒体并存于餐饮广告的格局。餐饮业常用的广告媒体如下。

(1) 印刷媒体。报纸是餐厅最广泛使用的印刷媒体。餐饮企业投放的报纸或餐厅派发的优惠券都是销售推广广告的内容。杂志广告也被广泛应用于餐饮企业，如飞机上的各类航空杂志及酒店餐厅和会议中心的宣传册。杂志广告集广告的艺术性、故事性及可读性于一体，以鲜明的个性主张和悦目的色彩吸引客人的注意力。

(2) 电子媒体。电视和电台是目前中国最普遍、最主流的媒体。对餐饮企业来说，电视媒体往往是树立品牌或推行新理念的主要方式。明星效应就是增强广告效果的方式之一。

(3) 户外媒体。凡是在露天或公共场合通过广告表现形式向客人进行诉求，并能达到推销产品目的的物质都可称为户外广告媒体。户外广告分为平面和立体两大类：平面广告有路牌广告、招贴广告、墙壁广告、海报、条幅等；立体广告有霓虹灯、广告柱及广告塔灯箱等。

(4) 网络媒体。当今的网络广告媒体主要有以下几种。

最基本的网页广告包括在网页上显示一幅固定的广告图片的静态网页广告和把一连串图像连贯起来形成动画的动态网页广告。

电子邮件广告把一段广告性的文字放置在新闻邮件或经许可的 E-mail 中间，也可以设置一个 URL，链接到广告主企业的主页或提供产品或服务的特定页面。电子邮件广告一般包括企业的即时资讯、企业特殊事件、销售推广信息如特价套餐、品酒聚会等。

搜索引擎广告是指当用户利用某一关键词进行检索时，在检索结果页面会出现与该关键词相关的广告内容。由于关键词广告具有较高的针对性，其效果比一般网络广告形式要好，因而获得快速发展。

博客广告是利用博客平台为企业推销产品和服务、树立形象做广告，主要是利用第三方博客平台的博客文章发布功能开展网络营销活动，如企业募集专业写作者撰写博客日志，企业提供的内容由专业博客网站负责发布个人博客广告等。

窄告不仅将企业的广告直接投放到与之内容相关的网络媒体上的文章周围，还根据浏览者的偏好、使用习性、访问历史等信息，有针对性地将广告投放到真正感兴趣的浏览者面前。人们在阅读相关内容时，更容易注意到这些餐饮广告并受到购买刺激。

内文广告是以关键字链接和鼠标移动触发方式实现广告曝光效果的智能化广告模式。它准确地将广告、内容、浏览者三者紧密结合在一起，是一种崭新的、完全由客人触发的广告形式。内文广告将纯文字式、图片式、Flash 式、影音视频式等广告根植于文章内容的某些相关性关键词，当鼠标移到关键词上时，广告就自动展示出来，不必开启新的广告页面。客人可以通过企业网站预订。有的网页甚至有视频供虚拟参观，客人只要点击鼠标便可了解餐厅概况。

辅助材料广告也是餐饮企业常用的广告形式。辅助材料上印有鲜明的企业标识和名称，包括企业的宣传手册、说明书、图片、销售材料、礼品或纪念品等。

各媒体类型及其优缺点见表14-4。

表14-4　媒体类型及其优缺点

类型		优势	劣势
印刷媒体	报纸	及时性强，阅读人群广泛、覆盖面大，地理针对性强，易于传阅和保存，优惠券兑换率较高	印刷质量较低，产品质量或价值体现性不高，受众针对性有限，设计较简单
	杂志	受众针对性强，可保存，有效时间长，发行量大、面广，部分可全国甚至全世界发行，编辑精美，印刷精美，形象表现产品的色彩、质感等，二次流通量大	出版周期长，时效性不强，专业杂志的专业性在一定程度上限制了读者人数，成本高于报纸
电子媒体	电视	到达率高，图像、动作和声音的结合，吸引观众的注意力，利用有线电视和卫星电视提高受众针对性	总成本高，广告丛林造成信息超荷，频道转换率高，浪费严重
	电台	受众针对性强，成本低于电视，更易于被客人接触	仅仅依靠声效，吸引力不够全面和强烈
户外媒体	平面立体	对地区和客人的选择性强，抓住受众的空白心理，被注意率高，易被接受，强迫诉求性质强，可多次重复记忆，内容精简，易记；广告费用较低	信息容纳量极其有限，移动性差，受众相对有限，效果难以测评
网络媒体	网幅	静态网幅广告制作简单，动态网幅广告的动画元素传递更多信息，且加深印象，交互式广告形式多样，内容丰富，表现力强，且参与性较强	静态的网页广告表现较呆板和枯燥，动态和交互式广告的效果受站点的服务器端设置和访问者浏览器的双重影响
	电邮	针对性强、成本低，可接触大量的潜在客人，广告内容全面、灵活，不受限制，个人针对性强，易于统计	某些系统的互不兼容可能导致 html 格式的广告无法完整读出，带有强迫性，易被当成垃圾邮件，命中率较低
	博客	针对性强，有效到达率高，口碑式营销，信任度高，名人博客的意见领袖效应，商业性最小，受众参与性和互动性更强	大多专注于某一专题或领域，受众面窄，需不断更新内容，费时间和精力
	窄告	P4P (pay for performance)：按广告投放后带来的实际效果付费，节约费用，网络传播覆盖范围广泛(近 5000 家主流合作媒体)；有的放矢，节省费用与时间，受众针对性极强	关键词与广告的匹配程度不高；造成窄告不窄，模式单一
	内文	内文精准命中目标群体，针对性强，温和投放，提升网民浏览网页的舒适度。一触即现，主动出击，实现信息的快速传播	

（续表）

类型		优势	劣势
辅助媒体	手册	内容专业，全面，受众针对性强，制作精美，印刷质量高	一般时效性短，容易过时，用过后成为垃圾，不环保
	物品	客人回忆率高，相对比较便宜	

4. 广告时机

选择好适当的媒体之后，媒体策划人员就要决定广告投放时间、长短和频率等方面的问题，即广告排期。最常见的广告排期法有持续式排期、起伏式排期、脉冲式排期等三种。持续式排期在整个活动期间匀速地投放广告。广告持续出现，维持广告记忆度，行程涵盖整个购买周期。该方法一般适用于季节性和时间性不明显的产品。起伏式排期将大量投放广告与全部停止广告交替进行，适用于一年中需求波动较大的产品和服务。广告强度根据市场上的实际需求进行调整，利用最有利的暴露时机，获得最大的有效到达率。部分餐饮产品的季节性明显，一般根据淡季和旺季调节广告投放量，较多采用这种排期。另外，也有很多广告采取将持续式排期和起伏式排期相结合的方式，又称为脉冲式排期。广告主全年都维持较低的广告水平，但针对销售高峰期采用急剧性脉冲效果。产品或服务的购买周期越长，越适合采用脉冲式排期。其优点在于持续累积广告效果，并根据品牌需要强化重点时期的暴露度，但费用较高。像快餐食品和饮料等，虽然一年四季都有广告，但在夏季或冬季推出新产品时广告量猛增。

广告重复能提高并加强品牌的知名度。事实上，绝大多数知名品牌或企业之所以知名，与广告重复的频率是分不开的。无论国际知名品牌如麦当劳，还是国内品牌如小肥羊火锅、全聚德、广州酒家等，客人都反复在电视或其他媒体看到或听到过。

5. 广告预算

广告预算的方法很多，常见的预算方法有销售额百分率法、竞争对抗法和目标达成法三种。

(1) 销售额百分率法：是以一定时期的销售额或利润额的一定比率来确定广告费用数额的方法。企业以销售推广成本、销售价格和单位利润之间的关系为先决条件进行思考，并根据承担能力的差异变动广告预算。由于它是基于可用资金的多少，而不是基于广告时机的发现，易失去有利的广告机会。

(2) 竞争对抗法：是指企业以竞争者的广告开支为依据来决定本企业的广告预算，以保持竞争上的优势。即整个行业的广告费用数额越大，本企业的广告费用也越大；反之，则越少。竞争对手的广告预算能代表企业所在行业的集体智慧；维持竞争均势能避免各企业之间的广告战。各企业的广告信誉、资源、机会与目标并不一定相同，甚至可能相差很远，因此某一企业的广告预算不一定值得其他企业仿效。

(3) 目标达成法：被认为是一种比较科学的方法。它以明确的广告目标为基础，确定达到这些目标必须完成的任务，并预算完成这些任务所需的费用，从而决定广告预算。以广告目标决定广告预算的方法便于检验广告的实际效果，但缺乏对某一广告目标成本的考虑。

三、餐饮产品销售推广

销售推广是指企业通过媒介或非媒介的营销方式在有限的时间里推出某一种或几种新产品/服务，刺激客人试买或更频繁地重复购买，鼓励他们升级购买产品/服务或与竞争者的营销活动相抗衡的营销行为。与广告不同的是，销售推广活动更倾向于用经济方面的激励来达成即时销售量的增加。同时，理想的销售推广行为还是支持企业形象的方式。企业举行销售推广活动的原因很多，表14-5进行了部分列举。

表14-5　餐饮业销售推广原因

序号	原因	序号	原因
1	鼓励尝试型消费	6	推广新产品
2	刺激重复购买	7	与其他经营者竞争
3	通过奖赏建立客人忠诚	8	利用特殊的事件或潮流
4	在特别时期增加销售额	9	增加客人的兴奋度
5	增加客人消费	10	激励员工

同其他沟通元素一样，销售推广也有特定的受众，如家庭、青少年或美食爱好者等。餐饮企业销售推广活动事先都会做详细的计划，评估销售推广的效果。餐饮业常见的销售推广评估法是将销售推广前、销售推广中和销售推广后的业绩进行比较，有时也会比较之前年份的同期业绩。餐饮企业实施销售推广活动期间的业绩会因为某些大型的特殊事件(旅游文化节、美食节、演唱会等)而受到重大影响，所以餐饮企业在进行评估时需要据此做出相应的调整。

最常见的销售推广形式有优惠券、折扣、赠品、奖品(游戏、抽奖、竞赛)、售点销售推广、组合销售和免费样品。

(1) 优惠券(coupon)。优惠券是一种凭证，客人可以在购买特定的产品/服务时用于抵消本应支付的价格的部分或全部，一般不能兑换现金。优惠券一般有有效期，以鼓励即时购买。餐饮业使用优惠券最频繁。回购优惠券(bounce-back coupon)是在客人此次消费结束时送出供下次使用的一种优惠券，主要用以鼓励客人重复购买。例如，必胜客的外卖盒子上贴有供下次使用的优惠券。回购优惠券因为节省了分发的费用，成本较低，也适用于小型餐馆。

(2) 折扣(discount)。折扣可用于新品优惠，时限推广价和满额即有折扣都是折扣销售推广的常见方式，即消费每达到一定的数目即可获取对应的折扣率，消费数目越大，折扣率越高。例如，满1000元八折优惠，满2000元则七折优惠。另外，将折扣产品与不享有折扣的产品一起销售也是折扣的形式，如餐厅的全价菜品与半价冰冻饮料的套餐。

(3) 赠品(premiums)和奖品(prizes)。赠品是指客人在购买某一特定产品/服务的同时，获得餐厅以较低价格或免费提供的同一或另一产品/服务。客人用餐时的免费饮料、免费纪念品等都是赠品的形式。茶杯、电话卡、日历等都可被餐饮企业用作赠品。部分餐饮企业采取累积式赠品的形式鼓励多次光顾。只有客人消费累计一定次数之后，才可获得相对单次消费赠品折扣更高或价值更大的免费赠品。奖品是鼓励客人参与某种活动并赢取一定的奖品。活动一般包括游戏和抽奖，奖品一般有现金、实物等，这种机会可能全凭运气或需要付出额外的努力。游戏(games)主要是现场猜谜、拼图游戏等，其目的是刺激客人的兴趣而频繁购买产品/服务。抽奖(sweepstakes)是餐饮企业从客人填写的抽奖表中随机抽取获胜者，是一种收集客人信息的有效方式。

(4) 售点销售(merchandising)和组合销售(packaging)。售点销售是在售点展示产品活动。此销售推广方式主要借助实用品或销售推广材料，包括菜单、饮料单、送餐服务单、海报等。酒店餐厅及独立餐馆都广泛采用这种销售推广方式，因为服务类产品只能通过销售推广材料将无形产品有形化，增加客人对服务质量的信心。常见的有橱柜菜品实物展示、厨艺演示等。组合销售主要是成品经营商与原料供应商联合销售推广，餐厅常与相关食品、饮料供应商一起联合销售推广。品酒宴会就是组合销售推广的例子：供酒商免费或低价赞助供应酒，并提供小册子、说明书或海报类的销售推广材料；餐厅则负责举办品酒活动，吸引客人参与。

📖 **案例14-1**

顺德菜推广方案

一、前言

广州南沙大酒店是一个集商务、旅游、休闲于一体的商务度假型酒店。在整个酒店的运作中，餐饮部的作用是不可替代的，因此为了适应酒店的发展需要，基于校企合作的一部分，酒店与顺德餐饮业代表合作，将于4月份在中餐风味厅推出顺德特色菜式。

时间：4月1日—5月15日。

二、推广目的

(1) 提高酒店知名度，增加客源，增加酒店收益。

(2) 为熟客提供新菜式，满足客人饮食多样化的需求，稳定客源。

三、推广方案

1. 线上推广

利用酒店销售推广公众号进行推广，客人凭酒店的推广信息发朋友圈点赞，给予客人九折优惠。客人发朋友圈，集赞满40个的，在用餐时可免费享用精美果盘一份。

2. 线下推广

(1) 住客凭房卡来餐厅消费可享受九折优惠。

(2) 在前台或是客房放置一些新菜式宣传单，供住店客人浏览，并注明会对住店客人提供一定优惠。

(3) 点任意两个新菜式，送水果一份。

四、顺德菜式

广州南沙大酒店与顺德名厨倾力打造一场饕餮盛宴——顺德美食节。顺德美食节推广期间，牡丹风味厅增加顺德新菜式共约20余款，汤、热菜、甜品等一应俱全，4月份期间全天候不间断供应美食，一鱼百味，酿、煎、焖、蒸、炒，配上鲜美的鱼汤，总有一款适合您！更有顺德名菜，过桥鱼汤、菜远炒水蛇片、顺德锅贴奶、顺德煎鱼饼、红糖叉烧、风生水起、粉葛赤小豆鲮鱼汤、顺德酿鲮鱼、顺德公焖鱼、大良炒牛奶、碧绿炒鱼卷……

(资料来源：广州南沙大酒店官网)

思考：广州南沙大酒店顺德菜推广方案有何可取之处？你是否还有进一步的改进建议？

四、餐饮企业的人员推销

(一) 人员推销的概念

人员推销是指销售人员运用营销知识和技能向客人直接传播信息以赢得客人的信任和好感，进而提升销售业绩的一种销售推广方式。餐饮企业的销售工作并不仅仅是营销部人员的工作，实际上是全体员工共同努力销售的结果，尤其是那些与客人接触的一线员工，比如餐厅服务员，要做到在服务中推销，在推销中服务。人员推销是一种非常昂贵的营销方式，往往长时间的准备工作就是为了短短几十分钟的真正推销时间，即与客人面对面交流的时间相对较少，而大部分时间都用来做准备工作及跟进工作。因此，这就更表明真正与客人接触时间的昂贵。虽说日常经营活动中对现有客人进行推销在餐馆比较常见，但很多餐饮企业更倾向于将人员推销用于能产生大量销售额的团体销售，如针对会议团体、旅行社、航空公司等进行的推销。人员推销也是餐饮企业获取新客户的主要方式。

(二) 人员推销的具体步骤

推销过程是一个开放式的过程，它始于销售洽谈，但没有限定的终结点，因为长期保留现有客人是每个销售代表必须承担的责任。推销的主要活动包括搜寻潜在客人、策划销售洽谈、销售洽谈现场、达成销售以及销售跟进五个步骤。

1. 搜寻潜在客人

所谓潜在客人是指有购买兴趣、购买需求，但尚未与企业或组织发生交易关系的个人或组织。他们是有意向并且有能力消费企业提供的产品和服务的那部分群体，因此，搜寻潜在客人包括开发销售线索及从线索中确定潜在客人两个部分。

(1) 开发销售线索。周围的新建筑物意味着新的商业活动和商业机构出现。通过政府或民间商务部门一般可获取即将开张的企业名单、性质和规模等方面的信息。当地某些协会组织及其成员名单指南则是寻找组织内销售对象的依据和借鉴。社区中的朋友和现有客人也是销售线索的来源之一。在确定潜在客户阶段，企业从这些线索中找出真正有可能转化为企业现有客人的群体，该阶段更在乎的是质量。

(2) 挑选合格的潜在客人。合格的潜在客人对餐饮企业提供的产品或服务有需求，能为企业带来收入，并能弥补人员推销所付出的费用，一般包括那些预订相当数量的餐饮或其他设施和服务如会议室、宴会厅等的客人，或是某个有购买决策权的个人。因此，潜在客人可以包括秘书、办公室助理、销售或培训经理，以及其他管理层人员。餐饮企业的销售代表应该弄清楚谁是有购买决策权的人，并适时与之沟通交流。秘书通常是一个组织中重要的看门人，他们自己也会做出决策。因此，许多餐饮企业为他们成立了专门的秘书俱乐部，还定期举办宴请活动以增进交流和信任，获取客源。

在发掘新的销售机会时，也会通过突访获取可能的销售机会，发掘新的客户。突访是地毯式推销常用的一种手段。地毯式推销是指推销人员在不熟悉或不太熟悉客人的情况下，直接访问某一特定地区或某一特定行业的所有经营单位或有关个人，从中寻找目标购买者的产品推销方法。

2. 策划销售洽谈

销售洽谈的策划是建立在营销人员已经确认了合格的潜在客人之后，因此，销售对象具有明确针对性。销售人员对推销对象的了解越深，制订的销售计划就越有效。销售对象的组织信息和个人背景信息在策划过程中起着很重要的作用。组织信息包括组织的规模和经营性质及其对产品和服务的偏好。个人信息包括兴趣、爱好、俱乐部或社团关系及社会地位等。

首先，礼貌和专业是销售洽谈的首要要求。此外，预约是销售人员对已经确认的潜在客人进行推销时体现专业化的关键，邮件预约最好通过电话进行跟进确认。

其次，明确的目标也是策划销售洽谈的关键。目标包括充分了解推销的产品和服务的特征、最能引起潜在客人强烈共鸣的沟通方式，以及介绍的逻辑顺序。要根据客人的特点对症下药，所以销售人员必须识别潜在客人的具体需求，并有针对性地展示能满足其具体需求的方法和能力。销售沟通过程必须逻辑有序，销售洽谈条理清晰，内容包含必要的信息以及凸显吸引点。成功地吸引潜在客人的注意力和兴趣就是推销成功的第一步，礼貌得体的自我介绍以及用以吸引客人的兴趣和注意力的沟通都必须彰显训练有素、真诚诚恳。

客人最关注的是能从购买中获得何种价值，明确告知客人能获取的利益或价值是进行推销的有效方式。首先，借助秘书俱乐部的销售洽谈是一种有效的方法。可以邀请他们参与秘书俱乐部，并阐明参与俱乐部的利益和价值。对企业会议负责人则可以展示餐饮企业所能提供的有关价值和利益，比如价格的可协调性和特殊优惠性，如保证食物的质量，并同时提供下次会议时的价格优惠。展示与众不同的利益特征是销售人员打开沟通之门的有效手段。邀请客人亲临餐饮企业参观是获取客人信任的最好方式。特别是当业务销售量大、消费水平高时，邀请客人一起用餐是一种较好的选择。

3. 销售洽谈现场

销售洽谈的方式很多，可以是电话洽谈或面对面的对话。餐饮产品演示借助视听资料如录像或幻灯片作为视觉上的补充，用情况说明书或图片介绍业务组合等。虽然不存在可以让销售人员每次都完满达成销售的完美剧本，但如果销售人员能参考以下基本准则，至少可以获取更大的成功可能。

(1) 实事求是，既将企业的特点公布于众，又不能承诺做不到的事情。向客人承诺能实现的事情才是取得信任和认可的关键。

(2) 表现积极，千万不要攻击自己的竞争对手或销售同行。如果必须做出一些负面的评价，也要强调一下事情的积极面，做到具体问题具体分析。

(3) 产品或服务介绍。让餐饮企业的产品和服务在潜在客人中留下好的印象非常重要，尤其是对那些从未到过餐厅的客人。以故事的方式传递企业价值是一种策略，如餐厅的某个项目经营成功的案例，或获得一位忠诚客人的重复光顾的事例等。

(4) 客人推荐。有消费经历的客人的评价对潜在客人的影响不容忽视。企业可以利用客人的推荐词感动潜在客人，获取信任。

(5) 友好的交流和倾听。销售代表在洽谈中应该保持友好，不仅是一个口才好的演说家，还应该是一个愉悦的听众。多听听客人的真实想法，积极地倾听包括眼神交流和观察对方的肢体语言。同时，也可通过自己的面部表情和身体语言来表达兴趣和投入。

(6) 适当询问。当对方的回应不是很积极时，销售人员也可以采取问问题的方式助其加入交流。客人说话的语气和内容可以显示他们的信任或疑惑，也可由此判断销售人员的表现。

(7) 善待竞争。在了解竞争对手的基础上合情合理地进行分析，说服客人。

(8) 处理抱怨和异议。以积极的心态面对客人的投诉和异议，识别工作中的不足和失误。适当的解决方法还可能将不满转为感动，获取更多的肯定和信任。

4. 达成销售

没有一个销售代表能保证每次都达成销售，但销售洽谈结束的时刻是显示销售成功与否的关键时刻，也是所有销售代表非常重视的时刻。达成销售是销售洽谈的目的，销售代表应采取某种方法明确得知客人是否有下订单的决定。

(1) 假定成交法。又称假设成交法，指推销人员假定客人已经接受推销建议而直接要求客人购买推销产品的一种成交技术。销售代表可以在销售洽谈结束的时候假定销售达成，并询问对方关于订单的问题，如"您现在就订下菜单，还是等您跟贵公司的其他人商量之后再说？"使用电话也是销售人员表示认定成交达成的方式，如"我现在就可以打电话回公司帮您预留位置。"

(2) 订购紧张激将法。当销售代表觉得在本应该达成销售的时刻仍不能确定销售是否达成时，可以利用订购紧张的理由刺激对方当场预订。因为订购紧张的事实会增加客人的紧迫感，促使他们快速做出决定。但订购紧张的理由应建立在真实的基础之上，过分夸大只会让潜在客人失去信任，损害企业的声誉。

(3) 试销订单法。如果潜在客人没有表现出购买的意愿，销售人员也可以说服其下一个试销订单。有的销售员会说"我们希望有一次向您证明的机会"，或向对方承诺举办一个小型活动作为试用订单。如果不能得到明确的订单，可以试着取得对方暂时的承诺，并希望其告知方便的时间以便电话确认。其实最关键的还是尽量争取到有利于达成销售的机会。

5. 销售跟进

销售洽谈的结束并不是销售行为的结束，即便对方没有下订单，一封感谢信或其他传递真诚意愿的沟通方法也是必要的。推销人员应该把推销对象的资料以及他们不下订单的原因记录在案以作参考。同时，跟进电话确认客人将来可能产生的餐饮需求也不能少。此外，长期性的电话或邮件跟进是保留客人的有效方法。在销售达成的整个过程中，相应的跟进服务也非常重要。销售达成之前，销售代表应该帮助客人做好准备工作。购买过程中，销售代表应该协助客人审核产品和服务。当出现问题时，销售代表比客人更适合向有关负责人提出意见。售后的跟进工作同样必不可少。客人评价将成为以后开展销售推广的有效参考依据。如果是负面的评价，销售人员需要适时地进行修正；对于积极反馈，应该抓住机会建立客人忠诚，为其他业务的顺利开展奠定基础。此外，跟进工作有助于阻止其他竞争者的介入。如果能跟现有客人保持积极的联系，增强客人的忠诚度，竞争者将很难抢走客人。

五、餐饮产品的网络营销

广告、公共关系、人员推销和促销都是大众营销时代的营销传播工具，它们的共性在于目标的广泛性和信息的标准性。随着信息技术的发展，网络直接营销越来越受到企业的关注，这种营销方式能够与目标客人进行互动，获取即时反馈并建立持久的关系。网络直接营销包括在线营销、搜索引擎营销、移动营销以及社交媒体营销四个类别。

(一) 在线营销

1. 网站

餐饮企业网站一般分为两种类型，即营销网站和品牌社区网站。营销网站的主要功能是与客人进行互动，鼓励客人在网站上直接进行购买或者进一步提高他们对品牌的认知，如餐饮企业(集团)的官方网站。品牌社区网站则是展示品牌内容，强调品牌与客人之间的互动，向客人提供有关品牌信息、活动、视频、博客等内容，与客人建立更紧密的联系。吸引客人访问网站是进行在线营销的关键，企业可通过线下印刷品宣传或广告引导客人访问网站。

2. 在线广告

随着时代的发展和互联网的普及化，在线广告已成为一种重要的信息传播媒介，主要包括展示性广告和搜索相关广告两种形式。 展示性广告可以随时出现在互联网使用者正在浏览的网页上。搜索相关广告占据在线广告份额超过一半，是在线广告的主要形式。搜索相关广告主要表现为企业向搜索网站购买搜索短语，并根据点击数量支付费用，主要表现形式是文字或图像广告。

3. 电子邮件

智能手机的逐渐成熟，更有利于电子邮件营销的进一步发展，电子邮件依然是在线营销的重要工具。然而，在客人日益重视个人隐私的今天，客人不愿意收到大量的商业电子邮件。因此，餐饮企业在发送电子邮件广告前必须获得客人同意，即授权式电子邮件营销。

4. 在线视频

在线视频也因视频网站的兴起和发展成为一种营销的载体。企业一般会在在线视频网站、品牌网站或者社交网站发布视频(如微博、微信、优酷、爱奇艺，以及 Facebook、YouTube 等)。好的视频能够吸引数以万计的客人。在线视频具有快速传播、高点击率的特征，经常被企业作为病毒营销的载体。病毒营销是一种基于网络的口碑营销，企业通过视频、在线广告，以及其他营销载体传播经过精心设计的营销内容，利用视频和在线广告快速传播的特征，吸引客人观看广告并分享给朋友，从而使营销内容像病毒一样能够快速扩散，形成热点话题。

5. 博客及论坛

博客和论坛都是人们或企业对一个明确的话题发表意见的载体。不少企业通过发布与品牌有关的博客，与客人群体建立联系。餐饮企业也会通过第三方的博客来推广自身的品牌。

(二) 搜索引擎营销

搜索引擎营销(SEM)是一种通过提高搜索引擎结果页被搜索引擎使用者看见的频率，或是通过搜索引擎的内容来推销网站的网络营销模式。目前主流的搜索引擎营销包含搜索引擎优化(SEO)和关键字点击广告(PPC)两种形式。

1. 搜索引擎优化

这是一种通过了解搜索引擎的运作规则来调整网站以提高企业网站在相关搜索引擎内排名的方式。由于用户往往只会留意搜索结果最前面的几个条目，所以不少网站都希望通过各种方式获得优先的搜索排名。搜索引擎优化最常用的方法是关键字研究和分析，包括以下两个步骤。首先，营销人员要确保网站可以在搜索引擎中编入索引，为网站及其产品找到最相关和最受欢迎的关键字，并在网站上使用这些关键字引导搜索引擎使用者点击企业网站。其次，销售人员需要了解搜索感知影响。搜索感知影响是指品牌的搜索结果对客人感知的识别影响，其中包括网站标题、网站索引、元标记和重点关键字。由于在线搜索通常是潜在客人行动的第一步，因此搜索感知影响会影响客人对品牌的印象。销售人员需要通过以上两个步骤对企业品牌和产品进行关键字优化，实现搜索引擎营销。

2. 关键字点击广告

这是一种网络广告的收费计算形式，广泛应用在搜索引擎、广告网络及网站或博客等网络广告平台。规则是当使用者点击广告拜访广告主的网站时，广告主需向点击广告服务商支付费用。当使用者键入关键字查询与广告主的列表匹配或检视某相关内容的网页时，该广告主投放的广告就会显示在网页上。该广告被称为赞助广告，常出现于自然或者随机结果页的某一栏。

(三) 移动营销

移动营销是指企业通过移动智能设备，将营销信息、推广或其他营销内容推送给客人。移动智能设备和移动互联网的发展与成熟使得移动营销成为大部分企业重视的营销方式。许多年轻人点餐时更习惯于通过手机移动端了解相关信息，移动设备对其购买决策行为产生重要影响，因为移动设备具备为客人提供产品信息、价格对比、其他客人评论、电子优惠券、即时预订等功能。通过移动营销，餐饮企业能够实现许多营销目的，比如鼓励实时购买或预订、提供更为方便的购买体验、提高客人对品牌的体验效果等。

(四) 社交媒体营销

社交媒体是商业性的或独立的在线社区，人们可以聚集在一起社交，相互交流看法和信息。如国内的微博、微信，国外的 Facebook、Google+、Twitter、Instagram 等都是社交媒体，越来越多的餐饮企业将社交媒体作为营销组合的一部分。

1. 使用社交媒体

销售人员可以从两个方面利用社交媒体，即在现有的社交媒体上建立企业或品牌的账号或者建立自己特有的社交媒体。在现有的社交媒体上，建立企业或品牌账号是较为普遍的做法，因为现有社交媒体都已经有一定数量的用户。大量的社交媒体能够让企业从中挑选潜在客人，企业通过在社交媒体上发送合适的营销信息，吸引潜在客人关注企业。企业建立自己特有的社交媒体时，多关注社交媒体用户的共同爱好会更容易获得成功。社交媒体的营销积极作用主要表现在四个方面：分享与联系、互动性、即时性和高成本效益。社交媒体在营销方面的缺点主要有两个方面：首先，企业要具备利用社交媒体的知识和资源，事实上许多餐饮企业并不具备；其次，社交媒体的主导权不能只是简单地将产品或品牌推给社交媒体用户，而要设法让企业的产品或品牌成为用户在社交媒体中互动的日常话题。

2. 整合社交媒体营销

利用社交媒体进行营销，企业需要根据自身的营销战略，选择合适的策略和其他要素，将社交媒体打造为实现营销战略的重要部分。成功利用社交媒体的餐饮企业会同时利用其他媒体(如传统媒体、在线营销媒介等)，在互联网上创造一个与品牌相关的，可以进行分享、互动的客人社区。

整合社交媒体营销的一个关键是管理社交媒体账号，为此，有些餐饮企业制定自己的品牌和数字营销战略。一般而言，销售人员还要针对多个网站和社交媒体上用户的特征，设计不同的营销内容和传播风格，并决定将主要的浏览量引导至哪个网站或社交媒体上。通过一些特定主题活动，推动餐饮品牌形象的树立，实现餐饮营销的创新与突破。

📖 **扩展阅读14-1**

吸引眼球的餐饮快闪店

第二节　餐饮企业的公共关系、公众宣传与危机管理

餐饮企业在经营和营销过程中，不仅要注意公共关系和公共宣传的维护与传播，还要注意危机处理流程。

一、公共关系和公众宣传概述

公共关系(public relation)是营销沟通的一种形式，面向现有客人、潜在客人或其他相关利益群体传递产品或服务的价值，并影响他们对企业的产品或服务的感受、观点的各种活动。公众宣传(publicity)是在各种印刷品或媒体上获得的免费或相对不付费的报道版面，由媒体对某项产品或服务进行非商业性报道或评论。公共关系和公众宣传的目的不同，但随着成功的公共关系而来的是媒体赞美性的报道，积极的宣传效果也有利于公共关系顺利地开展。

(一) 公共关系

公共关系主要是企业为了维持与特殊公众和普通大众的关系而举行的若干活动的总和。特殊公众是指那些与企业有直接利益关系的群体，如客人、员工、供应商、股东等。这些群体对企业的利益要求各不相同。特殊公众还包括政治和执法部门工作人员以及商业组织的关键人物等。普通公众则包括企业所在地区的所有人，对一些连锁经营的餐饮企业来说，甚至可能是整个地区或国家的人。

(二) 公共宣传

公众宣传不是企业自身所执行的，而是由持中立立场的第三方来发表的。它最主要的优点是易于建立良好的可信度，对企业营销具有重大的作用。新闻是企业进行公众宣传的最主要形式。实际上，非商业性的媒体报道为企业带来的广告效应比商业性的广告效应更有说服力，而且可大量节约成本，产生成本效益。某餐厅新建一个昂贵的宴会厅可能不足以成为新闻，但如果能以某名人的名字命名或由名人出席开业剪彩的话，其具有的新闻价值足以引起媒体的广泛关注。

二、公共关系和公众宣传的工具

(一) 新闻

新闻因为高可信度的特点成为开展公共关系的主要工具，而演说、记者招待会或新闻发布会也能提高企业和产品的知名度，特别是会上回答媒体或公众问题的环节为企业深入彻底地向目标受众传达企业或产品信息提供了条件。

(二) 特殊事件

特殊事件是另一种较为普遍的公共关系工具，其内容从开幕典礼、演唱会、教育活动到重大节庆活动等，这些内容都是为接触目标大众和激发他们的兴趣而设计的。公共关系人员在策划这些活动时要准备充分的书面材料，以接触和影响目标市场，材料包括带有企业标识的说明书、照片、视听材料、小册子和杂志等。照片能增强受众的识别效果，而视听材料包括影片、虚拟现实(VR)等也是有效的沟通工具。另外，企业网站也是很好的公共关系途径之一，接触范围广泛且可达性高。

(三) 名人效应

积极的宣传活动还可以与企业所有者、经营者、内部工作人员联系起来。企业获取的特殊成就、积极的评价等都能用来吸引公众。名人的到访容易引起公众的关注，而企业善于抓住这一机会扩大宣传则会收益颇丰，即使餐饮企业专门为此配备一名摄影师也是非常值得的。如果这个名人的影响力够大，媒体预先知晓其到访的话，电视台可能会专派摄影组过来。但是，不管媒体提供什么样的报道，都需要经过名人的同意。

(四) 公益营销

公益营销就是通过赞助、捐赠等公益手段对企业的社会公众形象进行商业推广的营销方式。企业公益活动的主题包括教育、环保、健康事业等方面，它实质上是一种商业性不明显的软广告，并且沟通对象面广量大、有针对性。尽管不能直接带来产品的销售增长，但长远看，它会改变人们对企业的看法，间接地提升品牌的声誉、形象及销售等。2020 年，百胜中国、喜茶紧急向中国红十字基金会分别捐款 300 万元和 100 万元，捐赠款项将根据新冠疫情防控和一线医务人员需求，专项用于支持抗击新冠疫情防控工作。肯德基免费为武汉医院送餐、天津外滩风尚餐馆送暖心咖啡慰问社区工作人员等，也为企业赢得了口碑。

虽说公共关系和公共宣传并不是免费的，准备新闻稿、照片和新闻发布会都会产生成本，但花费的金钱与购买同等广告版面相比均低得多。

三、危机管理

(一) 危机管理的概念

在向社会公众宣传企业的正面业绩和经营表现的同时，餐饮企业也不得不面对经营过程中的负面新闻，包括质量投诉、操作事故、食物中毒、违规行为等。危机管理应该始于危机的预防，而不是事故发生之后被动地应对。企业不仅要制定缜密的危机管理政策和措施，而且要考虑到公众的利益。制定应变措施是危机发生前企业要做的一件事，主要包括预测企业的潜在危机以及计划危机发生后的应对措施。

(二) 危机管理的过程

危机具有不可控制性和信息的多变性，因此，计划不应一成不变，而应是灵活的。

发言人是危机管理的必要条件，他应该是一个决策者，有调查事情真相的权力。在企业内部，应该有可遵循的危机处理程序，便于及时处理紧急情况。对于某些不能及时解决的危机，发言人应该积极收集信息，并拥有告知有关人士解决问题的进展和给出明确时间界定的信息。同时，企业也应该有清晰的渠道向内部员工发布有关信息，不管是在职的还是离职的员工，公众会认为他们仍然是企业的代表，他们的评价也会在社会上引起很大的反响，因此他们也需要知道真相。保持沉默或不发表任何评论都不是应对公众所提问题的最佳措施。

📖 **案例14-2**

全服务酒店+X跨界合作经典营销案例

跨界营销在旅游业已然成为一种新势能，这对于打破流量孤岛，盘活存量至关重要。

全服务酒店+X 跨界合作经典营销案例		
酒店品牌	合作方	合作类型
香格里拉酒店	旅游、汽车业	酒店+自驾游

（续表）

酒店客户享受私人专机游全球；与知名赛车品牌法拉利赛事合作；汽车品牌合作试驾、自驾游		
开元酒店	雅高纺织集团	酒店+布草
酒店另类 O2O，客人在酒店入住体验床品后，扫描二维码可直接进入奇高科技自运营平台——下单购买多款兰叙品牌床品		
喜达屋酒店	东方航空	酒店+航空
联合宣布推出全新独家深度合作项目——悦享东方计划，其将为喜达屋 SPG 俱乐部和中国东方航空东方万里行精英会员在全球范围内提供航班及入住的额外福利，使宾客尽享两项忠诚计划的专属奖励和特别礼遇		
港中旅酒店	国家摄影	酒店+摄影作品
宾客入住旗下酒店，就能欣赏到摄影作品，如果感兴趣，可手机扫描图片上的二维码，了解其背景信息和拍摄故事，进一步走进摄影师的内心世界，如同亲历拍摄过程。如果很喜欢这幅作品，可直接点击购买，作品很快就可以送到家		
丽晶酒店	银联国际	酒店+银联
丽晶酒店集团与银联国际展开跨界合作，期望共同开发中国高端信用卡消费市场。伴随着旅游市场的升温，多家银行通过分期付款旅游、联名信用卡、旅游贷款业务等，开始掘金旅游业		
首旅酒店	北广传媒	酒店+影视
首旅酒店集团在 2015 年与来自不同行业和领域的战略合作伙伴携手，陆续推出包括国内酒店行业首家会员专属频道及私密客房影院、新型会员移动互联服务平台、会员专属电动环保汽车、大屏幕会员推送系统等在内的系列会员专享礼遇及增值服务，以实现会员规模于 2015 年底破百万的目标		
万豪酒店	三星	酒店+科技
万豪酒店与三星合作在纽约马奎斯万豪酒店和伦敦伯宁万豪酒店推出名为 VRoom Service 的虚拟现实服务，客人可在房间里进行 Gear VR 的虚拟现实体验		
君澜酒店	别墅	酒店+地产
酒店与旅游地产间的跨界合作应相互影响、相互推动。2015 年 11 月，君澜酒店集团推出首个别墅项目，采取先造酒店、再造别墅的运营模式，将集团 10 年的酒店管理经验运用到别墅的后期运营上，形成酒店和别墅的协同效应，为国内旅游地产行业树立了新标杆		
金陵饭店	招商银行	酒店+信用卡
持招行—金陵联名信用卡，既是金陵金卡贵宾会员，又是招商银行信用卡金卡会员，可享受来自双方的尊贵礼遇。持卡在金陵连锁酒店消费，可累积金陵积分，也可累积招商银行信用卡积分，享受双重积分奖励，兑换双份好礼。持卡支付本人机票款或 80%以上旅游团费，将免费获赠 200 万高额航空意外险，贴心商旅保障，尽在方寸一卡。另外，凭此卡既可在金陵连锁酒店享受消费优惠，也可于招商银行全国近万家特惠商户享受诸多惊喜，遍及餐饮、娱乐、生活、休闲等各个领域		
海航酒店	AA 租车、屈臣氏	酒店+专车/美容
海航酒店集团礼悦会携手 AA 租车及屈臣氏，在 2015 年七夕佳节到来之际跨界合作开展了"替你搞定女票"活动。客户通过关注海航酒店集团微信公众号即可参与抽奖活动，奖品有特斯拉专车接送、海航酒店免费房券、屈臣氏美妆护理奖品，更有百万专车券奉送		

(续表)

恒大酒店	车友会、驴妈妈	酒店+汽车+旅游
恒大酒店集团与长久乐途车友会、驴妈妈旅游网有产品、体验和服务上的互补性，三方目标用户属性一致，签署战略合作协议。互联网+的发展趋势要求各方必须打破传统思维模式，打通平台，发挥所长，产生协同效应		

(资料来源：http://www.inntie.com/page120?article_id=208&pagenum=all)

思考：跨界合作营销案例给你的启示是什么？

复习思考题

一、名词解释

1. 营销沟通
2. 销售推广
3. 人员推销
4. 公共关系

二、简答题

1. 阐述餐饮产品所处的生命周期阶段及客人的决策过程对营销沟通的影响。
2. 广告策划的主要考虑要素有哪些？各自的关键要素体现在哪些方面？
3. 常见的广告媒体有哪些？请简要列举它们的优缺点。
4. 销售推广的主要目的以及主要形式有哪些？
5. 危机管理的含义是什么？企业组织危机管理一般要经历哪些步骤？请举出一个企业组织危机管理的案例。
6. 销售代表进行推销活动一般经历哪几个步骤？
7. 简述社交媒体在营销中的作用。
8. 举例说明网络媒体在餐饮营销中的运用。

三、实践题

1. 请利用课余时间调查某大型餐饮企业的营销现状，并写出分析报告。
2. 请为某餐饮企业写一份美食节展销活动策划方案。
3. 从营销的视角，点评你熟悉的某一次餐饮活动策划。

四、案例分析

中国快餐品牌老娘舅的成功之道

老娘舅餐饮股份有限公司是一家中式快餐连锁经营企业，通过老娘舅品牌连锁终端门店，面向大众客人提供以江南口味为主，并可叠加兼顾各地餐饮美食的中式快餐产品。目前有 400 家直营门店分布于江、浙、沪、皖，单店日均可出餐 1000+份。曾为上海世博会、G20 杭州峰会、浙江省运会提供中式快餐就餐服务。老娘舅以"米饭要讲究，就吃老娘舅"为品牌定位，强调以米饭为代表的高品质食材、标准化运营。老娘舅品牌优势：与各原/副食材原产地/基地合作，统一种/养殖管理、统一收割仓储、统一物流配送，从源头保障食材安全，且能保证餐食的口感统一；长期签约顺丰同城，充分整合在各自领域的优势资源，提供更加便捷、准时的多人用餐服务；选用国家专利外卖打包盒，保温且防漏，可以直接进行微波加热，整个配送流程菜品不会受到污染，确保客人安全、卫生用餐。老娘舅的成功取决于以下几点：第一，精准定位，包括产品定位、消费定位、服务定位、环境定位；第二，特色鲜明，文化营销与创意营销交相辉映；第三，产品丰富，满足都市白领的童趣体验。老娘舅以"做中式快餐，创民族品牌"为经营宗旨，致力于打造以米饭为主的中式快餐连锁餐厅，为人们追求高品质生活提供营养合理、健康安全的就餐服务，取代了洋快餐油炸高热量食物对中国人饮食的不健康影响。

（资料来源：https://www.chinauff.com/）

问题：

1. 请简单分析老娘舅品牌的成功之道对中式快餐的启示。

2. 老娘舅作为本土餐饮品牌，在与肯德基、麦当劳、德克士等西式快餐的竞争过程中，如何进一步提升品牌竞争力？

第十五章
餐饮产品的成本控制

成本控制作为餐饮管理的主要内容，对餐厅经营与发展起着决定性作用。本章在概述餐饮成本的概念、构成与特点的基础上，分析餐饮业成本核算的步骤与方法、餐饮成本分析的方法与过程，总结餐饮成本控制的意义、原则、要素与方法等，旨在通过分析餐饮成本差异，寻找行之有效的成本控制方法，减少餐饮成本的泄漏与浪费，使餐厅获得最大的经济效益。

⏰ 学习要点

1. 掌握餐饮成本的种类与特征，了解餐饮成本控制的含义与形成过程，理解餐饮成本控制的重要性与构成要素。

2. 掌握食品净料率和熟制率的核算方法，熟悉原料采购控制、食品储存控制、食品定期盘存、库存原料计价的方法。

3. 掌握食品原料成本控制、人工成本控制、经营费用控制等内容。

⏰ 导入案例

餐饮成本控制常见问题

成本控制是餐厅经营管理的重中之重，区分可控成本与不可控成本，并采取针对性的改进措施是餐饮经营获得成功的主要途径。餐厅的经营管理过程中可能出现以下问题。

1. 菜单部分菜品无人问津，部分菜品销量高却毛利很低。

2. 未能有效控制餐厅的收银环节，极易产生漏洞。

3. 未能有效控制采购、验收、储存等环节，餐厅成本率升高。

4. 缺乏预算控制，成本费用实报实销。

5. 人员安排方面还可以更精简，更合理。

6. 仓库存货堆积，占用流动资金。

7. 盲目地搞促销。促销虽可以提高销量，但是并没有提升利润。

8. 财务的功能非常简单，仅为记账和出纳。

9. 部分设备使用与保养不当，返修率高，机器使用和维修费用较高。

(资料来源：http://www.doc88.com/p-5106415577646.html)

思考：你认为以上哪些问题是不可控成本的？哪些问题是可控成本的？

第一节　餐饮成本核算

成本核算是控制产品成本和提高经济效益的重要措施。它有助于管理人员及时了解食品和原料的成本消耗额与仓库存货额，防止食品原料成本的流失。餐饮成本核算涉及食品原料、人工成本、经营费用等内容，核算步骤包括成本数据的收集与核算、餐饮成本分析与提出改进建议等。

一、餐饮成本的概念

餐饮成本是指餐饮企业在生产、加工和销售餐饮产品过程中所产生的各种费用，包括各类食品原料的生产和销售成本，管理人员、厨师和服务人员等的工资，固定资产折旧费，食品采购和保管费，低值易耗品费(如餐具和用具等)，燃料和能源费及其他费用等。

食品原料成本、人工成本和经营费用是餐饮成本的三大组成部分。

计算公式：餐饮成本＝食品原料成本＋人工成本＋经营费用。

(1) 食品原料成本：制作餐饮产品的各类食品原料的费用。

(2) 人工成本：从事餐饮产品生产与销售的所有人员的工资及相关费用支出。

(3) 经营费用：除食品原料和人工成本之外的餐饮运营成本。如房屋租金、生产和服务设施折旧费、燃料和能源费、低值易耗品费、采购费、绿化费、清洁费、广告费、公关费等。

二、餐饮成本的分类

餐饮成本有不同的分类标准。按特点分为固定成本、变动成本和半变动成本；按成本控制程度分为可控制成本和不可控制成本；按餐饮成本发生的时间顺序分为标准成本与实际成本。

(一) 按餐饮成本的特点分类

按照餐饮成本的特点可将其划分为固定成本、变动成本和半变动成本。

(1) 固定成本(fixed cost)：指在一定的营业时间和业务范围内，不会因为餐厅营业额的增减而发生相应变动的成本。如餐厅折旧费、管理费等。固定成本并非一成不变，当产量增加到超出现有生产能力、需要添置新设备时，部分固定成本会随产量的增加而变动。如随着客人数量的增多，原有餐椅无法满足现有需求时，重新购置新餐椅的成本费用虽然随着营业额的增加而增加，但其仍属于固定成本。

(2) 变动成本(variable cost)：指随着餐厅营业额的变动而按比例增减的成本。变动成本通常包含食品原料成本，临时工或钟点工的工资，低值易耗品费用等。当餐饮产品销售量提高时，变动成本总量与销售量成正比。

(3) 半变动成本(semi-variable cost)：指随着产品销售量的变动而部分发生变动的成本，并非成比例变动关系。例如，餐厅正式员工的工资总额固定不变，属于固定成本。而餐厅临时员工的数量与支付薪资总额皆不确定。在客流高峰时期需要的临时员工数量较多，而日常工作日所需临时员工数量较少。因此，餐厅的人工成本属于半变动成本。

(二) 按餐饮成本的控制程度分类

按照餐厅成本的控制程度可将其分为可控成本和不可控成本。

(1) 可控成本(controllable cost)：指在短期内管理人员能改变或控制数额的成本。如食品原料成本、差旅费、燃料和能源成本、广告与公关费用等。餐厅管理者如果改变菜肴的分量，或在原料的采购、验收、储存、生产等环节加强成本控制，食品饮料的成本会相应发生变化。多数变动成本可以控制。餐饮管理工作中，常使用可控成本考核管理人员的经营业绩。

(2) 不可控成本(uncontrollable cost)：指管理人员在短期内无法改变或控制的成本，如折旧费、修理费及正式员工的固定薪资费用等。

(三) 按餐饮成本发生的时间顺序分类

按照餐饮成本发生的时间顺序可将其分为标准成本和实际成本。

(1) 标准成本(standard cost)：指在正常经营情况下，餐饮生产和服务应占用的成本指标。在生产经营过程中，餐厅通常会确定单位标准成本，如每份菜的标准成本和成本率等。之后结合餐厅以往的成本要素，综合考虑当年的食品原料成本、人工成本、经营费用等变化，确定具有竞争力的各类目标成本或标准成本。

(2) 实际成本(actual cost)：餐饮企业在营业期间实际产生的各种食品成本、人工成本和经营费用。标准成本和实际成本之间的差额称为成本差异，可通过比较成本差异，评估管理人员控制成本的效果。

三、餐饮成本的结构与特点

由于各类餐厅的设施不同，提供的餐饮服务类型也不尽相同，因此餐饮生产与服务过程涉及的成本和费用结构相应存在差异。一般而言，餐饮成本的结构和特点如下。

(一) 餐饮成本的结构

(1) 食品饮料的原料成本。它作为餐饮生产的主要开支，在餐饮支出中的占比较大。一般来说，越是高档的餐厅，其原料的成本率越低。宴会的原料成本率一般低于普通餐饮产品的成本率。饮料原料的成本率低于食品原料的成本率。国际上餐饮业的食品饮料成本率一般为30%~35%。我国由于管理等各方面的原因，餐饮原料的成本率高于一般食品饮料成本率。

(2) 人工成本。它是指餐厅在运营过程中由于投入劳动力要素所发生的一切费用，是人工消耗或活劳动耗费的货币表现。主要包括员工的工资总额、社会保险费用、福利费用、教育经费、劳动保护费用及其他人工成本费用。

(3) 营业费用。营业费用包括餐饮部门经营中所耗费的一切费用，如经营用品费、水电燃料费、折旧和维修费以及其他费用。增值税不属于费用，但它是餐饮部门的一项重要支出，一般占营业收入的 5%。

(二) 餐饮成本的特点

餐饮企业的成本和费用结构具有以下三个特点。

(1) 变动成本占比大。变动成本除食品饮料的成本，还包括营业费用中的物料消耗(如低值易耗品摊销，棉织品等)。随着销售数量的增加，变动成本与其成正比方向变化。

(2) 可控成本比重高。除营业费用中的折旧费、维修费等属于餐饮管理人员不可控制的费用外，其他大部分费用及食品饮料原料成本都属于餐饮管理人员能控制的费用。餐饮生产经营中的可控成本总量与管理人员控制成本的能力息息相关。因为可控成本占营业收入的比重较大，管理人员对餐饮成本和费用的控制就显得格外重要。

(3) 成本泄漏点多。餐饮经营管理能力对成本和费用的高低有着重要影响。如菜单设计和菜品定价影响客人的菜品选择；食品饮料的采购与验收过程控制不当，采购价格过高、数量过多、质量不好等都可能引起食品原料成本的上升；对加工和烹调的控制不严，不仅影响食品口感，还会加剧食品的折损率；餐饮销售效果不佳，售出的产品未得到应有收入，也会提升成本比例。

四、餐饮成本核算的步骤

餐饮成本核算有助于管理人员及时了解食品的成本消耗额与仓库存货额，尽早发现食品饮料成本的泄漏点，是控制食品成本与提高经济效益的重要举措。餐饮产品成本核算步骤如下。

(1) 收集成本资料。成本资料包括食品原料采购、入库验收、入库单、出库单、领料单、转账单、加工单等各种资料。作为成本核算的基础，收集成本资料过程务必做到谨慎与详尽。

(2) 核算餐饮成本。根据企业的财务制度，餐饮成本核算的相关人员应选用合适的方法对餐饮成本进行分类，并根据这些资料编制食品成本日报表，做好数据收集与整理工作。

(3) 进行成本分析。根据成本核算资料，对成本核算数据及其核算结果进行定期分析，并编制分析报告。一般而言，为了保证餐饮企业生产经营活动的正常运转，企业必须每周或每月进行一次成本分析。

(4) 提出改进建议。通过成本核算和成本分析，分析餐饮企业经营过程中存在的问题及成因，发现缺陷和偏差，并给出相应的改进方案，从而为餐饮企业的管理者加强成本控制、降低成本消耗提供客观有效的参考。

五、餐饮成本核算的内容

(一) 食品原料成本核算

(1) 食品成本率核算。食品成本率指食品成本与菜肴销售价格的比值，同时还指餐厅在某一会计周期,总食品成本与营业收入的比值。计算公式如下。

$$食品成本率=\frac{单位食品成本}{单位菜肴或食品收入}\times100\%$$

$$食品成本率=\frac{总食品成本}{食品或菜肴营业总收入}\times100\%$$

(2) 食品净料率核算。食品净料率指食品原料经过一系列加工后得到的净料重量与它在加工前的毛料重量的比值。计算公式如下。

$$净料率=\frac{净料重量}{毛料重量}\times100\%$$

$$折损率=\frac{折损重量}{毛料重量}\times100\%$$

$$净料总成本=毛料总成本$$

$$单位净料成本=\frac{毛料总值}{净料重量}\times100\%$$

(3) 食品原料熟制率核算。指食品原料经烹调后得到的菜肴净重量与它在烹调前重量的比值。通常烹调时间越长,食品原料中的水分蒸发越多,食品原料熟制率越低。此外,菜肴在烹制中使用的火候也影响菜肴的熟制率。计算公式如下。

$$食品原料熟制率=\frac{成熟后的菜肴重量}{加工前的原料重量}\times100\%$$

$$食品原料折损率=1-食品原料熟制率$$

(4) 酒水成本核算。酒水成本核算包括零杯酒成本核算、鸡尾酒成本核算、酒水成本率核算与酒水毛利率核算四个指标。

① 零杯酒成本核算。在餐饮经营中,烈性酒和利口酒常以零杯方式销售,每杯烈性酒和利口酒的容量常为1盎司(OZ)。

$$每杯酒成本=\frac{每瓶酒成本}{(每杯酒容量-每瓶酒标准流失量)\div每瓶酒容量}$$

【例15-1】某品牌金酒,每瓶成本200元,容量是35盎司。餐厅规定在零杯销售时,每瓶酒的流失量控制在1盎司内,每杯金酒容量为1盎司。计算1杯金酒的成本。

$$每杯金酒成本=\frac{200}{(35-1)\div1}=5.88(元)$$

② 鸡尾酒成本核算。鸡尾酒是由多种原料或酒水配制而成,计算鸡尾酒的成本不仅要计算基酒(主要酒)成本,而且要加入辅助酒、辅助原料和装饰品的成本。鸡尾酒成本核算公式为

$$每杯鸡尾酒成本=\frac{每瓶鸡尾酒成本}{(每瓶酒容量-每瓶酒标准流失量)/每杯鸡尾酒标准容量+每瓶鸡尾酒配料成本+装饰品成本}$$

【例 15-2】计算一杯哥连士的成本，其配方如表 15-1 所示。

表15-1　哥连士配方

原料名称	分量	成本
威士忌	1.5 盎司 (约 45mL)	威士忌酒采购价格 285 元/瓶，容量 35 盎司，每瓶烈性酒标准流失量为 1 盎司
鲜柠檬汁、糖粉、苏打水、冰块	鲜柠檬汁 20 mL、糖粉 10g、苏打水 90 mL、冰块适量	1.80 元

$$一杯哥连士成本 = \frac{285}{(35-1)\div1.5} + 1.80 = 14.37(元)$$

③ 酒水成本率核算。酒水成本率指单位酒水产品的原料成本与其售价的比值。如每杯咖啡或葡萄酒的成本率。其计算公式为

$$酒水成本率 = \frac{酒水成本}{酒水售价} \times 100\%$$

【例 15-3】某咖啡厅，每瓶王朝干红葡萄酒的成本是 25 元，售价是 100 元。计算整瓶王朝葡萄酒的成本率。

$$整瓶王朝葡萄酒成本率 = \frac{25}{100} \times 100\% = 25\%$$

④ 酒水毛利率核算。酒水毛利率指酒水毛利额与其售价的比值，酒水毛利额等于酒水售价减去酒水原料成本。其计算公式为

$$酒水毛利率 = \frac{酒水售价 - 酒水成本}{酒水售价} \times 100\%$$

【例 15-4】一杯名为古典的鸡尾酒售价是 39 元，其酒水原料成本是 9.4 元，那么它的毛利额为 29.6 元。毛利额不是纯利润，它是售价扣除主营业务的直接成本后的利润部分，其中直接成本不包括企业的管理费用、财务费用、销售费用、税收等。这杯名为古典的鸡尾酒的毛利率为

$$古典鸡尾酒的毛利率 = \frac{39-9.4}{39} \times 100\% \approx 76\%$$

【例 15-5】某五星级意大利餐厅，一瓶售价为 750 元的法国某品牌红葡萄酒，其成本是 200 元，请计算这瓶葡萄酒的毛利率。

$$葡萄酒毛利率 = \frac{750-200}{750} \times 100\% \approx 73\%$$

(二) 人工成本核算

餐饮部工作效率主要考察员工工作效率和人工成本率。核算方法如下。

(1) 员工工作效率。

$$员工工作效率 = \frac{营业收入 - 食品原料成本}{职工人数}$$

(2) 人工成本率。

$$人工成本率 = \frac{工资总额}{营业收入} \times 100\%$$

【例 15-6】某餐厅有 65 名工作人员，2020 年销售总额为 2450 万元，原料成本额为 922 万元，计算该餐厅的工作效率。上述餐厅每月员工工资总额为 20 万元，计算该餐厅的人工成本率。

$$员工工作效率 = \frac{2450 - 922}{65} \approx 23.5(万元)$$

$$人工成本率 = \frac{20 \times 12}{2450} \times 100\% \approx 9.8\%$$

(3) 人工成本率比较。在餐饮经营中，人工成本率是动态变化的，有多种因素影响人工成本率，包括员工的流动、营业额的变化、员工的工资和福利变动等。不同会计期人工成本率比较如表 15-2 所示。

表15-2　不同会计期人工成本率比较

	本期(2021年10月)	上期(2021年9月)
营业收入总额(万元)	210	196
人工总成本(万元)	22.2	22.2
人工成本率	10.6%	11.3%

在酒店的不同餐饮部门，人工成本率可能存在一定差异。某四星级酒店 2019 年餐饮部各餐厅人工成本概况如表 15-3 所示。

表15-3　不同餐饮部门人工成本率比较

	竹园咖啡厅	心粤餐厅	食为天餐厅
销售收入(万元/年)	750	1101	860
客人人数(人次)	187 500	91 750	172 000
消费水平(元)	40	120	50
人工成本(万元)	115	180	92
人工成本率	15.3%	16.3%	10.7%
餐饮部平均人工成本率	14.3%		

(三) 经营费用核算

(1) 餐饮经营费用的构成。餐饮经营费用包括管理费，能源费，设备折旧费，维修保养费，餐具、用具与低值易耗品费，排污费、绿化费及因销售发生的各项费用等。

(2) 餐饮经营费用率的计算。餐饮经营费用率是餐饮经营费用总额与餐饮营业总额的比值。

$$经营费用率 = \frac{经营费用}{营业收入} \times 100\%$$

扩展阅读15-1

餐饮食材保鲜小技巧

六、餐饮成本分析

餐饮成本分析有助于餐饮企业进行更好的成本控制，它涉及餐饮经营管理活动的多个方面，是对整个餐饮企业经营管理活动进行全面而综合的分析。餐饮成本分析是一项效益较高且难度较大的工作，需要餐饮企业投入一定的人力、物力和财力。

(一) 餐饮成本分析的概念与作用

(1) 概念。餐饮成本分析是按照一定原则，采用一定方法，利用成本计划、成本核算和其他有关资料，分析成本目标的执行情况，查明成本偏差原因，寻求成本控制的有效途径，以期达到最大的经济效益。

(2) 作用。餐饮成本分析是餐饮成本控制的重要组成部分，其目的在于保证餐饮产品正常销售的同时，使成本控制达到理想水平。

(二) 影响餐饮产品成本的因素

明确餐饮产品成本的影响因素有助于餐饮产品的成本分析。其中，成本影响因素主要包括固有因素、宏观因素和微观因素等。

(1) 固有因素：包括餐厅的地理位置、地区食品原料状况、地区能源状况、交通便利性、餐厅的类型与档次、餐饮经营设施等。

(2) 宏观因素：涉及国家与地区宏观经济政策、目标客人餐饮需求、餐厅所在区域价格水平、企业竞争状况等。

(3) 微观因素：涵盖人力资源管理水平、餐饮生产和服务技术、食品原料与燃料的利用情况、餐饮生产效率、餐饮成本管理水平、餐厅的文化与伦理管理等。

(三) 餐饮成本分析的方法

(1) 对比分析法。对比分析法是通过比较成本指标数量，揭示成本指标的数量关系与数量差异的方法。

① 对比计划成本指标与标准成本指标，可揭示实际成本指标与计划成本指标之间的差异，了解该项指标的完成情况。

② 对比本期实际成本指标与上期成本指标或历史最佳水平，可确定不同时期有关指标的变动情况，了解餐饮成本的发展趋势和成本管理的改进情况。

③ 对比本企业的指标与国内外同行业成本指标，可发现本企业与先进餐饮企业之间的成本差距，从而推动本企业成本管理意识与方法的改进。

(2) 比率分析法。比率分析法是通过计算成本指标的比率，揭示和对比餐饮成本变动程度。

① 相关比率分析法。将性质不同却相关的指标进行对比，求出比率，反映其中的联系。

② 构成比例分析法。将某项经济指标的组成部分与总体指标进行对比，反映部分与总体的关系。

③ 趋势分析法。对比两期或连续数期餐饮成本报告的相同指标或比率，发现其中数额和幅度的增减及变动方向的方法。采用这一方法可提示餐饮成本执行情况的变化，并可分析引起变化的原因，预测未来的发展趋势。

(四) 餐饮成本分析的思路

(1) 餐饮成本分析的步骤。首先是寻找成本差异。寻找本期实际消耗的成本与标准成本的差异，本期消耗的成本与历史成本的差异。其次是分析成本差异的责任。分析造成成本差异的地方和责任所在，原因在于餐厅管理问题还是库房管理不够完善。最后是找出成本差异的原因。分析造成成本差异的原因，找出成本泄漏的环节，便于管理人员确定改进措施。

虽然餐饮成本月报表较简洁，能帮助餐厅管理者一目了然地掌握餐饮运营和成本控制情况，但要进一步分析成本差异的状况、责任和原因，就有必要编制餐饮成本和营业分析报表。

(2) 餐饮成本和营业分析报表的内容。餐饮成本和营业分析报表应包括以下信息。

① 本期餐饮企业的食品饮料消耗总额。

② 本期餐饮企业的食品成本净额。该数据可通过原料消耗总额加(减)成本调整额和扣除额得到。

③ 本期餐饮企业的经营费用。

④ 本期餐饮企业的营业收入。

⑤ 本期实际成本率和标准成本率及去年同期成本率。成本差异分析通常是将实际成本与标准成本和去年同期的数据进行对比分析。分析表上要列出标准成本率和去年同期成本率。

(五) 产生成本差异的原因

不同餐厅的成本差异和库房库存的短缺是造成成本差异的两个主要原因。

(1) 库房库存短缺的原因。采购、验收、库存保管等是引起库房库存短缺的主要环节。采购、验收时，工作人员对所购买食品原料质量数量的控制不严、以次充好等行为会导致库房原料的损坏率提升；对原料数量的控制不当会导致原料短缺；未及时验收或者未及时放入仓库的原料可能会因为被盗窃而导致库房原料的消耗量提高。

库房管理人员的失职或者不当行为都可能导致原料的损失率提高，例如，对库房库存状况没有行之有效的控制，对原料调配、出入库、回收再利用环节管理不当等。如果库房管理人员对发料流程的控制不严，例如，对未有出库单的人员发放原料或者未按单子上的数量发放，就会造成实际出库原料高于出库单上的原料总量，造成仓库库存数量的差异。除此之外，如库存人员管理不当招致库存原料被偷盗或者挪用也会造成库存原料缺失。

(2) 餐厅成本差异的原因。因为诸多环节都可能造成餐厅成本的差异，所以应从各个环节进行严格控制。

① 厨房的直接采购和领料控制：如果对厨房直接采购的原料或者领取的原料数量管理不

严，例如，拨入厨房 50 kg 原料，实际才 45 kg，就会导致每千克原料的成本增加。如果对其品质管控不严，就可能增加原料加工过程的损耗，导致实际生产过程中所需原料的数量增加，从而也会导致餐厅的成本增加。

② 厨房的库存管理：厨房库存的管理难度较大，往往会因为管理的缺失导致库存物资的损耗。监管不严可能导致一些人员的顺手牵羊，导致库存原料的减少；管理不善则可能导致一些易损坏易变质的原料不能再被利用，增加了库存原料的损耗。诸多原因都可能导致厨房库存原料的损耗量增加。

③ 厨房的生产管理：厨房生产管理过程可能造成原料浪费。增加损耗的主要原因是生产计划不周全、预估不准确、超产大量产品等。在生产过程中，如果对加工切配折损率控制不严，对原料的综合利用率不高，会导致原料的消耗量增加；如果生产过程中没有按标准生产或是技术能力不足导致菜品质量不合格，从而影响了客流量和退菜率，也会导致餐厅成本的提高。

当然成本差异有诸多原因，除了库房和餐厅两个方面，销售的差异、员工用餐成本的控制等因素也会造成成本的差异。

(六) 采取改进措施

通常实际成本与标准成本之间存在一定的差异。如成本上升幅度不大，管理人员可不采取任何改进措施；如成本上升幅度异常，管理人员应及时分析差异产生的原因，以便采取相应的对策加以改进；如餐饮产品成本过高，管理人员要查明原因并修正相关的工作流程。多数情况下，这些差异的成因是隐性的，需要管理者进行深入的调查和分析，才能找出问题的根源。

(七) 评估成本控制的效果

评估反馈是成本控制程序中的最后一步，也是经常被忽视的一环。采取改进措施后，应尽快进行评估，评估要做到客观和公正。若各项指标均达到预期目标，则说明成本控制取得了较好的成效；若只有部分指标达到目标，而绝大多数指标没有实现目标，则要分析其中的原因，看是否因为成本控制指标定得太高，无法实现，还是有别的原因。在将本企业的成本指标与同行业先进企业成本指标进行比较时，通过指标差距，就能评估成本控制效果的差异。若各项指标均相近，则说明成本控制的水平相当，效果良好；而当指标差异过大时，就表明本企业的成本控制效果不佳，要加强和完善成本控制工作，以实现对成本的有效控制。

📖 **扩展阅读15-2**

配份环节的成本控制

第二节　餐饮成本控制

餐饮成本控制是餐厅经营的生命线，它的好坏直接影响餐厅的营业收入与利润。餐饮成本形成过程涉及采购、验收、储存、发料、加工切配和烹调、餐饮服务、餐饮推销、销售控制等多个环节。任何一个环节的管理不当都可能导致成本的增加。科学把握餐饮成本控制可以有效改善餐厅的经营管理水平，降低人力、物力的消耗，从而使餐厅获得较大的经济效益。同时，成本控制也涉及满足客人对餐饮质量和价格的需求，影响餐饮产品的销售。因此，餐饮成本控制在餐饮经营管理中具有举足轻重的作用。

一、餐饮成本控制的概念

餐饮成本控制指在餐饮经营中，管理人员按照餐厅规定的成本标准，对餐饮的各个成本要素进行监控、调整，发现其存在的偏差，并采取相应的对策加以纠正并使餐饮实际成本控制在预期范围内，以期实现企业成本目标。餐饮成本控制包括广义与狭义两种解释。广义的餐饮成本控制包括运营前控制、运营中控制和运营后控制。狭义的餐饮成本控制指餐饮运营中的控制，包括餐饮生产和销售过程中的成本控制。

二、餐饮成本控制的意义

餐饮成本控制对餐饮经营管理具有提高竞争力、影响利润水平的重要意义。

(1) 科学的餐饮成本控制可提高餐饮经营管理水平，减少物资和劳动消耗，使企业获得较大的经济效益，提高餐厅的竞争力。

(2) 餐饮成本控制关系到餐饮产品的质量和价格、营业收入和利润、客人的利益和需求。

(3) 成功的餐饮成本控制对市场有吸引力，可从竞争对手中夺取市场、扩大餐饮销售量，获得成本竞争优势。

📖 **案例15-1**

乡村基的成本控制

餐饮业面临高成本、低利润等现实压力，如何控制成本、提高毛利成为餐饮业最主要的问题，作为首家在美国上市的中国餐饮企业，乡村基也深知成本控制的重要性。企业需要内部运营改革，要让企业员工共同承担经营压力，才能从根本上开源节流。

针对成本控制的问题，乡村基采用阿米巴独立核算经营会计，针对不同部门、职位、功能组织构建不同的经营会计报表，让基层员工人手一本账本，算清账，看清企业经营现状的同时，也让员工厉行节约，降低成本。乡村基以经营会计为指导，设立了各个门店员工的挑战目标与奖励金额制度后，开源节流之战在企业内部越打越响：分餐厅房租由7%降至4%。从9月1日起，销售额低于15万，房租费按销售额的4%收取；销售额高于15万，房租费按销售额的7%收取。此外，开拓一切可以分摊成本的新业务。比如早餐亭以4500元/月对外出租，用于手机销售、维修，增加营业外收入。同时，外送业绩也一路飙升，分餐厅的外送业绩占总业绩的10.3%。每个员工积极主动寻找拓展经营，提高利润的方法。在实施阿米巴经营中，乡村基一直做的就是在超出员工满意期望值的前提下，做到超出客人的满意期望值，从而实现餐厅各项利润指标的最大化。相比未导入阿米巴经营之前，乡村基无论是毛利还是各项指标达成情况都有较大的提升。同时，每一位员工伙伴在这个充满关心、关怀、关爱的团队中积极创造出自己的价值。乡村基逐步形成了低成本、高利润餐饮企业模式，始终贯彻以员工满意为中心去实现以客为尊的宗旨，从而使餐厅利润最大化提高，实现了人人参与经营的模式。

（资料来源：https://mp.weixin.qq.com/s/HBo3xDLG-KA7lOewxVYXSw）

问题：结合案例，总结乡村基阿米巴成本控制的相关内容。

📖 **扩展阅读15-3**

餐饮企业五常法管理

三、餐饮成本控制的原则

餐饮企业有效地实行成本控制，并不能只顾降低各种成本，而不顾采购的原料、生产的菜肴等的质量。当然，并不是购买到最好的原料才能生产出最好的产品，应当在遵循餐饮成本控制原则的基础上做到成本的最优化。成本控制包括以下几个原则。

（1）成本节约的原则。在餐饮成本控制的过程中，成本节约是最基本的原则之一，即在保证服务质量、菜肴质量的前提下，努力节约各种成本。包括在菜肴烹饪过程中节约各种制作成本，在服务过程中节约各种低值易耗品成本等。

（2）绿色环保的原则。所谓餐饮服务与管理的绿色环保，就是要在食品的采购、生产、制作的全过程保持卫生、环保。现在许多餐厅都做不到这点，虽然餐厅布置得富丽堂皇，但厨师、服务员在后台的食品生产服务过程中经常不注意卫生。例如，厨师把没洗干净的食物直接烹饪，服务员把用手碰过的食物直接给客人食用等。

（3）服务质量保障的原则。在餐饮服务成本控制时，并不是成本控制得越低越好，而应当在保障服务质量、食品质量的前提下进行。例如，要降低一道菜肴的价格，不能通过降低采购原料的质量、原料的使用量来降低成本，这样只能适得其反。

（4）系统管理的原则。系统管理的原则就是要求管理者从食品的采购、储存、生产、制作，直到最后的服务的全过程中层层把关，严格控制，系统管理。在系统管理原则的要求下，管理者就不能只控制餐饮服务的某些环节。如只严格控制了采购环节，而厨师在制作过程中大量浪费了食品原料，是达不到成本控制效果的。

（5）优化管理的原则。餐饮服务成本控制是一个永恒的话题，没有最好的方法，只有更好的方法。它要求根据餐饮企业的实际情况进行管理，针对不同的客人采用不同的方法。这是一个不断发现问题、不断完善的过程，是一个无穷尽的创新过程。

四、餐饮成本控制的要素

（1）控制目标。控制目标是管理者在成本控制前期所进行的成本预测、成本决策和成本计划，通过科学的方法制定。

（2）控制主体。控制主体指餐饮成本控制的责任人集合。控制主体包括财务人员、食品采购人员和餐饮总监、厨师等。

(3) 控制客体。控制客体指餐饮经营过程中所发生的各项成本和费用。

(4) 成本信息。餐饮成本控制工作的首要任务就是做好成本信息的收集、传递、总结和反馈，并保证信息的准确性。

(5) 控制系统。餐饮成本控制系统由 7 个环节和 3 个阶段构成。它们紧密衔接、互相配合、互相促进，在空间上并存，在时间上连续，共同推动餐饮成本管理的完善和深入，构成了结构严密、体系完整的成本控制系统。餐饮成本控制系统见图 15-1。

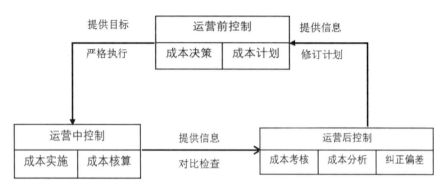

图15-1　餐饮成本控制系统图

第一阶段：运营前控制，包括餐饮成本决策和餐饮成本计划，是在餐饮产品生产前进行的产品成本预测和规划。

第二阶段：运营中控制，包括餐饮成本实施和餐饮成本核算，是在餐饮成本发生过程中进行的成本控制。

第三阶段：运营后控制，包括餐饮成本考核、餐饮成本分析和纠正偏差，是将揭示的餐饮成本差异进行汇总和分析，查明差异产生的原因，确定责任归属，采取措施。

五、餐饮成本控制的方法

成本控制方法指根据所要达到的餐饮成本目标而采用的手段和方法。根据餐饮成本管理策略，不同的餐饮成本控制环节采用不同的控制方法或手段。

(一) 采购环节的控制

原料采购阶段，应通过比较供应商的信誉度、原料质量和价格等因素来确定原料采购的种类和数量，进而确定最理想的采购成本。

餐饮食品成本主要包括原料的采购费用和其他相关采购费用。目前，餐厅采购餐饮原料是由使用部门提出，采购部门负责采购，这种分工合作模式既有优势也有弊端。缺点主要体现在使用部门往往强调材料质量而忽视价格控制，从而导致了产品的成本增加。因此，为改变这种现象，首先必须明确餐饮成本控制责任人——餐饮行政主管和厨师长要参与到采购原料品种、数量、质量和价格的确定工作当中；其次，采购部门要尽量供应多种档次的产品；最后，要对采购价格实时监控，对企业的经营成本进行动态的管理，从而为提高餐饮企业的收入创造空间。另外，餐饮企业还必须制订原料采购计划和审批流程。根据餐厅运营特点，制定周期性原料采购方案，并完善相应的审批程序。

(1) 建立原料采购计划和审批流程。厨师长每天晚上根据餐厅的经营收支、物资储备情况确定物资采购量，并填制采购单报送采购部门。采购计划由采购部门制订，报送财务部经理并呈报总经理批准后，以书面方式通知供货商。

(2) 建立严格的采购询价报价体系。财务部设立专门的物价员，对所需原料定期进行市场行情咨询，坚持货比三家的原则，对物资采购的报价进行分析反馈，发现差异及时纠正。对于每天使用的蔬菜、肉、禽、蛋、水果等原料，根据市场行情每两周公开报价一次，召开定价例会，定价人员由使用部门负责人、采购员、财务部经理、物价员、库管人员组成，公开公平地选择供货商所提供的物品。对于新增加的物资和大宗物资，以及临时采购的零星物资，提供已核准的采购清单方可报账。

(3) 建立严格的采购验货制度。库存管理员对物资采购实际执行过程中的数量、质量、标准及报价，要通过严格的验收制度进行把关。对于超量进货、质量低劣、规格不符及未经批准采购的货物有权拒收，对价格和数量与采购单上不一致的货物及时进行反馈；验货结束后库管员要填制验收凭证，验收合格的货物，按采购部提供单价，二次验货后做好记录。

(4) 建立严格的报损报丢制度。对于高档海鲜酒楼经常遇到的原料、烟酒的变质、损坏、丢失应制定严格的报损报丢制度，并且制定合理的报损率，报损由部门主管上报财务部门，按品名、规格、重量填写报损单，报损品种由采购部经理鉴定分析后，签字报损。报损单需每天汇总并上报总经理。对于超过规定报损率的物品，要备注说明原因。

(5) 严格控制采购物资的库存量。根据餐饮企业经营情况合理设置库存量的上下限，如果库存实现计算机管理，则可由计算机自动报警，及时补货；对于滞销菜品，通过计算机统计出数据，及时减少采购量，或停止长期滞销菜的供应，以避免原料变质造成的损失。

(6) 建立严格的库存管理及领用制度。为烟酒、鲜活原料、肉蛋、调料、杂货用品等不同类别物品制定不同规范的出入库及领用制度。

(二) 库存环节的控制

库存控制指以最小的库存量为基础，通过科学的存货管理手段保障餐饮企业的经营。合理的存货管理可以有效地减少生产成本。

(1) 在原料的存储过程中，需要制定最优的库存量和库存管理体系。为了减少存货的成本，必须建立健全的定期盘存制度。餐厅要定期对仓库进行盘点。通常情况下，两周一次。通过对存货的盘点，明确应该对哪些品种、采用何种方法进行重点控制，从而降低库存资金的占用，加速资金的流动，节约成本。其次，应当严格控制采购物资的库存量。按照目前的业务状况，合理设定库存的上限和下限。由仓库管理人员每日进行库存管理，确保原料先进先出的原则，保证原料质量，对一些淡季滞销的原料酒水等及时进行促销，避免原料过期造成浪费。

(2) 保存管理：酒水、饮料等都有一定的保质期，所有的储存物品都要贴上标签，并且规定特定的保存时间，如饮料在保质期限前若干天就必须处理。

(三) 生产环节的控制

在食品制作方面，建立标准的配方和食谱，并按照配方和食谱来控制餐厅的生产费用。作为食品生产单位，厨房应加强对各类原料的综合利用。在确保食品品质的同时，应在菜品的设计上下功夫，充分发挥原料的作用，减少辅助材料和边角料的浪费，从而有效地控制费用。

(四) 服务环节的控制

通过及时获取客户反馈信息，用较低的理想的服务成本达成客人期盼中的服务水平。如采用零点促销和精巧的搭配来提升客人的满意度。作为食品生产部门，厨房必须定期向服务人员提供烹饪方面的相关知识。每一道新菜的推出，都要经过培训和讲解。主厨要定期指导员工搭配菜谱、控制利润，以提升餐厅的营业额。定期对菜品和酒水进行排名分析，既可以发现客人的有效需求，又可以提高菜品的销量。

📖 **案例15-2**

调整工作时间，降低人工成本

如今，人工成本高昂，如何高效地使用人工效能成为困扰餐饮管理人员的难题。经过长久的探索，我们找到了节约人力的好办法。接下来以凉菜间为例给大家分享一下：凉菜间正常运转原需要6人，在菜品总数和品种都不变的前提下，将人数变为4人，对工作时间进行微调，人数减少了，工作却仍然井井有条。以前厨师上班的时间安排是 9:30—13:30、16:00—21:00，现在要求每天有一个厨师早上提前一个小时上班制作需要加热的菜品，中午时间 14:00—16:00 再安排一名厨师值班，制作晚餐需要的菜品，晚上安排一位厨师工作至 22 点，准备第二天所需要的食材。这样调整之后，凉菜间从 8:30—22:00 都有人值班，效率大大提高，并且省下来的两个员工的工资成本可以给现有的员工涨薪，还能降低总的人工成本。

(资料来源：餐饮成本控制案例——百度文库

https://wenku.baidu.com/view/d66ba4d568eae009581b6bd97f1922791688beab.html)

问题：结合案例材料，分析减少人工成本的途径。

📖 **扩展阅读15-4**

鸡尾酒的起源

复习思考题

一、名词解释

1. 餐饮成本控制
2. 食品原料成本
3. 人工成本
4. 固定成本、变动成本与半变动成本
5. 可控成本与不可控成本
6. 标准成本与实际成本
7. 食品净料率

二、简答题

1. 简述餐饮成本的概念与构成。
2. 简述餐饮成本的特点。
3. 简述对比分析法和比率分析法的特点。
4. 简述餐饮成本控制的方法。

三、实践题

分析所在高校食堂某网红菜品的成本与定价依据。

四、案例分析

某厨房于近日购入某种食品原料 55 kg，进价为每千克 6.8 元，总价值为 374 元，经加工后得到一档一料的净料 42 kg。

问题：该食品原料的净料单价是多少？

参 考 文 献

[1] 马开良，叶伯平，葛焱. 酒店餐饮管理(第 2 版)[M]. 北京：清华大学出版社，2018.

[2] 蔡万坤，蔡华程. 餐饮管理[M]. 北京：高等教育出版社，2018.

[3] 赵莹雪. 餐饮服务与管理项目化教程[M]. 北京：清华大学出版社，2011.

[4] 刘秀珍，陈的非. 餐饮服务与管理[M]. 北京：中国轻工业出版社，2011.

[5] 王天佑. 饭店餐饮管理(第 2 版)[M]. 北京：清华大学出版社，2012.

[6] 凌强. 食品营养与卫生安全(第 4 版)[M]. 北京：旅游教育出版社，2015.

[7] 姚卫蓉，于航，钱和. 食品卫生学[M]. 北京：化学工业出版社，2022.

[8] 马继刚，田芙蓉. 餐饮管理实务[M]. 昆明：云南大学出版社，2006.

[9] 江丽蓉. 餐饮服务与管理实务[M]. 北京：高等教育出版社，2017.

[10] 李勇平. 餐饮服务与管理(第 4 版)[M]. 大连：东北财经大学出版社，2014.

[11] 郑菊花. 餐饮服务与管理[M]. 北京：清华大学出版社，2019.

[12] 花立明，胡晓涛. 餐饮服务与管理[M]. 北京：中国轻工业出版社，2016.

[13] 蒋丁新. 饭店管理概论[M]. 大连：东北财经大学出版社，2018.

[14] 田彩云，黄丽丽. 酒店管理案例分析[M]. 北京：经济日报出版社，2018.

[15] 邹益民，陈业玮，陈俊. 酒店餐饮管理[M]. 武汉：华中科技大学出版社，2017.

[16] 陈觉，何贤满. 餐饮管理经典案例与点评[M]. 沈阳：辽宁科技出版社出版，2003.

[17] 《旅游饭店星级的划分与评定释义》编写组. 旅游饭店星级的划分与评定释义[M]. 北京：中国旅游出版社，2010.

[18] 方辉. 餐饮成本管理与控制[M]. 北京：化学工业出版社，2020.

[19] 黄文刚. 餐饮管理(第 2 版)[M]. 成都：四川大学出版社，2016.